Seventh Edition

Advanced Financial Accounting

Richard E. Baker
Northern Illinois University

Valdean C. Lembke
University of Iowa

Thomas E. King
Southern Illinois University Edwardsville

Cynthia G. Jeffrey
Iowa State University

第7版

高级财务会计

[美] 理查德·贝克
瓦尔丁·莱姆基
托马斯·金
辛西亚·杰弗里 著

赵小鹿 译

人民邮电出版社
北 京

图书在版编目(CIP)数据

高级财务会计:第7版/(美)贝克(Baker,R. E.),莱姆基(Lembke,V. C.),金(King,T. E.),杰弗里(Jeffrey,C. G.)著;赵小鹿 译.
-北京:人民邮电出版社,2011.7(2016.2重印)
ISBN 978-7-115-25615-7

Ⅰ.高… Ⅱ.①贝… ②莱… ③金… ④杰… ⑤赵… Ⅲ.①财务会计 Ⅳ.①F234.4

中国版本图书馆CIP数据核字(2011)第099695号

Richard E. Baker, Valdean C. Lembke, Thomas E. King, Cynthia G. Jeffrey
Advanced Financial Accounting, Seventh Edition
ISBN 0-07-352674-6

北京市版权局著作权合同登记号:01-2007-4971

高级财务会计(第7版)

◆ 著　[美]理查德·贝克　瓦尔丁·莱姆基　托马斯·金
　　辛西亚·杰弗里
译　赵小鹿

策　划　刘　力　陆　瑜
责任编辑　颜林柯
装帧设计　陶建胜

◆ 人民邮电出版社出版发行　北京市东城区夕照寺街14号A座
邮编　100061　电子邮件　315@ptpress.com.cn
网址　http://www.ptpress.com.cn
电话　(编辑部)010-84937150　(市场部)010-84937152
(教师服务中心)010-84931276
三河市少明印务有限公司印刷
新华书店经销

◆ 开本:850×1092　1/16
印张:27.75
字数:577千字　2011年7月第1版　2016年2月第2次印刷
著作权合同登记号　图字:01-2007-4971
ISBN 978-7-115-25615-7/F

定价:68.00元

本书如有印装质量问题,请与本社联系　电话:(010)84937153

内容提要

由理查德·贝克等合著的《高级财务会计》（*Advanced Financial Accounting*）是美国商学院优秀的经典会计教材，到目前为止已出第7版。

本中文版为《高级财务会计》（第7版）的节选中译本，重点论述高级财务会计范围内的各种专题，包括企业并购和对其他实体的投资、报告公司间权益、报告主体与合并财务报表、全资子公司的合并、合并报告的相关问题、跨国公司会计等内容，同时也根据连续性的案例作综合性的问题讲解。本书最大的优势是对概念的阐述清晰易解，并利用实例对这些概念进行详细分析。与此同时，本书还紧跟国际财务报告准则的变化动态，对会计理论和案例介绍全面详细。

本书不仅是应用型会计硕士教学的优秀教材，同时也是会计实务界人士提高会计理论水平的一本很好参考书。

译者序

由理查德·贝克（Richard E. Baker）、瓦尔丁·莱姆基（Valdean C. Lembke）、托马斯·金（Thomas E. King）和辛西娅·杰弗里（Cynthra G. Jeffrey）合著的这本《高级财务会计》(*Advanced Financial Accounting*) 是美国商学院的优秀经典会计教材，到目前为止已出第7版。《高级财务会计》（第7版）继续重点论述高级财务会计范围内的各种专题，同时也根据连续性的案例作综合性的问题讲解。本书最大的优势是对概念的阐述清晰易解，并利用实例对这些概念进行详细分析。与此同时，本书还紧跟国际财务报告准则的变化动态，对会计理论和案例介绍全面、详细明了。本书基于坚实概念基础的积木式学习方法，运用连续性的案例分析重大会计事项问题，广泛运用图解阐释核心概念，专题涵盖全面且赋予有效的灵活性，对当代会计领域问题进行了专题研究，深受广大读者的认同和称赞。本书不仅是应用型会计硕士教学的优秀教材，同时也是会计实务界人士提高会计理论水平的一本良好参考书。

译者多年从事高级财务会计的教学工作，从2005年起为清华大学—北京国家会计学院联合培养的会计硕士（MPAcc）专业学位研究生讲授《高级财务会计理论与实务》课程，并将贝克等人的这本《高级财务会计》（第5版）英文原版书指定为学生的主要参考教材，在日后的教学中延续使用其更新版本，并将其重要的章节选用在课堂教学中。教学反馈结果显示，一方面，通过学习《高级财务会计》，学生对国际会计具体操作方法感到触手可及，应用会计理论的思路清晰流畅，解决实际工作问题的能力有所提高；另一方面，由于该书是英文教材，部分学生在阅读理解上感觉比较吃力。如何使一本好的教材能让更多的学生受益？在过去几年的教学中，我一直在想办法解决这个问题。从2006年开始，我尝试在课堂教学中采用中英文双语教学，将本书中好的案例译成中文供学生课堂讨论。在2007年的教学中，我又将本书中的部分章节在课堂上与学生分享。经过几年的教学积累，到2008年7月终于可以将这本教材译成中文的想法付诸于行动。

由于时间有限，本中译本中未包含每章最后的补充资料，译者计划在后续的编译版中加入此部分内容。本次只向读者介绍《高级财务会计》（第7版）第1至第13章的理论和案例部分。

本书由北京国家会计学院教师赵小鹿主持编译。来自清华大学—北京国家会计学院的会计硕士陈雪松、刘显忠、张娟、关丹凤、姜初平、牛芳参加了翻译工作，并为本书的完成付出了艰苦的劳动。姜宏作为中文译稿的第一读者，对本书进行了通读和校对，并对书中表格进行了统一编制。在此基础上，赵小鹿统译和校阅了全部译稿。在本书编译和出版的过程中，得到了新曲线公司副总陆瑜女士和编辑颜林柯女士的鼓励、谅解和支持，对她们的全力合作，在此深表谢意。

赵小鹿

作者简介

理查德·贝克

理查德·贝克(Richard E. Baker) 在北伊利诺伊大学任教。因其学术成绩卓越，被授予北伊利诺伊大学“安永杰出会计学教授”的称号，与此同时，他还是该校教学最高奖项——北伊利诺伊大学校长奖的获得者。贝克教授毕业于威斯康辛大学河边分校（University of Wisconsin—River Falls)，并在威斯康辛大学麦迪逊分校（University of Wisconsin—Madison）获得工商管理硕士学位和博士学位。贝克教授在美国会计学会服务多年，他曾在该学会执行委员会担任教育部主任，并在该学会的咨询委员会担任教学与课程主任。在此之前，他还是该学会中西部地区主席。作为秘书、副主席和主席，他还长期服务员于美国会计院校联盟。贝克教授是《会计教育问题》期刊（*Issues in Accounting Education*）资深编辑，并曾为该期刊做了多年的编审委员会委员。他也是《高级会计教育》期刊（*Advances in Accounting Education*）的资深编辑。贝克教授在本科生和研究生教学中获得多个奖项，曾被推举为伊利诺伊注册会计师领域杰出会计教育家。由于长期服务于专业和学术组织，贝克教授的研究成果主要集中在如何评估教与学的成果、设计创新性的课程模式、为会计项目开发有效的评估标准，以及在会计教学中引入新的电子科技技术。贝克教授的最新研究领域是教与学的有效性，其他研究领域包括财务报告和企业兼并。贝克教授主要讲授的课程包括高级财务会计、财务理论和国际商务管理。贝克教授是注册会计师，他曾在注册会计师考试辅导课中主讲高级财务会计。

瓦尔丁·莱姆基

瓦尔丁·莱姆基（Valdean C. Lembke）教授已在爱荷华大学会计系任教多年。莱姆基教授毕业于爱荷华州立大学，并在密执根大学获得工商管理硕士学位和博士学位。他曾从事内部审计和外部审计工作。他积极参加美国会计学会的活动，曾任其中西部地区主席和《会计教育问题》期刊编审委员。他曾两次被授予“吉伯特·梅纳德杰出会计教育者”的荣誉称号。莱姆基教授积极参与会计系的工作，曾任两届会计系主任和专业会计项目主任。他曾经在《会计评论》（*The Accounting Review*)、《会计、审计和财务期刊》（*Journal of Accounting, Auditing and Finance*)、《内部审计师》（*Internal Auditor*）独立或合作发表多篇文章。他还与人合著《财务会计——一种决策方法》一书，并为《会计师百科全书》撰写了会计基础知识、企业合并与合并财务报表。莱姆基教授长期以来主要承担本科生的教学工作，并为研究生开设财务会计和政府与非营利组织会计的课程。与此同时，他还一直承担高级财务会计的教学工作。

托马斯·金

托马斯·金（Thomas E. King）在南伊利诺伊大学商学院任教。金教授毕业于加利福尼亚州立大学北岭分校，并在洛杉矶的加利福尼亚大学获得工商管理硕士学位和博士学位。他是注册会计师，曾获得爱立嘉·瓦特·萨里斯奖（Elijah Watt Sells Award），并在统一注册会计师考试中一举夺得伊利诺伊考试成绩金牌。金教授有多年从事商业和咨询的经历且有超过30年的教学经验，曾与莱姆基教授合作编写《会计师百科全书》中有关企业合并与合并财务报表的相关章节。他曾经在《会计评论》、《会计视野》（*Accounting Horizons*）、《会计学期刊》（*Journal of Accountancy*）、《会计、审计和财务期刊》、《会计教育期刊》和《财务执行官》（*Financial Executives*）独立或合作发表多篇文章。他还与人合著《财务会计——一种决策方法》一书，曾担任《高级会计》和《高级会计教育》的多年编审委员会委员，还曾两次担任内部审计师协会圣路易斯分会管理委员会成员。除讲授其他财务会计课程外，金教授还讲授高级财务会计。

辛西亚·杰弗里

辛西娅·杰弗里（Cynthia G. Jeffrey）是爱荷华州立大学商学院会计副教授。她在爱荷华州立大学获得学士学位和硕士学位，并在明尼苏达大学获得博士学位。杰弗里是注册会计师、美国注册会计师学会会员和加拿大学术会计学会会员。2000年，她被授予“优秀教师”的荣誉称号。2005年，她又获得爱荷华州立大学研究生优秀教学奖。从会计硕士项目初始创立起，在1999~2004年间，杰弗里教授担任该项目的项目主任。她曾经在《会计评论》、《会计、审计和财务期刊》、《商业伦理季刊》（*Business Ethics Quarterly*）、《会计行为研究》（*Behavior Research in Accounting*）、《国际会计期刊》（*The International Journal of Accounting*）、《亚太会计期刊》（*Asia-Pacific Journal of Accounting*）、《会计教育问题》独立或合作发表多篇文章。杰弗里教授是《会计专业责任与伦理研究》（*Research on Professional Responsibility and Ethics in Accounting*）的编审委员会委员。杰弗里教授同时担任本科生与研究生的教学工作，她主要讲授的课程包括财务会计、财务会计理论和国际会计。

前　言

《高级财务会计》（第 7 版）全面而高屋建瓴地介绍了用于各种商业实体的会计和报告准则。经济媒体每天都在报道疯狂的兼并收购、现代商业实体与商业运作的新型组织结构的复杂性、与复杂商业交易有关的会计丑闻、跨国公司的涉外业务活动、政府和非营利组织的运作，以及高级会计所包括的其他典型议题。会计师必须懂得如何处理这些事务对会计和报告所产生的影响。

概　述

《高级财务会计》（第 7 版）继续重点论述高级财务会计范围内的各种专题，同时也根据连续性案例作综合性问题的讲解。本书的讲解使用完备的工作底稿、计划和财务报表，以便学生可以看清每个专题的展开过程。本书涵盖由美国财务会计准则委员会（FASB）和美国政府会计准则委员会（GASB）所发布的最新公告和持续的研究项目，这些为学生准备 CPA 考试和了解当前会计实务提供了实时参考教材。在讲解合并日后合并事项的各章中，本书的正文采用了母公司对子公司投资的三种可选择会计核算方法中的基本权益法，并且在附录中分别用成本法和完全权益法进行再讲解，以使读者有机会探究这三种方法的区别，同时认识到无论母公司用何种方法对子公司投资进行核算，合并报表的结果都是一样的。本书在全球经营业务的章节中，全面探讨了在当今商业领域中外币衍生工具和其他金融工具的会计处理，以及相关的财务安排。本书在政府与非营利组织的章节中，全面介绍了该领域的近期重要公告和进展情况。[1]

主要特点

本书最大的优势是对概念的阐述清晰易解，同时运用图表和实例对这些概念进行详细论述。学生和老师对先前版本有很多良好的反馈，使我们坚信清晰的介绍论述和全面的实例说明对学习高级会计课程中的深奥问题是至关重要的。第 7 版主要有以下特点：

- **采用坚实概念基础上的积木式学习方法**　在每个重要的专题领域，首先使学生在概念上有全面的理解，然后进入下一步的学习。本书先就基本概念及其重要性进行讨论，然后用实例阐述基本原理，给学生举一些基本的例子，然

---

[1] 译者注：本中译本不包括美国政府会计准则及政府与非营利组织会计。

后再向前推进。一旦奠定了概念基础，问题的复杂性逐渐层次分明。本文作者通过多年讲授高级财务会计的经验建立的这个方法论行之有效，得到了许多采用者的称赞。

- **运用连贯性的案例分析重大事项问题** 在营利组织会计的章节中，本书继续采用 Peerless Products 公司及其子公司 Special Foods 公司作为综合案例。使用综合连贯性案例有几个好处：首先，学生只需熟悉一套案例数据便可阅读后续章节的相关内容；其次，这些案例可以增强高级财务会计学习的现实感，让学生能认识到每一个步骤对财务报告的影响；最后，连贯性的案例可以让学生通过比较和对比，更容易地对不同方法及结果进行评估。
- **广泛运用图解阐释核心概念** 该书利用全面的而不是局部的工作底稿、财务报表以及有用的计算和对比的方法来演示每个专题。这种图解对讨论相关章节可以交叉参考。合并报表章节的重点是对子公司投资核算的基本权益法。另外两种方法——成本法和完全权益法在章节附录中进行了充分的讨论和阐述。合并报表章节的工作底稿中的分录用字母 E 来加以区分，用暗色标示，以区分于账簿分录。这种广泛运用实例的方法使学生能够更迅速有效地掌握概念的应用。此外，运用实例可以通过展示其对财务报表的影响，从而强化对概念的理解。学生可通过这种方法领悟到，在高级财务会计中涵盖的工作底稿程序只是达到某种目的的手段，而其本身并不是目的。
- **专题涵盖全面且赋予有效的灵活性** 高级财务会计的内容以前所未有的速度不断扩展着。新的专题不断补充进来，传统专题涵盖的内容不断扩大。因此灵活性对于一本高级财务会计专著是至关重要的。大多数一学期的课程无法涵盖本书的所有专题。本书在结构安排上作了很好的处理以最有效率地利用有限的时间。每个章节自成一体，以便按顺序灵活地安排课程资料；另外，每章后面的“附加思考”为学生进一步的深入学习提供了帮助。有几个章节的附录中还提供带有补充性质的内容，如对可选择会计方法的探讨、对步骤的图解或是概念性的讲解。
- **当代研究专题的涵盖范围** 当今社会不断变化的商业环境要求会计师不断地学习各种新型交易的处理方法、执业所需的新技术，以及会计核算和财务报告的新规范。这本书集中了目前最新的执业标准，吸收了实践中各种会计和财务报告案例，比如在目前引人重视的萨班斯法案（Sarbanes-Oxley Act，SOX）的应用就被收录到本书中。又比如，近年来特殊目的实体（SPE）广受关注并日益重要，因此该内容也被收录了进来。此外，书中还收录了 FASB 对可变利益实体（VIE）的解释和与其相关的合并案例。本书还涉及到由 FASB 发布的各种与企业合并和重要合并问题相关的审议和草案，比如对非控性权益的处理以及对公允价值和商誉的全面认识（实体法）。本书一方面反映了当代专业问题，同时又针对每一个专题的概念体系提供了最新的观点和深入的阐述。学生可以获得丰富的最新信息和学习机会，进而可以认识到本书涉及的这些高级财务会计专题是当今会计领域的重要组成部分。

组织：Peerless Products公司和Special Foods公司简介

本书讲述了 Peerless Products 公司从建立到成长为一个跨国合并实体，并最后结业的全过程。对实体的每个发展阶段，包括对子公司 Special Foods 的收购，本书提供了综合的案例，并且深入讨论了会计师所面临的会计和财务报告方面的问题。在第 7 版中，本书将用以下徽记来标示两个公司。

以下介绍了本书的组织结构，以及如何运用连贯性的案例来阐述相关主题。

企业合并、企业集团内部权益投资以及合并的概念

本书的第 1 章和第 2 章介绍了复杂的组织结构、企业合并以及企业集团内部的权益投资，第 3 章介绍了学习合并财务报表的概念基础。

母公司全资拥有子公司股权的合并

第 4 章开始介绍 Peerless Products 公司。Peerless Products 收购了 Special Foods 公司的全部股权，使其成为自己的子公司并存续下去。本章讲解了合并日的简单合并工作底稿、合并日后三部式的工作底稿，以及合并日与合并日后的基本合并步骤，同时还列示了母公司和子公司合并后两年合并财务报表的编制方法。

母公司少于全额拥有子公司股权的合并

第 5 章在第 3 章和第 4 章的基础上进一步阐述母公司对子公司少于 100%股权的合并业务。本章假设 Peerless Products 公司收购 Special Foods 公司 80%的股权，在两年的存续期内经营。

企业集团内部交易

与其他附属公司一样，Peerless Products 公司与 Special Foods 公司之间有着大量的企业集团内部交易。第 6、第 7 和第 8 章分别探讨了企业集团内服务转移、非流动资产交易、存货交易以及企业集团内部债务转移交易。

复杂的所有权业务

第 9 章阐述由于复杂所有权结构而导致的特殊合并问题。能够导致合并的会

计事项包括如下假设：（1）Special Foods 公司发行优先股；（2）Peerless Products 公司通过将其在 Special Foods 的部分股权投资卖给合并范围之外的实体来降低其持股比例，或者通过继续购买股份来增持其在 Special Foods 公司的股权；（3）Special Foods 公司购买一家自己的子公司；（4）Special Foods 公司购买 Peerless Products 的股票；（5）Special Foods 公司发行股票股利。

合并报告业务

第 10 章通过讲解 Peerless Products 公司和 Special Foods 公司几个其他有关合并的业务来结束合并报告的讨论。首先，以 Peerless Products 公司和 Special Foods 公司为例编制合并现金流量表；其次，阐释中期收购对合并财务报表的影响；第三，讨论合并实体的税务问题。本章最后研讨了合并后每股收益的计算问题。

跨国公司会计

第 11 章和第 12 章讨论了 Peerless 进入国际商务环境中如何进行会计核算和报告的问题。首先，Peerless Products 公司将销售延伸到国际客户，并进行外币交易。为了控制风险，Peerless Products 公司利用外汇远期合同和其他金融衍生工具进行套期保值。本书在附录中详细讲述了如何利用衍生工具的时间价值和其他衍生工具的会计核算。在第 12 章中，Peerless Products 公司收购了一家在德国的子公司。这家德国子公司采用欧元报告其经营成果，Peerless Products 公司必须将该子公司的试算表折算成美元以便编制合并报表。

分部和中期报告

第 13 章讨论了分部报告的要求，阐释了 Peerless Products 公司在其合并报表中的分部报告内容和相关的披露要求。同时，本章以 Peerless Products 公司的中期报告为例，讨论并讲解了中期报告的相关内容。

第7版的主要变化

本书的所有章节都进行了修订，以便能全面讨论和充分阐释 FASB 和 GASB 的最新标准。

1. **重新系统编排有关合并内容的基础资料** 重新系统地编排了在本书第一部分介绍的合并资料。第 3 章梳理了不同的合并理论，同时增添了数据实例以证明每种合并理论的影响，包括 FASB 颁布的关于企业合并和合并报表的相关建议和标准。由于大多数子公司均属被母公司全资控股，因此本书先对全资控股子公司的合并步骤进行讨论，然后再讲解具有一定复杂性的非全资控股子公司公司的合并步骤。因此，第 4 章介绍了全资控股子公司在合并日及合并日后期间的会计处理。大部分全资控股子公司的重要合并事项在第 4 章中进行讲解。第 5 章则进一步讨论对多数所有权控股子公司的合并。

2. **阐述 FASB 关于企业合并和合并报表事项标准的提议** FASB 目前已接近完成有关项目，这些项目提出对企业合并的核算和合并报表的编制进行重大修改。尽管建议的标准还没有最后确定，但如果被采用，它将对未来的实务操作产生重大影响。FASB 的建议在本书中以各种方式体现：首先，贯穿全书的是，所建议标准的简述与相关的议题始终放在一起介绍。其次，本书在第 1、第 3 和第 5 章分别专门对提议的标准进行详细介绍。第三，本书中有大量的实例以证明实施建议标准的效果。比如，第 5 章展示了一份在被提议标准下完整的合并财务报表的工作底稿。这个实例在本书网站上有更详细的介绍，也包括其他实例（www.mhhe.com/baker7e）。另外，在每章的最后也有关于建议标准的相关内容。
3. **更贴近现实的举例贯穿全书** 所有章节都增加了针对专题的实例，旨在向学生展现该专题的重要性，理解如何在实务中将其应用于动态的商业环境。这些例子为学生模拟了真实的环境。
4. **每章结尾内容的重大修改** 对每章最后的实例进行了更新，其中很多内容是本版新增的例子。这些案例对学生具有实用性，同时提供了进行在线式研究和撰写正式报告的机会。

保留下来的特点

第 7 版保留了先前版本的诸多优点：

1. 保留了综合性连贯案例的形式，因为它能使学生看到每一步是如何影响实体的财务报告的。Peerless Products 公司和 Special Foods 公司案例结构清晰，作为贯穿全文的积木式方法的基础。
2. 尽管每章都反映了 FASB 和 GASB 最新的准则要求，同时又进行了改进，作了重点阐述，但本书仍尽可能地延续了先前版本所具有的、被学生和老师所推崇的清晰的写作风格。
3. 在本书的专题讲解中，继续沿用对 FASB 和 GASB 颁布的标准全文的直接援引。

致 谢

本书的出版凝聚了许多人的智慧。对于他们的贡献，我们衷心地表示感谢。首先，我们要特别感谢高级财务会计班的学生们，从他们的身上我们学到了许多东西。无论从哪方面讲，这本书的出版都是教学相长的结果。其次，我们要感谢参与该项目的优秀教师，他们与我们一起并肩努力，分享学习的乐趣与喜悦。最后，我们还要感谢讲授高级财务会计的同仁，是他们的支持和鼓励，使我们必须尽一切所能将本书做到最好。另外，本书前期版本的使用者提供了许多有建设性的反馈意见，他们的意见和建议对本书的改进和完善提供了有益的帮助，在此我们深表谢意。我们要感谢以下所有人。

C. Richard Baker	Adelphi University
Jean C. Bedard	Bucknell University
Mark Bettner	Bucknell University
Bruce Bradford	Fairfield University
Bobby Carmichael	Texas A&M
Charles Christianson	Luther College
Steve Czarsty	Mary Washington College
David Doran	Pennsylvania State University
Erie	Northern Illinois University
John Engstrom	Northern Illinois University
Wayne Higley	Buena Vista College
Sharron Hoffmans	University of Texas
El Paso	Morningside College
James Hopkins	Morningside College
Gordon Hosch	University of New Orleans
David Karmon	Central Michigan University
Aubrey Kosson	Northern Illinois University
James Lahey	Northern Illinois University
May H. Lo	West New England College
Mary Maury	St. John's University
Ralph McQuade	Jr. Bently College
David Meeting	Cleveland State University
Philip Meyer	Boston University
Jon Nance	Southwest Missouri State University
Scott Newman	West State College of Colorado
Larry Prober	Rider University

Terence Reilly	Albright College
Max Rexroad	Illinois State University
Andrew Rosman	University of Connecticut
Eugene Rozanski	Illinois State University
Norlin Reuschhoff	University of Notre Dame
Victoria Rymer	University of Maryland at College Park
Nancy Starnes	Southern Illinois University, Edwardsville
Pam Smith	Northern Illinois University
James Stice	Brigham Young University
Mack Tennyson	University of Charleston
Stuart Webster	University of Wyoming
Scott Whisenant	University of Houston

我们还要感谢北伊利诺伊大学的 John R. Simon 教授，他为本书章后习题的修订做了大量工作。感谢 Wendy A. Duffy 教授，她为本书的多个章节开发了教学案例。感谢 Lisa Enfinger 女士，她承担了本书的校对工作，并出色地完成了任务。感谢为本书提供辅助资料的作者：Leonard Stokes 创建了试题库，Harlan Fuller 创建了电子表格模拟示例，Alex Clifford 制作了教学幻灯片，Amy Kaiser 创建了在线测试系统，Beth Woods 制作了教师用书。北伊利诺伊大学的 Margaret Berg 女士为本书的编辑做了大量工作。我们要特别感谢 Lois Lembke，她为本书的习题答案作出了贡献。

衷心感谢麦格劳—希尔出版公司的工作人员，特别要感谢 Stewart Mattson、Steve DeLancey、Dan Wiencek、Robin Reed、Megan McFarlane、Harvey Yep、Gina Hangos、Jess Kosic、Susan Lombardi、Ira Roberts、Matthew Baldwin 和 Christine Vaughan, 他们为本书的出版提供了积极的帮助和有益的指导，并在此过程中付出了艰辛的努力。

最后，衷心感谢我们的家人，这本书的出版，离不开他们的鼓励与支持。

简要目录

详细目录

第 1 章

企业并购和对其他实体的投资

美国的商业环境可能是世界上最具动感和最有活力的。每天都会有新企业和新产品进入市场，而同时也会有一些企业被迫离开市场，或是为生存而全面转型。在这种经济背景下，现有的企业经常会发现有必要将自身的业务与其他企业合并，或是在商业活动的新兴领域创立新的运营单位。

近些年来，商业社会已经见证了许多企业收购与合并，常常会有一些国家的大型知名企业参与其中。其中的一些合并相当吸引公众的眼球，这是因为有名人效应、启用大胆的商业策略，或是生死攸关之际的巨额金钱交易。

近年的商业实务中也出现了众多较少传统意义上的企业结构，以及新型的、有时是全新的、为实施企业运营和财务运作而成立的特殊实体。当今的环境充满了经营风险、全球化的考虑以及税收的复杂性，新型企业结构和特殊实体的出现，通常是对现行经营环境的一种反应。但是，近来的诉讼案件、犯罪调查、国会方案以及企业的破产案例显示，某些新型企业结构和特殊实体运用的合法性已经遭到质疑。

总而言之，今天的商业环境是有史以来最令人兴奋和具有挑战性的，以快速变化和异常复杂为表现特征。在这样的环境下，政策的制定者，例如证券交易所(SEC)、FASB 和上市公司会计监管委员会（PCAOB），它们争相对快节奏的变化给予一定程度的反应，以确保财务报告的持续有用性，使其可以反映经济实质。

当两家或两家以上的企业在同一所有权控制之下，或是一家企业建立了一种复杂的组织机构，涉及了多元化的新型金融实体或经营实体的时候，就会引发大量的会计和财务报告问题，前 10 章会着重于研究这一系列问题。第 1 章描述了导致企业扩张的因素，以及一些复杂的组织结构类型和组织关系，为以后章节的阐述奠定基础。本章还详尽论述了与正式的企业合并相关的会计和财务报告问题。第 2 章着重讲述对其他企业普通股的投资、有选择性的其他类型的投资，以及和其他实体之间的关系。之后的 8 个章节系统地阐释了当一家企业控制其他企业时，这些关联企业所采用的报告程序，以及将关联企业视为单一报告主体所应呈报的**合并财务报表**（consolidated financial statement）。

复杂商业结构的发展

现今的商业环境是十分复杂的。由于跨越不同国家和地区经营，每个国家和地区都有自己的法律法规和风险、错综复杂的税收条款、无数极度复杂的商业交易和金融工具，以及各式各样的其他因素，这些因素共同导致了这种复杂性的产生。那种一家企业拥有两三家制造商，为当地或区域市场生产产品的简单商业模式，和几十年前相比已经大为减少。由于企业规模不断扩大，为应对错综复杂的商业环境，企业通常向复杂的组织结构和所有权结构方向发展。

企业扩张

大多数商业企业以寻求扩张作为生存和盈利的方式。不论是一家商业企业的所有者还是管理者都会很有兴趣看到企业向大型化成长。这种大型化通常会带来存在于生产和配送环节上的规模经济。通过对新兴市场的扩张，或通过对已在这个领域中的另一家企业的并购，企业可以开发其新的盈利潜能，而那些身处周期性行业的企业可以通过多元化发展而大大增强其盈利的稳定性。例如波音公司，一家在商业航空领域极具优势的企业，收购了在商业航空方面十分薄弱，但在军事航空、其他防卫和空间应用方面很强大的美国麦道公司。当商用飞机的订单随着空中旅行急剧衰退而急剧下滑时，如果相应增加国防方面的支出，如涉及伊拉克战争的支出，就会帮助波音公司保证其盈利。

公司管理层通常会由于企业规模的扩大而获得更高的薪酬。此外，其自身的声望也会随着企业规模的扩大以及对其他公司成功的收购而大幅提升。结果造成公司管理层常会为了私人的利益而扩大企业规模。例如，伯纳德·艾伯斯（Bernard Ebbers）电信事业的起点，是一家小型的长途电话折扣服务公司的经理，他最终将其创建成为世界上最大的企业之一——世通公司（WorldCom）。在这个过程中，艾伯斯因为他的收购威力而闻名于世，变得极其富有，这种情形直到世通公司（现在的美国世界通信国际公司 MCI）因为会计丑闻倒台并且宣布破产，而艾伯斯也被宣判入狱才结束。

组织结构和企业目标

复杂的组织结构常常会有助于企业目标的实现，比如提高盈利能力或降低风险。例如，许多公司会建立子公司以进行某种商业活动。**子公司**（subsidiary）是指一家企业被另一家企业所控制，也就是指被**母公司**（parent company）所控制，通常是通过对子公司普通股的多数所有权进行控制。因为子公司是一个独立的法律实体，所以在与子公司相关的经营活动上，母公司的风险是有限的。企业通常会向子公司或者是特殊目的实体转移其应收账款，然后将其作为向其他实体发行债券的抵押品（证券化）。外部企业可能会持有这些实体部分或全部的所有权，并允许转移企业分散与应收账款相关的风险。在某些情况下，通过一家独立的实体进行某些商业行为有可能会获得税收上的好处。例如美洲银行（Bank of America），通过建立一家子公司转移了源自银行的贷款，从而在季度税金上节约了 4.18 亿美元。[1]

组织结构、并购和伦理思考

在某些情况下，企业管理者会运用复杂的组织结构来操纵和粉饰其财务报告。许多大型的企业利用财务报告要求上的漏洞或不严格，以子公司或其他实体的名义大量借款，但在其自身的资产负债表上却不对债务进行披露。一些企业创建特殊目的实体进行利润操纵。

近年来，由于被安然公司这样的企业惊人地滥用，“特殊目的实体”这个名词变得广为人知。**特殊目的实体**（special-purpose entity，SPE）总体来说是一个财务实体，但不是一个独立存在的实质性的经营实体，通常是因为某种单一的特殊目的而创立。一家特殊目的实体有可能以一家企业、信托实体或是合伙企业的形式存在。安然公司在其 2001 年倒闭之前是世界上最大型的公司之一，它成立了大量的特殊目的实体，至少有一部分这样的实体是以操纵财务报告为目的的。很显然，某些安然公司的特殊目的实体的创建主要就是为了隐藏债务，另一些是被用来进行一些虚假交易或是将借款转换成报告收入。

本章中探讨的一个主要论题之一就是兼并和收购的会计处理，这是一块有利于操纵的领域。从历史上看，这曾经是财务报告的一个最困难和最棘手的领域。对于两个以前各自独立的公司，除了合并财务信息的复杂性之外，还有引发与收购相关的成本和估值的会计处理的大量事项。这些会计事项要求无数的会计估计、会计假设和职业判断，会对相关公司未来的财务报告造成重大的影响。虽然职业判断的重要性贯穿着财务报告的始终，在对兼并和收购进行会计处理的时候，如何进行公允列报的职业判断依然十分困难。

SEC 前任主席阿瑟·莱维特（Arthur Levitt）在其 1998 年 9 月 28 日发表的演讲“数字游戏”中，重点指出了一些潜在的难题。莱维特担忧的是，企业为了达到华尔街的盈利目标会滥用会计估计和会计方法。他担心企业抱着蒙蔽的幻想动机粉饰财务报告，而不是心怀坦诚。他担忧这种财务报告诚信的缺失，会对我们资本市场的有效机制造成潜在的破坏。

莱维特关注的一个问题是“创造性收购会计”或是“兼并魔术”。企业合并中的某种会计处理方法有时候会创造利润，同时，考虑到很多时候会导致对合并后续的财务报告的误解，所以权益法合并已经被 FASB 取消。但是莱维特也指出在其他领域也存在着对兼并和收购的会计操纵。例如，SEC 曾经对正在进行的研究与开发（IPR&D）成本表示过关注，根据 **FASB 第 4 号解释公告**——“FASB 第 2 号准则在购买法商业合并下的适用性”，在商业合并中获得的正在进行的研究与开发成本被要求予以冲销。许多公司将收购成本中相当大的一部分作为合并中获得的正在进行的研究与开发成本，在合并后马上进行全额的费用化，以解除未来期间里财务报告因这些成本而形成的沉重负担。但是，因为缺乏被广泛接受的估值

[1] “PNC Shakes Up Bankinq Sector; Investors Exit,” *The Wall Street Journal*, January 30, 2002, p. C2.

模型，因此很难对分配给合并中获得的正在进行的研究与开发成本的金额的适当性进行评估。SEC 对于该问题的审查，似乎已经减少了对合并中获得的正在进行的研发成本的撇账。总而言之，兼并交易的频率和尺度，以及收购会计的复杂性，使得它对于财务报表的潜在影响至关重要。

安然事件引发公众的愤怒，遭受了巨额亏损的安然公司的债权人、投资者和员工将矛头直接指向特殊目的实体、会计和会计职业的薄弱性。由于安然事件的丑闻以及大量存在于其他大型企业中的会计失当，美国国会、SEC 和 FASB 开始采取行动加强对财务报告程序的要求，对于特殊实体和它们之间的关系予以明确规定。这里特别需要注意的是 FASB 发布了关于特殊目的实体的一项新的声明，更明确地说，也就是 FASB 所指的“可变利益实体”，在第 3 章中会对此加以详述。此外，FASB 正在准备发布一系列声明，主要是关于不同组织结构和关系的财务报告中必须完成的事项（例如企业集团内部对普通股的投资以及合并财务报表）。这些事项将在后面的章节里加以讨论。

企业扩张和组织结构形式

历史上，企业的扩张有赖于企业的内在成长，往往是通过新产品的开发和现有产品线进入新兴市场的扩张而形成的。但在近几十年间，许多企业选择通过与其他企业的合并或收购的形式进行扩张。这两种方法都会导致企业组织结构的改变。

自内而外的扩张

当企业自内而外扩张时，它们经常会发现通过新的子公司或其他实体，如合伙企业、合资企业或特殊实体来进行扩张活动会更加有利。在大多数情况中，企业现有资产中的一项可辨认部分会被转移到新的实体，同时作为交换，转移企业会获得相应的所有权。

企业会出于各种各样的动机建立新的子公司和其他实体。为了建立明确的控制机制和进行有效的绩效考核，多元化经营的企业有可能会选择不同的子公司处理不相关的经营业务。在某些情况下，一家在某个特定领域专业化经营或是在某个特定的国家开展经营活动的实体，可能会有资格获得特别的税收优惠。特别重要的是在某些行业，事实上不需要整个实体都受制于法规管制之下，只要一个独立的法律实体就有可能获准合法经营。同样，通过创建一个独立的法律实体，母公司可以保护自身不必披露整个公司的资产，以避免由于尝试新的产品线或高风险形式的商业活动而发生的法律义务。

设立新的子公司或其他实体，企业也有可能不是作为一种扩张，而是作为处理其部分现有业务的方式，通过公开销售或向现有股东或他人转移所有权。在某些情况下，企业会通过这种方法对不再符合公司总体使命的业务分部进行处置。在其他一些案例中，这种方法被用于处置不盈利的业务，或是为了使和另一家公司的兼并预案能够符合法律法规，或是得到股东的批准。**分立**（spin-off）的发生是指新设立或现存的子公司，在不放弃母公司持有的任何它们的股份的情况下，所有权被分配给母公司的股东。**剥离**（split-off）是指子公司的股份和母公司的股份进行交换，因此导致母公司发行在外的股份的减少。尽管向一个或更多的非关联方转移所有权通常都会导致一种应课税交易，但是面向现有股东设计合理的所有权转移一般来说符合免税交易的要求。

通过企业合并进行扩张

许多时候企业会发现，要想进入一个新产品领域或地理区域，通过收购或合并其他企业的方式比内在扩张更容易实现。例如，西南贝尔通信（SBC Communications）是一家大型的电信公司，同时也是“小贝尔公司”成员之一，在完成了对太平洋电信（Pacific Telesis）与美国 Ameritech 公司的并购后，服务区域显著增加，最终成功收购美国电话电报公司（AT&T）（并以该公司命名）。

企业合并（business combination）指两家或两家以上的企业被共同控制。**控制**（control）这个概念，是指直接制定政策和进行管理的能力。在传统意义上，对一家公司的控制是指获得了该公司大多数的股权。但是，近年来经营和财务安排的多元化运用，使得只拥有少数股权，或者在某些情况下根本不占有股权却可以获得控制地位的可能性增加。

在当今的商业环境和合并协议条款中，企业合并的类型和参与其中的公司一样多种多样。企业订立了形式各异的正式和非正式协定，其中至少会有一部分与企业合并特征相符合。大多数企业会注意避免在公司账上记录非正式的协定，因为会有执行上的潜在难度。事实上，一些非正式的协定，例如目的在于锁定价格或是对潜在客户进行分配的协议，都是不合法的。正式的协定通常是可执行的，同时也更有可能在参与方的账上被确认。

非正式协定

非正式的协定有形形色色的表现形式。简约的君子协定，是在共存的商业机会中建立友善的长期合作关系所必需的。在其他情况下，具有互补产品或服务的企业之间会发展成为隐式的工作关系。例如，某建筑承包人可能一直使用特定的电气或管材分包商。为了在更正式的基础上共同协作，一些企业建立起**战略联盟**。例如，美国最大的储蓄机构华盛顿互助银行（Washington Mutual）同 SAFECO 公司建立战略联盟，通过华盛顿互助银行遍及各州的分支机构网络发放 SAFECO 公司的养老金；而美国大陆航空公司（Continental Airlines）和西北航空公司（Northwest Airlines）订立了分享航线的战略协议。企业之间部分地相互依存，可能会采用连锁董事方式，即一个或一个以上的成员同时在两家企业的董事会任职，作为一种不需要采用正式程序合作的方法，在一定程度上提供共同管理。

非正式和自由度使得非正式的协定成为可行，同时也成为参与非正式协定的企业不编制合并财务报表、不被作为一家单独实体的主要因素。大多数非正式协定中的另一关键因素是所有权分离的持续性以及终止这种非正式关系的便捷性。

没有某种形式上的所有权的合并，企业合并的实质通常是缺失的。

正式协定

正式的企业合并通常以书面协议达成。协议中明确合并的条款，其中包括企业合并的形式、交换的对价、发行在外证券的处置，以及参与方的权利和义务。这样一份协议的达成，要求合并中的一家或一家以上的参与公司在账簿上予以确认。

在某些情况下，一份正式的协定本质上等同于一项企业合并，然而在形式上有所差异。例如，一家企业签订了一份合同，以几十年的期限租赁另一个企业的全部资产，这事实上就等于购买了另一个企业。类似地，一份经营合同若长期给予一个企业对于另一个企业经营上的全部管理权，则可以被视为一种企业合并的实现。不管这些协定的本质是什么，从会计的角度，它们通常不会被作为企业合并处理。

企业合并的频率

在现代商业环境中，只有很少数的大型企业作为单一的法律实体运行。几乎所有的大型企业都会有至少一家子公司，少数多元化经营的企业会有数百家子公司。在某些情况下，企业集团内部单独设立的子公司是母公司前期经营的一部分，而其他一些子公司是通过企业合并获得的。

企业合并是商业环境中持续而又频繁的一部分。兼并狂潮发生在 20 世纪 60 年代，这段时期兼并的特点是疯狂，在某些情况下，无组织的兼并狂潮，导致了一大批联合大企业或是涉足经营不同行业的企业的出现。由于很多兼并企业缺乏经营的一致性，它们通常没有预想中的成功，很多发生在 60 年代的并购已经被出售或是被放弃了。在 80 年代，企业合并再度兴起，在这个时期可以见到大量的融资并购，但是因之发生的债务给很多合并企业带来长年累月的烦扰。

随着所有关于兼并活动的记录被粉碎，20 世纪 90 年代的企业合并金额（数量）让过去发生过的兼并狂潮相形见绌。2000 年，随着一个创纪录的 33 000 亿美元的兼并成交，这样的步伐持续到了新的世纪。[2]但是，2000 年早期的经济低迷，使得兼并的数量显著衰退。大量公司将它们的扩张计划暂时搁置，而实实在在发生的许多兼并仅是为了生存。接近 2003 年中期，兼并活动再度兴起，而到了上个十年的中叶显著加速。在离 2006 年不到 100 个小时的时候，“大约 1 100 亿美元的并购交易在全世界范围成交，涉及的范围从天然气、铜、漱口水到钢材，将来自印度、加拿大、卢森堡和美国的投资者和工厂主紧密联系在一起。”[3]显而易见，在可预见的将来，企业合并将继续成为商业活动中一个重要的组成部分。

在过去的 10 年里，企业合并在电信业、国防业、银行和金融服务业、信息技

---

[2] Dennis K. Berman and Jason Singer, “Big Mergers Are Making a Comeback as Companies, Investors Seek Growth,” *The Wall Street Journal*, November 5, 2005, p. A1.

[3] Dennis K. Berman and Jason Singer, “Blizzard of Deals Heralds an Era of Megamergers,” *The Wall Street Journal*, June 27, 2006, p. A1.

术业、能源和自然资源业、娱乐业、制药业以及制造业中十分普遍。在近期的一些主要并购事件中，一些世界上最大型的企业和广为人知的名字涉及其间，例如宝洁公司、吉列公司、花旗集团、美国银行、美国电话电报公司、美国惠尔浦公司、雪碧公司、美国弗莱森通讯公司、Adobe系统公司、克莱斯勒汽车公司、戴姆勒-奔驰公司、美国康菲公司（ConocoPhillips）、英国石油公司以及埃克森美孚化工公司。

复杂的组织结构

虽然数十年来母公司-子公司的结构在主要的合并中是一种标准的形式，但近年来，更为复杂的结构开始逐渐普及。大量公司现在至少会将部分经营活动通过实体而不是子公司实施。例如，合资企业、合伙企业在能源开发与分配、建筑、动画制作和其他多种行业中十分普遍。例如，美国最大的手机无线通信运营商Cingular公司是美国电话电报公司和西南贝尔公司的合资企业。正如第3章中所阐述的，特殊目的实体和可变利益实体，包括信托，已经作为融资工具得到广泛运用。这种非传统意义上的、创新型的组织结构给财务报告带来了大量挑战。

组织结构和财务报告

当企业收购其他企业或是通过内部分工的手段进行扩张或是改变其组织结构时，新的结构必须通过适当的财务报告步骤的检验。根据不同情况，可能存在以下一些方法。

1. **兼并** 一种企业合并的形式，使被并购企业的资产和负债与并购企业的负债和资产合并，没有产生另外的组织结构。因此，财务报告的编制是基于原始的组织结构。
2. **控股股东所有权** 一种企业合并的形式，收购公司拥有被收购公司的大多数股权，因而形成母-子公司关系，被收购公司仍旧作为一个单独的法律实体。出于通用报告的目的，会计准则通常要求母公司和子公司的财务报表合并，这样合并企业可以作为一个单独的报告实体体现。如果子公司是设立而不是购买的，处理方法是一致的。当其他非公司制实体和投资公司控制大多数股权时，处理方法也是同样的。[4]
3. **少数股东权益** 购买另一家企业的少数股权，通常不一定会导致企业合并或控制的发生。当一家公司设立另一家实体且拥有其少数的控制权，或是在一家现有的合伙企业中购买少数股权的时候，也会出现类似的情形。在其财务报表中，投资公司对其在被投资公司的权益进行报告，以明确的方法对规定环境下的投资予以核算。

[4] 在这里，多数股权一般是指充分条件，并不像在上述处理中应具备的必要条件。与公司制的案例有所不同，因为投资者在合伙企业中所持有的股份并不完全代表其应享有的利益份额。关于合伙企业的讨论不是本书的内容。

4. **其他受益权** 一家企业甚至可能在没有直接所有权权益的情况下，对另一家实体拥有受益权。该受益权可以通过设立一家实体的协议，或是通过订立一份经营或融资协议来定义。如果受益权不是根据拥有所有权的百分比而是根据其他因素来确定的，则报告规则会十分复杂且要视不同情况而定。总的来说，如果一家企业拥有决策权，可以显著影响另一家实体的经营活动的成果，或是可以享有另一家实体的大部分利润以及承担其大部分损失，则可以被称为该实体的**第一受益人**（primary beneficiary）。通常，该实体的财务报表应和其第一受益人的财务报表合并编制。

这些各种不同的情况以及相关的会计和报告步骤，会贯穿在前10个章节里探讨。最主要的讨论焦点将会是前三种情况，特别是关于购买另一家公司全部或部分的股权。对于第四种情况的探讨较为有限，这是由于其复杂性和可能协议的多样性决定的。

设立商业实体

企业选择将其部分经营业务通过单独的商业实体得以实施，大多数是通过子公司、合资企业或合伙企业。第2章到第10章对合资企业和子公司的投资正在施行的会计处理和报告进行了探讨，对合伙企业投资的会计核算在第2章进行阐述，而对于合伙企业本身的会计处理在第15章和第16章中讨论。本部分讨论的内容是关于母公司或投资者通过设立而形成的实体，不涉及因对现存的企业或合伙企业的购买而形成的权益。

当一家公司向其设立的另一家实体转移资产或经营业务时，不同类别的实体会产生许多差异，同时也有可能会形成大量种类不一的协议。因此，根本不可能确立一套放之四海而皆准的规则和步骤。这里所探讨的主要内容都是最直截了当而且非常普遍的情况，即转移企业设立一家其所有并控制的子公司或合伙企业，其中还包括企业试图向其股东转移所有权的情况。更加复杂的情况会在后文论述。

在这些简单的案例中，企业向其设立、控制并拥有大多数股权的实体转移资产，也有可能是负债。企业向其设立的实体以账面价值转移资产和负债，转移企业在其新设立的实体中确认的所有者权益与其转移的净资产的账面价值相等。确认转移资产公允价值超过其在转移企业账上的账面价值的部分，在缺乏公平交易的情况下，通常是不适当的。因此，转移企业对于转移的资产不确认损益。但是，如果转移至新设立实体的该项资产价值在转移前已经减值，其公允价值低于转移企业账簿上的账面价值，则转移企业应确认这部分减值损失，同时以抵减后的公允价值向新设立实体转移该资产。

在资产转移的时点，新设立的实体按照转移资产和负债的账面价值进行常规的会计处理。后续的财务报告涉及新设立实体及其母公司财务报表的合并。总而言之，合并财务报表上所体现的情况应如同该项转移没有发生。

作为新设立实体的示例，假定Allen公司设立了一家子公司——Blaine公司，同时向其转移了以下资产，以每股2美元的票面价格，作为对Blaine公司全部

100 000 股股本的交换。

项目	成本	账面价值
现金		$ 70 000
存货	$ 50 000	50 000
土地	75 000	75 000
建筑物	100 000	80 000
机器设备	250 000	160 000
		$435 000

Allen 公司对于资产转移的分录如下：[5]

(1) 借：股权投资——Blaine 公司股本	435 000	
累计折旧	110 000	
贷：现金		70 000
存货		50 000
土地		75 000
建筑物		100 000
机器设备		250 000

$110 000=（$100 000–$80 000）+（$250 000–$160 000）

Blaine 公司对于资产转移和按照转移资产的账面价值进行股票发行的会计记录如下：

(2) 借：现金	70 000	
存货	50 000	
土地	75 000	
建筑物	100 000	
机器设备	250 000	
贷：累计折旧		110 000
股本，$2 票面价格		200 000
资本公积		235 000

如果 Blaine 公司已经被设立为一家合伙企业而不是一家公司，会计处理应该是类似的。假定在公司案例中，Allen 公司向一家非关联企业——Chaney 公司，投资了相同的资产，以 65 000 美元现金投资，享有 Blaine 公司损益 10%的份额，Allen 公司来经营和控制合伙企业。Allen 公司在分录（1）中记录该项投资，以借记对 Blaine 合伙企业的投资取代对 Blaine 公司股本的投资。Blain 公司对收到 Allen 公司和 Chaney 公司的资产记录如下。

[5] 本书以会计分录的形式列示不同的会计步骤。为便于查找，每一章节中的会计分录按顺序编号。每一笔会计分录的编号在所在章节中只会出现一次。

(3) 借：现金	135 000	
存货	50 000	
土地	75 000	
建筑物	100 000	
机器设备	250 000	
贷：累计折旧		110 000
股本，Allen 公司		435 000
股本，Chaney 公司		65 000

企业合并

企业合并会使得两家或更多曾经是单独的公司处在同一控制之下。企业合并可以采用多种不同的形式，也可以通过不同的途径实现。

企业合并的形式

在图表 1–1 中例示了三种企业合并最主要的法律形式。**法定兼并**（statutory

图表 1–1

企业合并的类型

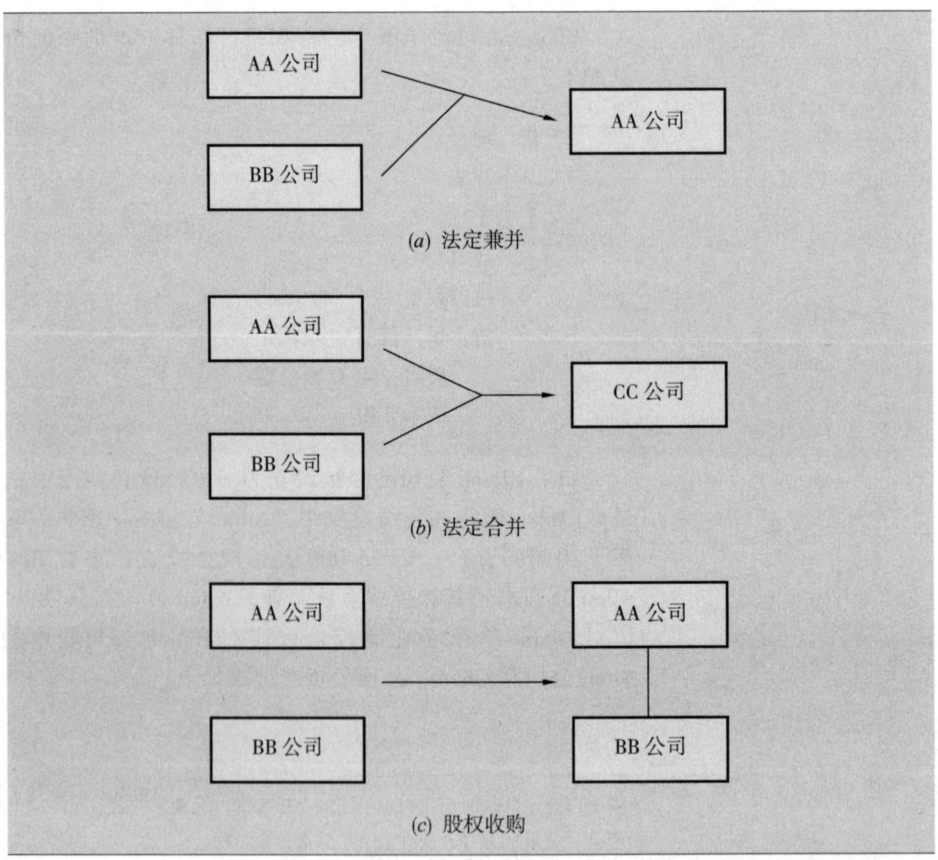

merger）是指这样一类企业合并，即合并的企业中只有其中一家存在，其他企业则会失去其独立的合法地位。被收购企业的资产和负债转移到收购企业，且被收购企业被解散或**清算**（liquidate）。个别企业前期的经营活动会由兼并之后形成的单独的法律实体继续进行。

法定合并（statutory consolidation）是指这样一种企业合并，即两家合并的企业均被解散，同时其资产和负债都被转移至新设立的企业。个别企业前期的经营活动会被一家单独的法律实体继续进行下去，而法定合并之后，原合并的企业都不会继续存在。但是在很多情况下，法定合并形成的企业只不过是形式上的新企业，实质上是原合并企业中的一家以一个新名字被合并。

股权收购（stock acquisition）发生于一家企业购买另一家企业有表决权的股份，但两家企业仍作为单独的却是相关联的法律实体继续进行经营活动。由于两家合并企业都没有被清算，收购企业将其在另一家企业的所有权权益作为一项投资处理。在股权收购中，收购企业不需要购买另一家企业的全部股份以获得控制权。

股权收购中形成的关系被称之为**母–子公司关系**（parent-subsidiary relationship）。母公司是指一家企业控制了另一家企业，通常是通过持有其大多数股本股权进行控制的，被控制的企业可以称之为子公司。对于通用财务报告，母公司及其子公司列报的合并财务报表很大程度上将其视同为事实上合并为一个单独的实体。

如图表 1–2 所示，股权收购发生在一家企业购买另一家企业的多数表决权的时候，企业合并之后两家企业仍作为单独的法律实体存在。法定兼并和法定合并既可能通过股权收购，也可能通过净资产收购生效。在股权收购之后完成法定兼并或法定合并，被收购企业被清算，只有收购企业或新设立的企业仍存在。

图表 1–2
确定企业合并类型

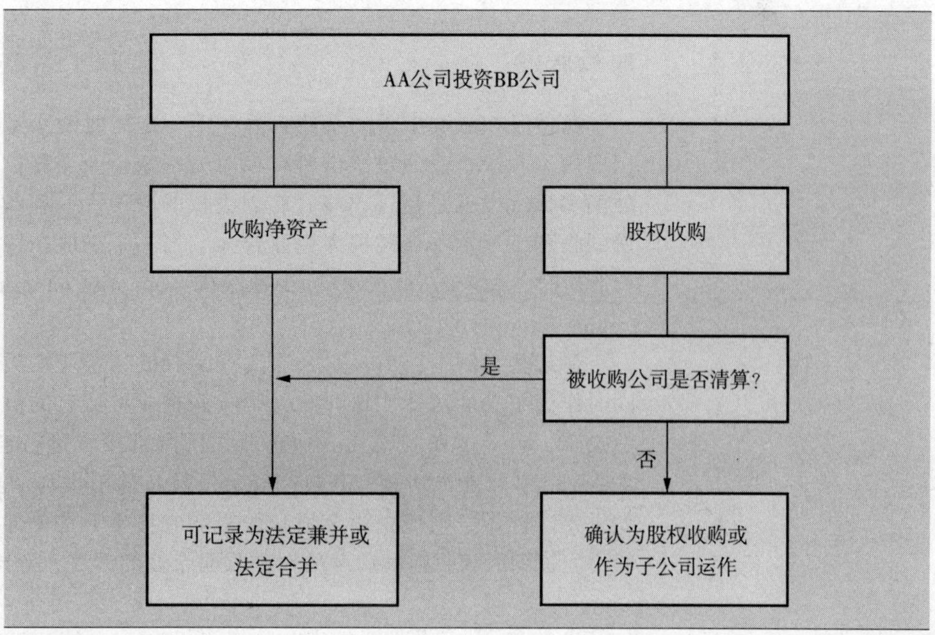

企业合并的法律形式、合并协议的实质，以及合并的商业环境都会对合并如何进行初始记录、合并之后使用的会计和报告步骤产生影响。

实施企业合并的方法

企业合并既可以表现得友善，也可以充满敌意。在一项友善的合并中，涉及合并的企业的管理层参与合并协议条款的签订，建议股东予以批准。这种合并通常会通过一笔单独涉及资产或表决权交换的交易生效。而在一项充满敌意的合并或“敌意收购”中，涉及合并企业的管理层不同意合并条款，合并中的一家企业管理层会直接向合并中另一方企业的股东进行**要约收购**（tender offer）。要约收购邀请另一方企业的股东来“收购”，或交换其在收购企业中的证券或资产的持股份额。如果有足够的股份被要约收购，收购企业就获得了另一家企业的表决权，从而可以通过行使这些表决权来建立其管理层。

应用于企业合并的会计处理的具体步骤，取决于合并是通过资产收购还是股份收购。

资产收购

某些时候一家企业收购另一家企业的资产是通过与该企业的管理层直接谈判实施的。合并协议也可能会涉及收购企业应承担另一企业的负债。这一类型的合并如图表1-1中的（*a*）和（*b*）所式。出售企业通常会将合并过程中从收购企业和清算中获得的资产或证券分配给其股东，使购买公司只作为一个存续的法律实体。

购买公司对于合并的会计处理，是通过记录每一项购买的资产、每一项应承担的负债，以及交易中的对价来进行的。

股权收购

通过股权收购生效的企业合并，不一定需要购买某企业发行在外的全部表决权股份。一家企业通过股份所有权对另一家企业实施控制，通常要求获得发行在外的多数（也就是超过50%）有表决权的股份。一项购买少数发行在外表决权股份的收购，通常不会被视为企业合并。当某个别股东持有一家企业的大多数表决权股份时，剩余的股份被视为**少数股权**（minority interest）或**非控股股权**（noncontrolling interest）。

在某些案例中，当一家企业的控制权被某企业购买，企业合并之后两家企业同时作为单独的法律实体存续，则收购企业将持有的被收购企业的股份记录为一项投资，且后续期间作为一项企业集团内部投资进行会计处理。另一种情况是，被收购企业可能被清算，其资产和负债被转移至收购企业或者是一家新设立企业。如果要这样做，则该企业必须获得全部或实质上是全部的被收购企业的有表决权股份。该项股权收购和后续的对被收购企业的清算，等同于资产收购。

企业估值

参与一项企业合并的各相关方决定参与合并之前，必定相信自己会有机会从中获利。确定一项合并提案是否有利可图是有难度的。在对企业估值的时候，企业资产的价值和企业自身未来的盈利潜力都是很重要的。另外，税务方面的因素也必须考虑其中。例如，根据美国税法，如果存在累计经营净损失，可以用于抵减未来的利润以避税，则该项因素可以增加潜在被购买方的估值。

个别资产和负债的估值

一家企业的个别资产和负债的价值通常由评估确定。对于某些项目，其估值的确定相对来说比较容易，比如在证券市场中有活跃交易的投资或短期负债。而对于另一些项目，评估有可能存在更多的主观因素，比如位于最近销售交易很少的地区的土地价值。此外，典型的例子是未在资产负债表上列报的某种无形资产。例如，正在研发的新技术、新产品和新的生产方法的成本，通常是作为研发成本在当期费用化。

因为会在短期内以面值支付，所以流动负债的公允价值通常被认为等于其账面价值。但是，对于长期负债，如果和该项负债发行日的实际利率有所差异，则必须以现行利率对其估值。例如，一项 10 年期，面值 100 000 美元，年利率 6% 的债券，三年前发行，按年付息。而同一类型的证券的现行市场利率为 10%，则该负债的现值计算如下：

10%利率下 100 000 美元本金付款，第 7 年的现值	
（$100 000 × 0.51316）	$51 316
10%利率下，7 次利息付款 6 000 美元的年金现值	
（$6 000 × 4.86842）	29 211
债券的现值	$80 527

虽然对于资产和负债价值的精确评估是很困难的，但这是对一家企业整体估值的重要组成部分。

盈利潜力的价值

在许多案例中，资产作为一个整体经营的价值超过其个别价值的总和。这种“持续经营的价值”使得将资产作为一个持续经营的实体去经营更加值得，而不是将其个别出售。作为一家持续经营企业的公司的盈利能力，在该公司估值时显然有着举足轻重的作用。

对企业的未来利润进行估值有不同的方法。有时企业会根据其本期利润的倍数来估值。例如，如果 Bargain 公司当年报告的利润为 35 000 美元，则企业的估值为本期利润的 10 倍，即 350 000 美元。要得出一个适当的倍数是一种判断，它基于各类因素，例如风险和利润的可变性以及预期的成长度。

另一种估值方法是计算该企业的预期未来净现金流量的现值。这需要对未来现金流量的数量和时间进行估值，再确定适于该类型企业的折现率，按这个折现率将未来现金流量折算成现值。例如，如果 Bargin 公司预计在未来 25 年间，每年产生现金流量 35 000 美元，则以 10%折现率计算的该企业现值为 317 696 美元，具体如下：

年度现金流量	$ 35 000
25 年期，10% 利率的年金现值系数	× 9.07704
未来利润的现值	$ 317 696

估计未来的盈利潜力要求大量的会计假设和会计估计。购买方和出售方常常很难就企业的预期利润估值达成一致，这不足为奇。

交换对价的估值

当一家企业收购另一家企业，必须对交换的对价估值。并购中使用现金不会碰到什么麻烦，但如果采用证券交换，特别是新的没有交易的证券或者特殊的证券，估值就会困难重重。例如，通用汽车公司在数年前用一种新型 B 股完成一项并购，以被购买公司后续年度的利润为基础支付股利，而不是以通用汽车公司整体的利润为基础支付股利。一些企业会使用不带息债券（零息债券）完成并购，该债券的公允价值远低于票面价值以对持有者补偿其利息损失。另一些企业使用了各式可转换证券。除非这些或其他对价被视为相等的证券并在市场中是可以交易的，否则必须对其价值进行估计。通常使用的方法是，按照一些市场价值可确定的类似证券的价值，并对两种证券特点的不同之处的估值进行调整。

企业合并会计

购买一家正在运行的企业，本质上和购买其他资产或资产组是一样的。当一项资产被购买时，对于购买的该项资产的所有权要付出对价作为交换。类似地，当一家企业被购买时，对于被收购企业的所有者放弃的所有权也要付出对价作为交换。在资产被购买的时点，购买方以产生的成本记录该项资产的购买。通常该项成本是基于被购买资产的公允价值，或付出对价的公允价值。如果是以一次性付款的购买价格购买一个资产组，则其全部成本会以所购买的单项资产的公允价值占全部成本的比例予以分配。适用于购买单项资产或资产组的原则也同样适用于购买一家正在运行的企业。

FASB 第 141 号——“企业合并”，明确了目前公认的对于企业合并的会计处理步骤，尽管 FASB 正处于对第 141 号修改的进程中。**FASB 第 157 号**——“公允价值的计量”,对于会计核算中采用公允价值计量提供了框架指引。

购买价格的确定

现行准则下对企业合并的会计处理，购买方会将与被购买方净资产或股权相关的全部成本作为全部购买价格的一个组成部分。支付给被收购企业所有者的对价通常会占全部合并成本中最大的一部分，但其他成本也有可能是显著的。企业合并中可能会产生以下三种类型的其他成本：直接成本、证券发行成本、间接与一般成本。

与购买另一家企业相关的所有直接成本，作为支付给被收购企业的全部成本的一部分进行会计处理。例如，为满足收购企业的特定需求支付给猎寻公司的介绍费。此外，企业合并通常会产生大量的会计、法律和评估费用。目前，所有这些费用都被资本化，作为被收购企业全部购买价格的一部分。

与企业合并相关联的发行普通股或优先股的已发生成本，应作为发行证券价格的抵减项，而不是作为购买价格的附加部分。这类成本包括上市费用、审计和有关股权登记的法律费用以及经纪人佣金。企业合并中产生的债券或其他债务证券的发行成本，应作为债券发行成本的一部分核算，并在债券存续期间摊销。

与企业合并相关的或与企业合并中证券发行相关的所有间接成本与一般成本，均应在发生时费用化。例如，收购企业员工中的会计人工成本应费用化，即使他们的一部分工时是花在企业合并上的。

为了阐述企业合并中已发生成本的会计处理，假定 20X1 年 1 月 1 日，Point 公司发行票面价值为 10 美元的 10 000 股股本，以法定兼并的形式购买了 Sharp 公司的全部资产和负债。发行股票的全部市值为 600 000 美元。Point 公司产生与合并相关的法律费用和评估费用 40 000 美元，以及股票发行成本 25 000 美元。全部购买价格等于 Point 公司所发行的股份市值加上资产收购中相关的额外成本：

发行股份的公允价值	$600 000
其他收购成本	40 000
全部购买价格	$640 000

Point 公司发行的股份价值为其公允价值减去发行成本：

发行股份的公允价值	$600 000
股票发行成本	(25 000)
股份的入账金额	$575 000

近来，FASB 建议企业合并中产生的全部直接成本应于发生时费用化。根据 FASB 建议的新方法，被收购企业应以其公允价值进行估值，与合并相关的成本不得资本化。目前对此尚未明确要求，预期会在不久的将来予以实施。

通过购买净资产实施合并

企业合并中一家企业购买另一家企业的净资产时，收购企业会在账上记录合并中获得的各项个别资产和负债，以及作为交换支付的对价。一旦确定全部购买价格，就必须将合并成本在获得的各项个别资产和负债之间进行分配。每一项可辨认资产和负债以合并当日的公允价值进行估值。合并成本中任何超过可辨认资产和负债的公允价值的部分，应视为支付给**商誉**（goodwill）的成本。理论上，商誉是指被收购企业的超额盈利能力；实务中，商誉代表着为了取得控制权支付的额外费用（溢价）。

在 Sharp 公司收购中，全部购买价格计为 640 000 美元。假定 Sharp 公司各项个别资产和负债的账面价值和公允价值如图表 1–3 所示。这些个别资产和负债应以合并当日的公允价值在 Point 公司入账。

购买 Sharp 公司净资产的全部购买价格，与其净资产的公允价值和账面价值之间的关系，如下图所示：

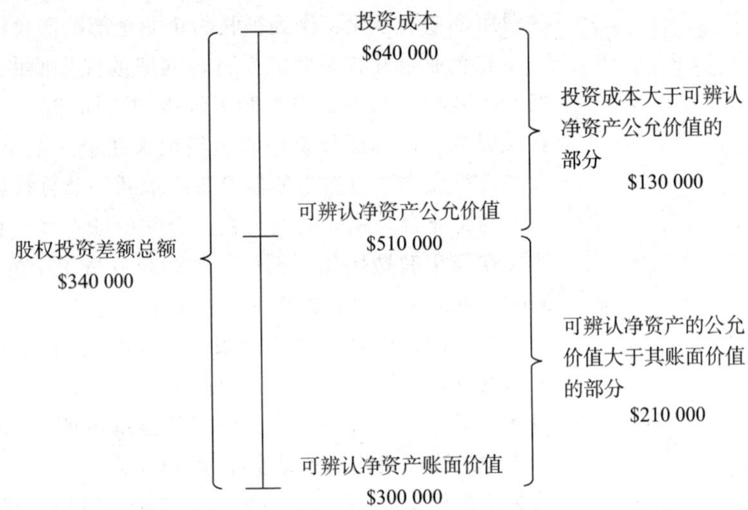

与合并相关的其他收购成本 40 000 美元和股票发行成本 25 000 美元，通常会在 Point 公司收到 Sharp 公司资产时点前发生。在对合并记账前，为快速累计这些购买成本的金额，Point 公司可在发生时以单独的临时“暂记”账户核算。

(4) 借：递延兼并成本	40 000	
贷：现金		40 000
记录购买 Sharp 公司的相关成本。		

图表 1–3
Sharp 公司资产负债表信息，20X0 年 12 月 31 日

资产、负债和权益	账面价值	公允价值
现金和应收账款	$45 000	$45 000
存货	65 000	75 000
土地	40 000	70 000
建筑物和设备	400 000	350 000
累计折旧	(150 000)	
专利		80 000
资产合计	$400 000	$620 000
流动负债	$100 000	110 000
普通股（每股$5）	100 000	
资本公积	50 000	
留存收益	150 000	
负债和权益合计	$400 000	
净资产公允价值		$510 000

(5) 借：递延股票发行成本	25 000	
贷：现金		25 000
记录普通股发行的相关成本。		

合并日，Point 公司以如下分录记录该项合并：

(6) 借：现金和应收账款	45 000	
存货	75 000	
土地	70 000	
建筑物和设备	350 000	
专利	80 000	
商誉	130 000	
贷：流动负债		110 000
普通股股本		100 000
资本公积		475 000
递延兼并成本		40 000
递延股份发行成本		25 000
记录对 Sharp 公司的收购。		

按照其合并当日的公允价值，Point 公司账上以分录（6）记录了 Sharp 公司的所有个别资产和负债，不论是有形的还是无形的。Sharp 公司净资产的公允价值记录$510 000 美元（$620 000 - $110 000）。在之前确定的，全部购买价格 640 000 美元（$600 000 + $40 000）与 Sharp 公司净资产的公允价值之间的差额 130 000 美元，记录为商誉。

记录企业合并时，Sharp 公司的账面价值与 Point 公司是不相关的，只以其公允价值入账。由于所有权发生了改变，被收购企业使用的会计基础与购买方是不相关的。与此观点一致，Sharp 公司对建筑物和机器设备计提的累计折旧也是与 Point 公司不相关的，也不需在 Point 公司入账。换句话说，购买方所收购的资产与负债，应作为一次性付款所购买的资产组，如同企业合并未发生一样进行核算。

直到转移资产在 Point 公司入账为止，因兼并而发生的成本会在一个名为“递延兼并成本”的单独临时账户记录。由于兼并成本被视为全部购买价格的一个组成部分，该临时账户须通过分录（6）结平，该兼并成本和购买价格的剩余部分一起，在入账的净资产中进行分配。类似地，股票发行成本也在一个临时账户中记录，然后作为股票发行获得收益的抵减项核算，相应金额抵减资本公积。这样，股票发行入账金额为股票的公允价值 600 000 美元减去 25 000 美元发行成本，其中票面价值 100 000 美元计入普通股账户，剩余的 475 000 美元则计入资本公积。

临时账户通常用于累计兼并成本和股票发行成本，因为在企业合并前会有大量个别成本在不同的时间发生。合并后发生的兼并成本有可能直接借记商誉，而后续发生的股票发行成本则抵减资本公积。

被收购企业记录的分录

合并当日，Sharp 公司以如下分录确认收到 Point 公司股份，同时向其转移全部个别资产和负债：

(7) 借：股权投资——Point 集团	600 000	
流动负债	100 000	
累计折旧	150 000	
贷：现金和应收账款		45 000
存货		65 000
土地		40 000
建筑物和设备		400 000
出售净资产收益		300 000
记录对 Point 公司的资产转移		

Sharp 公司确认了 Point 公司股份在合并交换时点的公允价值，且记录了 300 000 美元的收益。并以如下分录对 Point 公司股份予以分配，并进行了清算：

(8) 借：普通股	100 000	
资本公积	50 000	
留存收益	150 000	
出售净资产收益	300 000	
贷：股权投资——Point 公司		600 000
记录对 Point 公司股份进行的分配		

商誉的记录

商誉在会计处理中被视为使企业获得高于平均水平的利润的一切因素。如同任何一项资产一样，商誉是基于可以客观确定的购买方的初始成本来估值的。由于“自创”商誉的费用支出与现行的经营成本常常难以区分，因此这类支出要求在发生时费用化。但是，在企业合并中购买商誉时，支出金额被视为可以客观确定，应予以资本化。购买价格大于合并中取得的被购买方可辨认净资产的公允价值的超额部分，记为购买商誉的成本。Point 公司购买 Sharp 公司记录的商誉为 130 000 美元，是全部购买价格 640 000 美元和 Sharp 公司可辨认净资产的公允价值 510 000 美元之间的差额。

对商誉的后续会计处理

一旦商誉计入一项企业合并中，则必须依据 FASB **第 142 号准则**——“商誉与其他无形资产”进行会计核算。商誉以初始金额结转，不需要进行摊销，除非发生减值。商誉至少应在每一年的同一时间执行年度减值测试，当出现可能使商誉发生减值的迹象时应增加测试次数。

商誉减值测试的步骤是很复杂的，涉及对企业每一个报告单元的潜在商誉减值的测试。报告单元是指一个业务分部[6]或业务分部的组成部分，管理层通常会审核该业务分部组成部分的财务信息。企业合并形成商誉后，必须将其分配至个别的报告单元。即使被收购企业没有其他资产或负债被分配到这些报告单元，商誉也要被分配到预期会从合并中获得收益的报告单元。对商誉减值进行测试，应将报告单元的公允价值与其账面价值相比较。如果报告单元的公允价值高于其账面价值，该报告单元的商誉视为未减值。反之，如果报告单元的账面价值高于其公允价值，则该报告单元的商誉暗含了减值。

报告单元的商誉减值金额以报告单元商誉的账面价值超过其商誉的内含价值的部分计量。其商誉的内含价值，按照报告单元的公允价值超过其不包含商誉的净资产的公允价值的部分来确定。商誉减值损失应在持续经营形成的利润，或是非经常损益前利润中予以确认。

作为商誉减值的一个例子，假定近期的一项企业合并中，分摊给报告单元 A 100 000 美元的商誉。以下资产和负债被分摊到报告单元 A：

项目	账面价值	公允价值
现金和应收账款	$ 50 000	$ 50 000
存货	80 000	90 000
设备	120 000	150 000
商誉	100 000	
资产合计	$350 000	$290 000
流动应付账款	(10 000)	(10 000)
净资产	$340 000	$280 000

对资产的账面价值加总，再减去应付账款的账面价值，就确定了报告单元的账面价值为 340 000 美元，其中包含了商誉部分。如果报告单元的公允价值估计为 360 000 美元，则没有出现商誉减值迹象。反之，如果报告单元的公允价值估计为 320 000 美元，则必须进行第二次比较以确定商誉减值损失的金额。报告单元 A 的商誉内含价值确定为，报告单元的公允价值 320 000 美元减去 280 000 美元净资产的公允价值，其中不包含商誉。而 40 000 美元的差额（$320 000–$280 000）则代表报告单元 A 的内含商誉。报告单元商誉的账面价值（100 000 美元）超过商誉内含价值（40 000 美元）的部分，也就是 60 000 美元，计量为商誉减值损失。将该商誉价值损失和其他报告单元的商誉减值损失合并后，确定为企业整体的报告减值损失。商誉按照减值损失的金额进行冲减。一旦进行冲减后，商誉减值转回不能恢复。

负商誉

某些情况下，对被收购企业的购买价格低于收购的可辨认净资产的公允价值。这部分差额通常被视为**负商誉**（negative goodwill）。

[6] 业务分部在 FASB 第 131 号准许则“企业分部和相关信息的披露”中定义，1997 年 6 月。

负商誉的存在可能意味着被收购企业应该被清算，因为个别的资产和负债比组合在一起的正在运行的企业更有价值。另一方面，实践中通常采用的观点是该收购代表一项**议价购买**（bargain purchase）。

根据 FASB **第 141 号准则**，任何收购的净资产的公允价值超过收购成本的部分（负商誉），被用于抵减原来应该被分摊到所收购资产中的金额，除了权益法下投资以外的金融资产、即将通过出售进行处置的资产、递延所得税资产、预付的退休后福利资产，以及其他一些流动资产。[7] 任何被分摊到这些被收购资产中去的金额减至零后，剩余的部分应确认为非常利得。

为阐述负商誉的会计处理，假定 Point 公司以总成本 460 000 美元购买 Sharp 公司的全部资产和负债，而不是前期假定的 640 000 美元。在这种情况下，购买 Sharp 公司股份的总收购价格、Sharp 公司净资产的公允价值和账面价值三者之间的关系如下图所示：

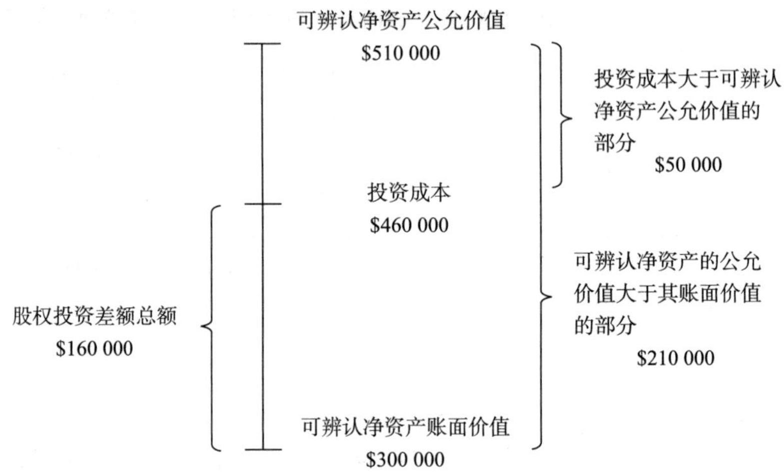

Sharp 公司全部资产和负债的公允价值为 510 000 美元。被收购的可辨认净资产的全部公允价值 510 000 美元超过 460 000 美元购买价格的部分为 50 000 美元。50 000 美元作为负商誉被分摊如下：

项目	账面价值	公允价值	抵减额	入账金额
现金和应收账款	$ 45 000	$ 45 000		$ 45 000
存货	65 000	75 000		75 000
土地	40 000	70 000	70/500 × $50 000 = $ 7 000	63 000
建筑物和设备净值	250 000	350 000	350/500 × 50 000 = 35 000	315 000
专利权		80 000	80/500 × 50 000 = 8 000	72 000
可辨认资产合计	$400 000	$620 000	$50 000	$570 000
流动负债	100 000	110 000		110 000
可辨认净资产	$300 000	$510 000		$460 000

近期根据 FASB 的决定，在负商誉会计处理方法上的变动已获批准。FASB 的

[7] 引自 FASB 第 141 号准则“企业合并”，2001 年 6 月，第 44 段。

提案如果获得采用的话，将要求在合并当期对被收购的资产和负债公允价值进行估值之后，对剩余的负商誉作为一项收益予以确认。

通过购买股权实施合并

许多企业合并的实现是通过购买另一家企业的有表决权的股份，而不是通过收购其净资产。在这种情况下，被收购企业仍旧存在，且收购企业以对被收购企业普通股的投资入账，而不是投资其各项个别的资产和负债。对于资产和负债的购买，投资成本是以购买股份中支付的对价的全部价值，加上额外的由于合并而发生的成本为基础。例如，如果 Point 公司以 10 000 股全部市值为 600 000 美元的股份交换 Sharp 公司的全部股份，同时发生兼并成本 40 000 美元和股票发行成本 25 000 美元，之前记录在递延费用账户，Point 公司以如下分录记录收到 Sharp 公司的股份：

(9) 借：股权投资——Sharp 公司	640 000	
贷：普通股		100 000
资本公积		475 000
递延兼并成本		40 000
递延股票发行成本		25 000
记录购买 Sharp 公司的股份		

当一项企业合并通过收购股份实现，被收购企业有可能仍作为一家单独的企业继续经营，也有可能失去其单独的法律地位而被收购企业所兼并。在被收购企业仍旧存续的情况下，企业集团内部对普通股投资的会计和报告步骤，将于后面的九个章节中详述。如果被收购企业进行清算，资产和负债转移至收购企业，则入账资产和负债的美元金额应和分录（6）中的金额一致。

企业合并后续财务报告

企业合并后续期间编制的财务报表只反映合并日之后的合并主体的情况。如果合并发生在某一个财政年度期间，被收购企业在合并前所获得的利润不在合并企业的损益表中列报。如果合并企业提交的比较报表包含有合并前期的财务报表，那么此财务报表只体现收购企业的经营活动和财务状况，并不包括被收购企业的。

为阐明企业合并后续期间的财务报表，假定 Point 公司和 Sharp 公司提供以下资料：

	20X0	20X1
Point 公司：		
个别利润（不包括来自 Sharp 公司的利润）	$300 000	$300 000
发行在外股份，12 月 31 日	30 000	40 000
Sharp 公司：		
净利润	$ 60 000	$ 60 000

20X1 年 1 月 1 日，Point 公司发行 10 000 股普通股，以账面价值收购 Sharp 公司的全部股份。随后，Point 公司列报 20X0 年和 20X1 年度的比较财务报表。Point 公司在两个年度的比较财务报表中列报的净利润和每股收益如下：

20X0：	
净利润	\$300 000
每股收益 （\$300 000/30 000 股）	\$10.00
20X1：	
净利润 （\$300 000 + \$60 000）	\$360 000
每股收益 （\$360 000/40 000 股）	\$9.00

如果 Point 公司于 20X1 年中期收购了 Sharp 公司，而不是在 20X1 年年初，则 Point 公司在 20X1 年度的损益表中只会包括收购 Sharp 公司之后的利润。如果 Sharp 公司在 20X1 年度被 Point 公司收购前实现盈利为 25 000 美元，收购后实现利润 35 000 美元，则 Point 公司报告的 20X1 年度全部净利润为 335 000 美元（\$300 000 + \$35 000）。

企业记录的商誉均应作为资产负债表中单列项目列报。商誉减值损失应作为损益表中持续经营所获得的利润里一项单列项目列报，除非是和非持续经营相关的损失，在这种情况下该商誉减值损失在损益表中的非持续经营部分列报。

披露要求

企业合并后要求向财务报表使用者对合并以及合并后续经营成果的预期效果予以大量披露。FASB **第 141 号准则**要求，实质性的企业合并发生当期的财务报表附注中应披露如下事项：[8]

1. 被收购企业的名称和收购的所有权百分比。
2. 收购的主要原因和对商誉确认因素的说明。
3. 在合并主体的经营报表中所包含的被收购企业的经营期限。
4. 被收购企业的投资成本，以及所发行的所有者权益的价值和金额。
5. 与收购相关的或有负债。
6. 本期发生的研发成本的冲销金额。

在企业合并完成的会计当期，被分摊至商誉或收购的其他无形资产的金额，如果在被收购实体的全部成本中占较大比重，则财务报表附注也应披露和无形资产相关的附加信息。如果是需要摊销的无形资产，披露应包括分摊到该资产的全部金额、重大的残值金额和加权平均法摊销期限。如果是不需要摊销的无形资产，则必须披露分摊到该资产的金额。同时，需要披露的信息还包括商誉总额、可抵税的金额以及按照 **FASB 第 131 号准则**的要求应披露的归属于报告分部的商誉金额。

[8] 引自 FASB 第 141 号准则“企业合并”，2001 年 6 月，第 51~55 段。

此外，会计附注的披露应该包括企业合并发生当期的模拟经营信息，视同该项合并发生在期初；如果列报的是合并前期的比较财务报表，应视同企业合并发生在该会计期间的期初一样。

企业合并中会计上的额外考虑

在实务中，近些年来对于企业合并有两种主要的会计处理方法。几年前，FASB 将会计处理方法限制在一种。目前，FASB 再一次处在修订企业合并的会计步骤的进程中。

会计处理和报告方法

在超过半个世纪的时间里，关于企业合并的两种会计处理方法——**购买法**（purchase）和**权益结合法**（pooling interest）——在实务中是并行的。然而到了2001 年，FASB 发布了第 141 号准则——"企业合并"，对企业合并取消了权益结合法。因此，目前所有的企业合并会计处理均使用购买法。但几十年来许多企业合并已经使用了权益结合法进行会计处理，权益结合法在财务报表中的影响在未来几乎仍旧可见。所以作为会计人员，即使权益结合法已经是一种不适用的会计处理方法，至少还应该对其有个基本的了解。

企业合并中，购买法会计的内在核心与购买任何资产或资产组的实质是一致的——所有权的转移。贯穿会计处理方法始终，所有权的转移是一个会导致会计基础发生变化的事件。随着在会计上购买交易的发生，购买一家正在经营的企业导致所有权从出售方转移到购买方，购买法会计是基于被收购资产和负债的公允价值，而不是基于出售方所记录的账面价值。

权益结合法会计核心观点的实质和购买法会计是相反的，即所有权的连贯性。权益法假定合并企业的所有者会成为被合并企业的所有者。所有权的连贯性要求权益结合法只有在一家企业发行普通股收购另一家企业的资产或股权时实施。由于所有权没有发生变化，权益结合法关于会计基础没有变动的假定是可以保证的。因此，两家企业的账面价值同时被结转。尽管当购买价格高于所收购的净资产的公允价值时，购买法会计确认商誉，而因为没有购买价格，权益结合法会计不对商誉进行记录，只对账面价值的结转予以确认。此外，权益结合法结转了全部参与合并的企业的留存收益，购买法下购买的是资产和负债，而不是留存收益（译者注：被合并企业合并时的留存收益不转入合并企业的留存收益中）。比较财务报表的列报中也可以看到购买法和权益结合法的区别。权益结合法是基于所有权的连贯性这个前提，权益结合法后续期间的比较报表的列报，应视同前期已经合并一体化处理。虽然权益结合法已经不再使用，但前期的权益结合法仍应按照这种模式在延续的财务列报中进行处理。

很多时候，大量的合并选择权益结合法的会计处理是管理层偏好的结果。管理层通常会首选权益结合法，是因为没有按照较高的公允价值增记固定资产，权益结合法下的折旧费用低于购买法会计，与此同时收益也会高于购买法会计。在2001 年 FASB 第 142 号准则发布前，商誉是要求进行摊销的。为了避免对商誉的摊销和负商誉的形成在购买法会计下对收益形成显著的影响，许多企业选择通过权益结合法构建其合并。此外，管理层通常能够在权益法下创造其实本不应被列报的盈利，同时由于结转了被收购企业的留存收益，合并企业有时会获得额外的股利弹性。此外，权益结合法隐藏了企业合并中应支付的对价的估值，使管理层逃避了股东对于管理层在合并中过度支付的指责，这并不是罕有的事件。

准则草案的变动

FASB 准则草案就企业合并的会计处理提出了重大变更，新准则草案预期会在不久的将来在新的合并中实施。新准则不具备追溯力。虽然在前面的章节中已经提及了一些准则草案的变动，本节针对其中最重大的变更作一概述。

1. 被收购企业将以其公允价值进行估值，而不是根据支付对价的价值进行估值。个别资产将以合并当日的公允价值估值。商誉为被收购企业的公允价值和其可辨认净资产的公允价值之间的差额。
2. 在股权收购中，如果收购企业没有全部收购另一家企业的股份，被收购企业仍将按其合并当日的全部公允价值进行估值，且以被收购企业个别资产和负债的公允价值在合并财务报表中列报。公允价值的增值和确认的商誉中不归属于收购企业的部分，将在合并报表中分摊至被收购企业的剩余股东，即少数股东。（关于完全公允价值法和完全商誉法的举例，在第 3 章和第 5 章关于合并财务报表的内容中讨论。）
3. 与收购相关的成本不作为交易对价的一部分，将于发生时费用化。股票发行成本将从资本公积中抵减，同当前的处理方法一致。
4. 在一项议价购买中（负商誉的情况下），如果收购企业所取得的被收购企业权益的公允价值超过支付的对价的公允价值，原应从合并中确认的商誉应该按照超过的部分抵减。当商誉抵减至零时，超过部分的剩余金额将确认为归属于收购方的利得。例如，假定 Palor 公司以现金 225 000 美元购买了 Noble 公司 75%的股份。在购买时点，Noble 公司列报资产的账面价值为 400 000 美元，公允价值为 510 000 美元，负债的账面价值和公允价值均为 190 000 美元。Palor 公司的管理层估计 Noble 公司的公允价值为 360 000 美元。在这种情况下，Palor 所支付的购买成本低于 Noble 公司净资产公允价值的 75%。[$225 000 对比$240 000（$320 000×0.75）] 收购后即刻编制的合并财务报表应以公允价值列报 Noble 公司的资产（$510 000）和负债（$190 000）。Palor 公司享有的 Noble 公司净资产份额（$240 000）的公允价值超过购买价格（$225 000）的部分，应作为此项议价购买中获得的 15 000 美元利得列报。并购日少数股东权益的列报金额应为 80 000 美元（$320 000×0.25）。
5. 以公允价值确认相关资产的单独估值不能予以确认。
6. 收购企业将对合并当日已经持有的被收购企业的股份的公允价值进行重新估值，并确认重新估值的利得或损失。例如，假定 Palor 公司购买了 Noble 公司

35%的股份，并使用权益法对该项投资进行会计处理。Palor 公司的管理层估计，Noble 全部公允价值为 360 000 美元，该公司随后再次以现金 144 000 美元收购了 Noble 公司 40%的股份。权益法下购买新增股份的时点，Palor 公司账上初始购买股份的账面余额为 98 000 美元。Palor 公司对 Noble 公司该项投资的列报金额合计应为 270 000 美元（$360 000×0.75）。Palor 应对权益法下前期结转的初始购买的股份金额确认 28 000 美元［（$360 000×0.35）−$98 000］的利得。

与合并财务报表有关的新增的准则草案变动于第 3 章和第 5 章讨论。

关键概念总结

企业合并和错综复杂的组织结构是全球商业环境中重要的一部分。许多企业通过创建新企业或合伙企业增加组织构件，以实施其部分经营活动。在其他情况下，企业会参与企业合并，通过收购其他企业来促进经营目标的实现。

当一家企业通过资产转移的方式创建另一家新公司或合伙企业，资产会以账面价值转移到新设实体，不确认收益或损失。只要创设企业对新设实体继续保持控制，创设企业和新设实体应被视为一个单一的报告企业，以通用财务报告的形式对其财务报表予以汇总。

企业合并指过去单独的不同企业在共同控制下联合在了一起。正式企业合并有三种类型：（a）法定兼并，即合并中的其中一家企业失去其单独法定的身份，另一家企业拥有两家企业的全部资产和负债持续经营；（b）法定合并，两家合并企业共同成立一家新的企业；（c）股权收购，两家合并企业保持其单独的存在，但一家企业拥有另一家企业的普通股。

对企业合并的会计处理和购买资产或资产组的会计处理步骤是类似的。收购企业以公允价值记录所收购的资产和负债，购买价格超过所收购净资产的公允价值的部分以无形资产商誉入账。一旦入账，商誉不需要进行摊销但应该至少每年进行减值测试。如果商誉有所减值，对于减值的金额予以冲销并确认损失。就财务报告而言，企业合并自合并日开始生效。

除了现有方法外，还有另一种多年来被接收的企业合并的会计处理方法——权益结合法。这种方法是基于所有权的连贯性，当所有权发生变化时，合并企业的账面价值被结转，而不是会计基础的适当改变。FASB 在 2001 年取消了权益结合法，但是取消前大量的权益结合法在合并中应用，因此显然权益结合法还会对未来年度的财务报告产生影响。FASB 提出的对于企业合并会计的新准则草案预计会在不远的将来实施。

第2章

报告公司间权益

公司常常会出于各种原因，通过各种方式获取其他公司的股权或其他权益。一些公司投资于其他公司只是为了利用潜在的获利机会获得较好的投资回报，然而很多公司则会出于另外一些目的从其他实体中获取权益。其中包括：（1）控制其他公司；（2）通过这些公司进入新的市场或新的产品领域；（3）保证原材料或其他生产投入要素的供应；（4）保证产品的需求；（5）获得规模经济效益；（6）多元化；（7）获得新技术；（8）减少竞争；（9）限制风险。这种公司间投资的例子有许多，如 IBM 通过购买英特尔相当数量的股票来保证计算机部件的供应；AT&T 购买麦克考移动通信公司（McCaw Cellular Communications）的股票以求立足于移动电话市场；德士古公司（Texaco）通过购买盖蒂石油公司（Getty Oil）的股票来获得石油和天然气的储备。

从许多方面来讲，公司间所有权投资和在其他公司中各种类型权益的会计处理不同于其他种类投资的会计处理。本章介绍了股权投资以及部分在不同实体中其他类型权益的会计处理和报告程序。

股权投资的会计处理

股权投资会计处理方法的选用取决于投资方对被投资方实施影响或控制的程度。影响的程度是确定投资方和被投资方是否编制合并财务报表或者在其资产负债表中采用成本法（如果适用的话，调整到市场价值）或权益法核算股权投资的首要因素。图表 2-1 总结了股权投资会计处理方法与影响和控制程度这两者之间的关系。

合并（consolidation）涉及两家或多家关联企业将各自的资产、负债、收入和费用合并起来编制财务报表对外报告，就好像这些关联企业是一家单个的公司。合并过程包括这些公司间所有权和交易的抵销。当一家公司（**母公司**，parent）控制另一家公司（**子公司**，subsidiary）时，合并通常是恰当的。合并的具体要求将在第 3 章中讨论。不纳入母公司合并范围的子公司称为**非合并子公司**（unconsolidated subsidiary），母公司将非合并子公司作为一项投资在其资产负债表中列示。

图表 2-1　按照股权持有比例确定的财务报告原则

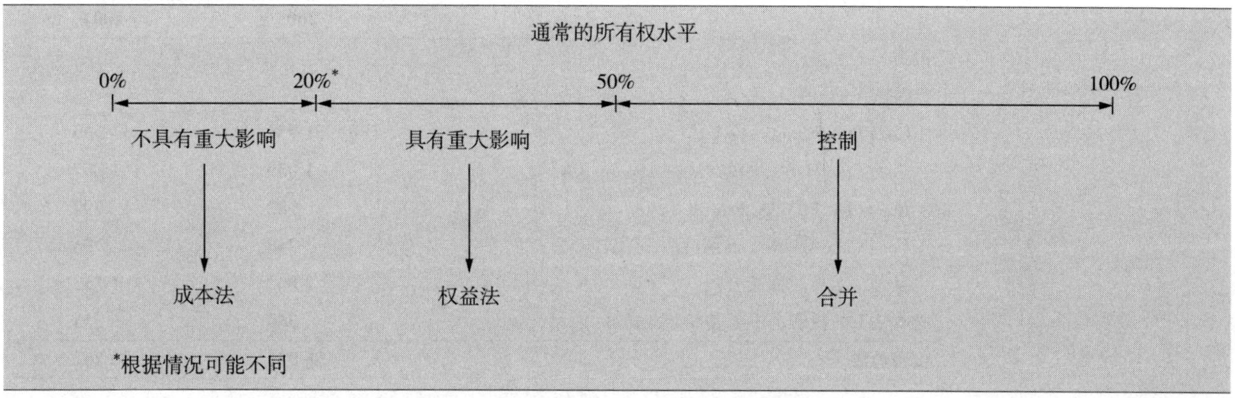

现行会计准则要求将绝大多数子公司纳入到合并范围。

当投资方对被投资方的经营和财务政策具有**重大影响**（significant influence）时，应当采用**权益法**（equity method）对外进行报告，此时合并是不适用的。在编制合并财务报表的情形下，可能不会采用权益法。因此，权益法主要用来核算无控制权的投资。这种方法最常用在一家公司持有另一家公司 20%~50%之间的股权的情况下。

在权益法下，当被投资方取得净利润时，投资方应当确认投资收益。不像合并那样将被投资方的资产、负债、收入和费用与投资方的这些项目合并起来，而是将这项投资在投资方的资产负债表中单行列示，将确认的来自子公司的投资收益在投资方的利润表中单行列示。这项投资体现了投资方享有被投资方净资产的份额，确认的投资收益体现了投资方享有被投资方净利润的份额。

当合并和权益法都不适用时，权益性证券投资采用**成本法**（cost method）列报。如果成本法下的权益性证券的公允价值较容易确定，应当根据 **FASB 第 115 号准则**[1]在年末将其调整为市场价值。在成本法下，投资方在被投资方分派股利时确认投资收益。

可口可乐公司的资产负债表提供了一个对投资采用成本法和权益法进行财务报告的很好例子。

[1] FASB 第 115 号准则——“特定债权投资和权益性证券投资的会计核算，”1993 年 5 月。由于第 115 号准则的内容一般在中级会计中讨论，所以本章未全面涉及。但是，本章涵盖了采用成本法核算的权益性投资，并按照第 115 号准则的要求，在会计期末予以调整。第 115 号准则不适用于采用权益法核算的投资。

	12月31日	
	2005	**2004**
投资		
权益法下的投资：		
Coca-Cola Enterprises Inc.	**$1 731**	$1 569
Coca-Cola Hellenic Bottling Company S.A.	**1 039**	1 067
Coca-Cola FEMSA, S.A. de C.V.	**982**	792
Coca-Cola Amatil Limited	**748**	736
其他，主要是瓶装公司	**2 062**	1 733
成本法下的投资，主要是瓶装公司	**360**	355
投资总额	**$6 922**	$6 252

在正常的情况下，采用成本法或权益法进行财务报告的公司也在其账簿中使用这些方法对股权投资进行会计处理。需要对外报送合并财务报表时，即使企业集团的内部投资和相应的收益必须在编制合并财务报表时予以抵销，母公司仍旧采用成本法或权益法进行会计处理。本书作者在对900家公司进行调研后发现，在这些公司中对纳入合并范围子公司的投资进行会计处理时，成本法和权益法两者都有被采用。合并财务报表的编制将在第3章至第10章中讨论。

成本法

采用成本法进行会计处理时，投资方将企业集团内部投资按照历史成本入账。投资方在被投资方宣告股利分配时确认投资收益。成本法适用于投资方对被投资方不具有控制或实施重大影响的能力的情形下。投资的规模可以用来判断其是否具有这些能力。通常情况下，持有被投资方20%以下的股权被认为不具有控制或对其产生重大影响的能力。在其他一些情况下，如被投资方破产，无论投资规模大还是小，都使得投资方对被投资方不具有控制或实施重大影响的能力。

成本法的会计处理程序

成本法同非流动资产的会计处理保持一致。在购买日，投资方将购买股权发生的全部成本作为股权投资的入账价值。持有期间成本法核算的股权投资的账面余额保持不变；直到被出售为止，股权投资一直保持其初始投资成本。投资方在被投资方宣告股利分配时确认投资收益。一旦被投资方宣告股利分配，投资方就对分配的股利中自己享有的份额拥有了法定要求权，这足以表明投资方应当确认投资收益的实现。在被投资方宣告股利分配之前确认投资收益是不恰当的，因为直到被投资方宣告分配股利时，投资方才获得了被投资方的利润。

为了例示成本法，我们假设ABC公司在年初以100 000美元的价格购买了XYZ公司20%的股权，但对XYZ公司不具有重大影响。投资当年，XYZ公司实现净利润60 000美元，分配股利20 000美元。ABC公司对XYZ公司投资的相关分录如下：

(1) 借：股权投资——XYZ 100 000
　　贷：现金 100 000
　记录购买 XYZ 公司股票

(2) 借：现金 4 000
　　贷：股利收益——XYZ 4 000
　记录来自 XYZ 公司的股利收益：$20 000 × 0.20

要注意的是，ABC 公司仅仅记录了其享有 XYZ 公司分配的净利润的份额，不确认未分配的部分。股权投资的账面余额仍为初始投资成本 100 000 美元。

宣告分配的股利大于投资后被投资方实现的净利润

当被投资方宣告分配的股利大于投资后被投资方获得的净利润时，成本法下投资方需要进行特殊的会计处理。首先，投资方取得的股利视作投资日至股利分配宣告日之间被投资方获得的净利润。被投资方宣告分配的股利大于投资后被投资方获得的净利润的部分视作**清算股利**（liquidating dividend）。清算股利中投资方享有的份额作为投资成本的收回，并按此金额调减股权投资的账面余额。

对于不同时点取得的股权投资，应当分别计算清算股利。

清算股利示例

为了例示投资方所获得的清算股利的计算，我们假设在 20X1 年 1 月 2 日投资方购买被投资方 10%的股权。投资方按照成本法确认投资收益，被投资方每年净利润和分配的股利、投资方确认的投资收益和投资账面余额调减金额如下：

年份	被投资方公司			投资方公司		
	净利润	股利	累计留存收益	收到的现金	股利收益	投资的抵减
20X1	$100 000	$ 70 000	$30 000	$ 7 000	$ 7 000	
20X2	100 000	120 000	10 000	12 000	12 000	
20X3	100 000	120 000	–0–	12 000	11 000	$1 000
20X4	100 000	120 000	–0–	12 000	10 000	2 000
20X5	100 000	70 000	30 000	7 000	7 000	

投资方按照享有的被投资方分配股利的份额（10%）确认为 20X1 年投资收益，因为被投资方当年获得的净利润大于其分配的股利。20X2 年被投资方分配的股利大于当年所获得的净利润，但是自 20X1 年 1 月 2 日投资方投资后，被投资方累计分配的股利小于投资后被投资方的累计净利润，因此投资方再次按照享有被投资方分配股利的份额（10%）确认为 20X2 年投资收益。自 20X1 年 1 月 2 日起，截止到 20X3 年年末，被投资方累计分配的股利为 310 000 美元。然而，在此期间被投资方获得的净利润仅为 300 000 美元。因此，从投资方的角度来讲，20X3 年

度分配的股利中，有 10 000 美元被视为投资成本的收回，剩下的 11 000 美元视为净利润的分配。投资方对每一部分享有 10%的份额。投资方记录 20X3 年度股利分配的分录如下：

(3) 借：现金	12 000	
贷：股权投资——被投资公司		1 000
股利收益		11 000

记录收到被投资公司分配的 20X3 年股利：

$12 000 = $120 000 × 0.10

$1 000 = ($310 000–$300 000) × 0.10

$11 000 = ($120 000–$10 000) × 0.10

一旦投资方记录了清算股利，未来期间累计净利润和分配的股利之间的比较应当基于最后一次清算股利分配的日期，而不是投资方获取被投资方股权的日期。此例中，投资方在 20X3 年和 20X4 年记录了清算股利。20X4 年后，投资方应当从 20X4 年最近一次的清算股利分配日期开始，进行累计净利润和分配的股利之间的比较，而不是从 20X1 年 1 月 2 日开始进行两者的比较。投资方将 20X5 年分配的全部股利视为净利润的分配。

权益法转换为成本法后的清算股利

如果投资方在以前期间采用权益法核算股权投资，因出售部分股权投资而改用成本法核算，此时权益法转换为成本法的日期替代股权投资日作为区分清算股利的参考日期。从上述观点来看，投资方应当以转换为成本法核算的日期为起点，对被投资方累计净利润和分配的股利进行比较。

被投资方眼中的清算股利

投资方将收到的股利大于投资后被投资方累计净利润的部分视为清算股利，而被投资方通常不将这部分视为清算股利。这种类型的股利分配通常发生在投资方购买股权后不久被投资方宣告分配股利的情形下。除了被投资方的留存收益小于分配的股利，或者被投资方专门向所有普通股股东宣告分配清算股利的情况外，被投资方不把股利分配视为清算股利。

期中收购

当在期中而不是在会计期间的期初和期末进行投资时，对于投资的成本法核算没有太大的影响。仅在投资方购买被投资方股权后不久被投资方宣告分配股利，投资方确认收到的股利是否有一部分属于清算股利时会有潜在的困难。在这种情况下，投资方应当估计持股期间被投资方实现的那部分净利润的金额，并仅将那部分记录为股利收益。

持股数量的变化

对于因股票分割、股票拆分或者反向拆分导致的股本数量的变化，投资者不需要进行正式的会计确认。股票分割或拆分前的股权投资账面余额就是新股本数量下的股份的账面余额，新股本数量会变得或是多或是少。当然，购买或出售股份肯定需要编制会计分录，但在成本法下，这并不带来任何不同寻常的困难。

额外股份的购买

对已经持有的股权追加投资，购买的新增股份应当像初次购买时那样按照购买成本进行记录。这样将会得到投资方持有被投资方股权的新的份额，并且对可能获得的其他证据进行评估，以确定全部投资是否仍应当按照成本法核算，或者是否应当转换为权益法核算。当新增加的股份使得投资方能够对被投资方实施重大影响时，正像我们本章后面讨论的那样，应当采用权益法，自最初的投资日开始进行追溯调整。

股份的出售

如果公司间股权投资全部或者部分对外出售，该项交易的会计处理方式与出售非流动资产的处理方式相同。收到的金额与售出的投资账面余额之间的差额确认为收益或损失。

如果以不同价格购入股权份额，在出售时应当确认售出的是哪一笔投资。可以通过分别保管、股票证书号码或其他方法识别售出的股份属于哪一笔投资。当明确的识别不切实际时，可以使用先进先出或加权平均的成本流转假设。然而，由于不被税法所接受，加权平均法在实务中很少使用。

权益法

公司间股权投资会计处理的权益法旨在反映投资方享有的被投资方净资产或权益的变化。权益法是一个相当奇怪的方法，投资方的投资账户余额一般不反映投资成本或市场价值以及投资方享有被投资方账面价值的份额，而是按照初始购买价格入账，并在每个会计期间根据投资方享有被投资方净利润或净损失和被投资方宣告分配股利的份额，对投资方的投资账户余额进行调整。

权益法的应用

APB 第 18 号意见书（已修订）——“股权投资会计处理的权益法”要求以下股权投资的报告采用权益法。[2]

[2] *Accounting Principles Board Opinion No. 18,* “The Equity Method of Accounting for Investments in Common Stock,” March 1971, para. 16.

1. 合资经营公司。**合资经营公司**（corporate joint venture）是由某几家小企业共同拥有和经营的，没有一家公司拥有合资企业半数以上的股权。
2. 投资方的表决权股权使得投资方能够对被投资企业的经营和财务政策实施重大影响的那些公司。

上述两种情况中的第二种情况更加宽泛些，并且确立了“重大影响”这一标准。因为在某些情形下评估影响的程度可能会很困难，所以 **APB 第 18 号意见书**确立了一个 20%的原则。[3] 在没有反向证据的情况下，投资方持有 20%或更多的被投资方表决权股权，就可以推定投资方对被投资方能够实施重大影响。反之，在没有反向证据的情况下，投资方持有少于 20%的被投资方表决权股权，就可以推定投资方对被投资方不能够实施重大影响。

在绝大多数情况下，拥有另一家公司 20%~50%表决权股权的投资应当采用权益法进行报告。然而值得注意的是，如果其他证据能够更好地表明投资方对被投资方能够或者不能够实施重大影响，那么就不能采用 20%的原则。

不管持股比例高低如何，在投资方对被投资方的影响受到环境而不是持股比例的限制时，如被投资方破产或取得国外被投资方的净利润或资产的能力受到该国政府的严重限制，就不能采用权益法。

投资方享有的被投资方的净资产

在权益法下，投资方按照初始成本记录其股权投资。这个初始成本根据被投资方由于利润、损失或宣告分配股利导致的所有者权益的变动定期地进行调整。被投资方利润、损失和分配股利对投资方的股权投资账户以及其他账户的影响分类列示如下：

被投资方报告项目	对投资方账户的影响
净利润	记录投资收益 增加投资账户的余额
净损失	记录投资损失 减少投资账户的余额
宣告分配的股利	记录资产（现金或应收款项） 减少投资账户的余额

收益的确认

在权益法下，投资方损益表包含其享有的被投资方每期净利润或净损失的份额。为了反映被投资方由于净利润导致的净资产的变动，股权投资的账面余额应当按照这个变动金额进行调整。

[3] *Accounting Principles Board Opinion No. 18,* “The Equity Method of Accounting for Investments in Common Stock,” March 1971, para. 17.

为了例示，假设 ABC 公司在年初购买了 XYZ 公司 20%的股权，并能够对其实施重大影响。XYZ 当年实现净利润 60 000 美元。ABC 公司记录了享有 XYZ 公司净利润的份额 12 000 美元，会计分录如下：

(4) 借：股权投资——XYZ	12 000	
贷：投资收益		12 000
记录来自 XZY 公司的投资收益： $60 000 × 0.20		

这笔分录可以看做确认**应计权益**（equity accrual）。通常情况下，这笔分录作为期末的调整分录。如果被投资方当期出现亏损，投资方确认应承担的被投资方亏损的份额，并将股权投资账户的账面余额调减相应的金额。

当被投资方取得净利润时，由于对被投资方能够实施重大影响，投资方能够保证此投资收益的实现，从而确保投资收益确认的合理性。这不同于投资方对被投资方不能够实施重大影响的情形，此时股权投资应当采用成本法进行报告，并且只有当被投资方宣告分配股利时才能确认投资收益。

股利的确认

在权益法下，投资取得的股利不确认为收益，这是因为投资方享有被投资方净利润的份额已在被投资方实现净利润时确认了，而是将分配的股利视作收回前期已确认的并已体现在股权投资账面余额中的收益。投资方必须将被投资方股利的分配视作其对被投资方所享有的权益的扣减，并相应地降低其投资额。实质上，权益法将被投资方分配的全部股利作为清算股利处理。因此，如果 ABC 公司拥有 XYZ 公司 20%的股权，当 XYZ 公司宣告并支付股利 20 000 美元时，ABC 公司在其账簿中记录其享有的份额，相应的会计分录如下：

(5) 借：现金	4 000	
贷：股权投资——XYZ		4 000
记录收到 XYZ 公司分配的股利：$20 000 × 0.20		

股权投资账户的账面余额

在权益法下，由于投资方股权投资账户经过投资方享有被投资方利润或损失和股利份额的调整，因此股权投资账户的账面余额通常与其初始成本不同。只有在被投资方支付的股利等于其实现的净利润时，股权投资持有期间的账面余额才等于其初始成本。如果在持有期间被投资方实现的净利润大于其分配的股利，股权投资的账面余额将大于其初始成本。反之，如果被投资方分配的股利大于其实现的净利润，股权投资的账面余额将小于其初始成本。

为了例示股权投资账面余额在权益法下的变动，假设 ABC 公司以 100 000 美元的价格购买了 XYZ 公司 20%的股本，XYZ 公司当期实现净利润 60 000 美元，并分配了股利 20 000 美元。股权投资的账面余额的初始金额为 100 000 美元。

ABC公司享有 XYZ 公司实现的净利润的份额为 12 000 美元，调增股权投资的账面余额 12 000 美元。ABC 公司享有 XYZ 公司分配股利的份额为 4 000 美元，调减股权投资的账面余额 4 000 美元。这样，截止到当期期末股权投资账面余额为 108 000 美元（$100 000+$12 000−$4 000）。ABC 公司账簿中的股权投资账户如下所示：

对 XYZ 公司的股权投资			
初始成本	100 000		
应计权益		股利	
（$60 000 ×0.20）	12 000	（$20 000 × 0.20）	4 000
期末余额	108 000		

股权投资账户增加的 8 000 美元表示 ABC 公司享有 XYZ 公司未分配的当期净利润的 20%份额（$60 000−$20 000）。

期中收购

在权益法下，投资方从股权收购日开始确认来自被投资方的应计投资收益。投资方不能将股权收购日之前被投资方实现的净利润确认为应计投资收益。当股权投资发生在期中时，为了确认应计投资收益，投资方需要估计被投资方在股权收购日至当期期末之间实现的净利润。

为了例示，假设 ABC 公司在 10 月 1 日以 109 000 美元的价格购买了 XYZ 公司 20%的股权。XYZ 公司当年实现净利润 60 000 美元，各月实现的净利润均等，并在 12 月 20 日支付股利 20 000 美元。股权投资的账面余额增加的 3 000 美元是 ABC 公司享有的 XYZ 公司 10 月 1 日~12 月 31 日之间实现的净利润的份额，股权投资的账面余额减少的 4 000 美元是 ABC 公司在年末收到的 XYZ 公司支付的股利。

对 XYZ 公司的股权投资			
初始成本	109 000		
应计权益		股利	
（$60 000 × 1/4 × 0.20）	3 000	（$20 000 × 0.20）	4 000
期末余额	108 000		

投资成本与账面价值之间的差异

当一家公司购买另一家公司的股权时，购买价格通常是基于所购买股权的市场价格，而不是被投资方资产和负债的账面价值。结果往往使得投资方的投资成本与投资方享有的被投资方净资产账面价值的份额之间存在差额，这一差额被称之为**股权投资差额**（differential）。

以下几个原因可能会导致投资成本大于投资方享有的被投资方净资产账面价值的份额，并形成正股权投资差额。第一个原因就是，被投资方资产价值可能大于它们的账面价值。另外一个可能的原因就是存在未确认的与被投资方额外的盈利能力相联系的商誉。对上述这两种情形，都应当确定归属于被投资方每项资产以及商誉的那部分股权投资差额。当采用权益法时，归属于被投资方使用寿命有限的资产以及可辨认的无形资产的那部分股权投资差额，应当在这些资产剩余使用年限内进行摊销。因为减值的存在，体现为商誉（称作**权益法下的商誉**）的那部分股权投资差额不进行摊销或转销。然而，如果股权投资存在非暂时性的减值迹象，就应当确认相应的股权投资减值损失。

股权投资差额的摊销或转销

当采用权益法时，股权投资差额每一部分应当像被投资方对待这些同股权投资差额相联系的资产或负债那样，采用相同的会计处理方式。因此，与被投资方可折旧或可摊销的资产相联系的那部分股权投资差额应当在这些资产的剩余使用年限内与这些资产一起进行摊销。与被投资方可折旧或可摊销的资产相联系的那部分股权投资差额的摊销应当记录在投资方的账簿中，以反映同那些资产相联系的那部分投资成本在产生投资方预期的未来利益过程中的耗费。被投资方在其投资于这些资产的金额的基础上，将资产在其有限寿命期内使用过程中的耗减确认为折旧或摊销费用，而投资方通过确认其享有被投资方净利润的份额来确认这些耗减。当投资方享有被投资方资产份额的成本大于被投资方的资产成本时（如正股权投资差额反映的那样），这个额外的成本也应当进行摊销。

摊销股权投资差额的方法就是减少投资方确认的来自被投资方的投资收益和股权投资的账面余额。这个方法同在资产负债表和损益表中单行反映股权投资的方法一致。

借：投资收益——被投资方	XXX	
贷：股权投资——被投资方		XXX

股权投资差额代表了投资方支付的金额大于投资的账面价值的部分，并且包含在投资金额中。因此，股权投资差额的摊销或减少涉及股权投资账户余额的减少。同时，投资方应当减少相同金额的净利润来确认投资金额中已经到期的那部分股权投资差额。

股权投资差额会计处理例示

为了例示权益法下投资成本大于被投资方净资产账面价值时的会计处理，假设 Ajax 公司在 20X1 年 1 月 1 日以 200 000 美元购买了 Barclay 公司 40%的股本。20X1 年 1 月 1 日 Barclay 公司的净资产账面价值和公允价值分别为 400 000 美元和 465 000 美元。购买日 Ajax 公司享有的 Barclay 公司的净资产账面价值的份额为 160 000 美元（$400 000 × 0.40）。股权投资差额为 40 000 美元，计算过程如下：

投资成本	$ 200 000
Ajax 公司享有 Barclay 公司净资产账面价值的份额	(160 000)
股权投资差额	$ 40 000

Barclay 公司净资产公允价值大于其账面价值的金额为 65 000 美元，包括 Barclay 公司土地价值增加的 15 000 美元和设备价值增加的 50 000 美元。以下列示的是 Ajax 公司享有 Barclay 公司净资产价值增值部分的份额：

	增加总额	Ajax 公司 40%的份额
土地	\$15 000	\$6 000
设备	50 000	20 000
	\$65 000	\$26 000

因此，26 000 美元的股权投资差额分配给土地和设备，剩下的 14 000 美元的股权投资差额确认为商誉。股权投资差额的分配过程列示如下：

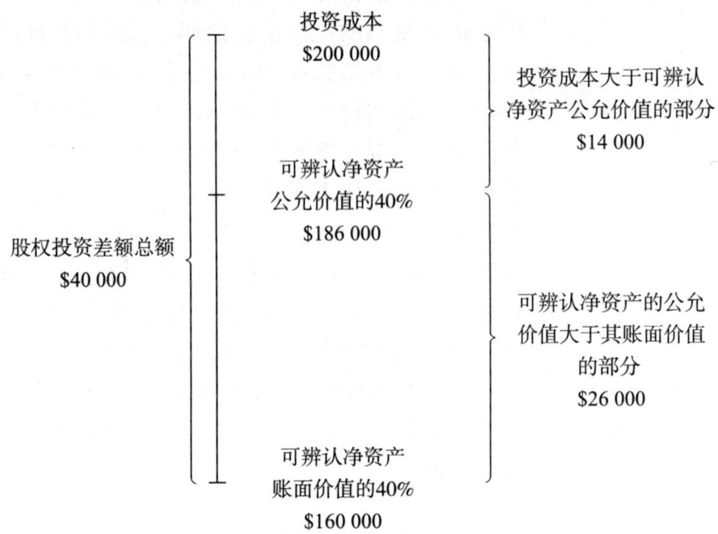

虽然股权投资差额同 Barclay 公司的资产相联系，但 Ajax 公司购买 Barclay 公司股权发生的这项额外成本反映在其 Barclay 公司股权投资账户中。Ajax 公司不在账簿中设置单独的股权投资差额账户，也不设置单独的账户反映分配给具体资产的股权投资差额。类似地，Ajax 公司不在账簿中设置单独的费用账户。股权投资差额的摊销或转销是通过减少 Ajax 公司股权投资账户余额和减少 Ajax 公司确认的来自 Barclay 公司的投资收益实现的。

由于土地的使用寿命是无限的，因此与土地相关的那部分股权投资差额不进行摊销。与 Barclay 公司设备相关的那部分股权投资差额（20 000 美元）在该设备的剩余使用年限内进行摊销。如果该设备的剩余年限为 5 年，则 Ajax 公司这部分股权投资差额摊销金额为 4 000 美元（\$20 000÷5）。

从 1970 年起，财务报告准则要求商誉在其有效的但不超过 40 年的期限内进行摊销。可是，2001 年 FASB 颁布了**第 142 号准则**——“商誉及其他无形资产”，该准则规定权益法下的商誉不进行摊销，也不进行转销。这部分的股权投资差额仍然保持在股权投资账户中。因此，本例中仅摊销与 Barclay 公司设备相关的那部分股权投资差额，摊销金额为 4 000 美元。

Barclay 公司在 20X1 年度宣告分配股利 20 000 美元，当年实现净利润 80 000

美元。Ajax 公司在 20X1 年采用权益法在其账簿中记录了以下分录：

（6）借：股权投资——Barclay	20 000	
贷：现金		20 000
记录购买 Barclay 公司股权。		
（7）借：现金	8 000	
贷：股权投资——Barclay		8 000
记录来自 Barclay 公司的股利：$20 000 × 0.40		
（8）借：股权投资——Barclay	32 000	
贷：投资收益——Barclay		32 000
记录权益法下的投资收益：80 000 × 0.40		
（9）借：投资收益——Barclay	4 000	
贷：股权投资——Barclay		4 000
摊销与设备相关的股权投资差额。		

通过这些分录，Ajax 公司确认了来自于 Barclay 公司的 28 000 美元的投资收益，并将其对 Barclay 公司股权投资期末余额调整到 220 000 美元。

在起初的 5 年中（从 20X1 年到 20X5 年），Ajax 公司每年在账簿中记录的与 Barclay 公司设备相关的那部分股权投资差额的摊销金额是相同的（4 000 美元）。这项摊销在 20X5 年后停止，因为经过 5 年这部分股权投资差额已经全部摊销完毕。

值得注意的是，对于股权投资差额或其摊销来讲，投资方不在其账簿中设置特别的账户，仅涉及"投资收益"和"股权投资"这两个账户。随着股权投资差额在对 Barclay 公司的股权投资账户中进行摊销时，股权投资账户的账面余额与被投资方净资产的账面价值之间的差额在相应地减少。

与股权投资差额相关联的资产处置

虽然股权投资差额作为股权投资账户余额的一部分记录在投资方的账簿中，但它是同被投资方特定资产相关联的。因此，如果被投资方处置任何同股权投资差额相关联的资产，相应的那部分股权投资差额应当从投资方账簿的股权投资账户中转销。当被投资方处置该项资产后，投资方享有被投资方该项资产处置损益的份额应当进行调整，以反映这样一个事实，即投资方为享有该项资产的份额而支付的成本大于被投资方为其所支付的成本。例如在先前的例示中，Barclay 公司出售了与 Ajax 公司 6 000 美元的股权投资差额相关联的那块土地。Ajax 公司并没有确认享有的该项资产处置损益的全部 40%的份额。假设 Barclay 公司在 20X0 年以 75 000 美元的价格购买了这块土地，并在 20X2 年以 125 000 美元将其出售。Barclay 公司确认 5 000 美元的处置收益，同时 Ajax 公司享有该项资产处置收益的份额为 40%，即 20 000 美元。然而，Ajax 公司实际上确认的该项收益应当进行下列调整，这是因为 Ajax 公司为该块土地支付的包含在股权投资账户中的成本大于其账面价值：

Ajax 公司享有 Barclay 公司处置收益的份额	$20 000
与该土地相关联的那部分股权投资差额	(6 000)
Ajax 公司确认的收益	$14 000

因此，如果 Barclay 公司报告的 20X2 年度净利润（包含土地处置收益）为 150 000 美元，Ajax 公司记录了以下分录（不考虑股利和同设备相关联的股权投资差额的摊销）：

(10) 借：股权投资——Barclay 公司	60 000	
贷：投资收益		60 000
记录权益法下的投资收益：$150 000 × 0.40		
(11) 借：投资收益	6 000	
贷：股权投资——Barclay 公司		6 000
结转同 Barclay 公司处置的土地相关联的股权投资差额。		

在处理一项使用寿命有限的资产时，应当采用相同的方法。同处置的资产相关联的股权投资差额未摊销的部分应当从股权投资账户中转销，并用此金额调整投资方享有被投资方净利润的份额。

应当注意的是，投资方不单独列报包含在被投资方净利润中其享有的普通收益或损失，如出售该固定资产的收益或股权投资差额未摊销部分的转销。为了体现在损益表中仅用单行来列报被投资方的经济活动对投资方产生的影响，所有这类项目都包含在来自被投资方的投资收益中。现行准则规定，如果被投资方的特殊损益、前期调整以及其他综合收益的基本组成部分这些项目对于投资方来讲是重要的，则投资方应当如自己列报这些项目那样，采用相同的方式对其享有的份额进行单独列报。

股权投资减值损失

正像许多资产那样，会计准则要求权益法下的股权投资在发生减值时，应当减计其账面价值。如果股权投资的市场价值低于其权益法下的账面余额，并且这种价值的下降被认为不是暂时性的时候，股权投资的账面金额应当减计到市场价值，并确认相应的减值损失。这个较低的新价值作为后续权益法应用的起点。在以后期间，不确认股权投资价值的恢复。

所持股权数量的变化

在权益法下，对于投资方所持股权数量的某些变化是容易处理的，但另外一些情形就需要多一些关注。对于因股票分割、股票拆分或者反向拆分导致的股权数量的变化，采用与成本法下相同的方法进行处理。不在投资方账簿中作任何正式的会计确认。另一方面，对于股权的购买和出售就需要进行正式的会计确认。

额外股份的购买

投资方对已持有的股权投资追加购买额外的股份，并对其采用权益法核算。相应的会计处理仅是简单地将新购股份的成本增加到股权投资账户中，并从该新购股份的购买日起按照权益法进行正常的会计处理。对于同一股权的新旧投资应当合并在一起进行列报。投资方应当从新购股份的购买日起确认新购股份的应计收益。

为了进行例示，假设 ABC 公司在 20X1 年 1 月 2 日和 20X1 年 7 月 1 日分别以账面价值购买了 XYZ 公司 20%和 10%的股权。XYZ 公司在 20X1 年 1 月 2 日至 20X1 年 6 月 30 日实现净利润 25 000 美元，在 20X1 年 7 月 1 日至 20X1 年 12 月 31 日实现净利润 35 000 美元。ABC 公司 20X1 年度确认的 XYZ 公司股权投资收益为 15 500 美元，相关计算如下：

投资收益，1 月 2 日至 6 月 30 日：$25 000 × 0.20	$ 5 000
投资收益，7 月 1 日至 12 月 31 日：$35 000 × 0.30	10 500
20X1 年投资收益	$15 500

如果 XYZ 公司在 1 月 15 日和 7 月 15 日分别宣告并支付股利 10 000 美元，ABC 公司在 1 月 15 日和 7 月 15 日减记股权投资账户的金额分别为 2 000 美元（$10 000 × 0.20）和 3 000 美元（$10 000 × 0.30）。

在一项股权投资采用成本法核算，对其追加持股使得投资方对被投资方能够实施重大影响的情况下，该项股权投资的核算应当从成本法转换成权益法，并进行追溯调整。权益法的转换应当视同从该项股权投资初次购买日起就采用权益法进行追溯调整。

为了例示权益法转换，假设 Aron 公司在 20X1 年 1 月 2 日购买了 Zenon 公司 15%的股本。20X4 年 1 月 2 日购买了 Zenon 公司另外 10%的股本。进一步假设 Aron 公司对 Zenon 公司追加投资后，对其能够实施重大影响。因此，在 20X4 年 1 月 2 日，Aron 公司将该项股权投资的会计处理方法转换成权益法。假设 Aron 公司以账面价值购买该股权。Zenon 公司净利润和分配股利的数据，以及 Aron 公司原来确认的投资收益和重述的投资收益的金额如下所示：

	Zenon 公司		Aron 公司报告的投资收益	
年份	净利润	分配的股利	原成本法下[a]	按权益法重述[b]
20X1	$15 000	$10 000	$1 500	$2 250
20X2	18 000	10 000	1 500	2 700
20X3	22 000	10 000	1 500	3 300
	$55 000	$30 000	$4 500	$8 250

[a] 当年 Zenon's 公司分配股利的 15%

[b] 当年 Zenon's 公司净利润的 15%

因此，在 20X4 年 Aron 公司的财务报告中，应当对 20X1 年、20X2 年和 20X3 年的比较报表进行重述，将 Aron 公司享有 Zenon 公司净利润的 15%份额包含进来，并将成本法下确认的 Aron 公司享有 Zenon 公司分配股利的份额从投资收益中扣减。另外，应当视同从初次购买日起就一直采用权益法，对 Aron 公司的股权投资账户和留存收益进行重述。以下为 20X4 年 1 月 2 日对 Aron 公司相关内容进行重述的分录：

(12) 借：股权投资——Zenon	3 750	
贷：留存收益		3 750

成本法转权益法，对股权投资账户进行重述：
$8 250 - $4 500

如果 Zenon 公司 20X4 年实现的净利润为 30 000 美元，则 Aron 公司的投资收益为 7 500 美元（Zenon 公司净利润的 25%）。

出售股份

出售权益法下部分或全部股本投资的会计处理同出售任何非流动资产的处理是相同的。首先，股权投资账户应当进行调整，确认截止到出售日投资方享有被投资方当期实现净利润的份额。接着，将出售股权投资的收益与股权投资账面余额之间的差额确认为处置收益或损失。

如果只是出售部分股权投资，投资方应当决定是否继续使用权益法核算剩下的部分，还是转换为成本法。方法的选择应当根据在出售部分股权投资后投资方是否对被投资方仍然能够实施重大影响。售出部分股权投资后，如果权益法已经不再适用，则该出售日剩下的股权投资的账面价值就作为成本法下的初始成本，并从该出售日开始采用成本法进行正常的会计处理。不需要将股权投资账户进行追溯重述。尤其是对报告数年前购买的股权投资成本的相关性产生质疑。成本法在收入的实现上同传统的会计观点以及法律观点相当一致，即只有在被投资方分配股利时，投资方才能够取得被投资方实现的净利润。然而，基于股利分配的投资收益有时是可以被操纵的。重大影响标准考虑到了投资方对被投资方股利分配的影响，符合条件的股权投资应采用权益法核算。权益法下确认来自被投资方的投资收益不需要考虑被投资方分配的股利，这样就可以避免投资方通过影响被投资方的股利分配来操纵其净利润。

成本法和权益法的比较

表 2–2 总结和比较了成本法与权益法主要的特点。

和其他大多数资产一样，公司间投资的成本法也采用了历史成本计量。这个方法常被用来批评历史成本。

另一方面，权益法也受到批评，因为资产的估价偏离了历史成本，但却止步于市场价值方法的缺乏。相反，股权投资的账面余额由几个部分组成，且与任何其他资产的估价也不相似。

多年来，对用权益法替代某些类型子公司合并的做法有着相当多的批评。虽

表 2-2

成本法和权益法的总结与比较

项　目	成本法	权益法
购买日股权投资入账金额	初始成本	初始成本
购买后持有期股权投资账面余额	初始成本	初始成本加（减）投资方享有被投资方利润（损失）的份额；减投资方享有被投资方分配股利的份额；减股权投资差额的摊销或转销金额
股权投资差额	不进行摊销或转销	如果同被投资方使用寿命有限的资产或者处置的资产相关联，应当进行摊销或转销
投资方确认的投资收益	投资方享有的对购买后被投资方实现的净利润的股利分配的份额	无论分配与否，投资方享有的购买后被投资方实现的净利润份额减去股权投资差额的摊销或转销金额
对于购买后被投资方实现的净利润的股利分配	收益	减计股权投资
被投资方分配的股利大于购买后被投资方实现的净利润	减计股权投资	减计股权投资

然权益法被视做“单行合并”，但是具体的列报金额在权益法下与合并的方式下有着相当大的差异。例如，对于两个被投资方，投资方列报的权益法下的投资收益可能是相同的，即使它们各自损益表的组成内容是如此不同：

	被投资方 1	被投资方 2
销售额	$50 000	$500 000
经营费用	(30 000)	(620 000)
营业利润（损失）	$20 000	$(120 000)
土地出售收益		140 000
净利润	$20 000	$　20 000

相似的是，不管被投资方资产和资本结构如何，权益法下一项其他公司的股权投资以一个单独的金额在投资方的资产负债表中列报。在过去，有些公司从未纳入合并范围的子公司那里大量地借贷，并对其在子公司的投资采用权益法。在这种情况下，因为这些借贷不在报表中列报，权益法的使用促进了表外融资，由此人们对此很关注。

关注的结果就是财务会计准则委员会排除了权益法在对子公司投资列报中的使用，要求将实质上控制的子公司都要纳入到合并范围之内。FASB 将在未来对权益法在合资经营企业投资以及其他类型的投资中的运用进行研究。

股权投资以外的权益

近年来，一些公司逐渐扩展了在其他实体中的非股权的权益投资。这些权益投资既包括在合伙企业的权益性投资，也包括一些不具有所有权的权益。由于这些投资类型具有多样性和复杂性，所以并没有相应的会计处理规则，即使有的话，这些规则也会非常复杂。

对合伙企业的投资

FASB 的公告通常是针对法人企业而不是合伙企业。因此，公司对合伙企业的权益性投资列报有较大的可选择性，但缺少相应的指南。

与股权投资相比，对合伙企业的权益性投资没有明确的计量方法。对法人企业的股权投资多数情况下规定了按比例的利润份额、按比例的分配份额、按比例的对净资产的要求权和按比例的表决权。相同的情况在合伙企业的权益性投资中是完全不同的。一个合伙人按照具体的合伙资本份额出资，可能享有不同的利润份额（但不一定是相同的损失份额），不同的分配比例（提取的权利），以及比资本份额代表的控制程度或多或少的控制能力。对于合伙企业来讲，合伙人的全部权利都由合伙协议（或州法律）决定，而不是按照所有权的比例。因此，适用于确定股权投资列报方法的简便方法并不适用于对合伙企业的投资。

拥有合伙企业权益性投资的公司可选择以下方法来列报这些投资：

1. 成本法
2. 权益法
3. 比例合并法
4. 完全合并法

列报方法的例示

为了例示对合伙企业权益性投资的会计处理方法，我们假设 20X5 年 1 月 1 日 Albers 公司以 200 000 美元投资于 AB 合伙企业，占其初始资本 40%的份额，并享有其利润或损失 40%的份额。20X5 年度 Albers 公司列报如下，包括对 AB 合伙企业的投资：

收入，20X5	$ 700 000
费用，20X5	$ 400 000
资产，20X5 年 12 月 31 日（不包括对 AB 合伙企业的投资）	$1000 000
负债，20X5 年 12 月 31 日	$ 300 000

假设 AB 合伙企业当年实现收入 80 000 美元和发生费用 50 000 美元；没有对合伙人分配，也没有合伙人撤资。后文的表 2-3 例示了在可选择的几种方法下编制的 AB 合伙企业和 Albers 公司财务报告。

成本法和权益法在对合伙企业投资的会计处理中的应用方式在很大程度上与在股权投资中的应用方式是相同的。在 AB 合伙企业的例子中，AB 合伙企业没有分配净利润（或合伙人撤资），相应的，成本法下投资方不确认投资收益。在对合伙企业投资的会计处理方法中，权益法更常用一些。而且，即使没有从合伙企业

图表 2–3　对合伙企业权益性投资的几种可选择的列报方式

资产负债表

		Albers 公司合并资产负债表			
	AB 合伙企业	成本法	权益法	比例合并法	完全合并法
资产	$630 000	$1 000 000	$1 000 000	$1 252 000[a]	$1 630 000[b]
对 AB 合伙企业投资		200 000	212 000[c]		
	$630 000	$1 200 000	$1 212 000	$1 252 000	$1 630 000
负债	$100 000	$ 300 000	$ 300 000	$ 340 000[d]	$ 400 000[e]
外部合伙权益					318 000[f]
所有者权益	530 000[g]	900 000	912 000[h]	912 000[h]	912 000[h]
	$630 000	$1 200 000	$1 212 000	$1 252 000	$1 630 000

[a] $1 252 000 = $1 000 000 +（$630 000 × 0.40）
[b] $1 630 000 = $1 000 000 + $630 000
[c] $212 000 = $200 000 +（$30 000 × 0.40）
[d] $340 000 = $300 000 +（$100 000 × 0.40）
[e] $400 000 = $300 000 + $100 000
[f] $318 000 = $530 000 × 0.60
[g] Albers 公司资本　$212 000
　外部合伙人资本　$318 000
[h] $912 000 = $900 000 +（$30 000 × 0.40）

损益表

		合并损益表			
	AB 合伙企业	成本法	权益法	比例合并法	完全合并法
收入	$80 000	$700 000	$700 000	$732 000[a]	$780 000[b]
费用	(50 000)	(400 000)	(400 000)	(420 000)[c]	(450 000)[d]
来自合伙企业的净利润			12 000[e]		
归属于外部合伙人的净利润					(18 000)[f]
净利润	$30 000[g]	$300 000	$312 000	$312 000	$312 000

[a] $732 000 = $700 000 +（$80 000 × 0.40）
[b] $780 000 = $700 000 + $80 000
[c] $420 000 = $400 000 +（$50 000 × 0.40）
[d] $450 000 = $400 000 + $50 000
[e] $12 000 = $30 000 × 0.40
[f] $18 000 = $30 000 × 0.60
[g] 净利润分配：
　Albers 公司（40%）　$12 000
　外部合伙人（60%）　$18 000

收回投资收益，投资方还是按照其享有合伙企业净利润的份额确认投资收益。

对于在其他企业的投资，如对合资经营企业的投资，权威机构通常认为比例合并法不是一个可以接受的列报方法。不过，比例合并法在某些股权投资中有一定数量的应用，它更多被应用在合伙企业投资以及合作企业（例如两三个合伙人拥有几乎均等的投资或均等地享有利润）投资中。这种方法将投资方享有合伙企业资产、负债、收入和费用的份额同投资方自己的这些项目合并起来。比例合并法的列报结果与权益法下的结果完全相同（例如相同的净利润和相同的净资产），但是财务报告中的具体项目并不相同。

合伙企业中的一个合伙人对其投资采用完全合并法的这种做法在实务中还没有被广泛采用。这种方法将合伙企业的资产、负债、收入和费用的全部金额同其中一个合伙人自己的这些项目合并起来。因为进行合并的合伙人只是部分地享有合伙企业的净利润和净资产，所以外部合伙人享有的份额应当像表2-3例示的那样在合并利润表和资产负债表中予以确认。表2-3还体现了完全合并法的列报结果与权益法下和比例合并法下的结果是完全相同的。然而，尽管在这三种方法下，扣减外部合伙人享有的部分之后的净利润和净资产是相同的，但是财务报告中的具体项目并不相同。

关于合伙企业权益列报的准则

合伙企业权益列报的方法能够对财务报表产生重大的影响，特别是对于大部分业务都是通过合伙企业进行的那些企业（如某些建筑公司）。成本法提供的与合伙企业投资相关的信息很少，因此，对于这类投资它通常不是一个恰当的方法。权益法可以隐藏合伙企业的债务，掩饰合伙企业实现的利润的类型，实际上，这是因为合伙人享有合伙企业资产和负债相互抵销后的净额，且其份额在资产负债表中单行列报；同样，合伙人享有合并企业收入和费用相互抵减后的金额的份额在利润表中也是单行列报。

在列报合伙企业（特别是合作企业）的权益方面，比例合并法和完全合并法都得到很多人的支持。不幸的是，与控制权、否决权、利润和损失的份额、不同类型资产的分配、对合伙企业债务的责任等其他一些方面相关的合伙协议常常是如此复杂和多样，以至于制定合伙企业权益列报的准则变得非常困难。FSAB一直在为发布合伙企业及合作企业权益列报的相关准则努力着。在这个过程中，FASB已经发布了**第46号解释公告**——可变利益实体的合并和ARB**第51号意见书**的解释公告。虽然这个公告没有直接提出合伙企业权益的会计处理方法，但是其内容在一些事项中有所运用。特别是当一个特殊的投资方将某类实体纳入合并范围时，该解释提供了相应的标准。第3章将讨论这个专题。

在其他实体中的非所有权权益

在某些情形下，一家公司可能在另一个实体中拥有非所有权权益，这一实体可能是一家公司、合伙企业或者信托。例如，一家公司可能通过经营合同而不是所有权权益享有另一实体的利润。在另外一种常见的情形下，一家公司可能向另一家实体出售资产，以及做出某种关于这些资产、其他实体负债方面的或者实体的所有者取得回报的承诺。由于实务中这类合同具有多样性，因此没有准则可以做到覆盖潜在的所有情形。一些现有的准则可能间接地规范了非所有权权益的不同方面，如FASB对公允价值保证的列报。FASB对可变利益实体和某些特殊目的实体的公告可以适用于非所有权权益的某些情形。第 3 章将讨论可变利益实体和特殊目的实体。

关于权益法的特殊问题

重大影响的确认

APB 第 18号意见书建立的一般原则就是：当投资方由于其在被投资方的普通股权益使得对被投资方的经营和财务政策方面能够实施重大影响时，权益法是一个恰当的方法。在缺少其他证据的情形下，拥有被投资方 20%或更多的股权可以认为投资方对被投资方能够实施重大影响。然而，APB 意见书第 18 号也表述了可能构成判断实施重大影响的其他证据的一些因素：[4]

1. 董事会的席位
2. 决策中的参与程度
3. 重要的内部交易
4. 管理人员的替换
5. 技术的依赖程度
6. 与其他股权集中程度相关的投资规模

相反，FASB 在**第 35 号解释公告**中列举了投资方对被投资方不能够实施重大影响的一些证据。[5] 这些情形包括被投资方在法律或法规上对投资方影响的限制，投资方签订的放弃一些重要的股东权利的协议，由漠视投资方意见的少数股东集合成的多数所有权， 以及在获取被投资方信息或被投资方董事会席位方面失败的尝试。

未实现的企业集团内部交易利润

APB 第 18 号意见书规定的权益法被称为**单行合并**（one-line consolidation），这是因为（a）投资方的净利润和股东权益与被投资方纳入合并范围时相同；（b）权益法的调整都是通过股权投资账户和相关的投资收益账户完成的，并以单独一行分别在资产负债表和损益表中列报。[6] 当前对合并的观点是这样的，企业集团内部销售并不导致利润的实现，直到企业集团内部交易利润通过某种方式才得以确认，通常是通过与非关联的第三方进行交易来实现的。例如，母公司以高于成本

---

[4] **APB 18**, para. 17.

[5] *Financial Accounting Standards Board Interpretation No. 35*, "Criteria for Applying the Equity Method of Accounting for Investments in Common Stock," May 1981, para. 4.

[6] 尽管 APB 意见书第 18 号建立了权益法下投资方的收益与股东权益应与被投资方被纳入合并范围的结果一致的要求，但由于近期 FASB 不允许商誉摊销的决定，将会导致上述结果的不同（由于商誉的减值）。

的价格向子公司销售存货，这项利润直到该项存货转售给企业集团外部企业时，才能够在合并财务报表中予以确认。这是因为从合并的观点来看，向关联公司销售产生的利润是未实现的利润，这项利润直到转售给非关联的公司才得以实现。在编制合并财务报表时，应当将这些未实现的利润进行抵销。

然而，合并财务报表并不是唯一受影响的，因为 **APB 意见书第 18 号**要求采用权益法核算股权投资的投资方，其确认的净利润应当与视同将被投资方纳入到合并范围时确认的净利润相同。因此，投资方权益法下确认的来自被投资方的投资收益也应当对未实现的企业集团内部销售利润进行调整。这种对未实现的企业集团内部销售利润进行调整的权益法被称之为**完全调整权益法**（fully adjusted equity method）。

未实现的企业集团内部交易利润的调整

企业集团内部正常销售同其他销售一样，以相同的方式在出售方的账簿中记录，包括相关利润的确认。采用完全调整权益法时，截止到当期期末，未实现的企业集团内部交易利润应当从列报的净利润中扣除。

在单行合并方法下，通过扣减确认的投资收益以及股权投资的账面金额来剔除未实现的企业集团内部交易利润的影响。在未来期间，企业集团内部交易利润实现时，进行相反的会计处理。

未实现利润调整的例示

为了例示权益法下对未实现的企业集团内部交易利润的调整，假设 Palit 公司拥有 Label 制造公司 40%的股权。在 20X1 年，Palit 公司向 Label 公司销售存货，销售金额为 10 000 美元。Pailit 公司购入该项存货的原始成本为 7000 美元。在 20X1 年，Label 公司将该存货总数量的 1/3 出售给集团外部的公司，截止到当年年末该存货剩余的 2/3 未对外出售。未实现利润的金额计算如下：

企业集团内部交易利润总额	\$10 000 – \$7 000 = \$3 000
未实现的利润	\$3 000 × 2/3 = \$2 000

假设 Label 公司 20X1 年列报的净利润为 60 000 美元，没有分配股利。Palit 公司在 20X1 年年末在其账簿中记录的分录如下：

20X1 年 12 月31 日

(13) 借：股权投资——Label	24 000	
贷：投资收益——Label		24 000
记录权益法下的投资收益，60 000 × 0.40		
(14) 借：投资收益——Label	2 000	
贷：股权投资——Label		2 000
抵销未实现的企业集团内部交易利润		

如果该存货剩余的部分在 20X2 年销售给企业集团外部的公司，在 20X2 年年

末通过下列会计分录在 Palit 公司的账簿中记录前期未实现的企业集团内部交易利润的实现。

20X2 年 12 月 31 日

(15) 借：股权投资——Label	2 000	
贷：投资收益——Label		2 000
确认实现的企业集团内部交易利润		

APB 第 18 号意见书的其他要求

规范权益法列报的 **APB 第 18 号意见书**还包括一些其他要求：

1. 对于投资方享有被投资方非经常项目和前期调整的份额，如果重要的话，投资方也应当按照企业集团内部交易利润的列报方式进行列报。
2. 如果投资方应承担被投资方净损失的份额大于该项股权投资的账面金额，一旦该股权投资账面价值减至零时，权益法应当暂停使用。除非投资方承诺对被投资方提供进一步的财务支持或有确定的迹象表明被投资方即将回到盈利的状况，否则投资方不再进一步确认投资损失。在权益法暂停使用以后，如果被投资方实现了净利润，投资方应当再次启用权益法，但仅在投资方享有被投资方净利润的份额等于其承担的前期未确认的被投资方净损失的份额时才启用。
3. 在投资方计算其享有被投资方净利润的份额之前，被投资方宣告分配的优先股股利，或者如果优先股股利是累积的，无论是否宣告分配，都应当从被投资方净利润中扣除。

APB 第 18号意见书还包括一些关于财务报表披露的要求。当采用权益法时，投资方应当披露以下内容：

1. 每个被投资方的名称及其持股比例。
2. 投资方对于股权投资所采用的会计政策，包括违背 **APB 第 18 号意见书**确立的 20%标准的原因。
3. 股权投资差额的金额及会计处理方法。
4. 可以获得市场报价的可辨认的每项非子公司投资的市场价值总额。
5. 如果从总量来看是重大的，投资方合资经营企业的经营结果、资产和负债的个别报表或者汇总信息。

投资方享有被投资方其他综合收益的份额

当投资方采用权益法对其在其他公司的投资进行会计处理时，投资方的综合收益应当包括其享有被投资方“其他综合收益”列报金额的份额。例如，假设 Ajax 公司在 20X1 年 1 月 1 日购买了 Barclay 公司 40%的股权。20X1 年 Barclay 公司列报的净收益金额为 80 000 美元，列报的综合收益金额为 115 000 美元。除了净收益，综合收益还包含了其他综合收益35 000美元。这项其他综合收益（OCI）反映了一项金额为35 000美元的未实现的收益。这项未实现的收益是根据**FASB第115号准则**规定的标准，将一项股权投资按其公允价值分类为可供出售证券时形成的。除了记录正常的权益法分录外，Ajax公司在20X1年还通过下列分录确认了其享有该项与可供出售证券相关的未实现收益的份额：

(16) 借：股权投资——Barclay	14 000	
贷：未实现收益——被投资方（其他综合收益）		14 000
确认其享有被投资方可供出售证券相关的未实现收益的份额		

分录（16）对Ajax公司20X1年的净收益没有影响，但是它却增加了Ajax公司的其他综合收益，从而使其综合收益增加了14 000美元。Ajax将在每期期末记录相似的分录，确认其享有Barclay公司累计未实现持有收益增减变动的份额。

所得税分配程序

在计算当期所得税费用时，应当考虑企业集团内部应计利润和股利分配的影响。这些因素影响的程度取决于股权水平和这些公司的纳税申报身份。因为公司通常允许税前扣除收到股利的80%（如果持有的表决权股权等于或大于80%，可以扣除100%）。这些公司在纳税时，对于这些股利收入就会得到一个较低的实际税率（相当于边际税率的20%）。

当投资方和被投资方进行所得税合并申报纳税时，企业集团内部分配的股利和应计利润在确认应税所得额时予以抵销。因此，即使投资方投资收益的确认与在被投资方分配股利时该投资收益的实现之间存在着暂时性差异，递延所得税的计提也是没有必要的。当投资方持有子公司至少80%的股权并选择合并纳税申报时，可以进行合并申报纳税。

如果投资方和被投资方单独进行纳税申报，投资方是以收到被投资方分配的股利金额进行纳税，而不是以其列报的投资收益金额进行申报纳税。在每个期间，投资方损益表中列报的所得税费用金额，应当基于投资方自己的经营所得以及确认的来自企业集团内部投资的投资收益。**FASB第109号准则**——“所得税的会计处理”详细地说明了在这些情形下，需要计提额外的递延所得税，来体现在财务报告目的下确认的收益与用来确定应纳税所得额的收益之间的暂时性差异。

成本法下的所得税费用

如果投资方采用成本法列报其股权投资，投资方记录的关于投资收益的所得税费用和实际支付的所得税金额都是基于收到的被投资方分配的股利。在成本法下，不需要在各期之间进行所得税的分配，这是因为在同一期间内确认的用于财务列报的收益与用于纳税目的的收益是相同的；此时不存在暂时性差异。

权益法下的所得税费用

如果投资方采用权益法列报其股权投资并单独进行纳税申报，则投资方在损

表 2-4
投资方收入所得税费用的计算

类型	计算与投资方来自被投资方的投资收益相关的所得税费用
权益法	一般所得税税率 ×（投资方享有被投资方净利润的份额–可抵扣的股利）[a]
成本法	一般所得税税率 ×（收到的股利–可抵扣的股利）

[a] 如果所得以免税转移的方式进行分配，或者有证据表明用来自国外子公司或国外合营企业的所得进行永久性的再投资，在这些情形下就不需要计提所得税。

益表中列报其享有被投资方净利润的份额，而不是仅仅列报纳税申报表中其享有被投资方分配股利的份额。当被投资方分配股利的金额与其实现的净利润不尽相同时，此时就会存在暂时性差异，并且投资方需要在各期之间进行所得税分配。在这种情形下，应当根据投资方在其损益表中列报的权益法下的投资收益与纳税申报表中列报的股利收入之间的差异，确认递延所得税。现行的财务会计准则通常要求在计算投资方列报的所得税费用时，视同投资方确认权益法下的投资收益实际上都已经收回。因此，当被投资方实现的净利润大于其分配的股利时，投资方记录的所得税费用会大于实际支付的所得税。当被投资方分配的股利大于其实现的净利润时，投资方记录的所得税费用会小于实际支付的所得税。

表 2-4 总结了与来自企业集团内部股权投资的投资收益相关的投资方所得税费用的计算要求。

收入所得税处理的例示

作为企业集团内部股权投资相关的所得税处理的例子，本例中投资方和被投资方各自单独进行所得税纳税申报，假设 T 公司持有 S 公司 20%的股本。S 公司列报的 20X1 年的净利润为 100 000 美元（扣除收入所得税后），宣告分配股利 30 000 美元。T 公司列报的来自其自身经营的税前利润为 500 000 美元，不包括任何股权投资收益。假设 T 公司实际的联邦和州组合税率为 40%。T 公司应交所得税的计算如下：

独立经营的利润	$500 000
股利收益：$30 000 × 0.20	6 000
利润总额	$506 000
可抵扣的股利：$6000 × 0.80	(4 800)
应税所得额	$501 200
实际所得税税率	× 0.40
应交所得税	$200 480

T 公司 20X1 年损益表中所得税费用和年末资产负债表中递延所得税负债的计算如下。

	列报方法	
	成本法	权益法
T公司列报的税前会计利润的计算		
独立经营的利润	\$500 000	\$500 000
来自被投资方的投资收益	6 000	20 000
税前利润	\$506 000	\$520 000
所得税费用的计算		
税前利润	\$506 000	\$520 000
非应税收入		
(\$6 000 × 0.80)	(4 800)	
(\$20 000 × 0.80)		(16 000)
根据账簿的应税所得	\$501 200	\$504 000
所得税税率	× 0.40	× 0.40
所得税费用	\$200 480	\$201 600
递延所得税负债的计算		
根据账簿的应税所得	\$501 200	\$504 000
根据纳税申报表的应税所得	(501 200)	(501 200)
暂时性差异	\$ 0	\$ 2 800
所得税税率		× 0.40
递延所得税负债	\$ 0	\$ 1 120

权益法下T公司账簿记录的20X1年所得税费用相关分录如下：

(17) 借：所得税费用	201 600	
贷：应交所得税		200 480
递延所得税负债		1 120

记录20X1年所得税费用：\$1 120 = \$2800 × 0.40

应当注意的是，如果投资方采用成本法核算其股权投资，则不要求将所得税在各期进行分配。这是因为会计利润和应税所得之间的差异仅是由于股利抵扣的原因导致的，这项差异不是暂时性差异。然而，如果投资方采用权益法核算其股权投资，则投资方按照其享有被投资方净利润的份额确认投资收益，仅对其收到的股利进行纳税。权益法下确认的股权投资收益与收到的股利之间的差额视作一项暂时性差异，并且投资方用于财务报告目的的所得税费用，是建立在其当年实际应付的所得税与暂时性差异对所得税的影响这两者之和的基础上。

对子公司投资的会计处理

公司可以自由地采用自己愿意的程序在其账簿中对控股子公司的投资进行会计处理。合并报表并不受母公司账簿上对投资所采用的会计处理方法的影响，这是因为在编制合并报表时，对纳入合并范围的子公司的投资将被抵销。

在实务中，公司采用三种不同的方法对其纳入合并范围的子公司进行会计处理：

1. 完全调整权益法
2. 修正权益法
3. 成本法

在实务中，我们可以发现权益法的几种修订版本，这些修订版本通常都被称为**修正的权益法**（modified equity method）。一些公司采用的权益法不对未实现的企业集团内部交易利润进行调整，也不对合并价差进行摊销。另外一些公司采用的权益法仅对合并价差进行摊销，而省略了未实现的企业集团内部交易利润的调整。在本教材中，后面的这种做法被称为**基本权益法**（basic equity method），并在以后关于合并的章节中使用。虽然从财务报告的角度上讲，权益法的修订版本并不满足准则的要求，但是当子公司需要纳入合并范围时，采用这些修订版本进行记录的账簿可以作为母公司的备查记录。

关键概念总结

企业集团内部普通股权投资可能会导致编制合并财务报表或者采用权益法或成本法（如果有必要的话，调整到市场价格）进行财务报告。当一个实体控制被投资方时，通常是通过拥有被投资方半数以上的表决权股权达到控制，此时编制合并财务报表是恰当的。当投资方拥有足够多但不超过半数的被投资方股权，使其能够对被投资方的经营和财务政策实施重大影响时，应当采用权益法。在缺少其他证据的情形下，拥有被投资方 20%或更多的股权可以认为投资方对被投资方能够实施重大影响。当合并法和权益法都不适用时，通常是在投资方对被投资方不能够实施重大影响的情形下，此时采用成本法。如果采用成本法对股权投资进行列报，并且该普通股存在市价，则为了达到财务报告目的，需要将该投资调整到市场价格。

成本法同其他非流动资产的会计处理方法相似。股权投资按其初始成本记录在投资方账上。同实现的概念相一致，在被投资方以股利的形式进行分配时确认投资收益。

权益法的独特之处在于，股权投资的账面价值根据投资方享有被投资方净资产变化的份额定期进行调整。在权益法下，投资方在被投资方报告其净利润时，而不是在被投资方进行分配时确认投资收益。

第 3 章

报告主体与合并财务报表

现今，几乎所有主要的企业都编制合并财务报表。尽管人们经常认为世界企业巨头是单独的公司，但仔细核查就会发现这些企业实际上是由一些单独的公司组成的。例如，通用汽车公司和福特汽车公司都拥有几十家其他公司。迪斯尼公司以壮观的主题公园和不朽的卡通人物闻名于世，但它还拥有许多子公司，其业务涵盖如下领域：米拉麦克斯影片（Miramax Films）公司、试金石电影公司（Touchstone Pictures）、博伟家庭娱乐公司（Buena Vista Home Entertainment）、好莱坞唱片公司、ABC 电视网 和 ABC 电台网、ESPN、众多当地电视台和电台，以及迪斯尼巡游（Disney Cruise Line）。相似地，时代华纳公司拥有超过 1 500 家的子公司，包括美国在线、地图查询网（MapQuest）、Moviefone 公司、时代华纳有线电视（拥有众多子公司）、特纳广播电视公司（拥有众多子公司）、华纳兄弟娱乐公司、华纳兄弟电视公司、新线影院、华纳家庭娱乐公司、美国 DC Comics 公司、HBO 电影频道、亚特兰大勇士队（职业棒球）、时代周刊以及 CNN（有线新闻网）。通用汽车公司、福特汽车公司、迪斯尼公司以及时代华纳公司都如所有公众持股的公司一样对外呈报合并财务报表。

合并财务报表（consolidated financial statement）呈现了一家母公司（控制实体）和一家或多家子公司（被控制实体）的财务状况和经营成果，就好像这些单独的实体实际上是一家公司或实体。当一家企业拥有另一家企业半数以上的发行在外的股本时，就需要编制合并财务报表。正如本章后面所讨论的，在某些其他情形下编制合并财务报表也可能是恰当的，并不是所有纳入合并范围的单位都必须是公司或者营利性商业企业。

当两家公司的其中一家控制另一家或者两家都同受另一实体的控制时，这两家公司被认为是**关联公司**（related companies）或者**附属企业**（affiliates）。当这些公司相关联时，合并财务报表通常被认为比单独公司的个别财务报表更加有用。编制合并财务报表运用的会计原则与编制个别财务报表运用的会计原则是相同的。编制合并财务报告的过程就是将关联公司的个别财务报表合并在一起，就像这些关联公司实际上是一家单独的公司那样。

任何企业合并都会导致下述两种情形之一：（1）参与合并的其中一家或全部两家公司的净资产转移到一家单独的公司（吸收合并或法定合并）；（2）参与合

并的两家公司都以**独立法律实体**（separate legal entity）存续（控股合并）。在第一种情形下，不存在编制合并财务报表的问题，这是因为这样的企业合并仅产生一家独立的公司。作为合并结果的报告实体的财务报表就是这家独立公司的财务报表。在第二种情形下会引起编制合并财务报表的问题，这是因为相关联的两家或更多家独立法律个体存在。如果一家公司创建而不是购买一家子公司，相类似的情形也会出现。无论子公司是购买的还是创建的，各个独立的公司继续自己的会计处理记录，但是需要通过编制合并财务报表将这些公司合在一起，作为一个单独的经济实体进行一般用途的财务列报。

合并财务报表的有用性

合并财务报表主要提供给那些对母公司有长远利益的团体，包括母公司的股东、债权人和其他资源提供者。合并财务报表通常是对母公司控制下的合并主体的全部资源以及使用这些资源的结果进行清晰描述的最好方法。特别是当关联企业的数量相当多的时候，合并报表可能提供了唯一便利的方式，汇总这些个别公司的大量信息，概述这些个别公司的财务状况和经营成果对整个合并主体的影响。

母公司当前和未来的股东通常比这些个别公司的股东对合并财务报表更感兴趣。因为母公司良好的运作状态受到其子公司经营的影响。当子公司盈利时，母公司利润增加。同样，母公司也不能逃脱来自不盈利子公司的负面影响。通过对合并财务报表的分析，所有者和潜在所有者能够更好地评估管理层对其所控制的全部资源的使用效率。

母公司的长期债权人也发现合并财务报表很有帮助，因为子公司的运营对母公司整体健康以及未来的影响与他们的决策息息相关。再者，虽然母公司和其子公司是一些独立的公司，但是母公司的债权人对子公司的资产拥有间接的要求权。然而，即使母公司的短期债权人对子公司的资产拥有间接的要求权，但他们通常对母公司当前的偿付能力而非长期盈利能力更加感兴趣。相应地，债权人更趋向依赖于母公司的个别财务报表，特别是资产负债表。

母公司的管理层需要持续了解关于合并主体的组合经营以及构成合并主体的各个独立公司这两方面的最新信息。例如，独立的子公司可能在它们的经营上发生了实质性的萎缩，而不到合并损益表和资产负债表编制出来，经理们就不能了解这些经营活动对当期的整体影响。另一方面，合并主体内部各个独立公司的信息也非常有用。比如，这些信息可以帮助经理用其中一家公司多余的现金来弥补另一家公司的现金短缺，从而无需向外部进行高成本的借贷。母公司的管理层可能特别关注合并财务报表，因为对最高管理层的评价和奖励通常是依据反映在合并财务报表中的合并主体整体的业绩。

子公司的债权人和外部股东一般最感兴趣的是这些子公司的个别财务报表。子公司资源的提供者对母公司没有要求权，除非母公司做出承诺或以其他合同形式保证子公司的利益。

合并财务报表的局限性

虽然合并财务报表是有用的，但也应当记住它的局限性。在进行数据汇总时，一些信息会丢失；特别是当这些汇总信息涉及经营特性具有很大差异的公司时，存在这种局限性是确信无疑的。

以下列举了一些比较重要的合并财务报表的局限性：

1. 一家或多家公司不好的经营成果和财务状况可能被其他公司好的经营成果和财务状况所掩盖，这是因为纳入合并范围的这些独立公司的经营成果和财务状况没有披露出来。
2. 合并留存收益的余额并不是全部都可以用于母公司的股利分配，因为其中一部分可能代表母公司享有子公司留存收益的份额。同样，因为合并财务报表包含了子公司的资产，因此并不是所有列报的资产都可以用于母公司的股利分配。
3. 因为基于合并财务报表的财务比率是根据汇总的信息计算得来的，因此它们不代表任何一家纳入合并范围的——包括母公司在内的独立公司。
4. 不同公司的相似账户在编制合并财务报表时合并在一起，这些账户可能完全不具有可比性。例如，不同公司经营周期的长度可能不同，这使得相似收账期的应收款项有着不相同的分类。
5. 为了进行公允列报，常常需要披露关于这些包含在合并财务报表中的独立公司或几组公司的额外信息；这种额外的披露可能需要长篇的注释。

子公司财务报表

作为合并财务报表的替代或补充，一些财务报表的使用者可能会对独立子公司的个别财务报表感兴趣。尽管母公司的管理层不仅关注整个合并主体，也关注独立的子公司，但是子公司的债权人、优先股股东和无控制权的普通股股东对他们拥有权益的子公司的个别报表更感兴趣。因为子公司是独立于其母公司的法律个体，因此一家子公司的债权人和股东对母公司通常没有要求权，子公司的股东也不能分享母公司的利润。因此，合并财务报表对于那些只对独立子公司的资产、资本或净利润感兴趣的有关方来讲一般没有什么用处。

合并财务报表：概念和标准

合并财务报表旨在表述一个单独的经济实体的整体状况和活动，这个单独的经济实体是由一些相关联的公司组成的。现行合并准则由1959年颁布的**会计研究公告第51号**（ARB 51）——“合并财务报表”和1987年颁布的**FASB第94号准则**——“全资控股子公司的合并”组成。在现行标准下，子公司应当纳入到合并范围，除非母公司不能对这些子公司实施控制。当将一家子公司纳入合并范围是不恰当的时候，这家子公司应当作为一项投资列报。

控制的传统观点

多年来，控制标准是确定一家独立的子公司是否应当纳入合并范围的一个最重要的标准。**ARB 第 51 号**指出：当企业集团中的一家公司“在其他公司中拥有控制性财务权益”时，对于这个企业集团来讲，编制合并财务报表通常是恰当的。该公告还指出：“控制性财务权益通常是指拥有多数表决权益的所有权。……”在实务中，控制是由一家公司直接或间接拥有的另一家公司的表决权股权的比例决定的。这个标准是在 **FASB 第 94 号准则**中提出的，它要求将全部持有半数以上股权的子公司纳入到合并范围，除非这家母公司对其不能够实施控制。

虽然拥有半数以上股权是获得控制的最常见的方式，但是在持有半数以下股权的情况下，一家公司可能能够左右另一家公司的经营和财务政策，例如当剩余股权是分散持有的时候。FASB **第 94 号准则**并不排除在持有半数以下股权的情况下编制合并报表，但是这种合并在实务中很少见到。

间接控制

传统的控制观包括直接控制和间接控制。典型的**直接控制**（direct control）是指一家公司拥有另一家公司半数以上的股本。**间接控制**（indirect control）或者金字塔式控制（pyramiding）是指一家公司的股本被同一控制下的一家或多家公司持有。以下列举了 P 公司间接控制 Z 公司的各种情况：

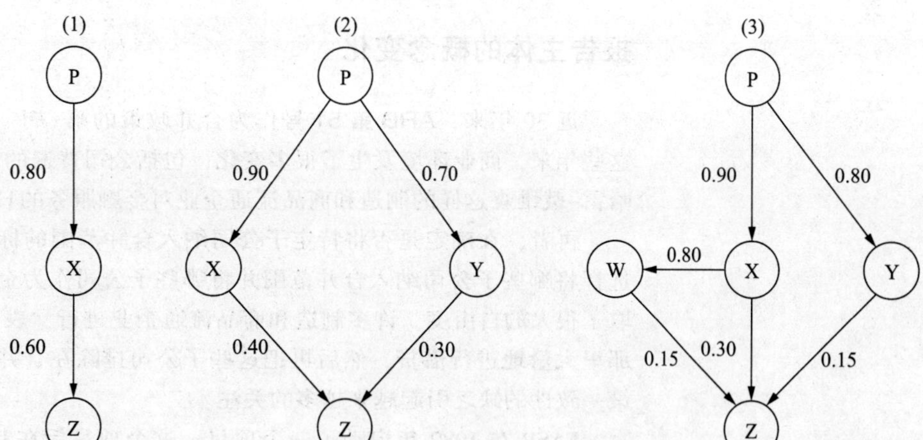

情形（1）：P 公司拥有 X 公司 80%的股权，X 公司拥有 Z 公司 60%的股权。

情形（2）：P 公司拥有 X 公司 90%的股权和 Y 公司 70%的股权；X 公司拥有 Z 公司 40%的股权；Y 公司拥有 Z 公司 30%的股权。

情形（3）：P 公司拥有 X 公司 90%的股权和 Y 公司 80%的股权；X 公司拥有 W 公司 80%的股权和 Z 公司 30%的股权；Y 公司拥有 Z 公司 15%的股权；W 公司

拥有Z公司15%的股权。

在每种情形下，P公司对Z公司的控制都是间接的，这是因为这种控制是通过对Z公司有控制权的公司获得的。

实施控制的能力

在某些情形下，持有子公司半数以上股权的股东可能不能够对其实施控制，即使他们持有其超过50%发行在外的表决权股权。这种情形可能出现在子公司处于法定重组或破产的时候，虽然母公司持有半数以上的所有权，但是此时控制权掌握在法院或法院指定的托管人手中。相似地，如果子公司地处国外，并且该国家对该子公司向母公司转移利润和资产实施限制，此时将该子公司纳入合并范围是不恰当的，因为母公司不能对子公司经营的重要方面实施控制。

会计期间的差异

母子公司之间会计期间的差异不妨碍将该子公司纳入合并范围。如果子公司的会计期间与母公司的不同，常将子公司的会计期间进行调整，使其与母公司的会计期间保持一致。另一种选择是将子公司每期的财务报表数据按照母公司的会计期间进行重新列报。如果母子公司之间的会计期间的差异不超过3个月，并且如果在这个差异期间内存在对经营结果和财务状况有重大影响的会计事项，则证券交易委员会和现行会计准则都允许在将子公司的财务报表纳入合并范围时，不对其会计期间进行调整。

报告主体的概念变化

近30年来，**ARB第51号**作为合并政策的第一手来源一直没有重大的修订。这些年来，商业环境发生了很多变化，包括公司普遍的多元化，以及像通用电气、哈雷-戴维森这样的制造和商品流通企业对金融服务的日益重视。

再者，在确定是否将特定子公司纳入合并范围的标准上有着不同的解读。在选择将哪些子公司纳入合并范围并将哪些子公司作为企业间投资列报时，公司采取了很大的自由度。许多制造和商品流通企业进行“表外融资”，它们从其子公司那里大量地进行借贷，然后再把这些子公司排除在合并范围之外，因此，合并政策一致性的缺乏引起越来越多的关注。

FASB在1982年启动了一个项目，这个项目旨在制定一项全面的合并政策。1987年，**FASB第94号准则**要求将所有持有半数以上股权的子公司纳入合并范围，这个准则的颁布是为了在一个更全面的标准颁布之前消除实务中合并政策存在的矛盾。不幸的是，这些问题比预期的更加难以解决。经过与这些问题20多年的抗争之后，FASB最终可能在一整套合并政策和程序上取得一致意见。

除了其他一些问题，FASB无法解决与两个重要概念相关的一些问题，这阻碍了合并项目的完成，这两个概念是：（1）控制；（2）报告主体。关于第一个问题，FASB 一直试图超越传统概念上基于半数以上所有权的**法律控制**（legal control），而要求主体的合并基于**实质控制**（effective control）的概念上。实质控制反映了引导其他主体政策的能力，即使并不拥有半数以上的所有权。对控制的这种观点导致了像合伙企业以及信托这些不是公司的实体也进行合并。关于第二个问题，FASB 尝试过对报告主体进行定义，这可能需要长期的努力来解决何时编制合并财务报表，以及哪些实体应当纳入合并财务报表诸如此类的问题。不幸的是，FASB 发现这两个问题是如此的复杂，以至于它们不是那么容易得到解决。因此，即使 FASB 仍旧计划解决这些问题，在这些问题没有首先得到解决的情况下，它也继续推进合并准则的制定。

2005 年，FASB 颁布了关于合并财务报表的征求意见稿。[1] 新准则草案将半数以上表决权股权作为合并的一般条件。在这点上，新准则草案同 ARB 第 51 号保持了一致。然而，FASB 关于企业合并的征求意见稿指出简单依赖于半数以上所有权的例外情况将比当前实务中的这类情况更加频繁。

合并过程概述

合并过程就是将两家或多家法律上独立的公司的财务报表加在一起，建立一套单独的财务报表。接下来的几章将详细讨论用于编制合并财务报表的具体程序。理解编制程序是很重要的，因为它有助于更加准确并有效地编制合并财务报表。然而，焦点仍将是最终成果——财务报表。这个程序意在编制的财务报表体现了纳入合并范围的公司好像实际上是一家单独的公司。

相关公司的个别报表是每次编制合并财务报表的起始点。这些个别报表加总在一起，经过一些调整和抵销后产生合并财务报表。调整和抵销涉及企业集团的内部交易和持股。虽然纳入合并范围的独立公司可能正当地列报彼此间的销售和应收款项或者应付款项，但是作为一个整体的合并主体应当仅列报那些与合并主体外部组织发生的交易以及应收或应付外部组织的款项。因此，这些调整和抵销要求作为合并过程的一部分，旨在保证合并财务报表是将这些公司视同一家独立公司的财务报表。

在合并财务报表的所有编制程序完成后，编制者应当检查完成的报表，并回答这样的问题：“这些报表是否体现了纳入合并范围的公司视同实际上是一家单独的公司？”为了回答这个问题，还应当回答另外两个问题。

1. 合并财务报表包含的项目是否不体现在或者以不同金额列报在一家独立公司的财务报表中？

---

[1] *Financial Accounting Standards Board Proposed Statement of Financial Accounting Standards,* “Consolidated Financial Statements, Including Accounting and Reporting of Noncontrolling Interests in Subsidiaries,” June 30, 2005, 72 pp.

2. 如果合并主体实际上是一家独立的公司，任何未列报在这些合并报表中的项目是否列示？

对合并程序的了解不能回答这些问题，回答这些问题需要对公认会计准则有全面的了解。如果合并财务报表不等同于一家单独公司的财务报表，则应当进行附加的程序，使得财务报表像是一个独立报告主体的财务报表那样。

合并过程示例

编制合并财务报表的基本概念如下所示。例示的是资产负债表的编制，不过这些概念同样也适用于其他合并财务报表的编制。假设 Popper 公司在 20X1 年 1 月 1 日以账面价值购买了 Sun 公司的全部股权。两家公司 20X1 年年末的资产负债表如下所示：

资产负债表

20X1年12月31日

	Popper 公司	Sun 公司
资产		
现金	\$ 5 000	\$ 3 000
应收账款（净额）	84 000	30 000
存货	95 000	60 000
固定资产（净额）	375 000	250 000
其他资产	25 000	15 000
对 Sun 公司的股权投资	300 000	
资产合计	\$884 000	\$358 000
负债和所有者权益		
短期应付款	\$ 60 000	\$ 8 000
长期应付款	200 000	50 000
股本	500 000	200 000
留存收益	124 000	100 000
负债和所有者权益合计	\$884 000	\$358 000

关于 Popper 公司和 Sun 公司的其他一些信息如下：

1. Popper 公司采用基本权益法对 Sun 公司的投资进行会计处理。该投资按 Sun 公司净资产的账面价值入账，并且根据 Poper 公司享有 Sun 公司净利润和分配的股利进行调整。
2. 在年末 Sun 公司应付 Popper 公司 1 000 美元。
3. Sun 公司在 20X1 年以 6 000 美元的价格从 Popper 公司购买了一批存货。Popper 购入该存货的原始成本为 4 000 美元。截止到当年年末 Sun 公司仍然持有该全部存货。

合并主体

下图可以有助于理解合并主体：

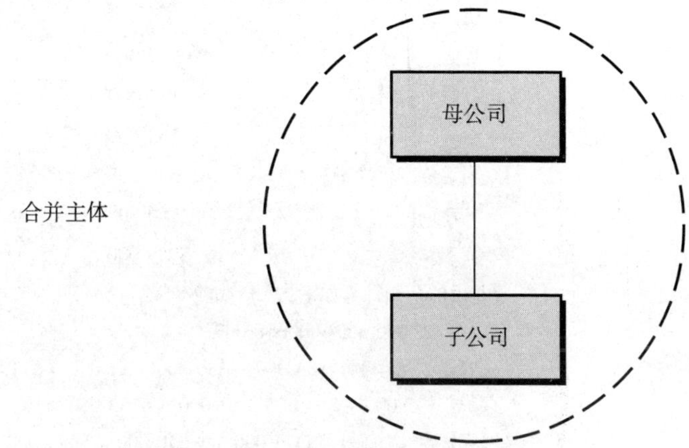

代表母公司和子公司的方块表示法律实体。交易记录在这些法律实体的账户中。虚线圈可以视作对合并主体的定义，它包含了母公司和子公司。这个合并主体在法律上并不存在，但是它被认为具有经济实质。

穿越虚线圈的交易和所有权关系可以视作涉及外部组织，并应当恰当地在合并财务报表中予以反映。那些完全在虚线圈内合并主体间的交易和关系不应当反映在合并财务报表中，因为它们不涉及外部组织。相反，应将它们视作一个单独的会计主体内部发生的交易和关系，因此不应当将此类交易在合并财务报表中列报。

Popper 公司和 Sun 公司的合并资产负债表，连同列报余额的计算一起列示在图表 3–1 中。母公司和子公司财务报表中相同的项目相加在一起，然后进行适当的调整，消除企业集团内部所有权和交易的影响。例如，本例中列报的现金、固定资产、其他资产和长期应付款的总金额是两家公司个别报表列报的相关金额加总得来的。企业集团内部形成的债务需要通过减少应收款项（净额）和短期应付款来进行调整。相似地，存货和留存收益要进行调减，去掉因 Sun 公司从 Popper 公司购买存货而增计的账面价值。对于企业集团的所有权，仅在合并资产负债表中列示作为母公司的 Popper 公司的股东权益余额。每项调整的基本原理将在接下来的部分进行讨论。

在 Popper 公司和 Sun 公司的例子中，有些项目需要特别的关注，以保证合并财务报表是将这些公司视同为一家独立公司的财务报表：

1. 企业集团内部持股
2. 企业集团内部应收和应付款项
3. 企业集团内部销售

企业集团内部持股

在给出的例子中，Popper 公司的股本由那些合并主体外部组织持有，这些股

表 3-1
合并资产负债表

Popper 公司 合并资产负债表 20X1 年 12 月 31 日			
资产		**负债和所有者权益**	
现金	\$ 8 000[a]	短期应付款	\$ 67 000[f]
应收账款（净额）	113 000[b]	长期应付款	250 000[g]
存货	153 000[c]		
固定资产（净额）	625 000[d]	股本	500 000[h]
其他资产	40 000[e]	留存收益	122 000[i]
资产总额	\$939 000	负债和所有者权益合计	\$939 000

合并后的余额计算如下：

[a] 现金：\$5 000 + \$3 000=\$8 000
[b] 应收账款（净额）\$84 000 + \$30 000 – \$1 000 = \$113 000
[c] 存货：\$95 000 + \$60 000 – \$2 000 = \$153 000
[d] 固定资产（净额）：\$375 000 + \$ 250 000 = \$625 000
[e] 其他资产：\$25 000 + \$15 000 = \$40 000
[f] 短期应付款：\$60 000 + \$8 000 – \$1 000 = \$67 000
[g] 长期应付款：\$200 000 + \$50 000 = \$250 000
[h] 股本：\$500 000 + \$200 000 – \$200 000 = \$500 000
[i] 留存收益：\$124 000 + \$ 100 000 – \$100 000 – \$2 000 = \$122 000

本全部视为整个合并主体的股本。另一方面，Sun 公司的股本完全由合并主体内部持有，从合并主体的角度来看，Sun 公司没有发行在外的股本。这些关系如下图所示：

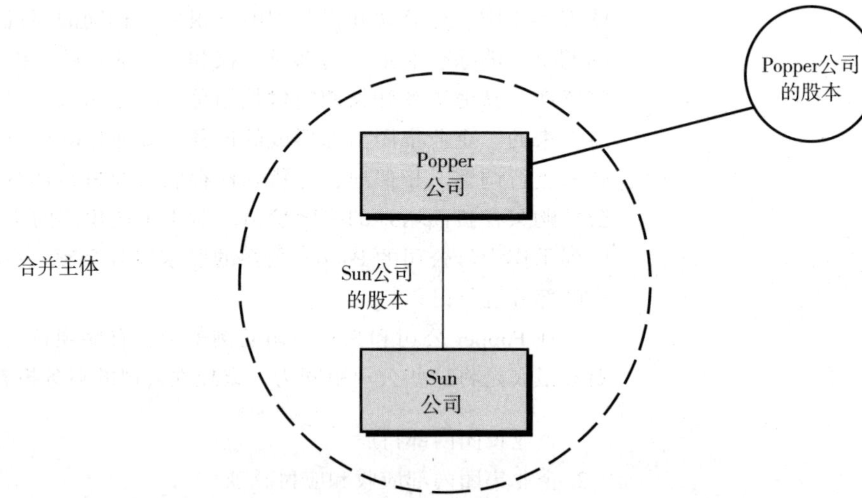

因为一家公司不能在其财务报表中列报对自己的投资，所以 Sun 公司的股本和 Popper 公司投资于 Sun 公司的股权投资都应当进行抵销，Popper 公司的股本作为合并主体的普通股保留下来。

仅 Popper 公司的留存收益包含在表 3-1 所列示的合并资产负债表中。Sun 公司的留存收益不在合并资产负债表中列报，因为它涉及的是完全由合并主体内部持有的所有者权益。另一方面，Popper公司的留存收益体现了母公司股东的一种要求权，被视作合并主体盈余的所有者。Popper公司的留存收益（扣除未实现的企业集团内部交易利润）表示属于母公司股东的合并主体累计净利润未分配的金额，因此它作为合并留存收益进行列报。

企业集团内部应收和应付款项

企业集团内部应收和应付款项如下图所示：

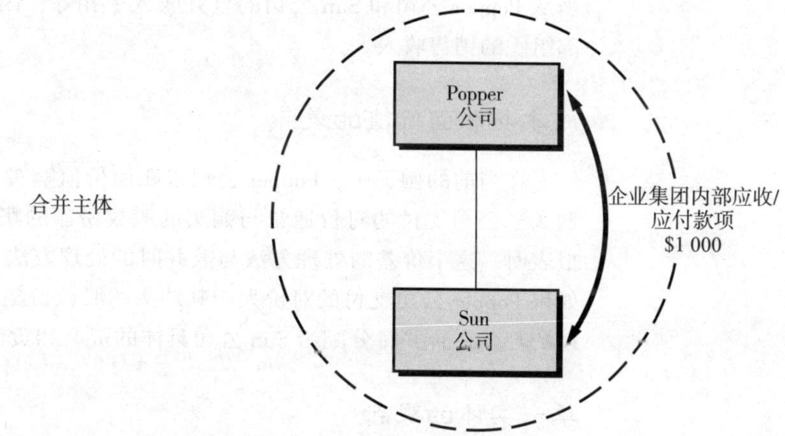

一个独立的公司不可能自己欠自己的钱。虽然作为单独的企业，Popper公司适当地列报了应收Sun公司交易款项1 000美元，Sun公司也适当地列报了应付Popper公司交易款项1 000美元，但是从合并的角度来看，这类应收/应付款项并不存在。因此，在编制合并资产负债表时，应当将应收款项和应付款项都抵销1 000美元。

企业集团内部销售

Popper公司向Sun公司销售存货也应当视作在一个独立实体内部的交易，以下图表例示了这种关系：

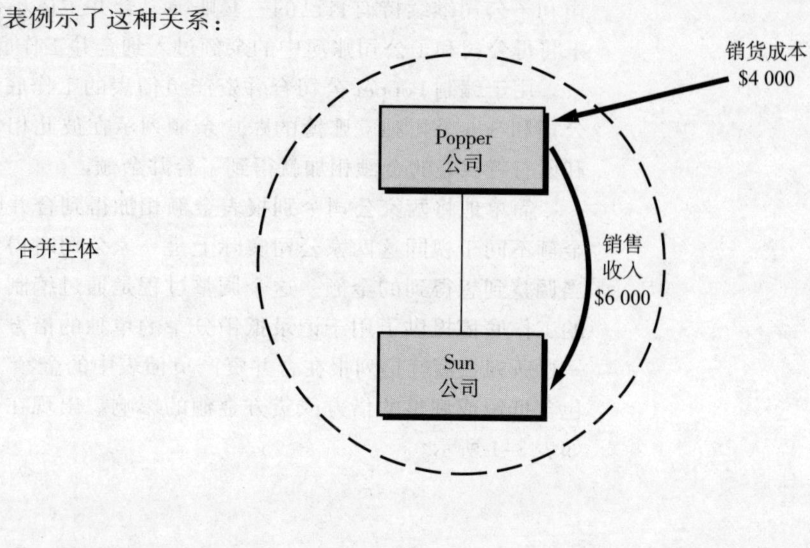

一家独立的公司不可能只因为存货由一个部门或分部转移到另一个部门，就此简单地确认利润和增计存货价值。这个道理同样适用于合并主体内部企业间的销售。在本例中，合并主体内部企业间交易形成的存货在期末时的账面价值为 6 000 美元，这个金额应当重述为合并主体取得该存货的初始成本，即 Popper 公司支付的 4 000 美元。相似地，包含在 Popper 公司留存收益中的合并主体内部企业间销售形成的利润 2 000 美元不包含在合并留存收益中。因此，在编制合并资产负债表时，应当将存货和合并留存收益都减少未实现的合并主体内部企业间交易利润 2 000 美元。在编制合并损益表时，6 000 美元的合并主体内部企业间销售收入应当从 Popper 公司和 Sun 公司的合并收入中扣除，因为这项收入不是对合并主体外部组织的销售收入。

成本与账面价值的差异

在当前的例子中，Popper 公司以账面价值购买了 Sun 公司的股权。在现实中，购买子公司支付的对价通常与购买的股权份额的账面价值不同。在编制合并财务报表时，这个价差的处理方法与兼并时的处理方法一致，这已经在第 1 章讨论过。如果 Popper 公司支付的对价大于其购买的股权份额的账面价值（借方价差），则超过的部分在合并时分配给 Sun 公司具体的资产和负债或者商誉。

单一实体的观点

在这个简化例子中讨论过的各种调整阐明了一种编制合并财务报表的思路。读者应当集中在以下两个方面来理解编制合并报表时的每项调整，包括：（1）识别每个独立公司对特殊项目的处理；（2）识别个别报表中的项目在将合并主体视为一个独立公司时应列报的金额。

合并过程的技巧

使用工作底稿进行账户余额的汇总和调整使得合并过程变得更加容易。母公司和子公司继续持有自己的一套账簿。合并主体不建立任何账簿，而是在每个期末将母公司和子公司账簿中的余额过入到合并工作底稿中。

用于编制 Popper 公司合并资产负债表的工作底稿如表 3–2 所示。取自 Popper 公司和 Sun 公司独立账簿的账户余额列示在彼此相邻的两列中，每项资产、负债和所有者权益的金额相加就得到了合并余额。

简单地将两家公司个别报表金额相加得到合并财务报表的金额，这样得到的金额不同于视同这两家公司实际上是一家公司时得到的金额，此时加总的金额应当调整到想得到的金额。这个调整过程是通过编制抵销分录完成的。表 3–2 例示的工作底稿提供了用于记录抵销分录的单独的借方栏和贷方栏。工作底稿的最后一栏所列金额就是列报在合并资产负债表中的金额。这些金额是每行金额的加总，包含抵销或调整的借方或贷方金额的影响。出现在合并资产负债表中的合并金额如表 3–1 所示。

表 3-2
合并资产负债表工作底稿

Popper公司及其子公司
合并资产负债表工作底稿
20X1年12月31日

项目	Popper 公司	Sun 公司	抵销分录 借方	抵销分录 贷方	合并数
现金	5 000	3 000			8 000
应收款项（净额）	84 000	30 000		(a)　1 000	113 000
存货	95 000	60 000		(b)　2 000	153 000
固定资产（净额）	375 000	250 000			625 000
其他资产	25 000	15 000			40 000
对 Sun 公司的股权投资	300 000			(c)300 000	
	884 000	358 000			939 000
短期应付款	60 000	8 000	(a)　1 000		67 000
长期应付款	200 000	50 000			250 000
股本	500 000	200 000	(c)200 000		500 000
留存收益	124 000	100 000	(c)100 000		
			(b)　2 000		122 000
	884 000	358 000	303 000	303 000	939 000

抵销分录：
(a) 抵销企业集团内部应收/应付账款。
(b) 抵销未实现的企业集团内部利润，包括对应合并留存收益项目的期末存货金额。
(c) 抵销企业集团内部对应子公司所有者权益的投资。

以后的章节将会更详细讨论合并工作底稿和抵销分录。合并步骤和工作底稿是很重要的，因为它们使编制合并财务报表更加容易，并有助于记录的准确性，而且起到了一个合并财务报表余额试算平衡的作用。然而读者应当关注的是去理解在采用单一实体观点的时候，什么数字应当列示在合并财务报表中，而不是专注于具体步骤或工作底稿的使用技巧。

无控制权的股权

母公司不一定持有子公司 100%的发行在外的股本。在企业合并中，母公司可能购买一家公司少于 100%的股权，或者母公司可能原本持有 100%的股权，但出售或授予其他方部分股权份额。这是因为母公司只需要持有有控制权的股权就能够对子公司进行合并。除了母公司以外的子公司其他股东被称为“无控制权”或“少数”股东。这些股东对子公司净利润和净资产的要求权称之为**无控制权的股权**（noncontrolling interest）或者**少数股东权益**（minority interest）。

无控制权的股东很显然是通过他们的股权份额拥有对子公司资产和所得的要求权。因为正常情况下子公司全部的资产、负债和所得都应当包含在合并财务报表中，无控制权股东对这些项目的要求权应当予以列报。无控制权股东对子公司净资产的要求权通常列示在合并资产负债表的负债和所有者权益项目之间。少数一些公司将少数股东权益作为负债列报——即使它不满足法律上或会计上对负债的定义。子公司净利润归属于少数股东权益的部分通常从全部股东享有的净利润中扣除，从而得到列报在合并利润表中的合并净利润。尽管净利润的这种分配不符合费用的定义，但是它通常作为费用处理。例如，世纪电话（Century Telephone）公司在其合并财务报表附注中，将少数股东享有净利润的份额称之为一项费用。

在一些不太复杂的情形下，少数股东权益的金额就是相关子公司账面金额的比例份额。例如，如果一家子公司实现净利润 150 000 美元，少数股东持有子公司 10%的股本，则他们享有净利润的份额为 15 000 美元（$150 000×10%）。相似地，如果子公司所有者权益账户包括股本 600 000 美元和留存收益 200 000 美元，那么表示少数股东对子公司净资产的要求权的少数股东权益总额计算如下：

子公司股本	$600 000
子公司留存收益	200 000
子公司账面价值	$800 000
少数股东享有的份额	× 0.10
少数股东权益	$ 80 000

有几种不同的合并理论影响少数股东权益的计算和会计处理。在本章后面部分将简要地对这些理论进行讨论。

汇总财务报表

有时财务报表是为一个企业集团编制的，在这个企业集团中没有一家公司拥有任何其他公司半数以上的股本。用于列报一组不包含母公司或其他所有者的关联公司的财务报表称为**汇总财务报表**（combined financial statements）。

当个人而不是一家公司拥有或控制许多公司，并且希望将这些公司在一套财务报表中列报时，通常编制汇总财务报表。在某些情形下，母公司可能编制只包含其子公司，不包含母公司的财务报表。在其他一些情形下，母公司可能将其子公司按照经营类型或特定的地理区域进行分组，并按组合并，一起编制财务报表。

编制汇总财务报表的步骤本质上与编制合并财务报表一致。全部企业集团内部应收和应付款项、企业集团内部交易和未实现的企业集团内部损益都应当采用与编制合并财务报表相同的方法进行抵销。虽然母公司没有包含在这个报告主体中，但是任何企业集团内部所有权和与此相联系的所有者权益部分都应当抵销，抵销方法与编制合并财务报表时抵销母公司对子公司投资的方法一致。这些报告主体范围内的公司抵销后剩余的所有者权益应当分成有控制权的权益和无控制权的权益两个部分。

特殊目的实体和可变利益实体

虽然关联公司相关的合并准则有时不明晰，并且需要更新，但是合伙企业或诸如信托这样的其他类型的实体相关的合并准则实质上是不存在的。甚至企业合并准则在一些情形下是不适当的，在这些情形下，诸如担保和经营合同这样的其他关系使得重要的所有权要素的缺少都变得不重要了。结果，像安然这样的一些公司利用准则的缺位，通过不纳入合并范围的特殊实体隐藏其负债或损失，从而避免在其合并财务报表中列报这些负债和损失。尽管许多公司利用特殊实体来达到合理的目的，但财务报告不一定能反映这些关系的经济实质。仅在过去的几年中，一些特殊实体准则开始为与特殊实体相关的公司提供财务报告的统一标准。

ARB 第 51 号在一家公司控制另一家公司的层面上建立起合并准则，并将半数以上表决权作为进行合并的通常条件。相似地，FASB 第 94 号准则要求对拥有半数以上所有权的子公司进行合并。然而，近些年来，公司和其他一些实体之间已经出现一些新型的关系，这些关系常常很难用表决权权益、有控制权的权益或所有权权益这些术语来描述它们的性质。这些实体通过不同于传统经营公司所采用的形式提供资金筹措和（或）控制的功能。某些实体没有董事会，或者它们可能会有董事会或经理，而这些董事会或经理只有有限的能力来指导实体的经营活动。这些实体是通过合作或合伙协议，或者其他协议或文件进行管理的。某些实体可能会有很少的权益性投资，并且这些权益性投资者可能对实体拥有很少的或者完全没有控制权。对于这些特殊类型的实体，ARB 第 51 号没有给出适用于合并的清晰规定。

这些特殊类型的实体一般称为**特殊目的实体**（special-purpose entity，SPE）。一般而言，特殊目的实体是为了单一的具体目的而建立的公司、信托或合伙企业。它们通常没有实质性的经营，仅用来进行资金筹措。几十年来，特殊目的实体一直用来进行资产证券化、分担风险和避税。2003 年以前，对于特殊目的实体没有建立全面的报告框架。来自不同团体的几个公告用来处理所选的问题或各种类型的特殊目的实体，但是这些公告给出的指南是不完整的、含糊的，并且在实务中不一定能够被正确解读。

表外融资

设想一下，Genergy 公司需要为其在中亚的一条煤气管线的建设筹集 10 亿美元。潜在的投资者可能希望他们的风险/报酬仅限于该条管线，而和 Genergy 公司经营的其他方面无关。他们还可能希望该管线成为一个自给的独立实体，这个实体的现金流独立于 Genergy 公司的其他商业活动。他们可能还希望消除 Genergy 公司出售该条管线的可能性。这些目的可以通过建立一个特殊目的实体或者 FASB 所谓的*可变利益实体*，连同一份详细说明这些限定的经营活动的章程来实现。

一旦这个可变利益实体建立起来，管线资产和为管线建设进行融资形成的负债在某些条件下可能不在 Genergy 公司的资产负债表中列报。如此，Genergy 公司获得了一个*资产负债表外融资*的渠道。只要这个可变利益实体不纳入合并范围，

Genergy 公司的财务报告将不反映与拥有和经营该条管线相联系的那些资产、负债、现金流、收入和费用。此外，在编制 Genergy 公司的财务报表时并不抵销其与该管线实体之间的任何交易。

某些估计数据指出超过半数以上的美国公司使用某种类型的表外融资，涉及的金额可能达到上万亿美元。通过使用某种类型的特殊实体，如一个可变利益实体，这些交易变得更加容易。有人担心，可变利益实体可能具有一个真正的商业动机，如在投资者之间分担风险以及隔离项目风险与公司风险，或者可能具有满足特定财务报告目的的动机，这些财务报告目的可能或者不能被这些交易潜在的经济实质所支持。

出于某些原因，一些公司可能更喜欢将负债及相关的融资得来的资产放在资产负债表外，然而最主要的一个原因就是这样做会使该公司在投资者面前看起来更好。这样做的一个效果就是降低公司的财务杠杆作用和负债/权益比率。净利润也可能增加，因为该债务产生的利息及其相关资产的折旧费用都没有包含在费用中。再者，较小的资产基数（因为这些资产没有在资产负债表中列报），与较高的净利润结合会产生一个较高的资产收益率。

在实务中有几种广为人知的将负债及其相关资产置于资产负债表外的方法。一家公司可能从诸如可变利益实体这样的第三方租来一些资产，这个第三方借入资金去购买这些资产。对租赁条款进行谨慎的运作，使其能够符合作为一项经营租赁而不是一项资本租赁进行会计处理的条件，这样就可以避免确认资产和租赁义务。对于一家公司来讲，另外一个可能就是无保留地出售像应收账款这样的资产，而不是靠它们进行借款。使用频率渐增的第三种可选方案就是创建一个新的可变利益实体，并将这些资产和负债都转移给该实体。这样不仅使得发起的公司从其资产负债表中去掉了该项资产和相关的负债，而且该公司还可能能够确认一项处置该项资产的收益。

复杂的组织结构增加了对会计准则的需要，这些准则旨在保证财务报表能够反映这些组织结构和相关交易的经济本质。然而，组织结构的复杂性使得相关准则的发展更具挑战性并需不懈的努力。

合格的特殊目的实体

广泛用于提供金融资产并且满足 FASB **第 140 号准则**限定条件的特定类型特殊目的实体称之为合格特殊目的实体（qualifying SPE）。虽然这些限定条件很复杂，但一般来讲，要求这些特殊目的实体“与转让人有着明确的不同之处”，它的活动受到很大的限制，并且它只能持有特定类型的金融资产。[2] 例如，一家如 GMAC 那样发放许多汽车贷款的金融型企业可能向一个特殊目的实体出售其全部汽车贷款，这个特殊目的实体就是为此而特别建立的。然后这个特殊目的实体将以这些汽车贷款作为抵押向公众发行债券（抵押资产义务），它将收集汽车贷款的

---

[2] *Financial Accounting Standards Board Statement No. 140,* “Accounting for Transfers and Servicing of Financial Assets and Extinguishments of Liabilities,” September 2000, para. 35.

支付金额，并用于债券支付。虽然该特殊目的实体将持有巨大金额的长期负债，但它可能持有少数或完全没有权益性所有权。如果能够满足 FASB **第 140 号准则**的规定，这类特殊目的实体就不需要纳入将该资产转移给该特殊实体的转让人编制合并报表的合并范围。

可变利益实体

2003 年 1 月，FASB 发布了**第 46 号解释**——*可变利益实体的合并*，这是对 ARB **第 51 号**的解释，并在 2003 年 12 月发布了一个修订版本（FIN 46R）。[3] 为了进行说明，该解释使用了可变利益实体这样的术语来涵盖特殊目的实体和那些符合其条件的实体。这个公告不适用于 **FASB 第 140 号准则**所指的那些被认为是合格的特殊目的实体。

一个**可变利益实体**（variable interest entity，VIE）指的是为了商业目的组建的法律组织，通常是一家公司、信托或者合伙企业，它们没有那些拥有表决权并分享该实体全部利润或损失的权益性投资者，或者它们有权益性的投资者，但这些投资者不提供支持实体活动的足够资源。在一个可变利益实体中，如果存在权益性投资者，则可能存在特殊协议限制其享有该实体利润或承担损失的程度，并限制其对该实体的活动进行控制。如果该权益性投资能够吸收该实体未来预期的损失，那么这样的权益性投资被认为能够为该实体的活动提供足够的财务支持。一项少于可变利益实体总资产 10%的权益性投资被视作不足以为该实体自身的活动提供足够的资金，根据这些情况，可能需要一项大于 10%的投资。

一个典型的可变利益实体可能是一家公司为了一个特殊目的而创建的，如购买发起公司的应收款项或者将设备租给发起公司。发起公司可能购买少许或者完全不购买可变利益实体的股权（或者其他净资产权益）。相反，发起公司可能支持其他公司购买绝大部分或者全部的股本。然而，可变利益实体的半数以上资本来自于借贷。发起公司常常为可变利益实体的贷款进行担保，因为贷款人可能不愿意（至少在一个合理的利率水平上）向一个仅拥有很小金额净资产的实体提供贷款。因此，发起公司可能在可变利益实体中拥有少许或者完全没有权益性投资，但是对其贷款提供的担保代表了在可变利益实体中的一种权益。

一家在可变利益实体中持有权益的公司不能简单地根据其股权比例（如果有的话），来决定是否将该实体纳入编制合并报表的合并范围。相反，在可变利益实体中拥有可变权益的每一方应当确定其分享该可变利益实体预期损益的程度。**FIN 46R**（段落 2c）把可变利益实体的*可变权益*定义为一种契约的、所有权的（附有或不附有表决权）或者其他货币相关的权益。换而言之，可变权益随同可变利益实体损益的增减而增减。可变利益实体的可变权益将承担损失（如果发生的话）部分，或者获得剩余的收益部分。

可变利益实体可能有许多不同的类型。可变利益实体中的几种常见的权益类

---

[3] *Financial Accounting Standards Board Interpretation No. 46* (*revised December 2003*), "Consolidation of Variable Interest Entities, an interpretation of **ARB No. 51**," December 2003.

型如下所述：

权益类型	是否为可变权益?
股本，没有特殊特点或规定	是
股本，带有损失保护或其他规定	可能是
优先债	通常不是
次级债	是
贷款或资产担保	是

股本使其持有者的投资面临着风险，这样的股本是一种可变权益。在一些情形下，某种股本可能通过协议具有一些特殊条款，这些条款使得该股权投资者免受损失或者提供一个固定的回报。对投资者而言，这些特殊类型的股权份额使其不涉及重大的风险，而且，根据不同的条款，可能产生一种不是可变权益的权益。优先债通常附有固定的回报，并且能够避免次级债权益带来的损失。次级债代表着一种可变权益，因为如果该实体的现金流不足以偿付该次级债，次级债的债权人将承受损失。次级债的债权人不能像优先债务的债权人那样避免损失。如果资产或负债价值的担保方不得不为他们的担保支付赔偿，则他们会承受损失，因此，这种担保代表着可变权益。

每一方的可变利益的性质决定其纳入合并范围是否恰当。一家企业将承担该可变利益实体的大部分预期损失，或者获得该可变利益实体的大部分预期剩余收益，或者两种情况兼有，这样的企业被称为可变利益实体的**主要受益方**（primary beneficiary）。这样的主要受益方应当合并该可变利益实体。如果该实体的利润和损失的分配是不同的，则承担大部分损失的企业应合并该可变利益实体。

在可变利益实体中持有利益的各方应当做出财务列报的决定。假设 Young 公司和 Zebra 公司在财务方面都很稳定，它们创建了 YZ 公司，由 YZ 公司向 Young 公司和其他公司出租设备。Zebra 公司购买了 YZ 公司的全部股本。Young 公司保证 Zebra 公司获得其股权 7%的股利，并同意承担 YZ 公司全部的损失。此外，Young 公司为 YZ 公司的固定银行利率贷款提供担保。超过付给 Zebra 公司 7%部分的全部利润由 Young 公司和 Zebra 公司平分。

在这个案例中，银行贷款不是可变利益，因为它们附有一个固定的利率，并且由 Young 公司这样有担保能力的公司提供担保。如果该项股权投资存在着风险，则可变利益实体中的股本是一种可变利益。在这个案例中，Zebra 公司的投资不存在风险，但是它能够分享 YZ 的利润，并且 YZ 公司的利润金额是不固定的。因此，这样的股本是一种可变利益。然而，Zebra 公司不将 YZ 公司纳入合并范围，因为 Zebra 公司并不分担损失，全部的损失将由 Young 公司承担。Young 公司将合并 YZ 公司，因为 Young 公司提供的担保代表了一种可变利益，并且它将承担大部分（全部）损失。

如果将一个可变利益实体纳入到合并范围是恰当的，那么，纳入到该主要受益人合并报表的金额应当按照该企业首次成为主要受益人那一天的公允价值入账。然而，其主要受益人转让的资产和负债应当按照它们的账面价值入账，不确认转让损益。合并价值初始确认以后，合并财务报表中的可变利益的会计处理应当遵循 ARB 第 51 号的规定，采用与基于表决权权益的合并相同的方式进行合并。

其他需要考虑的事项——不同的合并方法

先前部分对合并概念、相关问题和合并步骤进行了简要综述，这些内容将在第 4 章至第 10 章中继续讨论。在后续各章对这些事项进行详细讨论前，以下部分阐述了作为合并方法基础的几个不同的合并理论。

有几个不同的会计理论可作为编制合并财务报表的理论基础。在母公司不是 100%持有子公司股本的时候，理论方法的选择对于合并财务报表的编制有着重大的影响。我们将集中讨论三个可供选择的合并理论：（1）所有权理论；（2）母公司理论；（3）实体理论。所有权理论和实体理论可看做是几乎相互对立的，位于横线的两端，母公司理论则处于这两者之间：

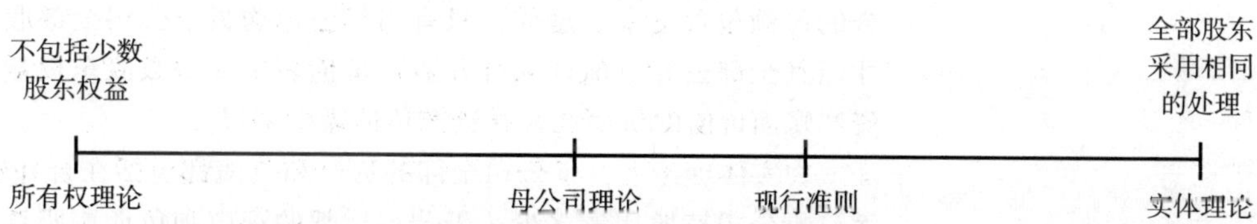

然而会计职业界没有完整采用三个理论中的任何一个，在实务中使用的传统合并程序更近似于母公司理论。然而，FASB 已经打算在不久的未来将合并程序向实体理论靠拢。

合并理论

会计的**所有权理论**（proprietary theory）将公司看做是所有者的一个延伸。公司的资产、负债、收入和费用被视作所有者自己的。当应用于合并财务报表时，所有权观导致了一种**比例合并**（pro rata consolidation）的方法，在这种方法下，母公司将非全资拥有的控股子公司的资产、负债、收入和费用仅按其享有的股权比例进行合并。

对于现代企业和合并财务报表的编制来讲，**母公司理论**（parent company theory）可能比所有权理论更加适合。母公司理论认为母公司有能力对非全资拥有的控股子公司的全部资产和负债进行有效控制，而不是按股权的比例，即使母公司实际上不拥有子公司的资产或者对子公司的负债不承担义务。合并财务报表包括子公司全部的资产、负债、收入和费用。在合并资产负债表中，单独地确认少数股东权益享有子公司净资产的份额，以及在合并损益表中确认归属于少数股东的净利润。

作为一个全面所有权理论，**实体理论**（entity theory）将公司看做一个独立的经济实体而不是股东的所有权权利。实体理论强调的是合并主体的本身，将少数股东和多数股东看做两个独立的群体，每个群体在合并主体中都拥有各自的净资产。相应地，非全资拥有的控股子公司的全部资产、负债、收入和费用都包括在合并财务报表中，对于多数股东权益或少数股东权益都不采用任何特殊的处理。

可供选择理论的比较

图表3–3提供了一个不同合并方法下母公司和非全资拥有的控股子公司应在合并资产负债表列报的金额（划线部分）的比较。所有权理论仅将母公司享有子公司资产和负债的份额包含在合并资产负债表中，这些金额是基于购买子公司多数股权当日这些资产和负债的公允价值。购买价格与母公司享有子公司可辨认净资产公允价值的份额之间的差额作为商誉在合并资产负债表中列报。与归属于少数股东权益的隐含商誉一样，子公司可辨认资产和负债归属于少数股东权益的那部分不在合并资产负债表中列报。

我们可以从图表3–3中的划线部分看到，母公司理论将子公司的全部资产和负债都包含在合并资产负债表中。可是，仅将母公司享有公允价值增值部分和商誉的份额包含进来。这样，只有当母公司购买子公司全部股权时，子公司的资产才以其全部公允价值计入合并资产负债表中。少数股东权益按照其享有子公司净资产账面价值的份额在合并资产负债表中列报。

在实体理论下，子公司全部的资产和负债都包括在合并资产负债表中。然而，无论母公司持股比例多少，子公司全部的资产和负债按照合并日的公允价值全部计入合并资产负债表，并且包括商誉的全部金额。少数股东权益按照其享有子公司净资产整体金额（包括商誉）的份额在合并资产负债中列报。

图表3–3
子公司净资产的确认

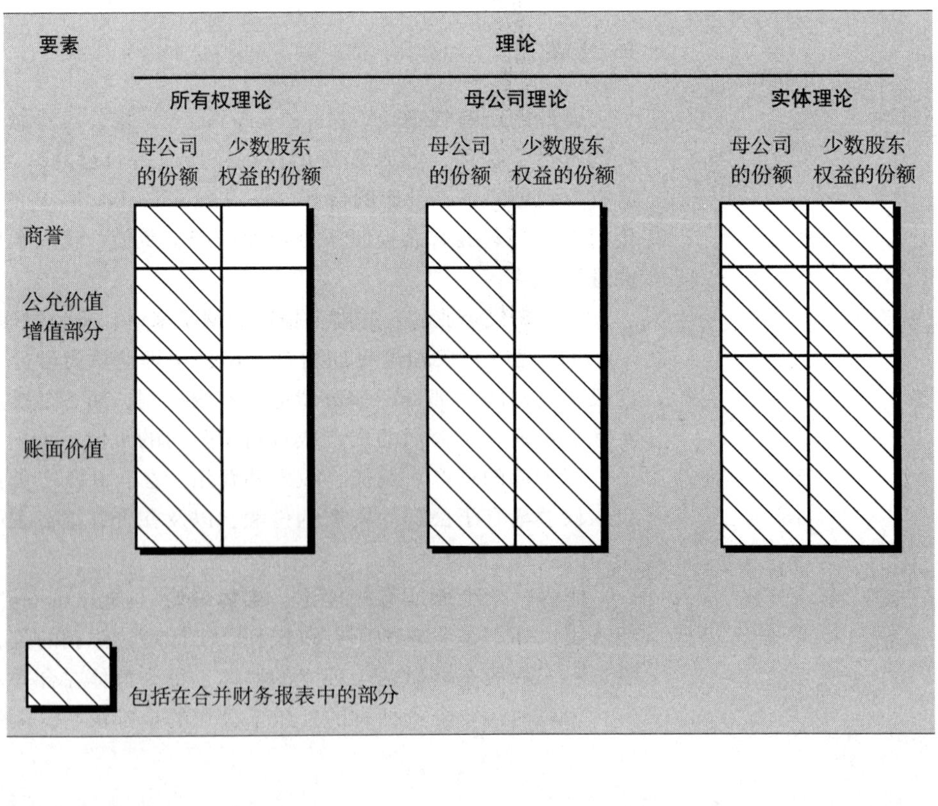

图表 3–4
子公司利润的确认

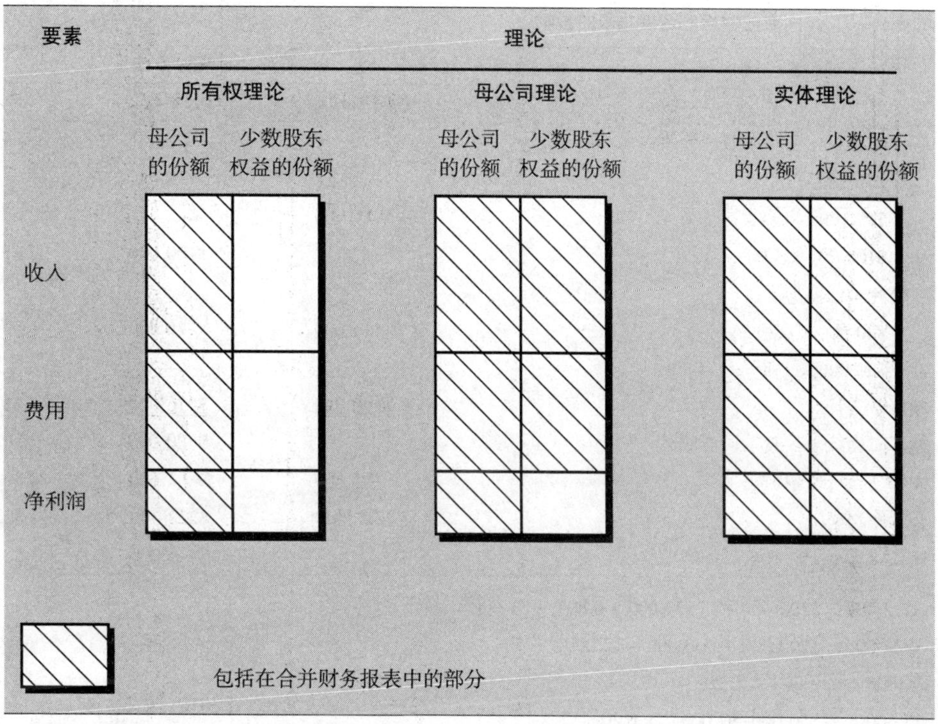

图表 3–4 提供了一个不同合并方法下母公司和非全资拥有的控股子公司应在合并损益表列报的金额的比较。一般而言，每个理论对损益表的处理方法与图表 3–3 所示的资产负债的处理方法一致。我们可以从图表 3–4 中划线部分看到，在所有权理论下，仅合并母公司享有子公司收入、费用和净利润的份额。另一方面，在母公司理论和实体理论下，无论母公司持股的比例是多少，都合并子公司全部的收入和费用。然而，在母公司理论下，合并净利润是扣除少数股东权益享有净利润的份额之后的金额。

图表 3–5 提供了不同合并方法数字上的比较。在本例中，假设 P 公司在 20X1 年 1 月 1 日以 96 000 美元购买了 S 公司 80%的股本。购买日 S 公司资产的账面价值为 100 000 美元，公允价值为 120 000 美元。其中 20 000 美元的公允价值增值归属于 S 公司的建筑物和设备，剩余使用年限为 10 年，采用直线法计提折旧。20X1 年 P 公司个别报表列报的自身净利润为 200 000 美元，S 公司个别报表列报的净利润为 30 000 美元。本例中假设净利润中不包含未实现的企业集团内部交易利润。如果未实现的企业集团内部交易利润包含在净利润中，则可以看到各种合并方法之间的另外一些不同之处。

目前的应用

目前实务中采用的合并程序绝大多数非常接近母公司理论，但也包含一些实体理论的内容。实务中购买日合并资产负债表中确认的子公司净资产的金额与母

图表 3–5 不同方法对编制合并报表的影响

项 目	理论方法			当前会计应用
	所有权理论	母公司理论	实体理论	
购买时确认子公司净资产价值：				
账面价值：				
\$100 000 × 0.80	\$ 80 000			
\$100 000 × 1.00		\$100 000	\$100 000	\$100 000
公允价值增加额：				
\$20 000 × 0.80	16 000	16 000		16 000
\$20 000 × 1.00			20 000	
净资产合计	\$ 96 000	\$116 000	\$120 000	\$116 000
购买时确认少数股东权益数额		\$ 20 000	\$ 24 000	\$ 20 000
摊销公允价值增加额	\$1 600	\$ 1 600	\$ 2 000	\$ 1 600
合并净利润	\$222 400[a]	\$222 400[a]	\$228 000[b]	\$222 400[a]
确认归属于少数股东收益的净利润		\$ 6 000[c]	\$ 5 600[d]	\$ 6 000[c]

[a] \$222 400 = \$200 000 + （\$30 000 × 0.80） – \$1 600*

[b] \$228 000 = \$200 000 + \$30 000 – \$2 000*

[c] \$6 000 = \$30 000 × 0. 20

[d] \$5 600 = （\$30 000–\$2 000） × 0.20

* 采用直线法摊销公允价值增加额，使用年限为 10 年。

公司理论下确认的金额相同。除了未实现的企业集团内部交易利润的处理与实体理论大致一致，实务中合并净利润的确认遵循母公司理论。

未来的应用和 FASB 准则草案的改变

美国财务会计准则委员会（FASB）的准则草案建议的重大变化将对合并财务报表产生重大影响。正如本章开始部分讨论的那样，准则草案建议的重大变化将使得实务中的应用趋向于实体理论的方法。与合并财务报表相关的准则征求意见稿要求将合并主体作为一个整体计算合并净利润，并将合并净利润在多数股东权益和少数股东权益之间分配。因此，如果母公司非全资控股子公司，则合并损益表应当包含类似下面所示的列报项目：

收入	\$1 800 000
费用	(800 000)
合并净利润	\$1 000 000
减：归属于少数股东的合并净利润	(75 000)
归属于多数股东的合并净利润	\$ 925 000

虽然这种类型的列报依然重点关注多数股东权益，但是它将少数股东享有净利润的份额作为合并净利润的分配，而不是通过扣减的方法得到合并净利润。

该份FASB征求意见稿还解决了当今实务中关于在合并资产负债表的什么位置列报少数股东权益的困惑。该征求意见稿要求将少数股东权益作为一项所有者权益在合并资产负债表和合并损益表中列报。该征求意见稿要求将少数股东权益以类似下列的方式列报于合并资产负债表中的所有者权益部分：

所有者权益：	
多数股东权益	
普通股	$10 000 000
资本公积	50 000 000
留存收益	30 000 000
多数股东权益总额	$90 000 000
子公司少数股东权益	5 000 000
所有者权益总额	$95 000 000

草案中其他与合并财务报表相关的具体变化将在第5章进行简要的讨论。第1章所讨论的FASB草案中与企业合并相关的变化也需要在编制合并财务报表时加以考虑。关于企业合并的FASB征求意见稿[4]要求除了确认与合并日取得的资产和负债相联系的公允价值增值的总额以外，还要全额确认隐含的商誉，包括与少数股东权益相关的商誉。这一要求与实体理论相一致。对于以前的并购不进行追溯溯调整。

为了举例说明，假设Piranha公司以550 000美元购买了Sardine公司80%的股本。Sardine公司全部公允价值估值为687 500美元，净资产的账面价值为500 000美元，净资产的公允价值为600 000美元。合并后Piranha公司的净资产账面价值为2 000 000美元，其中不包含其对Sardine公司的投资。在当前实务中采用的方法下与在FASB草案中建议的方法下，合并日编制的合并资产负债表列报的金额如下：

	当前实务中的应用	FASB准则草案中的方法
净资产	$2 580 000	$2 600 000
商誉	70 000	87 500

在当前的实务中，归属于合并主体的净资产金额是母公司净资产的账面价值金额（$2 000 000）加上子公司净资产的全部账面价值（$500 000），加上母公司享有子公司净资产公允价值增值部分的份额（$100 000×80%）。在当前实务中，商誉是购买价格（$550 000）大于母公司享有子公司净资产公允价值的份额（$600 000×80%）的部分。在FASB草案中建议的方法下，合并主体的净资产是母公司净资产的账面价值（$2 000 000）加上合并日子公司净资产公允价值全额（$600 000）。87 500美元的商誉是Sardine公司整体的公允价值（$687 500）与子公司净资产公允价值（$600 000）之间的差额。

[4] *Financial Accounting Standards Board Proposed Statement of Financial Accounting Standards*, "Business Combinations," June 30, 2005 (Norwalk, Connecticut), 215 pp.

关键概念总结

合并财务报表体现了母公司和一家或多家子公司被视作一家单独公司时的财务状况和经营成果。这样，由一些法律上独立的公司组成的一个集团通过合并财务报表被描述成一个单一的经济实体。集团内部之间所有权关系和集团内部交易的影响应当排除在合并财务报表之外。编制合并财务报表的基本方法是将参与合并的独立公司的个别报表合并起来，然后抵销或调整那些在将这些公司视为一家公司时不应当列报或者以不同的方式列报的项目。

现行的合并准则要求合并财务报表包含全部股本控股的公司，除非控制能力受到质疑。合并财务报表主要是为了那些对母公司长期经营感兴趣的利益方编制的，特别是母公司的股东和长期债权人。当合并财务报表允许利益方将一个相关公司的集团视作一个单一的经济实体时，这样的报表是有局限性的。特别是关于合并主体内部独立公司的特性和运营的信息在编制合并报表的过程中失去了。

事实已证明新型的商业协议对于财务列报来讲是很棘手的事情。尤其是特殊类型的实体，包括特殊目的实体和可变利益实体，这些实体除了被用来实现许多像分担风险这样的合法目的，也被用来掩藏或转变各种类型的交易。这些实体常常通过财务报表含糊不清的附注进行披露。目前，财务报告准则要求一个可变利益实体的主要受益方应当合并这个可变利益实体。

几个不同的理论和方法成为编制合并财务报表的基础，当子公司不是全资控股的子公司时，选用的这些方法可能对合并财务报表产生重大影响。所有权理论和实体理论可以看做位于一个范围横线的相互对立的两端，母公司理论则处于两者之间的位置。当前实务中的方法更接近于母公司理论，并带有一些实体理论的特征。FASB将要发布两个新的公告，这两个新的公告将使得实务中的方法向实体理论靠近。

附录3A 可变利益实体的合并

本章先前部分讨论了关于确定在可变利益实体拥有权益的一方是否应当合并该可变利益实体的准则。一旦一方确定应当合并一个可变利益实体，这个合并的程序与合并子公司时的程序相类似。为了举例说明，假设Ignition汽油公司和Mammoth财务公司一起创建了一个特殊公司——Exploration设备公司，这家公司将向Ignition公司和其他公司出租设备。Ignition公司以1 000 000美元的价格购买了Exploration公司10%的股权，Mammoth公司以9 000 000美元的价格购买了Exploration公司90%的股权。Ignition公司和Mammoth公司平分利润，但是Ignition同意承担每年损失中最初的500 000美元。成立后，Exploration公司立即向一个银行财团借入120 000 000美元，Ignition公司为这笔贷款提供了担保。接着，Exploration公司购买了自用的厂房、设备和易耗品以及用于出租的设备。下表为Ignition公司和Exploration公司在Exploration公司开始运营前的资产负债表。

项目	Ignition 公司	Exploration 公司
现金和应收款项	$100 000 000	$ 23 500 000
存货和易耗品	50 000 000	200 000
持有的用于出租的设备		105 000 000
对 Exploration 公司的投资	1 000 000	
厂房和设备（净额）	180 000 000	1 350 000
资产总额	$331 000 000	$130 050 000
应付账款	$　900 000	$　50 000
应付银行贷款	30 000 000	120 000 000
发行在外的股本	200 000 000	10 000 000
留存收益	100 100 000	
负债和所有者权益合计	$331 000 000	$130 050 000

Ignition 公司和 Mammoth 公司都在 Exploration 公司中持有可变利益。Ignition 公司持有的可变利益包括持有的股本和提供的担保。Ignition 公司是 Exploration 公司的主要受益人，这是因为它与 Mammoth 公司享有相同的利润份额，但与 Mammoth 公司相比，它必须承担更大的预期损失份额。两者均通过它与 Mammoth 公司的损益分配协议和贷款担保实现。因此，Ignition 公司应当合并 Exploration 公司。

Ignition 公司包含 Exploration 公司在内的合并资产负债表如图表 3-6 所示。Exploration 公司资产和负债账户的余额与 Ignition 公司相同账户的余额相加。Ignition 公司对 Exploration 公司的投资与 Exploration 公司相应的股本相互抵销，Exploration 公司剩余的股本作为少数股东权益列示在合并资产负债表的负债和所有者权益之间或者列示在所有者权益项下。

图表 3-6
资产负债表——合并可变利益实体

Ignition 汽油公司合并资产负债表		
资产		
现金和应收账款		$123 500 000
存货和易耗品		50 200 000
持有的用于出租的设备		105 000 000
车间和设备（净额）		181 350 000
资产总额		$460 050 000
负债		
应付账款	$950 000	
应付银行贷款	150 000 000	
负债总额		$150 950 000
所有者权益		
股本	$200 000 000	
留存收益	100 100 000	
少数股东权益	9 000 000	
所有者权益总额		309 100 000
负债和所有者权益合计		$460 050 000

第4章

全资子公司的合并

合并财务报表和非合并财务报表的编制适用于相同的公认会计原则。合并财务报表的独特之处在于它能够将两个或两个以上单独法律主体的经营成果和财务状况合并成为一个报告主体，以一整套单独的财务报表对该经济实体进行报告。要达到这个目的，合并步骤需包括对所有企业集团内部所有权和内部往来交易进行抵销的过程。

本章和下一章将对合并财务报表的编制步骤进行全面详细的介绍。这样，我们可以以这些章节的知识为基础，并以搭积木的方法，在第6章至第10章中探讨企业集团内部交易事项和其他合并报表事项。

合并步骤

合并步骤以及合并工作底稿的使用，旨在使母公司与其子公司的账户有机联系起来，从而使合并报表以一个单独的报告主体呈现。编制合并财务报表的第一步是纳入合并范围的个别公司账簿，因为合并主体本身没有账簿，所以合并财务报表所有数据的形成都是基于母、子公司的账上数据或合并工作底稿的数据。

子公司（subsidiary）这个专门术语被定义为：“一个会计主体……作为其**母公司**的另一个实体对其持有控制权益。”[1]母公司可以持有子公司全部或者非全部股本，但纳入合并报表编制范围则要求至少拥有半数以上的股权。一般来说，子公司会被母公司全部控股，不过并非全部如此。

由于绝大多数子公司为全资子公司，本章将对全资子公司的合并步骤进行深入的分析和研究。首先，在母、子公司的关系建立之后，本章以适用于编制合并资产负债表的基本合并步骤为起点，介绍了为其量身定做的简易合并工作底稿。其次，面向后续会计期间一整套合并财务报表的编制，设计和运用了三段式工作

---

[1] *Financial Accounting Standards Board Proposed Statement of Financial Accounting Standards*, “Consolidated Financial Statements, Including Accounting and Reporting of Noncontrolling Interests in Subsidiaries,” June 30, 2005, para, 5g.

图表 4–1
合并工作底稿格式

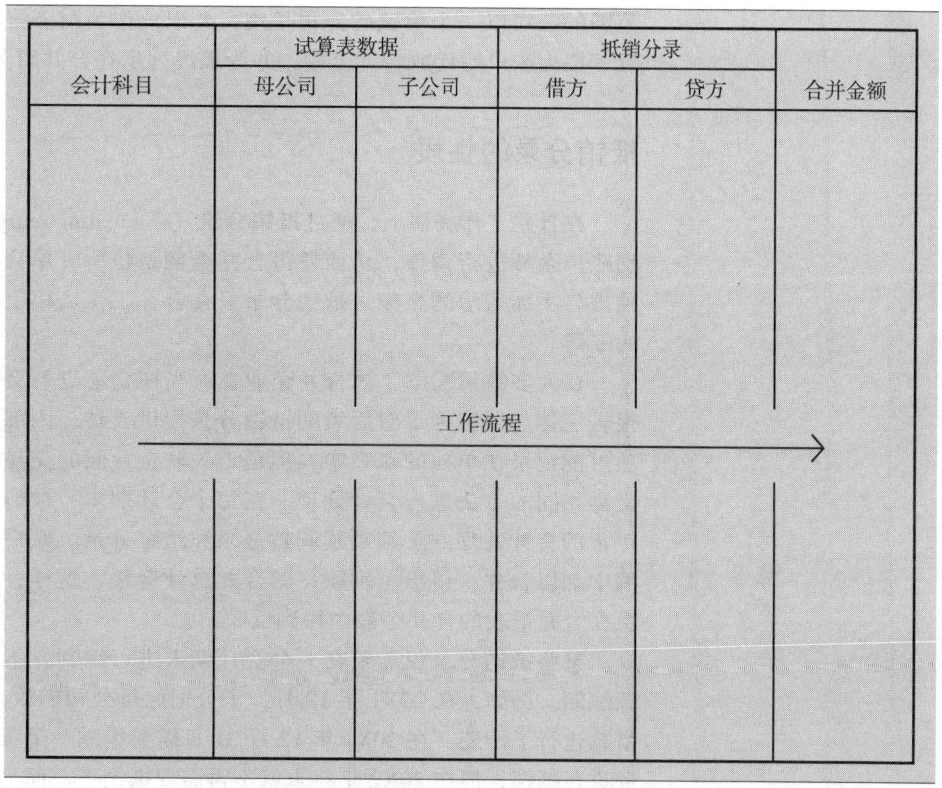

底稿，从而使得合并损益表、合并留存收益表和合并资产负债表的编制更加便捷。第 5 章则对非全资子公司的合并财务报表的编制进行了进一步探讨。

合并工作底稿

合并工作底稿（consolidation workpaper）引入了一种机制，可以将纳入合并范围的个别公司的账户快速合并，且对合并金额进行调整，将所有纳入合并范围的公司视同为一个单独的报告主体进行列报。值得注意的是，对于一个合并报告主体而言，并没有一整套账簿存在。母公司和子公司是作为单独的法律主体和会计主体存在的，且保留其各自的账簿。在编制合并财务报表时，账户余额取自母公司和每一家子公司的个别账簿，并在合并工作底稿中予以列示。经过对合并工作底稿中相关账项的抵销和调整，完成合并财务报表的编制。

工作底稿的格式

合并工作底稿的基本格式如图表 4–1 所示。工作底稿的第一栏列示了纳入合并范围的公司账户名称。取自各个账簿或试算平衡表的账户余额填列在工作底稿的下一栏。单独的分录栏用来做调整分录或者抵销分录，从而使得全部纳入合并范围的公司以一个单独的公司呈现，并以此作为财务报表的结果。工作底稿的最后一栏为账户的代数合计金额，并为最终列示在合并财务报表上的账户余额。

抵销分录的性质

在合并工作底稿上，通过**抵销分录**（eliminating entry）对单独的合并主体的个别账户余额进行调整，从而使得合并金额是将所有单独的法律主体视同为一个单独报告主体列示的金额。抵销分录只在合并工作底稿上列示，不会影响个别公司的账簿。

在大多数情况下，被合并企业在对当期交易进行会计处理时，不会考虑合并报告主体。尽管为了对后续的抵销分录提供支持，内部往来交易或者其他交易事项可能记录在单独的账户中，但是，关联企业间的交易仍然会按照与非关联企业交易相同的方法进行会计处理。在每个会计期末，被纳入合并范围的企业会按照正常的会计处理方法编制其调整分录和结账分录。账户余额会录入到合并工作底稿中加以合并，得出个别账户的合并总计金额，这样，只有和集团外部的交易才会在合并报表的合并余额中得到反映。

某些抵销分录仅需要在一个会计期末进行编制，不需要在后续的会计期间继续编制。例如，在 20X1 年 12 月，子公司向母公司借款，并于 20X2 年 2 月对该笔借款进行了偿还。在 20X1 年 12 月 31 日需要编制一笔抵销分录对内部的债权和债务进行抵销，但在 20X2 年年末就不再需要抵销了。而另外的一些抵销分录则必须在每个会计期末编制合并财务报表的时候在合并工作底稿上体现。例如，如果母公司以高于其账面价值 5 000 美元的价格出售给子公司一块土地，那么只要子公司还持有这块土地，在未来每个会计期间编制合并财务报表时，就都应在工作底稿中对这 5 000 美元进行抵销。 我们必须牢记，由于抵销分录不是在公司账簿上编制的，所以它们不会在每个会计期间自动结转。

全部股权取得日合并资产负债表的编制

当母子公司关系通过企业合并或创建一个新的子公司而确立后，相关联企业的财务报表要即刻进行合并。通过以下一系列例子，我们针对企业合并后可能出现的各种不同情况对合并资产负债表的编制进行探讨。在每个例子中，Peerless Products 公司于 20X1 年 1 月 1 日购买了 Special Foods 公司的全部或部分股本，随后立刻进行了合并资产负债表的编制。 在图表 4–2 中列示了合并发生前两家企业的个别资产负债表。

在之后的讨论中，所有会计分录和工作底稿中的抵销分录分别按顺序编号，且贯穿于整个章节。工作底稿中出现的抵销分录也在本章的正文中出现。为了避免混淆抵销分录和母公司或者子公司个别账簿上的会计分录，所有列示在正文中的工作底稿上的抵销分录都以阴影表示，并且在抵销分录号前加字母 E。

图表 4-2
20X1 年 1 月 1 日 Peerless Products 公司和 Special Foods 公司的个别资产负债表

	Peerless Products	Special Foods
资　产		
现　金	$350 000	$ 50 000
应收账款	75 000	50 000
存　货	10 000	60 000
土　地	175 000	40 000
建筑物及设备	800 000	600 000
累计折旧	(400 000)	(300 000)
资产总计	$1 100 000	$500 000
负债和所有者权益		
应付账款	$100 000	$100 000
应付债券	200 000	100 000
普通股	500 000	200 000
留存收益	300 000	100 000
负债和权益合计	$1 100 000	$500 000

以账面价值购买全部股权

在第一个例子中，Peerless Products 公司以 300 000 美元的价格购买了 Special Foods 公司全部发行在外的股本。在合并日，Special Foods 公司的可辨认资产和负债的公允价值和图表 4-2 所示的账面价值相等。由于 Peerless Products 公司获得了 Special Foods 公司全部发行在外的股本，且 Special Foods 公司只拥有这一类在外发行的股份，因此其所获得全部股份的账面价值等于 Special Foods 公司的所有者权益（$200 000 + $100 000）。而购买价格 300 000 美元与其所获得的股份的账面价值相等。Peerless Products 公司的所有权情况如下：

Ⓟ	投资成本		$300 000
	账面价值		
X1年 1月1日 100%控股	股本——Special Foods	$200 000	
	留存收益——Special Foods	100 000	
		$300 000	
Ⓢ	Peerless公司所持股份	× 1.00	(300 000)
	合并成本和账面价值差额		$ -0-

Peerless Products 公司在合并日以如下分录记录获得的股权：

20X1 年 1 月 1 日

(1) 借：股权投资——Special Foods	300 000	
贷：现金		300 000
记录购买 Special Foods 公司股份。		

在图 4-3 中列示了 Peerless Products 公司和 Special Foods 公司合并日的个别财

图表 4-3
20X1 年 1 月 1 日，合并日后 Peerless Products 公司和 Special Foods 公司的个别资产负债表

	Peerless Products	Special Foods
资 产		
现 金	$ 50 000	$ 50 000
应收账款	75 000	50 000
存 货	100 000	60 000
土 地	175 000	40 000
建筑物及设备	800 000	600 000
累计折旧	(400 000)	(300 000)
对 Special Foods 公司的股权投资	300 000	
资产总计	$1 100 000	$500 000
负债和所有者权益		
应付账款	$ 100 000	$100 000
应付债券	200 000	100 000
普通股	500 000	200 000
留存收益	300 000	100 000
负债和权益合计	$1 100 000	$500 000

务报表。Special Foods 公司在图 4-3 中的资产负债表与图 4-2 中相等，但 Peerless Products 公司的资产负债表发生了改变，以反映现金 300 000 美元的减少，同时对 Special Foods 公司的投资增加了相等的金额。注意 300 000 美元现金是支付 Special Foods 公司的前任股东而不是支付给该公司自身。因此，在合并主体中这部分现金不复存在。

合并工作底稿

合并日为编制合并资产负债表而形成的工作底稿如图表 4-4 所示。在图表 4-4 中工作底稿的头两栏，账户余额取自图表 4-3 所示的 Peerless Products 公司和 Special Foods 公司的个别账簿。同类账户的余额被依次排列以便进行加总。如果两个以上的企业进行合并，则合并底稿中会为每个增加的子公司添加一个单独的栏目。

合并工作底稿的上半部分列示账户的借方余额，合并底稿的下半部分列示账户的贷方余额。每个纳入合并范围的公司及最终的合并数中所有贷记项目的合计数必须等同于借记项目的合计数。

图表 4-4 中标为抵销分录的两栏是为了对个别公司报表的金额进行调整以编制合并财务报表。在合并工作底稿中所有的抵销分录都采用复式记账的格式；每笔分录的借记金额和贷记金额相等。为便于识别，相同抵销分录的所有部分都以相同的凭证号码或其他符号作标记。当合并工作底稿完成后，录入到借记栏的借记金额合计必须和录入到贷记栏中的贷记金额合计相等。当抵销分录编制完成后，对个别账户余额进行代数合计即得到合并数。

投资的抵销分录

图表 4-4 中唯一的抵销分录是对 Special Foods 公司的股权投资账户和子公司

图表 4-4　合并资产负债表工作底稿，20X1 年 1 月 1 日，合并日，以账面价值购买 100%股份

项　目	Peerless Products	Special Foods	抵销分录 借　方	抵销分录 贷　方	合并金额
现　金	50 000	50 000			100 000
应收账款	75 000	50 000			125 000
存　货	100 000	60 000			160 000
土　地	175 000	40 000			215 000
建筑物及设备	800 000	600 000			1 400 000
对 Special Foods 公司的股权投资	300 000			(2) 300 000	
借方合计	1 500 000	800 000			2 000 000
累计折旧	400 000	300 000			700 000
应付账款	100 000	100 000			200 000
应付债券	200 000	100 000			300 000
普通股	500 000	200 000	(2) 200 000		500 000
留存收益	300 000	100 000	(2) 100 000		300 000
贷方合计	1 500 000	800 000	300 000	300 000	2 000 000

抵销分录：

(2) 对股权投资账户的余额和 Special Foods 的股东权益进行抵销。

(注：抵销分录在本文至关重要，所有分录在本章均按顺序编号。)

的所有者权益账户进行抵销。在合并工作底稿中通过抵销分录 E（2）完成。

E(2)	借：股本—— Special Foods	200 000	
	留存收益	100 000	
	贷：股权投资——Special Foods		300 000

Peerless Products 公司对 Special Foods 公司的投资账户与在其所有者权益中所享有的份额相抵销。

请注意这笔分录是在合并工作底稿中编制的，并不涉及母公司或子公司的账簿，但出于教学目的考虑，在这里以会计分录的形式列示。

股权投资的账户需要进行抵销，因为从单独实体的角度而言，一个公司不能对自己进行投资。子公司的股份和相关所有者权益账户必须进行抵销，是因为合并主体持有子公司全部股份，外部实体对子公司的权益不具有请求权。

从另一个稍有不同的角度而言，母公司账簿上的股权投资账户可以看做一个单独的账户，代表母公司对子公司净资产的投资，也就是所谓的单行合并。在 100%控股的合并中，子公司的所有资产和负债被并入母公司的个别报表。这样，母公司的股权投资账户中包括着子公司的净资产，子公司的所有资产和负债被重复计入同一类资产账户。因此，股权投资账户应进行抵销，不转入合并资产负债表中。

图表 4-5 合并资产负债表，20X1 年 1 月 1 日，合并日，以账面价值购买 100%股份

Peerless Products及其子公司 合并资产负债表 20X1年1月1日				
资 产			负 债	
现 金		$ 100 000	应付账款	$ 200 000
应收账款		125 000	应付债券	300 000
存 货		160 000		
土 地		215 000	所有者权益	
建筑物及设备	$1 400 000		普通股	500 000
累计折旧	(700 000)	700 000	留存收益	300 000
资产总计		$1 300 000	负债和权益总计	$1 300 000

合并资产负债表

在图表 4–5 中所列示的合并资产负债表的数字直接取自图表 4–4 合并工作底稿中的最末一栏数字。资产负债表中借方合计和贷方合计与工作底稿中的借方合计和贷方合计是不一致的，这是由于工作底稿中包括资产抵销账户的贷方数，于是相关资产在合并资产负债表中已被冲销。因为在合并日没有其他业务发生，所以在合并资产负债表的编制过程中，其股东权益部分同图表 4–2 中 Peerless Products 公司的股东权益数额相同。

以高于账面价值全部控股

一家企业的股票价格会受多方面因素的影响，其中包括净资产的价值、企业的盈利能力，以及其所处的市场环境，等等。当一家企业购买另一家企业时，很难指望购买价格会和所获得的股票账面价值相等。从编制合并资产负债表的角度而言，以不同于账面价值的购买价格全部控股一家公司只是程序上稍有些复杂。

以高于账面价值的价格购买子公司为例，假设 Peerless Products 公司于 20X1 年 1 月 1 日以 340 000 美元现金购买了 Special Foods 公司全部发行在外的流通股份。这样一来，Peerless Products 公司支付了高于账面价值 40 000 美元的价格。所有权情况如下：

	(P)	投资成本		$340 000
		账面价值		
X1年		股本——Special Foods	$200 000	
1月1日		留存收益——Special Foods	100 000	
100%控股	↓		$300 000	
	(S)	Peerless Products公司所持股份	× 1.00	(300 000)
		合并成本和账面价值差额		$ 40 000

Peerless Products 公司以下面分录记录购买股权：

20X1 年 1 月 1 日

(3) 借：股权投资——Special Foods	$340 000	
贷：现金		$340 000

记录购买 Special Foods 公司股份。

在企业合并中，购买价格应在其所获得的资产和负债中进行分配。因此，在编制合并财务报表时，Peerless Products 公司支付的全部合并成本应该在特定的资产和负债或因合并形成的商誉中进行分配。

在合并工作底稿中对合并金额进行适当调整的方法是一致的。第一笔抵销分录是对母公司的股权投资账户余额和相对应的每个子公司的股东权益进行抵销。当以高于账面价值的价格购买股份时，第一笔抵销分录包括一笔借记的过渡账户以使得分录的借贷相等。这个过渡账户称为**股权投资差额**（parchase differential）。这用来体现记录在母公司账簿上的股权投资成本与根据子公司的股东权益计算的所获得股份的账面价值之间的差异。

合并工作底稿中对于 Peerless Products 公司的股权投资账户和获得的 Special Foods 公司的股东权益账户的抵销分录如下：

E(4)	借：股本——Special Foods	200 000	
	留存收益	100 000	
	股权投资差额	40 000	
	贷：股权投资——Special Foods		340 000

Peerless Products 公司对 Special Foods 公司的投资账户与在其所有者权益中所享有的份额相抵销。

最初抵销分录中的股权投资差额在后续的一个或多个附加的抵销分录中转销，这些附加的抵销分录对账户的调整反映了购买日母公司在获得子公司股份时子公司资产和负债的公允价值，以及在适当情况下反映合并中形成的商誉。

正股权投资差额的会计处理

多种原因可能会导致并购价格超过该公司股份的账面价值：

1. 子公司账簿中的错误或遗漏。
2. 子公司可辨认净资产的公允价值超过其账面价值。
3. 商誉的存在。

子公司账簿中的错误或遗漏

对被并购公司的账目进行核查有可能会发现一些重大差错。在某些情况下，被并购公司有可能将应资本化的资产费用化；或者由于其他原因，在账簿中没有记录该项资产。被并购公司也可能没有遵循公认会计原则进行会计处理。在某些情况下，可能会存在不恰当的记录。

当此类差错或遗漏存在时，在合并日应对子公司的账目进行直接更正。根据FASB第16号准则——“前期差错更正”中的相关规定，这类更正可以被视作前期更正。一旦子公司的账目是依据公认会计准则所表述的，这部分由于差错或遗漏造成的股权投资差额也就不复存在了。

子公司可辨认净资产的公允价值超过其账面价值

在决定公司并购价格时，公司资产的公允价值是很重要的决定因素。在许多情况下，被并购企业净资产的公允价值大于其账面价值。因此，并购价格也可能大于所获得股份的账面价值。按照编制合并资产负债表时的相关程序，被并购公司的所有资产和负债要以在合并日时的公允价值为基准。合并日的估值会通过以下两种方法之一实现：（1）子公司的资产和负债有可能直接在其账上进行重估；（2）子公司的资产和负债仍旧按照历史成本，在每个会计期间合并工作底稿中进行重估。

如果对子公司已全部控股，那么一般而言，在子公司的账上直接对其所有资产和负债进行重估是最简单的方法。反之，如果子公司存在重要的非控股股东（少数股东），则在子公司的账上对资产和负债进行重估一般来说是不适当的。从非控股股东（少数股东）的角度来看，子公司是一个持续经营的公司，会计基础不应该任意变动。更困难的是如何解决在母公司收购子公司全部股本的情况下，仍要向子公司的债券持有人和优先股股东出具子公司个别财务报表的问题。对于子公司的资产和负债在子公司账上直接进行重估的问题，会在本章**下推会计**（push-down accounting）部分继续进行阐述。

如果在子公司的账上对资产和负债直接进行重估，就不会存在股权投资差额的问题。但如果资产和负债的重估不是直接在子公司的账上，那么在相关资产持有期间，每个会计期间进行合并财务报表的编制时，都需要在合并工作底稿中编制一笔分录，对资产和负债进行重估，同时对股权投资差额进行分配。

在前面的例子中，Peerless Products 公司以 340 000 美元购买 Special Foods 公司的全部股份，形成了 40 000 美元的股权投资差额借方金额。并购日后随即编制的合并资产负债表中，有关股权投资账户的抵销分录要在合并工作底稿中体现（如前所示）。

E(4)	借：股本——Special Foods	200 000	
	留存收益	100 000	
	股权投资差额	40 000	
	贷：股权投资——Special Foods		340 000

Peerless Products 公司对 Special Foods 公司的投资账户与在其所有者权益中所享有的份额相抵销。

如果 Special Foods 公司的土地的公允价值超过其账面价值 40 000 美元，而其他所有资产和负债的公允价值都与其账面价值相等，那么股权投资差额应分配给子公司的土地。在合并工作底稿中以如下分录对股权投资差额进行分配。

E(5)	借：土地	40 000	
	贷：股权投资差额		
	分配股权投资差额给土地。		40 000

如图表 4–6 所示，合并工作底稿反映了将股权投资差额分配给子公司的土地。合并工作底稿是根据图表 4–2 中的数据以及对 Special Foods 公司股份的 340 000 美元并购价格做出的。

合并资产负债表中的报告金额是图表 4–6 中工作底稿中合并栏中的数据。在合并资产负债表中的土地金额为 255 000 美元，是 Peerless Products 公司账上的 175 000 美元加上 Special Foods 公司账上的 40 000 美元，以及作为股权投资差额反映的 Special Foods 公司的土地增值部分的合计。

这个例子充分说明可以直接从抵销分录 E（4）中将股权投资差额分配给土地，而非通过股权投资差额进行过渡。然而，在实务中，股权投资差额通常会和不止一项资产相关，对于股权投资差额的分配也会比以上例子复杂。在复杂的情况下，编制两个单独的分录会比一个复杂的分录能够减少书写错误。

商誉的存在

如果一家企业以超过子公司可辨认净资产的公允价值的并购价格对其进行购买，那么支付的额外金额通常视为对于被并购公司超常盈利能力的购买，也就是

图表 4–6　合并资产负债表的工作底稿，20X1 年 1 月 1 日合并日，以高于账面价值的价格购买 100%的股权

项　目	Peerless Products	Special Foods	抵销分录 借　方	抵销分录 贷　方	合并金额
现　金	10 000	50 000			60 000
应收账款	75 000	50 000			125 000
存　货	100 000	60 000			160 000
土　地	175 000	40 000	(5)　40 000		255 000
建筑物及设备	800 000	600 000			1 400 000
对 Special Foods 公司的股权投资	340 000			(4) 340 000	
股权投资差额			(4)　40 000	(5)　40 000	
借方总计	1 500 000	800 000			2 000 000
累计折旧	400 000	300 000			700 000
应付账款	100 000	100 000			200 000
应付债券	200 000	100 000			300 000
普通股	500 000	200 000	(4) 200 000		500 000
留存收益	300 000	100 000	(4) 100 000		300 000
贷方总计	1 500 000	800 000	380 000	380 000	2 000 000

抵销分录：

(4) 对股权投资账户的余额和 Special Foods 的股东权益进行抵销。

(5) 将股权投资差额分配给土地。

商誉（goodwill）。因此，一旦子公司的可辨认净资产以公允价值进行重述，股权投资差额的借方余额通常会被分配给商誉。

在 Peerless Products 公司和 Special Foods 公司的例子中，如果 Special Foods 公司资产和负债的公允价值等同于其账面价值，则 40 000 美元的股权投资差额应视为商誉的购买成本。在合并工作底稿中应做如下抵销分录：

E(6)	借：商誉	40 000	
	贷：股权投资差额		
	分配股权投资差额给商誉。		40 000

除了抵销分录 E（6）取代了抵销分录 E（5）之外，合并工作底稿将如图表 4-6 所示。商誉并不会在 Peerless 公司或 Special Foods 公司的个别账簿上出现，只会在合并日编制的合并资产负债表中予以列示。

过去，某些公司会将在并购价格中与某项可辨认无形资产相关的部分确认为商誉。这种会计处理方法是不允许的，并购价格中由契约约定、法定权利规定或从实体分离出的与某项可辨认无形资产相关的溢价部分，应分配到相关资产中。

股权投资借方差额会计处理示例

在许多情况下，股权投资差额与多种不同的资产和负债相关。作为将股权投资差额分配到多项资产和负债中的示例，假设 Special Foods 公司的资产和负债的公允价值与账面价值如图表 4-7 所示。存货和土地的公允价值超过其账面价值，而建筑物和设备的公允价值则低于其账面价值。

债券价格随利息率浮动。本例中，Special Foods 公司应付债券的公允价值高于其账面价值。这表明债券的名义利率高于现行市场利率，因此，投资者愿意以高于债券票面价值的价格购买债券。在确定对 Special Foods 公司较高的并购价格时，

图表 4-7
Special Foods 公司的资产负债表，20X1 年 1 月 1 日，合并日

		账面价值	公允价值	账面价值与公允价值差额
现　金		$ 50 000	$ 50 000	
应收账款		50 000	50 000	
存　货		60 000	75 000	$15 000
土　地		40 000	100 000	60 000
建筑物及设备	$600 000			
累计折旧	(300 000)	300 000	290 000	(10 000)
		$500 000	$565 000	
应付账款		$100 000	$100 000	
应付债券		100 000	135 000	(35 000)
普通股		200 000		
留存收益		100 000		
		$500 000	$235 000	$30 000

Peerless Products 公司必须假定负债的实际利率高于现行市场利率，如果负债的利率较低，则对 Special Foods 公司支付一个较低的价格。因此在合并财务报表上，对于 Special Foods 公司的负债应以公允价值而不是账面价值予以确认。

假定 Peerless Products 公司于 20X1 年 1 月 1 日，以发行 100 000 美元利率为 9%的债券和支付 300 000 美元的现金的方式获得 Special Foods 公司 400 000 美元的所有股本。所有权情况如下图所示：

(P)	投资成本		$400 000
	账面价值		
X1年 1月1日 100%控股	股本——Special Foods	$200 000	
	留存收益——Special Foods	100 000	
		$300 000	
(S)	Peerless Products公司所持股份	× 1.00	(300 000)
	合并成本和账面价值差额		$100 000

Peerless Products 公司以如下分录记录该项投资：

20X1 年 1 月1 日

(7) 借：股权投资——Special Foods	400 000	
贷：应付债券		100 000
现金		300 000

记录对 Special Foods 公司股份的购买。

对获得 Special Foods 公司股份所支付的全部并购价格、该公司净资产的公允价值和账面价值之间的关系如下图：

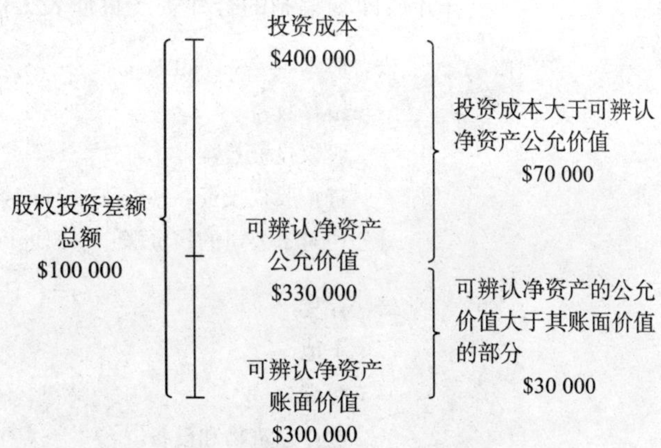

全部并购价格为 400 000 美元，超过 Special Foods 公司净资产账面价值 100 000 美元（500 000 美元资产减去 200 000 美元负债），这样，根据图表 4-7 中的数据，全部购买价差为 100 000 美元。合并中获得的可辨认净资产的公允价值为 330 000 美元（$565 000 – $235 000）。全部并购价格 400 000 美元超过可辨认净资产公允价值 330 000 美元的部分为 70 000 美元，这部分金额在合并资产负债表中确认为商誉。

图 4-8 合并资产负债表工作底稿，20X1 年 1 月 1 日，合并日，以超过账面价值的价格购买全部股份

项 目	Peerless Products	Special Foods	抵销分录 借 方	抵销分录 贷 方	合并金额
现 金	50 000	50 000			100 000
应收账款	75 000	50 000			125 000
存 货	100 000	60 000	(9) 15 000		175 000
土 地	175 000	40 000	(9) 60 000		275 000
建筑物及设备	800 000	600 000		(9) 10 000	1 390 000
商 誉			(9) 70 000		70 000
对 Special Foods 公司的股权投资	400 000			(8) 400 000	
股权投资差额			(8) 100 000	(9) 100 000	
借方总计	1 600 000	800 000			2 135 000
累计折旧	400 000	300 000			700 000
应付账款	100 000	100 000			200 000
应付债券	300 000	100 000			400 000
应付债券溢价				(9) 35 000	35 000
普通股	500 000	200 000	(8) 200 000		500 000
留存收益	300 000	100 000	(8) 100 000		300 000
贷方总计	1 600 000	800 000	545 000	545 000	2 135 000

抵销分录：

(8) Peerless 公司对 Special 公司的投资账户和在其所有者权益中所享有的份额相抵销。

(9) 对股权投资差额进行分配。

合并后即刻编制的合并资产负债表工作底稿中的抵销分录：

E(8)	借：股本——Special Foods	200 000	
	留存收益	100 000	
	股权投资差额	100 000	
	贷：股权投资——Special Foods		400 000
	母公司对子公司的投资账户余额进行抵销。		
E(9)	借：存货	15 000	
	土地	60 000	
	商誉	70 000	
	贷：建筑物和设备		10 000
	应付债券溢价		35 000
	股权投资差额		100 000
	对股权投资差额进行分配。		

以上这些分录反映在图表 4-8 工作底稿中，虽然抵销分录 E（9）比前述例子中的分录复杂一些，但并没有概念性的不同。在每个例子中，子公司的资产和负债均以合并日的公允价值在合并资产负债表中列示。

以低于账面价值的价格购买全部股权

在很多案例中，会在股票市场中以低于账面价值的价格进行企业并购。这通常发生在一家企业被选中为首要并购目标的时候。当一家企业以低于账面价值的价格获得另一家企业的股份时，对负的或贷方的股权投资差额的可能解释为：

1. 子公司账上的差错或遗漏。
2. 子公司可辨认净资产的账面价值超过其公允价值。
3. 前期记录商誉的减值。
4. 议价购买。

子公司账上的差错或遗漏

当出现借方的股权投资差额时，应对子公司账上的差错或遗漏直接进行更正。通常这些差错和遗漏会和子公司前期未记录的负债确认有关。一旦差错在子公司的账上进行了更正，这部分股权投资差额就不复存在了。

子公司可辨认净资产的账面价值超过其公允价值

由于在企业合并中，被并购企业的全部资产和负债都以合并日的公允价值计量，因此，如果被并购企业的任何一项资产和负债是以结转的账面金额而不是它的公允价值计量，都应进行调整。如果运用下推会计，资产的公允价值低于其账面价值，则应在子公司账上对资产进行减值。或者如果该项资产的价值在合并日已经出现减损，我们要根据会计准则的要求对资产的减值损失予以确认。否则，应在合并工作底稿中对资产进行价值重估。

前期记录商誉的减值

如果子公司账面上有前期企业合并所结转下来的商誉，贷记的股权投资差额金额有可能表明该商誉已经不存在了。如果该情况在本案例中被确认，那么应在子公司账上对商誉进行冲销。

议价购买

在某些情况下，出现贷方股权投资差额的原因可能不太明确。有一种可能性是“负商誉”的存在，表明如果被单独出售，则子公司的净资产价值将低于一个持续经营的企业。另一种情况是被并购企业实行了一种**议价购买**（bargain purchase）。这种情况是假设出现了以下任何一种情况（被迫出售、总体股票市场情况等），于是子公司以低于其估值的价格被并购。

当存在未分配的贷方股权投资差额时，FASB 要求负商誉按比例冲减（分配给）被并购企业除了现金及现金等价物、应收账款、存货、以公允价值报告的金融工具、待出售资产和递延所得税资产之外的非流动性资产（全部被并购资产）。冲减为零后仍有余额（其余部分的）的负商誉，应作为非常利得予以确认。请注意股权投资差额贷方余额不会分配给负债和大多数的流动资产，对于这些项目会由其他估值准则优先确定。特别是，大多数负债是以一个固定金额的请求权或它们的现值进行估值，而流动资产具有较易确定的可变现价值。

贷方股权投资差额会计处理示例

仍以 Peerless Products 公司和 Special Foods 公司为例，如图表 4-9 所示，假定 20X1 年 1 月 1 日，Special Foods 公司的资产和负债的公允价值和账面价值相等。Peerless 公司以 260 000 美元并购价格购买 Special Foods 公司的全部股份。其所有权情况如下：

(P)	投资成本		$260 000
	账面价值		
X1年 1月1日 100%控股	股本——Special Foods	$200 000	
	留存收益——Special Foods	100 000	
		$300 000	
(S)	Peerless Products公司所持股份	× 1.00	(300 000)
	合并成本和账面价值差额		$ (40 000)

Peerless Products 公司在账上以如下分录对 Special Foods 公司的投资进行会计记录：

20X1年 1 月 1 日

(10) 借：股权投资——Special Foods 公司	260 000	
贷：现金		260 000

对购买 Special Foods 的股份进行记录。

图表 4-9

Special Foods 公司资产负债表，20X1 年 1 月 1 日，合并日

		账面价值	公允价值	账面价值与公允价值差额
现 金		$ 50 000	$ 50 000	
应收账款		50 000	50 000	
存 货		60 000	60 000	
土 地		40 000	45 000	$ 5 000
建筑物及设备	$600 000			
累计折旧	(300 000)	300 000	280 000	(20 000)
		$500 000	$485 000	
应付账款		$100 000	$100 000	
应付债券		100 000	100 000	
普通股		200 000		
留存收益		100 000		
		$500 000	$200 000	$(15 000)

总并购价格、Special Foods 公司净资产的公允价值及其账面价值三者之间的关系如下：

可辨认净资产
账面价值
$300 000

账面价值大于可辨认净资产公允价值
$15 000

股权投资差额总额
$(40 000)

可辨认净资产
公允价值
$285 000

可辨认净资产的公允价值大于其成本的部分
$25 000

投资成本
$260 000

如果合并后即刻编制合并资产负债表，合并工作底稿中应编制如下抵销分录：

E(11)	借：股本——Special Foods	200 000	
	留存收益	100 000	
	贷：股权投资—— Special Foods		260 000
	股权投资差额		40 000
	对股权投资账户的余额进行抵销。		
E(12)	借：土地	5 000	
	股权投资差额	15 000	
	贷：建筑物和设备		20 000
	分配股权投资差额给 Special Foods 公司的土地、建筑物和设备，令其以公允价值确认。		
E(13)	借：股权投资差额	25 000	
	贷：土地		3 462
	建筑物和设备		21 538
	分配股权投资差额剩余部分。		

Special Foods 公司的并购价格（$260 000）低于其账面价值（$300 000）40 000 美元，由此形成的贷方股权投资差额如抵销分录 E（11）所示。在抵销分录 E(12) 中对资产进行了公允价值重估，留下 25 000 美元待分配的股权投资差额贷方余额。在抵销分录 E（13）中，将剩余的股权投资差额贷方余额对 Special Foods 公司的非流动资产按其占总体公允价值的比例进行冲减（分配）。在工作底稿中抵销分录 E（12）和 E（13）对股权投资差额的分配计算如下。

项　目	账面价值	对公允价值的首次调整	公允价值	分配比率		未分配股权投资差额		分摊的抵减额
土　地	$ 40 000	$　5 000	$ 45 000	45/325	×	$(25 000)	=	$ (3 462)
建筑物及设备	300 000	(20 000)	280 000	280/325	×	(25 000)	=	(21 538)
合　计	$340 000	$(15 000)	$325 000					$(25 000)

以超过账面价值但低于公允价值的价格购买股权

在某些情况下，投资者可能会以高于被并购企业股份的账面价值，但是低于其净资产内在公允价值的并购价格进行并购。这种情况会导致股权投资差额贷方数的出现，子公司净资产的公允价值高于其账面价值的部分大于股权投资差额。在合并过程中，首先要将子公司的净资产按照合并日公允价值进行重估。然后，被并购企业净资产的公允价值和母公司的合并成本之间的差额按股权投资差额贷方进行会计处理，并按上述讨论的方法进行分配。

控制权取得日后的合并财务报表

本章之前的部分介绍了合并日编制合并资产负债表的步骤。但仅仅编制合并资产负债表是不够的，并购后还需要对合并主体的经营行为提供一个全景图。如同一个单独的企业一样，合并主体要提供一整套的基本财务报表，包括资产负债表、损益表、留存收益变动表和现金流量表。

本章的这部分内容是有关合并日后合并资产负债表、损益表、留存收益变动表的编制步骤。合并现金流量表的编制会在第10章讨论。

接下来首先讨论合并净利润和合并留存收益的重要概念，然后介绍编制整套合并财务报表的工作底稿格式，最后讨论合并日后进行合并财务报表编制的具体步骤。

本章和之后的章节着重阐述母公司采用权益法对子公司的投资进行会计处理的合并步骤。如果母公司对子公司的投资采用成本法进行会计处理，编制合并财务报表的总体方法是一样的，但具体步骤会稍有不同。附录5A中会对采用成本法进行合并的步骤予以讨论。但无论母公司采用哪种方法对子公司的投资进行会计处理，合并财务报表的结果都是相同的，因为投资和其相关的账户会在合并过程中抵销。

企业合并后编制一整套合并财务报表的会计处理方法，与在合并日编制合并资产负债表的方法是十分近似的。然而，除了资产和负债外，合并公司的收入和费用也必须要合并。由于账户已经合并汇总，所以必须在合并工作底稿中进行抵销。这样，合并财务报表可视同为一个单独的报告主体的财务报表进行列报。

随着时间的流逝，并购后的合并会发生很多变化，财务报表的结果更多停留在合并净利润和合并留存收益的观念上。在实务中，美国和加拿大通行的传统意义上的合并理论是母公司理论，这种理论强调的是合并主体的利润和留存收益都归属于母公司。

合并净利润

合并损益表中包括纳入合并范围的个别公司和其他非附属企业之间交易的全部收入和费用。**合并净利润**（consolidated net income）的报告金额是指整个企业的利润中分配给母公司股东的部分。当母公司全资控股子公司时，母公司和子公司的全部利润都归属于母公司的股东。在这种情况下，合并净利润是合并收入和费用之间的差额。

合并净利润的计算通过如下方式进行：加上母公司按持股比例享有的全部子公司利润的份额，且经过股权投资差额的转销或商誉减值的调整，从而得到母公司自身实现的利润（母公司净利润减去按成本法或权益法核算的对子公司的投资收益）。为了避免重复计算，在计算合并净利润时，包含在母公司净利润中的企业集团内部投资收益必须进行抵销。除某些特殊情况外，合并净利润的计算方法与通过权益法计算母公司净利润是基本一致的，两种方法计算出的金额通常是相等的，之后会对此进行讨论。

在简单的全部控股子公司的案例中，合并净利润等同于母公司自身实现的利润加上全部子公司的净利润，并且经过股权投资差额的转销调整。为说明合并净利润的计算，假定 Push 公司以等同于账面价值的并购价格购买了 Shove 公司的全部股份。在 20X1 年期间，Shove 公司的净利润为 25 000 美元，Push 公司的净利润为 125 000 美元，其中包括以权益法核算的、来自 Shove 公司的利润 25 000 美元。20X1 年度合并净利润如下：

Push 公司的净利润	$125 000
减去：来自 Shove 公司的投资收益（权益法）	(25 000)
Push 公司按持有 Shove 公司的股权份额（100%）	
而享有的收益	25 000
合并净利润	$125 000

合并留存收益

合并留存收益的计量应和确认合并净利润的依据相一致。**合并留存收益**（consolidated retained earning）是指合并企业间留存收益中应归属于母公司股东的部分。如同一家单独的企业一样，合并留存收益的期末数等于合并留存收益的期初余额加上合并净利润，并减去合并股利。

只有当这些股利支付给合并主体的所有者时，才可以包括在合并留存收益表中。因为母公司的所有者被视为合并主体的所有者，因此只有母公司支付给其股东的股利可以作为合并留存收益表的减项进行会计处理，支付给子公司股东的股利不应包含在内。

合并留存收益的计算

合并留存收益的计算是指母公司自身实现的留存收益（不包括母公司已确认的来自子公司的利润），与自合并日之后母公司按持股比例享有的每家子公司净利润的份额部分的合计（经过股权投资差额的转销与商誉减值的调整）。计算母公司留存收益的方法与母公司按照权益法对合并范围内的子公司进行核算的方法是相同的。在不存在企业集团内部交易的未实现利润和商誉减值的情形下，合并留存收益与母公司按权益法计算的留存收益基本相同。

如果母公司按照权益法对子公司进行核算，则每个子公司的留存收益在进行合并时要全部予以抵销。这样做的必要性在于：（1）留存收益是不能被购买的，所以，合并日子公司的留存收益不应包含在合并主体的留存收益中；（2）并购后母公司享有的子公司利润的份额已经包含在母公司按权益法核算的留存收益中；（3）子公司的非控股股东的收益不包含在合并留存收益中。

合并留存收益计算示例

在前述的简单例子中，假定 20X1 年 1 月 1 日，Push 公司的留存收益余额为 400 000 美元，Shove 公司的留存收益为 250 000 美元。在 20X1 年度，Shove 公司报告的净利润为 25 000 美元，分派股利 10 000 美元。Push 公司报告的个别报表经营利润为 100 000 美元加上按权益法核算的从全资子公司 Shove 公司中获得的 25 000 美元利润，分派股利 30 000 美元。根据以上资料，Push 公司和 Shove 公司 20X1 年 12 月 31 日的留存收益余额计算如下：

	Push 公司	Shove 公司
20X1 年期初余额	$400 000	$250 000
20X1 年度净利润	125 000	25 000
20X1 年度股利	(30 000)	(10 000)
20X1 年期末余额	$495 000	$265 000

计算合并留存收益首先应确认母公司自身实现的利润。在计算过程中要将母公司自并购后已确认的来自子公司的 25 000 美元利润予以剔除，则留存收益的余额为 470 000 美元（$495 000 – $25 000），均源自于母公司自身实现的利润。将母公司全部控股的子公司在并购日后的净利润与这个数字相加，即得到留存收益 495 000 美元。该数字与母公司按权益法核算的留存收益相同。

工作底稿格式

在实务中使用多种不同的合并工作底稿格式进行合并财务报表的编制。三段式合并工作底稿是其中广泛使用的形式之一，它将三张基本财务报表（损益表、留存收益表和资产负债表）合在一张工作底稿中。

图表 4–10 列示了综合三段式合并工作底稿的格式。栏目的格式和之前在本章中讨论的编制资产负债表的工作底稿是一样的。合并工作底稿的最后一栏包含每

图表 4–10　综合三段式合并工作底稿格式

项　目	试算表数据		抵销分录		合并金额
	母公司	子公司	借　方	贷　方	
贷方科目：					
总收入					
利　润					
借方科目：					
总收入借方			损益表部分		
费　用					
损　失					
净利润					
期初留存收益					
加：净利润					
减：股利分配			留存收益表部分		
期末留存收益					
借方科目：					
资　产					
负债借方					
贷方科目：					
资产贷方					
负　债			资产负债表部分		
所有者权益					
实收资本					
资本公积					
留存收益					

行的代数和小计，作为编制合并财务报表的基础。

工作底稿中的最上部分用于合并损益表的编制。所有损益表中的贷方余额账户列在前一栏，而借方余额账户列在后一栏。当工作底稿中损益表的部分完成时，损益表的最底部是每一栏的合计数。这部分工作底稿的最后一行表示的是母公司的净利润、子公司的净利润、该部分工作底稿借方和贷方的抵销合计以及合并净利润。整个最后一行的数字将结转至工作底稿中的留存收益表部分。

工作底稿中的留存收益表区域和留存收益表的格式相同。工作底稿中的净利润和损益表最后一行的合计数是从上结下来的。同样，工作底稿中留存收益表区域的最后一行的数字全部结转到之后的资产负债表部分。

工作底稿的最后一行反映了资产负债表的期末余额。借方和贷方的列示与前述合并资产负债表的工作底稿相一致。资产负债表区域的留存收益数额全部结转自留存收益表区域的最后一行。

本章接下来的部分将通过一系列例子对综合三段式合并工作底稿的使用进行演示。

合并日后的合并——以等于账面价值的价格购买全部股权

每一份合并财务报表的编制数据都取自一套单独的账簿。当然，合并主体没有一整套自己的账簿，就如同合并资产负债表的编制一样，合并程序从纳入合并范围的公司个别会计记录开始，取自个别的公司的账户余额被置于三段式工作底稿中，然后通过抵销分录对企业集团内部的所有权和内部交易进行抵销。

为了展示并购后的合并过程，假定20X1年1月1日，Peerless Products公司以账面价值300 000美元收购Special Foods公司的全部股本。在合并日，Special Foods公司全部发行在外的股本为200 000美元，留存收益为100 000美元。由此导致的所有权情况如下：

	(P) 投资成本		$300 000
	账面价值		
X1年	股本——Special Foods	$200 000	
1月1日	留存收益——Special Foods	100 000	
100%控股		$300 000	
	(S) Peerless Products公司所持股份	× 1.00	(300 000)
	合并成本和账面价值差额		$ -0-

Peerless Products公司采用权益法对Special Foods公司的投资进行核算，有关Peerless公司与Special Foods公司在合并日以及20X1年和20X2年的资料如图表4-11所示。

合并当年

20X1年1月1日，Peerless公司记录购买Special Foods公司股本的分录如下：

20X1年1月1日

(14) 借：股权投资——Special Foods 300 000

图表 4-11

20X1年1月1日、20X1年度和20X2年度Peerless Products和Special Foods公司的部分信息

	Peerless Products	Special Foods
20X1年1月1日普通股	$500 000	$200 000
20X1年1月1日留存收益	300 000	100 000
20X1年：		
Peerless公司自身经营利润	140 000	
公司净利润		50 000
宣告分派的股利	60 000	30 000
20X2年：		
Peerless公司自身经营利润	160 000	
Special Foods公司净利润		75 000
宣告分派的股利	60 000	40 000

贷：现金　300 000

记录对 Special Foods 公司股份的购买。

20X1 年度，Peerless 公司记录的营业利润为 140 000 美元，不包括通过投资 Special Foods 公司获得的收益，分派股利 60 000 美元。Special Foods 公司报告的 20X1 年度的净利润为 50 000 美元，并分派股利 30 000 美元。

母公司的会计分录

Peerless Products 公司采用权益法对 Special Foods 公司的利润和股利进行会计记录。

(15)	借：现金	30 000	
	贷：股权投资—— Special Foods		30 000
	记录收到 Special Foods 分派的股利： $30 000 × 1.00		
(16)	借：股权投资——Special Foods	50 000	
	贷：投资收益		50 000
	记录采用权益法确认的收益： $50 000 × 1.00		

合并工作底稿——合并当年

经过适当的分录编制，且对 Peerless 公司和 Special Foods 账上的年终调整，合并工作底稿如图表 4-12 所示。取自 Peerless 公司和 Special Foods 公司账上的调整后的账户余额列示于工作底稿的头两栏。然后，所有反映内部往来交易或所有权的金额在合并过程中予以抵销。

记录在个别公司的账簿上的会计分录和仅在合并工作底稿上出现的抵销分录的区别是很大的：个别账上的分录影响账户余额，且金额结转至合并工作底稿；工作底稿中的抵销分录只对结转到当期合并财务报表的这些余额产生影响。正如前面所提到的，本文中列示的抵销分录，无论在工作底稿范围外的何处出现，均在会计分录号码的左边以字母“E”的前缀作为统一标记。

在本例中，因为内部所有权是 Special Foods 公司的股东权益账户，所以要对以下账户进行抵销：其中包括已宣告的股利、Peerless Products 公司对 Special Foods 公司的股权投资，以及 Peerless Products 公司从 Special Foods 公司所获取的投资收益。虽然这些账户可以同时在一个分录中进行抵销，但是为了避免一个复杂的大分录，通常会用两个分录进行抵销。

在第一个抵销分录 E（17）中，同时对母公司损益表中来自子公司的投资收益和子公司分配给母公司的股利进行抵销。

E(17)	借：投资收益	50 000	
	贷：应收股利		30 000
	股权投资——Special Foods		20 000
	对来自于子公司的收益进行抵销。		

图表 4-12 20X1 年 12 月 31 日，合并当年，合并财务报表的权益法工作底稿——以等于账面价值的价格购买全部股权

项 目	Peerless Products	Special Foods	抵销分录 借 方	抵销分录 贷 方	合并金额
销售收入	400 000	200 000			600 000
来自子公司的收益	50 000		(17) 50 000		
贷方小计	450 000	200 000			600 000
销售成本	170 000	115 000			285 000
折旧和摊销	50 000	20 000			70 000
其他费用	40 000	15 000			55 000
借方小计	(260 000)	(150 000)			(410 000)
净利润，结转下方	190 000	50 000	50 000		190 000
期初留存收益	300 000	100 000	(18) 100 000		300 000
净利润，自上结转	190 000	50 000	50 000		190 000
	490 000	150 000			490 000
股利	(60 000)	(30 000)		(17) 30 000	(60 000)
期末留存收益，结转下方	430 000	120 000	150 000	30 000	430 000
现金	210 000	75 000			285 000
应收账款	75 000	50 000			125 000
存货	100 000	75 000			175 000
土地	175 000	40 000			215 000
建筑物及设备	800 000	600 000			1 400 000
对 Special Foods 公司的投资	320 000			(17) 20 000	
				(18) 300 000	
借方合计	1 680 000	840 000			2 200 000
累计折旧	450 000	320 000			770 000
应付账款	100 000	100 000			200 000
应付债券	200 000	100 000			300 000
普通股	500 000	200 000	(18) 200 000		500 000
留存收益，自上结转	430 000	120 000	150 000	30 000	430 000
贷方合计	1 680 000	840 000	350 000	350 000	2 200 000

抵销分录：

(17) 对来自子公司的收益进行抵销。

(18) 对股权投资账户的期初数进行抵销。

在权益法下，母公司在其个别账簿上确认全部控股的子公司的利润。而在合并损益表上，子公司的个别报表上的收入和费用和母公司个别报表上的收入和费用是相合并的。母公司的利润中体现了来自全部合并范围内子公司的收益，因此，必须予以抵销以避免重复计算。在进行合并财务报表的编制时，子公司向母公司

分派的股利必须予以抵销，这样从合并主体的角度来看，只有对母公司股东分派的股利才能作为分派的股利。

股权投资账户为贷方金额，是来自子公司的投资收益与母公司按比例享有子公司分派的股利之间的差额，此差额体现了当期股权投资账户的净变动金额。在 20X1 年度，股权投资账户的余额增加了 20 000 美元。在合并工作底稿中，期初的股权投资账户余额 300 000 美元，再加上当期的 20 000 美元贷方数为股权投资的期末余额。

在第二笔抵销分录中，抵销了母公司对子公司的股权投资账户（企业集团内部的所有权请求权）和子公司股东权益账户的期初数。

E(18)	借：股本——Special Foods	200 000	
	留存收益——20X1 年 1 月 1 日	100 000	
	贷：股权投资——Special Foods		300 000
	对股权投资账户的期初数进行抵销。		

此分录将母公司对子公司的股权投资账户期初余额进行了抵销，并连同抵销分录 E（17），将母公司对子公司的股权投资账户的期末余额全部予以抵销。值得注意的是，母公司对子公司的股权投资不会出现在合并资产负债表上。

抵销分录 E（18）对股本和留存收益账户的期初数进行了抵销。在编制三段式合并工作底稿时，对留存收益的期末余额不会直接进行调整。相反，将留存收益余额的三个组成部分别进行抵销：在合并工作底稿中的留存收益表部分通过分录 E（18）对其期初数进行抵销，来自子公司的收益和股利在分录 E（17）中进行抵销。

合并工作底稿的勾稽关系

以上两笔抵销分录均录入图表 4–12 中，并对横向和纵向金额进行合计以完成合并工作底稿。关于合并工作底稿的一些特别事项列举如下：

1. 以一种合理的次序，将合并工作底稿中第一和第二部分的计算结果转入最后部分。在正常的会计循环中，净利润和留存收益相邻，留存收益反映在资产负债表上。类似的，在合并工作底稿中，净利润结转至底稿中留存收益表部分，而留存收益期末数结转至底稿中资产负债表部分。值得注意的是，在上述两种情况下，整行的数字（包括全部抵销数）会同时被结转。
2. 复式记账方法要求每笔抵销分录，乃至整个合并工作底稿的全部借方数和贷方数相等。由于某些抵销分录超越合并工作底稿的一个部分，在合并工作底稿的第一、第二部分的借方数和贷方数抵销并不相等。但在资产负债表的最后一行，全部的借方数和贷方数会相等，这是因为合并工作底稿中前两部分的累计余额被结转到资产负债表部分。
3. 在合并工作底稿中的资产负债表部分，每家公司和整个合并主体的全部借方余额必须和全部贷方余额相等。
4. 当（1）母公司采用权益法对投资进行会计处理；（2）不存在企业间内部交

易的未实现利润；（3）商誉没有减值这三个条件同时存在时，合并净利润应和母公司净利润相等，合并留存收益应和母公司留存收益相等，这意味着子公司的现有留存收益余额必须进行抵销以避免出现双重计算。

5. 合并工作底稿中存在某种保证数字准确性的勾稽关系，经过交叉合计，在损益表部分中最后一行的数字，必须与合并净利润的报告数字相等。同样，留存收益表部分中的最后一行数字交叉合计后，也必须与合并留存收益的数字相等。

合并后第二年以及后续年度的合并步骤

合并后的第二年年末以及后续年度的合并步骤与合并后第一年年末的合并步骤基本相同。因为合并主体本身不存在单独的账簿，因此个别公司调整后的试算平衡表数字，在每一次编制合并财务报表时会被作为起始数字（期初数）。合并后每个会计期间都要有一个额外的核查，以确保完成后的合并工作底稿中，合并留存收益的期初余额和上期期末余额相等。合并后第一年的合并工作底稿和抵销分录的其他地方也会存在一一对应。

母公司的会计分录

继续以 Peerless 公司和 Special Foods 公司为例，根据图表 4-11 提供的资料，对并购后两年的合并报表编报进行例示。20X2 年度，Peerless 公司自身实现的利润为 160 000 美元，并分派股利 60 000 美元，Special Foods 公司的净利润为 75 000 美元，并分派股利 40 000 美元。Peerless Products 公司以权益法编制的分录如下：

		借方	贷方
(19)	借：现金	40 000	
	贷：股权投资——Special Foods		40 000
	对 Special Foods 的股利分派的记录： \$40 000 × 1.00。		
(20)	借：股权投资——Special Foods	75 000	
	贷：投资收益		75 000
	记录权益法下核算的投资收益： \$75 000 × 1.00。		

根据以上分录，Peerless 公司股权投资账户的余额从 20X2 年 1 月 1 日的 320 000 美元，增加至 20X2 年 12 月 31 日的 355 000 美元，且报告净利润为 235 000 美元（\$160 000 + \$75 000）。

合并工作底稿——合并后第二年

编制 20X2 年度合并财务报表的工作底稿，如图表 4-13 所示。分录 E（21）对 Peerless Products 公司从 Special Foods 公司获得的投资收益和股利进行了抵销。在分录 E（21）中贷记股权投资账户，对 Peerless Products 公司当期的股权投资账户的变动额进行了抵销。

E(21)	借：投资收益	75 000	
	贷：应收股利		40 000
	股权投资——Special Foods		35 000
	对来自子公司的投资收益予以抵销。		

第二笔分录对 20X2 年年初股权投资账户和子公司股东权益账户的期初余额进行了抵销。

E(22)	借：股本——Special Foods	200 000	
	留存收益——年初	120 000	
	贷：股权投资——Special Foods		320 000
	对股权投资余额进行抵销。		

由于母公司以等同于账面价值的并购价格购买了子公司的全部股本，并对子公司的投资以权益法核算，所以母公司对子公司的投资账户与子公司的股东权益账户相等。子公司的留存收益必须在每个会计期间全额抵销。

合并日 Special Foods 公司的留存收益 100 000 美元不属于 Peerless Products 公司，因此必须从合并留存收益中剔除。此外，由于采用权益法进行核算，20X1 年度该公司 20 000 美元的留存收益的增加部分，已经包括在 Peerless Products 公司的留存收益中。

在合并工作底稿中列示抵销分录 E（21）和 E（22）后，合并工作底稿即可以常规方式编制，如图表 4–13 所示。我们在图表 4–12 中所讨论的合并工作底稿的全部勾稽关系都适用于第二年度连续编报的合并财务报表。图表 4–13 中所列示的 20X2 年合并留存收益的期初余额，一定要与图表 4–12 中列示 20X1 年的留存收益的期末余额相等。

合并净利润和留存收益

如图表 4–12 和 4–13 中所示，在合并工作底稿中合并栏损益表部分的最后一行最右边的数字分别是 20X1 年度和 20X2 年度的合并净利润。其计算如下：

	20X1 年	20X2 年
Peerless 公司净利润	$190 000	$235 000
来自 Special Foods 公司的权益利润	(50 000)	(75 000)
Special Foods 公司净利润	50 000	75 000
合并净利润	$190 000	$235 000

在这个简单的例子中，合并净利润与母公司以权益法核算的净利润相等。如果母公司以成本法核算对 Special Foods 公司的投资，则合并净利润与母公司的净利润不会相等。

在图表 4–12 和 4–13 中，合并留存收益是合并工作底稿中留存收益表部分合并栏中的最后一个数字。合并留存收益是指合并留存收益的期初余额加上合并净

图表 4-13 20X2 年 12 月 31 日，以权益法核算的合并财务报表的合并工作底稿，合并后的第二年，以账面价值购买全部股权

项 目	Peerless Products	Special Foods	抵销分录		合并金额
			借 方	贷 方	
销售收入	450 000	300 000			750 000
来自子公司的收益	75 000		(21) 75 000		
贷方小计	525 000	300 000			750 000
销售成本	180 000	160 000			340 000
折旧和摊销	50 000	20 000			70 000
其他费用	60 000	45 000			105 000
借方小计	(290 000)	(225 000)			(515 000)
净利润，结转下方	235 000	75 000	75 000		235 000
期初留存收益	430 000	120 000	(22) 120 000		430 000
净利润，自上结转	235 000	75 000	75 000		235 000
	665 000	195 000			665 000
股 利	(60 000)	(40 000)		(21) 40 000	(60 000)
期末留存收益，结转下方	605 000	155 000	195 000	40 000	605 000
现 金	245 000	85 000			330 000
应收账款	150 000	80 000			230 000
存 货	180 000	90 000			270 000
土 地	175 000	40 000			215 000
建筑物及设备	800 000	600 000			1 400 000
股权投资——Special Foods	355 000			(21) 350 000	
				(22) 320 000	
借方合计	1 905 000	895 000			2 445 000
累计折旧	500 000	340 000			840 000
应付账款	100 000	100 000			200 000
应付债券	200 000	100 000			300 000
普通股	500 000	200 000	(22) 200 000		500 000
留存收益，自上结转	605 000	155 000	195 000	40 000	605 000
贷方合计	1 905 000	895 000	395 000	395 000	2 445 000

抵销分录：

(21) 对来自子公司的投资收益进行抵销。

(22) 对期初股权投资账户余额进行抵销。

利润，减去分派给母公司的股利。其计算如下：

	20X1 年	20X2 年
Peerless 公司自身实现的留存收益期初余额	$300 000	$380 000
Peerless 公司自身实现的利润	140 000	160 000
合并以来 Peerless 公司获得的来自 Special Foods 公司的利润（累计数）	50 000	125 000
Peerless 公司的股利分派	(60 000)	(60 000)
合并留存收益	$430 000	$605 000

在简单的案例中，与利润一样，合并留存收益等于母公司以权益法核算的留存收益。

合并日后的合并——以高于账面价值的价格购买全部股权

在许多情况下，对另一家公司投资的并购成本会高于所获得股份的账面价值。并购价格超过被并购企业可辨认净资产的账面价值的部分，应在获得的资产和负债（包括因合并而形成的商誉）间进行分配。正如附录 4A 中所阐述的，如果没有采用下推会计法在子公司单独的账簿中进行价值重估，则应于每个会计期间编制合并报表时在合并工作底稿中进行价值重估。此外，如果与价值重估相关的资产或负债需要进行折旧、摊销或冲销，则在合并工作底稿中需要编制适当分录，并据此对合并净利润进行抵减。

正如第 2 章所阐述的，当并购企业采用权益法对投资进行核算时，股权投资差额视为投资期间从被投资企业确认收入的减少。在合并过程中，并购中产生的股权投资差额分配到适当的资产和负债中，而合并利润则通过按期分配的相关费用予以调整（如折旧费用）。

合并当年

为阐释以高于账面价值的价格购买全部股权的情形，假定 20X1 年 1 月 1 日，Peerless Products 公司以 387 500 美元的价格购买 Special Foods 公司的全部股本。并购价格包括现金 300 000 美元，以及 60 日到期的应付票据 87 500 美元（在 20X1 年度到期后支付）。在合并日，归属于 Special Foods 公司的资产和负债如图表 4–2 所示。所有权情况如下：

Ⓟ	投资成本		$387 500
	账面价值		
X1年 1月1日 100% 控股	股本——Special Foods	$200 000	
	留存收益——Special Foods	100 000	
		$300 000	
Ⓢ	Peerless Products公司所持股份	× 1.00	(300 000)
	合并成本和账面价值差额		$ 87 500

合并当日，Special Foods 公司全部股份的账面价值为 300 000 美元。并购价格 387 500 美元和所获得的股份的账面价值之间的差额为 87 500 美元。

合并当日，除下列资产外，Special Foods 公司的资产和负债的公允价值与其账面价值相等。

	账面价值	公允价值	公允价值增值
存货	$ 60 000	$ 65 000	$ 5 000
土地	40 000	50 000	10 000
建筑物和机器设备	300 000	360 000	60 000
	$400 000	$475 000	$75 000

87 500 美元的股权投资差额中，75 000 美元与 Special Foods 公司的可辨认资产相关，剩余的 12 500 美元的部分归属于商誉。形成的股权投资差额分配如下图：

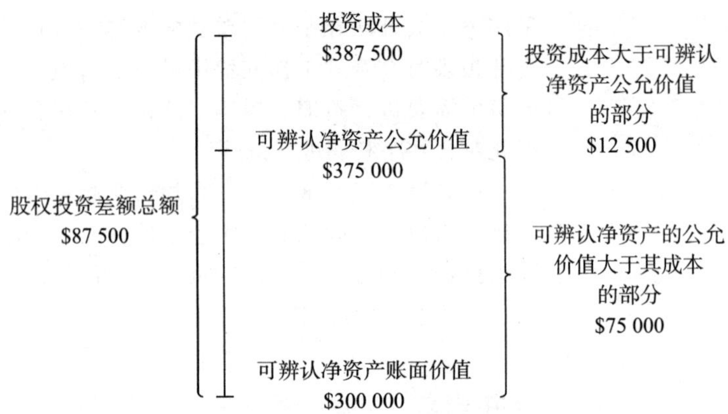

20X1 年度期间，与股权投资差额相关的存货已经全部出售，存货期末价值为零。从合并日开始，建筑物和机器设备的尚可使用年限为 10 年，按直线法进行摊销。在 20X1 年年末，Peerless 公司的管理层确定在对 Special Foods 公司的并购中形成的商誉已经减值。合并损益表中应对 3 000 美元商誉减值损失予以确认。

自 20X1 年合并日后的第一年度，Peerless Products 公司自身实现的利润为 140 000 美元，并分派股利 60 000 美元，Special Foods 公司报告净利润 50 000 美元，并分派股利 30 000 美元。

母公司的会计分录

20X1 年度，Peerless 公司在账上以基本权益法对购买 Special Foods 公司的股权、来自 Special Foods 公司的投资收益和分派的股利进行会计处理如下：

(23) 借：股权投资——Special Foods	387 500	
贷：现金		300 000
应付债券		87 500
对购买 Special Foods 公司股份进行记录。		
(24) 借：现金	30 000	
贷：股权投资——Special Foods		30 000
对 Special Foods 公司分派的股利进行记录。		

(25) 借：股权投资——Special Foods	50 000	
贷：投资收益		50 000

以权益法核算的投资收益的记录。

如果 Peerless 公司以等于账面价值的价格进行投资，那么会计分录（24）和（25）应该是一样的。此外，Peerless 公司需要编制相关分录以确认股权投资差额的冲销额。

(26) 借：投资收益	5 000	
贷：股权投资——Special Foods		5 000

与已售存货相关的股权投资差额对利润进行的调整。

(27) 借：投资收益	6 000	
贷：股权投资——Special Foods		6 000

与建筑物和机器设备相关的股权投资差额的摊销（对利润的调整）。

在Peerless 公司的账上，对 Special Foods 公司的股权投资账户中包含股权投资差额。其中的 5 000 美元股权投资差额与 20X1 年度出售的存货相关。在年末，由于 Special Foods 公司已经不再持有该项资产，与该项资产相关的股权投资差额必须进行冲销，抵减 Peerless 公司对 Special Foods 公司的股权投资账户。同时，Peerless 公司账上来自 Special Foods 公司的利润应通过分录（26）予以抵减同等金额。

股权投资差额中额外的 60 000 美元，是归属于 Special Foods 公司的建筑物和机器设备中公允价值超过其账面价值的部分。采用权益法进行核算要求额外的成本与确认的投资收益相匹配，通过每年度 6 000 美元的摊销（$60 000÷10）在未来尚可使用的 10 年中分期完成，20X1 年度数字如分录（27）所示。

金额为 12 500 美元的股权投资差额部分，代表着以权益法核算的商誉，并不再进行调整。虽然在编制合并财务报表时，商誉将进行减值，且其减值损失应予以确认，但 FASB 已指出在权益法下对于商誉的减值不予调整。从而，当商誉减值发生时，母公司以权益法核算的净利润（和留存收益）将与合并净利润（和合并留存收益）存在一定差异。

合并工作底稿——合并当年

如图表 4-14 所示，应计的子公司投资收益在 Peerless 公司账上予以体现后，纳入合并范围的子公司调整后的试算平衡表数据被录入三段式合并工作底稿。

在头两笔合并工作底稿分录中，对 Peerless 公司账面上体现的来自子公司的投资收益和股利进行抵销，同时将 Peerless 公司对 Special Foods 公司的投资账户和 Special Foods 公司的股东权益账户进行抵销。

E(28)	借：投资收益	39 000	
	贷：应付股利		30 000
	股权投资——Special Foods		9 000
	对来自子公司的投资收益进行抵销。		

图表 4-14 20X1年12月31日，合并当年，权益法，合并财务报表工作底稿，以超过账面价值100%收购

项 目	Peerless Products	Special Foods	抵销分录 借 方	抵销分录 贷 方	合并金额
销售收入	400 000	200 000			600 000
来自子公司的收益	39 000		(28) 39 000		
贷方小计	439 000	200 000			600 000
销售成本	170 000	115 000	(30) 5 000		290 000
折旧和摊销	50 000	20 000	(31) 6 000		76 000
商誉减值损失			(32) 3 000		3 000
其他费用	40 000	15 000			55 000
借方小计	(260 000)	(150 000)			(424 000)
净利润，结转下方	179 000	50 000	53 000		176 000
期初留存收益	300 000	100 000	(29) 100 000		300 000
净利润，自上结转	179 000	50 000	53 000		176 000
	479 000	150 000			476 000
股利	(60 000)	(30 000)		(28) 30 000	(60 000)
期末留存收益，结转下方	419 000	120 000	153 000	30 000	416 000
现金	122 500	75 000			197 500
应收账款	75 000	50 000			125 000
存货	100 000	75 000			175 000
土地	175 000	40 000	(30) 10 000		225 000
建筑物及设备	800 000	600 000	(30) 60 000		1 460 000
股权投资——Special Foods	396 500			(28) 9 000	
				(29) 387 500	
商誉			(30) 12 500	(32) 3 000	9 500
股权投资差额			(29) 87 500	(30) 87 500	
借方合计	1 669 000	840 000			2 192 000
累计折旧	450 000	320 000		(31) 6 000	776 000
应付账款	100 000	100 000			200 000
应付债券	200 000	100 000			300 000
普通股	500 000	200 000	(29) 200 000		500 000
留存收益，自上结转	419 000	120 000	153 000	30 000	416 000
贷方合计	1 669 000	840 000	523 000	523 000	2 192 000

抵销分录：

(28) 对来自于子公司的收益进行抵销。

(29) 对股权投资账户期初余额进行抵销。

(30) 对期初股权投资差额的分配。

(31) 摊销与建筑物和机器设备相关的股权投资差额。

(32) 商誉减值的处理。

E(29)	借：股本——Special Foods	200 000	
	留存收益——年初	100 000	
	股权投资差额	87 500	
	贷：股权投资——Special Foods		387 500
	对股权投资期初余额进行抵销。		

分录 E（28）将在 20X1 年度中，对母公司分录（25）、（26）和（27）记录的应计利润的影响予以剔除，并通过分录（24）对来自子公司分派的股利的影响予以剔除。第二笔抵销分录 E（29），对子公司的股东权益余额和母公司对子公司的投资账户的期初余额进行抵销。由于此项投资的并购价格超过其账面价值，因此并购形成的股权投资差额在分录中以余额的方式体现。此项分录中股权投资差额代表期初的未摊销金额。由于合并发生在 20X1 年的第一天，此金额和合并日的股权投资差额相等，即 87 500 美元。如前所述，股权投资差额账户作为合并工作底稿中的一个过渡账户，在合并工作底稿中的资产负债表部分中的资产项末行列示。

在图表 4-14 中，在工作底稿中还需要另外三笔抵销分录对股权投资差额进行分配和冲减。

E(30)	借：销售成本	5 000	
	土地	10 000	
	建筑物和机器设备	60 000	
	商誉	12 500	
	贷：股权投资差额		87 500
	对股权投资差额期初数进行分配。		
E(31)	借：折旧费用	6 000	
	贷：累计折旧		6 000
	对与建筑物和机器设备相关的股权投资差额进行摊销。		
	$60 000÷10 年		
E(32)	借：商誉减值损失	3 000	
	贷：商誉		3 000
	对商誉进行减值。		

分录 E（30）依据之前计算的公允价值和账面价值的差异，将股权投资差额的最初金额分配到相应的资产和费用账户。

由于合并日持有的存货已经在当年全部出售，因此存货引起的 5 000 美元股权投资差额直接分配到销售成本。在 Special Foods 公司的账上所记录的销售成本对于其单独的财务报表是正确的。然而，从合并主体的角度来看，存货成本被多计了 5 000 美元，在合并的销售成本中要包括这部分多计的存货成本。

在未来的会计期间，不需要更多的抵销分录对这部分存货进行调整，因为其已经在成本项目中列支，且在子公司的账上不复存在。20X1 年度后，Peerless 公司账上已经不存在与该项存货相关的股权投资差额，因为已经通过分录（26）将其在母公司对子公司的投资账户中剔除。

在抵销分录E（30）中分配给应折旧资产的股权投资差额应在这些资产剩余的尚可使用年限内逐年转入折旧费用。从合并的角度来看，母公司额外支付的成本是应折旧资产的全部成本的一部分。在子公司的账上，已经根据资产的原始成本计提了折旧，且折旧费用结转至合并工作底稿；而从合并主体的角度看，该资产的额外成本通过抵销分录E（31）计入了合并工作底稿。

Peerless公司的全部并购价格387 500美元和Special Foods公司的可辨认净资产之间的公允价值的差额，被视为对Special Foods公司的超常盈利能力的支付。在图表4–14中，该项差额（12 500美元）作为商誉通过抵销分录E（30）录入合并工作底稿。3 000美元的商誉减值在抵销分录E（32）中予以确认。虽然对商誉不进行摊销，但当其价值减损时要进行减记。此分录对合并资产负债表中商誉的价值进行了减值，同时将减值损失部分计入合并损益表。

母公司以权益法核算的会计分录和为编制合并财务报表的合并工作底稿上的抵销分录是有所区别的。即使Peerless公司20X1年年末在其个别账上通过分录（27）对并购形成的股权投资差额进行了摊销，也需要在合并工作底稿中记录折旧费用的抵销分录。在Peerless公司的该笔分录改变了其对于子公司投资账户的余额，以及来自Special Foods公司投资收益的确认金额。但是，这两个账户的余额在合并进程中均被抵销，从而将分录（27）对合并总计的影响予以剔除。因此，只有通过抵销分录（31），才可在合并利润中对股权投资差额的摊销予以确认。

如图表4–14所示，在合并工作底稿中编制适当的抵销分录，同时考虑抵销分录的借贷影响，再通过每行间的交叉求和，从而完成工作底稿的编制。

合并净利润和留存收益

在合并工作底稿中可以知道，20X1年合并净利润为176 000美元，20X1年12月31日合并留存收益为416 000美元。该数字计算过程如图表4–15所示。值得注意的是，由于对股权投资差额的冲销和商誉的减值，合并净利润和留存收益均相应减少。

合并后第二年的合并步骤

合并后的第二年年末以及后续年度的合并步骤与合并后第一年年末的合并步骤基本相同。合并后第二年的合并步骤继续采用在20X1年用过的例子进行阐释。在20X2年，Peerless Products公司自身实现的利润为160 000美元，且支付股利60 000美元；Special Foods公司报告净利润为75 000美元，且分派股利40 000美元。在20X2年度，因企业合并形成的商誉未有进一步减值。

母公司的会计分录

20X2年，Peerless Products公司在其个别账簿上记录分录如下。

图表 4–15
合并净利润和留存收益，20X1 年，以高于账面价值的价格购买全部股权

20X1 年合并净利润：	
Peerless 公司自身经营利润	$140 000
Special Food 公司净利润	50 000
冲销与 20X1 年已售存货相关的合并价差	(5 000)
摊销 20X1 年与建筑物和设备相关的合并价差	(6 000)
商誉减值损失	(3 000)
20X1 年合并净利润：	$176 000
20X1 年 12 月 31 日合并留存收益：	
20X1 年 1 月 1 日合并日 Peerless 公司留存收益	$300 000
20X1 年 Peerless 公司自身经营利润	140 000
Special Foods 公司 20X1 年净利润	50 000
冲销与 20X1 年已售存货相关的合并价差	(5 000)
摊销 20X1 年与建筑物和设备相关的合并价差	(6 000)
商誉减值损失	(3 000)
20X1 年 Peerless 公司宣告分派的股利	(60 000)
20X1 年 12 月 31 日合并留存收益：	$416 000

(33) 借：现金	40 000	
贷：股权投资——Special Foods		40 000
记录来自 Special Foods 公司的股利分派。		
(34) 借：股权投资——Special Foods	75 000	
贷：投资收益		75 000
记录权益法下的投资收益。		
(35) 借：投资收益	6 000	
贷：股权投资——Special Foods		6 000
对与建筑物和机器设备相关的股权投资差额进行摊销。		

分录（35）记录了当期与建筑物和机器设备相关的并购形成的股权投资差额在 20X2 年度的摊销金额。由于采用直线法摊销，所以该笔分录与 Peerless 公司 20X1 年度记录的分录（27）相同。

母公司 20X1 年和 20X2 年股权投资账户的变动如下：

	20X1 年		20X2 年	
年初余额		$387 500		$396 500
来自子公司的收益：				
子公司收益中母公司权益法下相应增长的部分	$50 000		$75 000	
冲销与已售存货相关的合并价差	(5 000)			
摊销合并价差	(6 000)		(6 000)	
		39 000		69 000
减：收到子公司的股利分配		(30 000)		(40 000)
年末余额		$396 500		$425 500

合并工作底稿——合并后第二年

在图表4-16中列示了编制一整套20X2年度合并财务报表的合并工作底稿。20X2年年末的抵销分录与20X1年年末的抵销分录类似。

第一笔抵销分录E（36），对20X2年度Peerless公司的来自Special Foods公司的投资收益和股利进行抵销。

E(36)	借：投资收益	69 000	
	贷：应付股利		40 000
	股权投资——Special Foods		29 000
	对来自子公司的投资收益进行抵销。		

股权投资账户的贷方净增加29 000美元，代表该账户余额的增加，将其账户余额转回到20X2年1月1日，即第二年期初余额。

分录E（37）抵销了Peerless公司对Special Foods公司的投资账户的余额和Special Foods公司期初股东权益账户的余额。

E(37)	借：股本——Special Foods	200 000	
	留存收益——1月1日	120 000	
	股权投资差额	76 500	
	贷：股权投资——Special Foods		396 500
	对股权投资的期初余额进行抵销。		

分录E（36）和E（37）将母公司对子公司的投资账户的期末余额全部抵销。

分录E（37）确定了20X2年年初因并购形成的股权投资差额。在20X1年年初合并日，股权投资差额87 500美元已经在20X1年度间因冲销而减少。在20X1年，Peerless公司冲销了与已出售的存货相关的股权投资差额5 000美元，同时摊销了与建筑物和机器设备相关的股权投资差额6 000美元。因此，在20X2年年初，未摊销的股权投资差额余额为76 500美元（\$87 500–\$5 000 – \$6 000）。

在合并工作底稿中， 20X2年度的股权投资差额的分配与第一年的分配在某些方面有所区别：

1. 没有对存货或与销售成本相关的股权投资差额的分配。
2. 商誉的余额在20X2年年末应为9 500美元，这是由于在20X1年确认了3 000美元的商誉减值损失。但是，由于并购形成的股权投资差额在Peerless公司账上并未反映商誉的减值，同时也未对商誉进行摊销（根据FASB要求），从而在合并工作底稿上列示的12 500美元是商誉的初始金额，于是前期减值也在一个单独的分录中予以确认。
3. 累计折旧应记录在合并工作底稿中，以反映在20X1年合并工作底稿中的与建筑物和机器设备相关的附加的折旧费用。这应属于20X2年度合并合计数的一部分，但其不能从以前年度工作底稿中自动结转。

分录（38）对20X2年1月1日的并购形成的股权投资差额进行分配。

图表 4-16　20X2 年 12 月 31 日，权益法下，编制合并财务报表的合并工作底稿，合并后第二年，以高于账面价值的价格购买全部股权

项　目	Peerless Products	Special Foods	抵销分录		合并金额
			借　方	贷　方	
销售收入	450 000	300 000			750 000
来自子公司的投资收益	69 000		(36)　69 000		
贷方合计	519 000	300 000			750 000
销售成本	180 000	160 000			340 000
折旧和摊销	50 000	20 000	(39)　6 000		76 000
其他费用	60 000	45 000			105 000
借方合计	(290 000)	(225 000)			521 000
净利润，结转至下方	229 000	75 000	75 000		229 000
1 月 1 日留存收益	419 000	120 000	(37) 120 000		
			(40)　3 000		416 000
净利润，自上方结转	229 000	75 000	75 000		229 000
	648 000	195 000			645 000
宣告分配的股利	(60 000)	(40 000)		(36)　40 000	(60 000)
12 月 31 日留存收益，结转至下方	588 000	155 000	198 000	40 000	585 000
现　金	157 500	85 000			242 500
应收账款	150 000	80 000			230 000
存　货	180 000	90 000			270 000
土　地	175 000	40 000	(38)　10 000		225 000
建筑物和设备	800 000	600 000	(38)　60 000		1 460 000
对 Special Foods 公司的股权投资	425 500			(36)　29 000	
				(37) 396 500	
商　誉			(38)　12 500	(40)　3 000	9 500
股权投资差额			(37)　76 500	(38)　76 500	
借方合计	1 888 000	895 000			2 437 000
累计折旧	500 000	340 000		(38)　6 000	852 000
应付账款	100 000	100 000		(39)　6 000	200 000
应付债券	200 000	100 000			300 000
普通股股本	500 000	200 000	(37) 200 000		500 000
留存收益，自上方结转	588 000	155 000	198 000	40 000	585 000
贷方合计	1 888 000	895 000	557 000	557 000	2 437 000

抵销分录：

(36) 对来自子公司的投资收益进行抵销。

(37) 对股权投资账户的期初余额进行抵销。

(38) 对期初股权投资差额进行分配。

(39) 对与建筑物和机器设备相关的股权投资差额进行摊销。

(40) 对 20X1 年度商誉减值的调整。

E(38)	借：土地	10 000	
	建筑物和机器设备	60 000	
	商誉	12 500	
	贷：股权投资差额		76 500
	累计折旧		6 000
	对期初股权投资差额进行分配。		

由于每一年度的合并工作底稿是根据单独公司的试算平衡表数据编制的，而非依据以前年度的合并工作底稿，所以，20X1 年年末工作底稿中 6 000 美元附加的累计折旧不会自动结转至 20X2 年工作底稿。这样，在合并工作底稿中每一次对股权投资差额进行分配时，应对以前年度的将股权投资差额分配到可折旧资产中的附加的累计折旧予以确认。

20X2 年度分录 E（39）中，对部分股权投资差额以折旧形式分配到相关的建筑物和机器设备。

E(39)	借：折旧费用	6 000	
	贷：累计折旧		6 000
	对与建筑物和机器设备相关的股权投资差额进行摊销： $60 000÷10 年		

附加的折旧费用金额在以后年度的每一个会计期间保持不变。除非发生：（1）不以直线法为折旧方法；（2）部分资产被出售；（3）部分资产已经提足折旧。

分录 E（40）对期初合并留存收益和 20X1 年度合并财务报表中确认的商誉减值予以抵销调整。

E(40)	借：留存收益，1 月 1 日	3 000	
	贷：商誉		3 000
	对 20X1 年度商誉的减值部分进行调整。		

在权益法下，由于 Peerless 公司未因 20X1 年度的商誉减值而减记因并购形成的股权投资差额，所以，在 20X2 年工作底稿中通过分录 E（37）确认的股权投资差额仍包含着 12 500 美元全部商誉的初始金额。并且由于该减值损失不会对 Peerless 公司权益法下的净利润有所影响，所以，Peerless 公司的留存收益即为合并留存收益。除非按照前期的商誉减值进行相应抵减，否则合并净利润的期初数将会被夸大。这样，在每一期合并工作底稿的编制过程中，合并留存收益期初数和商誉必须按 20X1 年的减值金额进行抵减。

合并净利润和留存收益

20X2 年度合并净利润和期末合并留存收益的计算如图表 4–17 所示。

图表 4–17
合并净利润和留存收益，20X2 年；以高于账面价值的价格购买全部股权

20X2 年度合并净利润：	
Peerless 公司的个别经营利润	$160 000
Special Foods 公司的净利润	75 000
20X2 年与建筑物和设备相关的股权投资差额摊销	(6 000)
20X2 年度合并净利润	$229 000
20X2 年年末合并留存收益：	
20X1 年年末合并留存收益：	$416 000
20X1 年度 Peerless 公司个别经营利润	160 000
20X2 年度 Special Foods 公司净利润	75 000
20X2 年与建筑物和设备相关的股权投资差额摊销	(6 000)
20X2 年度 Peerless 公司股利	(60 000)
20X2 年年末合并留存收益	$585 000

企业集团内部应收和应付款项

在编制合并财务报表的过程中，企业集团内部全部应收账款和应付账款都会被抵销。从个别公司的角度，一家公司不会自己欠自己的钱。如果一家公司在账上欠了其附属企业 1 000 美元，那么在一家公司的单独账簿上会有 1 000 美元的应收账款，而另一家账上则记录着同等金额的应付账款。当编制合并财务报表时，在合并工作底稿中需编制如下抵销分录：

E(41)	借：应付账款	1 000	
	贷：应收账款		1 000
	对企业集团间内部应收/应付款项进行抵销。		

如果不编制该笔抵销分录，则合并资产和负债都按相同的金额被夸大。

如果企业集团内部的应收和应付款项需要考虑利息因素，那么所有与企业集团间内部请求权相关的账户在编制合并财务报表的过程中都应予以抵销，其中包括：应收/应付款项、利息收入、利息费用以及一切与企业集团内部请求权相关的应计利息。其他形式的企业集团内部请求权，例如债券，将在之后的章节中进行讨论。在上述情形中，如果没有做适当的抵销分录，将会对合并报表的账户余额造成误报。结果会造成合并主体的负债高于其实际水平，营运资本比率也有可能不正确，且其他形式的比较也会失去意义。

下推会计

下推会计，是指在合并日对被并购子公司的资产和负债在其账上进行价值重估的会计处理。如果采用这种会计处理方法，在合并日，价值重估会在被并购子公司的账上进行。因此，不需要在每一次编制合并财务报表时在合并工作底稿上

进行价值重估。

推崇下推会计的人会辩称，在并购中子公司所有权的变化是对子公司的资产和负债采用一种新的会计基础的原因，而这种新的会计基础应直接在子公司的账上予以反映。当子公司被全部控股、被合并或其单独的财务报表被包括在母公司财务报表中的时候，这种论点最具说服力。

而在另一方面，当子公司存在有重大影响的非控股股东，或子公司有债券或对外发行优先股时，下推会计有可能是不适当的。原因在于，在呈报给非控股股东、子公司债券或优先股持有者的财务报表中运用下推会计，会导致一种新的会计计量基础。尽管从这些报表使用者的角度来看，报告主体本身并没有发生变化。他们认为，下推会计导致了对一个持续经营企业的资产和负债的重新估值，而这种会计处理方法在正常情况下是不被接受的。

SEC **公布的** SAB **第** 54 **号公告**要求，在企业合并导致被并购的子公司被全部控股的情况下，应采用下推会计。当子公司未被全部控股，或者子公司有发行在外的债券或优先股时，该公告鼓励但并不强制要求使用下推会计。

在子公司的账上对资产和负债进行价值重估，通过编制分录，借记或贷记被重估的每项资产和负债账户，同时通过平衡分录对所有者权益账户进行价值重估。一旦价值重估在子公司的账上完成后，子公司资产新的账面价值，包括商誉，会等同于对子公司的合并成本。这样，在合并过程中不会产生股权投资差额。合并后即刻编制的合并工作底稿中，股权投资的抵销分录和在子公司账上进行的资产的价值重估会列示如下：

E(42)	借：股本——子公司	xxx	
	留存收益	xxx	
	重估价值	xxx	
	贷：股权投资		xxx
	对股权投资余额进行抵销。		

请注意在编制合并财务报表过程中会对资本账户的重估价值进行抵销。附录4A会对下推会计的使用予以更详细的举例。

关键概念总结

合并财务报表将两个或多个单独的法律实体视同一个单独的公司，并对其经营成果和财务状况进行列报。合并日编制的合并资产负债表视同被并购公司已被母公司兼并。

合并工作底稿对于形成编制合并财务报表所需的数据提供了一种有效的方法。合并工作底稿分栏设置，包括每一家纳入合并范围公司的试算平衡数据栏，抵销分录的借方栏和贷方栏，以及在合并财务报表上列示的合计数的合计栏。三段式合并工作底稿有效促进了合并损益表、留存收益表和资产负债表的编制，同时还包含了各报表区域。在合并工作底稿上需要编制抵销分录，剔除企业集团内部所有权和内部交易的影响，将企业集团视同单独的公司，编制合并财务报表。合并工作底稿中的抵销分录包括：（1）母公司对子公司的投资和子公司股东权益账户的抵销；（2）对当期母公司确认的来自子公司的投资收益和子公司分派的股利的抵销；（3）将股权投资差额分配到相关的资产和负债；（4）对部分股权投资差额进行摊销或冲销（适当的话）；（5）对企业集团内部应收和应付款项的抵销。

简单来讲，母公司和一个全资子公司的合并净利润是母公司自身实现的净利润和子公司净利润的加总，适当的话，应考虑股权投资差额冲销的影响。在这种情况下，合并留存收益等于母公司的全部合并留存收益，减去来自子公司的投资收益，加上子公司自合并后的累计净利润。

当母公司以超过子公司账面价值的价格进行购买时，在购买日，某些母公司会选择将购买形成的股权投资差额，直接对子公司个别资产和负债进行调整，从而省去在每一个会计期间，在合并工作底稿中所需的调整分录，这种方法称做下推会计。

附录 4A　下推会计示例

为了提供合并财务报告，企业合并中被购买子公司的资产和负债应以其合并日的公允价值计量。如果采用下推会计，合并日的价值重估会在子公司的账上直接进行，在工作底稿中不再需要编制与股权投资差额相关的抵销分录。

在下面的例子中，合并过程通过对子公司资产和负债在其账上直接进行价值重估列示，而不是通过合并工作底稿的抵销分录进行。假定 20X1 年 1 月 1 日，Peerless Products 公司以现金 370 000 美元购买了 Special Foods 公司的全部股本。并购价格超过其股份的账面价值部分为 70 000 美元，其中 10 000 美元的股权投资差额与土地相关，另外 60 000 美元与尚可使用年限为 10 年的建筑物和机器设备相关。Peerless 公司以权益法对 Special Foods 公司的投资进行核算。

Peerless 公司记录对 Special Foods 公司股权收购的分录如下：

20X1年 1 月 1 日		
(43) 借：股权投资——Special Foods	370 000	
贷：现金		370 000
记录对 Special Foods 公司股份的购买。		

与使用合并工作底稿抵销分录进行价值重估相比较，下推会计的使用使得资产的价值重估在子公司单独的账上进行，降低了每一会计期间在合并工作底稿中进行价值重估抵销分录的需要。如果使用下推会计对 Special Foods 的资产进行价值重估，将直接在其账上做如下分录：

20X1 年 1 月 1 日		
(44) 借：土地	10 000	
建筑物和机器设备	60 000	

贷：重估资本		70 000
对资产的价值重估以反映合并日的公允价值。		

此分录使 Special Foods 公司单独财务报表上土地、建筑物和机器设备的金额增加，同时也导致了 Special Foods 公司资产负债表中股东权益部分的资本价值重估。该公司确认了额外 6 000 美元的折旧费用，以反映 60 000 美元的建筑物和机器设备在尚可使用年限 10 年中的分期冲销金额。这部分额外的折旧费用使 Special Foods 公司的报告净利润从 50 000 美元减少至 44 000 美元。

Peerless 公司确认了来自 Special Foods 公司的投资收益和股利分配，分录如下：

(45)	借：现金	30 000	
	贷：股权投资——Special Foods		30 000
	记录来自 Special Foods 公司分派的股利。		
(46)	借：股权投资——Special Foods	44 000	
	贷：投资收益		44 000
	记录权益法下的投资收益。		

由于在 Special Foods 公司账上的建筑物和机器设备的账面价值升值而多计的折旧减少了其净利润，因此 Peerless 公司在分录（46）中记录的权益法下的投资收益会少于不使用下推会计方法的投资收益。由于在 Special Foods 公司账上直接记录价值重估，所以 Peerless 公司购买的股份的账面价值与购买价格相等，从而不存在股权投资差额，Peerless 公司也不需要记录与该项投资相关的任何摊销。不管是否使用下推会计，Peerless 公司确认的来自 Special Foods 公司的净利润是相同的。

图表 4-18 列示了 20X1 年年末编制的合并工作底稿，包含了对 Special Foods 公司资产的价值重估影响。请注意 Special Foods 公司的土地、建筑物和机器设备已经分别增值了 10 000 美元和 60 000 美元，请同时关注其股东权益中的资本价值重估账户。

由于在 Special Foods 公司账上直接进行价值重估，因此在图表 4-18 中列示的合并工作底稿中只需要如下两笔投资抵销分录：

E(47)	借：投资收益	44 000	
	贷：应收股利		30 000
	股权投资——Special Foods		14 000
	对来自子公司的投资收益进行抵销。		
E(48)	借：股本——Special Foods	200 000	
	留存收益，1月1日	100 000	
	资本重估	70 000	
	贷：股权投资——Special Foods		370 000
	对股权投资账户期初余额进行抵销。		

图表 4-18 20X1 年 12 月 31 日，合并年度，合并财务报表，权益法下工作底稿，以超过账面价值的价格购买全部股权，下推会计

项 目	Peerless Products	Special Foods	抵销分录 借 方	抵销分录 贷 方	合并金额
销售收入	400 000	200 000			600 000
来自子公司的收益	44 000		(47) 44 000		
贷方小计	444 000	200 000			600 000
销售成本	170 000	115 000			285 000
折旧和摊销	50 000	26 000			76 000
其他费用	40 000	15 000			55 000
借方小计	(260 000)	(156 000)			(416 000)
净利润，结转下方	184 000	44 000	44 000		184 000
期初留存收益	300 000	100 000	(48) 100 000		300 000
净利润，自上结转	184 000	44 000	44 000		184 000
	484 000	144 000			484 000
股 利	(60 000)	(30 000)		(47) 30 000	(60 000)
期末留存收益，结转下方	424 000	114 000	144 000	30 000	424 000
现 金	140 000	75 000			215 000
应收账款	75 000	50 000			125 000
存 货	100 000	75 000			175 000
土 地	175 000	50 000			225 000
建筑物及设备	800 000	660 000			1 460 000
长期股权投资——Special Foods	384 000			(47) 14 000	
				(48) 370 000	
借方合计	1 674 000	910 000			2 200 000
累计折旧	450 000	326 000			776 000
应付账款	100 000	100 000			200 000
应付债券	200 000	100 000			300 000
普通股	500 000	200 000	(48) 200 000		500 000
留存收益，自上结转	424 000	114 000	144 000	30 000	424 000
资本重估		70 000	(48) 70 000		
贷方合计	1 674 000	910 000	414 000	414 000	2 200 000

抵销分录：

(47) 对来自子公司的投资收益进行抵销。

(48) 对股权投资账户期初余额进行抵销。

第5章

非全资控股子公司的合并

母公司应将其控股的子公司纳入到合并范围。在实务中，这意味着只要拥有多数所有权就要求纳入到合并范围，而不需要拥有全部所有权。母公司编制的合并财务报表经常包含一个或者多个非全资控股子公司。由非母公司股东享有的子公司股权份额被称作**无控制权的股权**（noncontrolling interest）或者**少数股东权益**（minority interest）。

无论是否是全资控股子公司，子公司全部的资产、负债、收入和费用都要包含在合并财务报表中。母公司享有子公司股权的份额不影响子公司财务报表金额在合并财务报表中反映的金额——必须百分之百地将其纳入到合并财务报表中来。正因为如此，只要母公司不是全资控股子公司，就必须在合并财务报表中反映少数股东权益。通常通过在合并损益表中扣除少数股东享有子公司净利润的份额得到合并净利润。少数股东权益对子公司净资产的要求权通常会列示在合并资产负债表的负债和所有者权益项目之间——尽管这一要求权也可能会列示在合并资产负债表底部的所有者权益项目下。

少数股东权益的影响

在非全资控股子公司的情况下，编制合并财务报表的通用方法和第4章中讨论的方法相同。但是这个合并程序需要进行少许修改，以确认少数股东权益。同样，合并净利润和合并留存收益的计算也需要考虑少数股东权益的要求权。

合并净利润

正像第4章中讨论的那样，**合并净利润**（consolidated net income）是企业集团全部净利润归属于母公司股东享有的部分。合并净利润是这样计算出来的：母公司享有的全部子公司净利润的份额经过所有股权投资差额的冲销或商誉减值的调整，然后加上母公司自己独立经营产生的净利润（母公司的净利润减去其中来自于子公司的利润）。在非全资控股子公司的情形下，子公司的一部分净利润应归属于少数股东，这部分净利润应当从合并净利润中剔除。普通股股东享有的子公司净利润按照母公司股东和少数股东各自享有子公司股本的份额进行分配。例如，如果母公司拥有子公司80%的股本，子公司获得100 000美元净利润，则80 000美元归属于母公司股东并且包含在合并净利润中，剩下的20 000美元分配给非控股股东。需要注意的是，特定子公司的非控股股东仅按其股权比例享有该子公司的净利润，并不享有母公司和其他任何子公司的净利润。

合并净利润的计算过程有两种方法。一种是相加法，即将子公司净利润归属于母公司的部分与母公司自身经营的净利润相加。这种方法类似于权益法下母公司净利润的计算。另一种是扣减法，就像合并工作底稿中使用的那种方法，将子公司净利润归属于非控股股东的部分从母公司和子公司净利润之和中扣除。两种方法的唯一区别就是计算顺序不同，其计算结果相同。

为了例示合并净利润的计算，假设Push公司拥有Shove公司80%的股权，以账面价值购买。20X1年度，Shove公司报告净利润25 000美元，Push公司报告利润为100 000美元，其中权益法确认的投资收益为20 000美元。20X1年的合并净利润计算如下：

相加法：		
Push公司净利润		\$100 000
Shove公司净利润	\$25 000	
Push公司享有Shove公司净利润的份额	× 0.80	20 000
合并净利润		\$120 000
扣减法：		
Push公司净利润	\$120 000	
减：来自于子公司的投资收益	(20 000)	\$100 000
Shove公司净利润		25 000
		\$125 000
减：归属于非控股股东的净利润	\$ 25 000	
	× 0.20	(5 000)
合并净利润		\$120 000

合并留存收益

合并留存收益（consolidated retained earning）是指合并主体的留存收益归属于母公司股东的部分。合并留存收益等于母公司的留存收益加上合并日后母公司享有子公司累计净利润的份额（不包含母公司留存收益中来自子公司的投资收益）。

为了例示存在非控股股东权益时合并留存收益的计算方法，我们假设Push公司在20X1年1月1日购买了Shove公司80%的股权，Push公司对Shove公司的投资采用权益法核算。下表列示了Push公司和Shove公司在合并后两年的净利润和分派股利的数据：

	Push	Shove
留存收益，20X1 年 1 月 1 日	$400 000	$250 000
净利润，20X1 年	120 000	$ 25 000
分派股利，20X1 年	(30 000)	(10 000)
留存收益，20Xl 年 12 月 31 日	$490 000	$265,000
净利润，20X2 年	148 000	35 000
分派股利，20X2 年	(30 000)	(10 000)
留存收益，20X2 年 12 月 31 日	$608 000	$290 000

20X2 年 12 月 31 日的合并留存收益计算如下：

Push 公司留存收益，20X2 年 12 月 31 日	$608 000
合并后来自 Shove 公司的应计权益	
($25 000 + $35 000) × 0.80	(48 000)
Push 公司自身的留存收益，20X2 年 12 月 31 日	$560 000
合并日后 Push 公司享有 Shove 公司净利润的份额	
$60 000 × 0.8	48 000
合并留存收益，20X2 年 12 月 31 日	$608 000

这个例子向我们提示了几个要点：第一，子公司的留存收益不与母公司的留存收益合并，仅包括合并日后母公司享有的子公司累计净利润的份额。第二，这个例子中合并留存收益等于母公司的留存收益，这是因为母公司对其子公司的投资采用权益法进行会计处理。如果母公司对该项投资采用成本法进行会计处理，则母公司的留存收益将不同于合并留存收益。第三，母公司在其账簿中确认的来自于子公司的累计投资收益应当从母公司的留存收益中扣除，从而得到母公司自身经营产生的留存收益，这样就使得该项投资收益的全部或部分（取决于是采用权益法，还是采用成本法）不会被重复计算。

工作底稿的格式

第 4 章讨论的三段式工作底稿经过细小的修改就可以用于合并非全资控股子公司。这个工作底稿应当考虑包含少数股东权益对子公司净利润和资产的要求权。扣除位于工作底稿损益表部分底端的少数股东权益对子公司净利润的要求权，即少数股东享有子公司净利润的份额，就得到了合并净利润。少数股东权益对子公司净资产的要求权，即少数股东享有子公司所有者权益的份额，加在工作底稿资产负债表部分贷方的底端。少数股东权益对净利润和净资产的要求权通过抵销分录记录到工作底稿中，然后结转到"合并数"这一栏中。正像在第 4 章中讨论的那样，"合并数"栏的金额用于编制合并财务报表。

购买股权达到控制程度时合并资产负债表的编制

除了应当包含少数股东权益之外，合并非全资控股子公司的程序与合并全资控股子公司的程序相同。我们使用第 4 章 Peerless Products 公司和 Special Foods 公司的例子，来例示在拥有非全资控股子公司时的合并程序。假设 20X1 年 1 月 1 日 Peerless Products 公司以 310 000 美元现金购买了 Special Foods 公司 80%的股本。所有权状况如下所示：

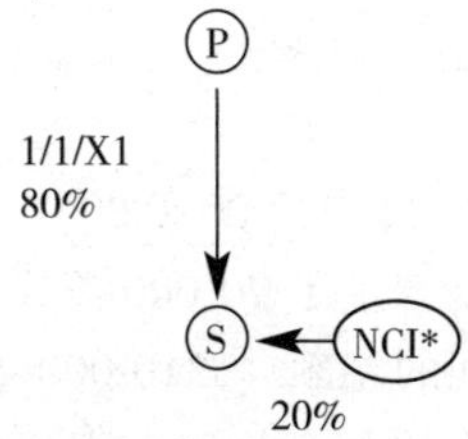

投资成本		$310 000
账面价值		
股本——Special Foods	$200 000	
留存收益——Special Foods	100 000	
	$300 000	
Peerless公司所享有的份额	× 0.80	(240 000)
股权投资差额		$ 70 000

* 非控股股东权益

Peerless 公司在其账簿中通过以下分录记录该笔股权购买：

(1) 借：股权投资——Special Foods	310 000	
贷：现金		310 000
记录购买 Special Foods 公司股权。		

购买日 Peerless Products 公司和 Special Foods 公司的资产负债表如图表 5-1 所示。除了图表 5-2 所示的资产和负债，Special Foods 公司其他资产和负债的公允价值等于它们的账面价值。

Special Foods 公司的股权（Special Foods 公司所有者权益总额）为 300 000 美元。因为 Peerless Products 公司仅购买了 Special Foods 公司 80%的股权，因此该股

图表 5-1
Peerless Products 和 Special Foods 公司 20X1 年 1 月 1 日的资产负债表，合并日

	Peerless Products	Special Foods
资　产		
现　金	$40 000	$50 000
应收账款	75 000	50 000
存　货	100 000	60 000
土　地	175 000	40 000
建筑物和设备	800 000	600 000
累计折旧	(400 000)	(300 000)
股权投资——Special Foods	310 000	
资产合计	$1 100 000	$500 000
负债和所有者权益		
应付账款	$100 000	$100 000
应付债券	200 000	100 000
股　本	500 000	200 000
留存收益	300 000	100 000
负债和所有者权益合计	$1 100 000	$500 000

图表 5-2
Special Foods 公司部分资产的价值

	账面价值	公允价值	公允价值增值	Peerless 享有的 80%部分
存 货	$60 000	$65 000	$5 000	$4 000
土 地	40 000	50 000	10 000	8 000
建筑物和设备	300 000	360 000	60 000	48 000
	$400 000	$475 000	$75 000	$60 000

权份额的账面价值为 240 000 美元（$300 000×0.80）。Peerless Products 公司购买的全部价格为 310 000 美元，这样就产生了 70 000 美元的购买价差，这个价差是购买价格与该股权份额账面价值之间的差额（$310 000–$240 000）。从图表 5-2 可以看到，Special Foods 公司这些资产的公允价值大于它们账面价值的部分为 75 000 美元。然而，Peerless Products 公司对 Special Foods 公司的资产仅享有 80%的要求权，因此购买价格中仅有 60 000 美元与这些所购资产的价值增值相关联。换而言之，Peerless Products 公司仅愿意为其享有 Special Foods 公司资产增值的份额支付对价。在现行会计准则下，仅仅确认母公司享有的所购资产公允价值大于它们账面价值部分的份额。

60 000 美元的股权投资差额分配给 Special Foods 公司的可辨认资产，剩下的 10 000 美元（$70 000–$60 000）的股权投资差额可归因于商誉。同 Special Foods 公司可辨认资产相关的公允价值增值一样，仅确认母公司享有隐含在购买价格中商誉的份额。股权投资差额可视作以下几个部分：

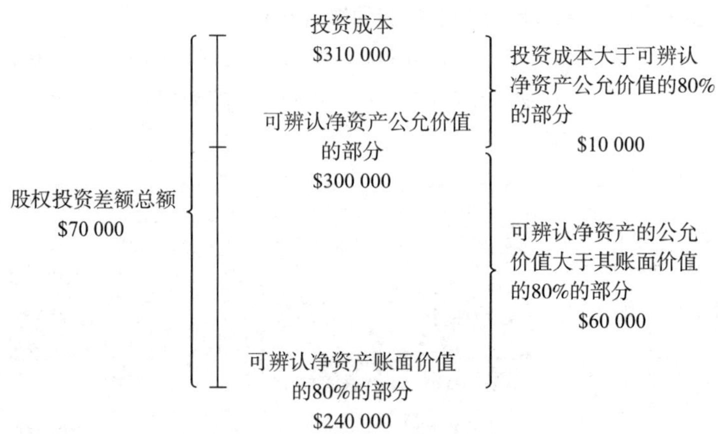

如果在合并日编制合并资产负债表，合并工作底稿如图表 5-3 所示。工作底稿中包含了以下抵销分录：

E(2)	借：股本——Special Foods	200 000	
	留存收益	100 000	
	股权投资差额	70 000	
	贷：股权投资——Special Foods		310 000
	少数股东权益		60 000
	抵销股权投资余额并确定少数股东权益。		

E(3)	借：存货	4 000	
	土地	8 000	
	建筑物和设备	48 000	
	商誉	10 000	
	贷：股权投资差额		70 000
	分配股权投资差额。		

第一个工作底稿分录抵销了 Peerless 公司的投资账户和 Special Foods 公司的所有者权益账户。这个分录还在工作底稿中确立了少数股东对子公司资产的要求权。计算得出的 60 000 美元是少数股东享有 Special Foods 300 000 美元公司账面价值的 20%。注意，少数股东权益的金额不受 Peerless Products 公司并购价格和股权投资差额存在的影响。

少数股东权益的金额 60 000 美元不是取自母公司的账簿，也不是取自子公司的账簿，该金额仅仅是通过抵销分录 E（2）进入到工作底稿中。有一类抵销分录不仅仅抵销来自个别公司账簿的余额，它还在工作底稿中建立一个新的项目，抵销分录 E（2）就是这类抵销分录的一个例子。少数股东权益列示在图表 5-3 所示的工作底稿底部贷方部分，并且它被转入到“合并金额”栏。

分录 E（2）还在工作底稿中产生了 70 000 美元的股权投资差额，这是因为包

图表 5-3　合并资产负债表工作底稿，20X1 年 1 月 1 日，合并日；以大于账面价值的价格购买 80%的股权

项　目	Peerless Products	Special Foods	抵销分录 借　方	抵销分录 贷　方	合并金额
现　金	40 000	50 000			90 000
应收账款	75 000	50 000			125 000
存　货	100 000	60 000	(3)　4 000		164 000
土　地	175 000	40 000	(3)　8 000		223 000
建筑物和设备	800 000	600 000	(3)　48 000		1 448 000
商　誉			(3)　10 000		10 000
股权投资——Special Foods 公司	310 000			(2) 310 000	
股权投资差额			(2)　70 000	(3)　70 000	
借方合计	1 500 000	800 000			2 060 000
累计折旧	400 000	300 000			700 000
应付账款	100 000	100 000			200 000
应付债券	200 000	100 000			300 000
股　本	500 000	200 000	(2) 200 000		500 000
留存收益	300 000	100 000	(2) 100 000		300 000
少数股东权益				(2)　60 000	60 000
贷方合计	1 500 000	800 000	440 000	440 000	2 060 000

抵销分录：

(2) 抵销投资余额和 Special Foods 公司所有者权益；确定少数股东权益。

(3) 分配股权投资差额。

含在投资账户中的购买价格大于Peerless公司享有Special Foods公司账面价值的份额。分录E（3）根据图表5-2中的金额将该项股权投资差额分配给Special Foods公司的可辨认资产，它还将剩余的10 000美元的股权投资差额分配给商誉。

一旦抵销分录进入到工作底稿中，每列横向相加就得到了合并后的合计数。应当注意的是，包含在合并后金额栏的资产金额，即列入合并资产负债表的资产金额是这样构成的：Peerless公司资产的账面价值加上Special Foods公司资产的账面价值，加上母公司Peerless公司享有子公司Special Foods公司资产的公允价值增值部分的份额，再加上母公司享有商誉的份额。当子公司是非全资控股子公司时，子公司资产不以它们在合并日的全部公允价值列报，而是以它们的账面价值加上母公司享有这些资产公允价值增值部分的份额进行列报。

购买控股股权后的后续合并

正如第4章讨论的那样，并购后的后续合并涉及一整套合并财务报表的编制。沿用先前部分的例子，在合并日后Peerless公司和Special公司的利润和股利列示在图表5-4中。与70 000美元的购买价差相关联的资产中，假设存货在20X1年全部对外出售，自合并日起建筑物和设备的剩余使用年限为10年，采用直线法计提折旧。假设20X1年年末公司管理层确定商誉发生减值，减值金额为2 500美元。假设Peerless Products公司采用权益法核算其对Special Foods公司的投资。

合并当年

Peerless Products公司和Special Foods公司在20X1年年初发生企业合并。因此，Peerless Products公司确认了来自Special Foods公司的整个年度投资收益和股利，合并报表视同两家公司在整个年度中是一个主体进行列报。编制程序基本上与第4章的程序相同，除了母公司仅列报其享有子公司净利润和分配股利的份额，合并程序必须确认少数股东权益。

图表5-4
20X1年和20X2年Peerless公司和Special Foods公司的利润与股利情况

	Peerless Products	Special Foods
20X1年：		
Peerless公司自身经营利润	140 000	
Special Food公司净利润		50 000
宣告分派的股利	60 000	30 000
20X2年：		
Peerless公司自身经营利润	160 000	
Special Food公司净利润		75 000
宣告分派的股利	60 000	40 000

母公司分录

20X1 年Peerless Products 公司在其账簿中编制了正常的分录，记录了其对 Special 公司股权的购买。Peerless 公司还采用常用的权益法记录了来自子公司的利润和股利，但与第 4 章有所不同，Peerless Products 公司必须与子公司其他股东共享 Special 公司的利润和股利。因此，Peerless Products 公司仅确认了其享有 Special 公司净利润和股利的份额。Peerless Products 公司在 20X1 年记录了以下分录：

(4)	借：股权投资——Special Foods	310 000	
	贷：现金		310 000
	记录购买 Special Foods 公司股权。		
(5)	借：现金	24 000	
	贷：股权投资——Special Foods		24 000
	记录来自 Special Foods 公司股利分配： $30 000×0.8		
(6)	借：股权投资——Special Foods	40 000	
	贷：投资收益		40 000
	记录权益法下的投资收益： $50 000×0.8		

再者，Peerless Products 必须通过以下分录抵销一部分购买价差：

(7)	借：投资收益	4 000	
	贷：股权投资——Special Foods		4 000
	调整投资收益，抵销与已售存货相关的股权投资差额。		
(8)	借：投资收益	4 800	
	贷：股权投资——Special Foods		4 800
	摊销与建筑物和设备相关的股权投资差额： $48 000 ÷ 10 年		

Special Foods 公司与 4 000 美元股权投资差额相联系的存货在该年度售出。因此，这部分价差应当从投资账户中抵销，相应地母公司来自子公司的投资收益应当减少。同样，与 Special Foods 公司建筑物和设备增值相关的新增 48 000 美元成本应当在它们剩余的 10 年使用期内进行摊销，每年摊销 4 800 美元（$48 000 ÷ 10）。

股权投资差额中属于商誉部分的 10 000 美元在母公司的账簿中不进行调整。即使合并主体的商誉发生减值，现行准则规定不减记投资账户——除非股权投资的价值严重下降，并且这种下降被断定是非暂时性的。

合并工作底稿——合并当年

Peerless 公司在其账簿中确认了来自子公司的应计收益后，各合并公司调整后的试算平衡数据被过入到图表 5-5 所示的三段式合并工作底稿中。

前三个工作底稿分录抵销了 Peerless Products 公司记录的来自子公司的投资收益和股利，抵销了股权投资账户和 Special Foods 公司的所有者权益账户，并且确认了少数股东权益：

E(9)	借：投资收益——子公司	31 200	
	贷：应收股利		24 000
	股权投资——Special Foods		7 200
	抵销来自子公司的投资收益。		
E(10)	借：归属于少数股东的净利润	10 000	
	贷：应收股利		6 000
	少数股东权益		4 000
	分配归属于少数股东权益的净利润。		
E(11)	借：股本——Special Foods	200 000	
	期初留存收益	100 000	
	股权投资差额	70 000	
	贷：股权投资——Special Foods		310 000
	少数股东权益		60 000
	抵销期初投资账户余额。		

抵销分录 E（9）剔除了母公司 20X1 年分录（6）、分录（7）和分录（8）记录的应计投资收益的净影响，以及分录（5）记录的 20X1 年母公司享有子公司分派股利的部分。抵销分录 E（10）在工作底稿中确认了子公司净利润归属于少数股东权益的部分（\$50 000×0.20），抵销了少数股东权益占子公司股利的份额（\$30 000×0.20），并确认了少数股东权益在 20X1 年的增加金额。少数股东权益本期增加的 4 000 美元包含在工作底稿资产负债表部分底部的少数股东权益的余额中。应注意的是，抵销分录 E（10）中分配给少数股东权益的净利润金额是以 Special Foods 公司净利润为基础的，不受股权投资差额摊销的影响。

第三个抵销分录 E（11）抵销了子公司所有者权益和母公司股权投资账户的期初余额，并确认了少数股东权益的期初余额。由于购买价格高于子公司的账面价值，因此购买价差作为平衡项在此分录中出现。该价差在此分录中体现为期初未摊销的股权投资差额。因为合并发生在 20X1 年 1 月 1 日，因此该金额等于合并日的股权投资差额 70 000 美元。正如第 4 章中所提到的那样，股权投资差额在工作底稿中作为过渡项目，列示在工作底稿中资产负债表部分资产项目的最底部。

抵销分录 E（11）贷记少数股东权益 60 000 美元（\$300 000×0.20），代表期初 Special Foods 公司所有者权益的 20%。通过抵销分录 E（10）和 E（11）得到少数股东权益的期末总金额为 64 000 美元。归属于少数股东权益的金额是基于子公司净资产的账面价值，不受母公司购买子公司股权所支付金额的影响。

在图表 5-5 的工作底稿中需要另外三个抵销分录来分配和减记股权投资差额。

图表 5-5　20X1 年 12 月 31 日，合并财务报表权益法工作底稿，合并当年，以高于账面价值的价格购买80%的股权

项　目	Peerless Products	Special Foods	抵销分录 借　方	抵销分录 贷　方	合并金额
销售收入	400 000	200 000			600 000
来自子公司的投资收益	31 200		(9)　31 200		
贷方合计	431 200	200 000			600 000
销售成本	170 000	115 000	(12)　4 000		289 000
折旧和摊销	50 000	20 000	(13)　4 800		74 800
商誉减值损失			(14)　2 500		2 500
其他费用	40 000	15 000			55 000
借方合计	(260 000)	(150 000)			(421 300)
					178 700
少数股东利润			(10)　10 000		(10 000)
净利润，结转至下方	171 200	50 000	52 500		168 700
1 月 1 日留存收益	300 000	100 000	(11) 100 000		300 000
净利润，自上方结转	171 200	50 000	52 500		168 700
	471 200	150 000			468 700
宣告分配的股利	(60 000)	(30 000)		(9)　24 000	
				(10)　6 000	(60 000)
12 月 31 日留存收益，结转至下方	411 200	120 000	152 500	30 000	408 700
现　金	194 000	75 000			269 000
应收账款	75 000	50 000			125 000
存　货	100 000	75 000			175 000
土　地	175 000	40 000	(12)　8 000		223 000
建筑物和设备	800 000	600 000	(12)　48 000		1 448 000
对 Special Foods 公司的股权投资	317 200			(9)　7 200	
				(11) 310 000	
商　誉			(12)　10 000	(14)　2 500	7 500
股权投资差额			(11)　70 000	(12)　70 000	
借方合计	1 661 200	840 000			2 247 500
累计折旧	450 000	320 000		(13)　4 800	774 800
应付账款	100 000	100 000			200 000
应付债券	200 000	100 000			300 000
普通股	500 000	200 000	(11) 200 000		500 000
留存收益，自上方结转	411 200	120 000	152 500	30 000	408 700
少数股东权益				(10)　4 000	
				(11)　60 000	64 000
贷方合计	1 661 200	840 000	488 500	488 500	2 247 500

抵销分录：

(9) 抵销来自子公司的投资收益。

(10) 分配归属于少数股东权益的净利润。

(11) 抵销股权投资账户期初余额。

(12) 分配期初股权投资差额。

(13) 摊销与建筑和设备相关的股权投资差额。

(14) 减记商誉减值。

E(12)	借：销售成本	4 000	
	土地	8 000	
	建筑物及设备	48 000	
	商誉	10 000	
	贷：股权投资差额		70 000
	分配期初股权投资差额。		
E(13)	借：折旧费用	4 800	
	贷：累计折旧		4 800
	摊销与建筑物及设备相关的股权投资差额：$48 000 ÷10 年。		
E(14)	借：商誉减值损失	2 500	
	贷：商誉		2 500
	记录商誉减值。		

在图表 5–2 所列示的公允价值差异的基础上，抵销分录 E（12）将股权投资差额原始金额分配给相关的资产及费用账户。

由于合并日留存的全部存货在合并当年都已经售出，因此归属于该存货的 4 000 美元股权投资差额应直接分配给销售成本。合并主体的该存货成本被认为比子公司的该存货成本高 4 000 美元，这项额外的成本应当包含在合并销售成本中。

抵销分录 E（12）分配给可摊销资产的股权投资差额应当在这些资产的剩余使用年限里进行摊销计入折旧费用。从合并的角度来看，母公司额外支付的价款是这些可摊销资产总成本的一部分。这些资产的折旧已经根据其原始成本记录在子公司的账簿上，并作为折旧费用过入到合并工作底稿中。这些资产新增成本的折旧通过抵销分录 E（13）记录到合并工作底稿中。

Peerless Products 公司支付的购买价格 310 000 美元与其购得的可辨认净资产的公允价值 300 000 美元之间的差额是假定为 Special Foods 公司的超额盈利能力而支付的价款。这一差异通过抵销分录 E（12）作为商誉 10 000 美元记入工作底稿中。该商誉在 20X1 年度的减值通过抵销分录 E（14）记入到工作底稿中。虽然商誉是不进行摊销的，但在商誉发生减值时应当减记其金额。抵销分录 E（14）在合并资产负债表中减少了商誉的金额，并在合并损益表中确认了一项损失。

母公司账簿中采用权益法记录的记账分录与合并工作底稿中的抵销分录之间的差异是重要的。即使 Peerless Products 公司在其账簿中通过分录（8）来摊销与 Special Foods 公司建筑物及设备相关的股权投资差额，仍然需要在工作底稿中通过抵销分录 E（13）记录折旧费用。Peerless Products 公司来自子公司的投资收益的全部影响，包括分录（8）的影响，都通过工作底稿中的抵销分录 E（9）进行了抵销。因此，对于合并主体来讲，需要通过抵销分录 E（13）在合并净利润中反映 Special Foods 公司建筑物及设备的额外成本的摊销。

一旦恰当的抵销分录被记录在图表 5–5 的工作底稿中，将每一行横向相加，同时考虑抵销分录借贷方的影响，工作底稿便就此完成了。

图表 5-6 合并净利润和留存收益，20X1 年，以高于账面价值的价格购买 80% 的股权

20X1 年合并净利润：	
Peerless Products 公司自身经营利润	$140 000
Peerless Products 公司享有 Special Food 公司净利润的份额：$50 000×0.80	40 000
冲销与 20X1 年已售存货相关的股权投资差额	(4 000)
摊销 20X1 年与建筑物和设备相关的股权投资差额	(4 800)
商誉减值损失	(2 500)
20X1 年合并净利润：	$168 700
20X1 年 12 月 31 日合并留存收益：	
20X1 年 1 月 1 日合并日 Peerless Products 公司留存收益	$300 000
Peerless Products 公司 20X1 年自身经营利润	140 000
Peerless Products 公司享有 Special Food 公司 20X1 年净利润的份额：$50 000×0.80	40 000
冲销与 20X1 年已售存货相关的股权投资差额	(4 000)
摊销 20X1 年与建筑物和设备相关的股权投资差额	(4 800)
商誉减值损失	(2 500)
20X1 年 Peerless Products 公司宣告分派的股利	(60 000)
20X1 年 12 月 31 日合并留存收益	$408 700

合并净利润和留存收益

我们可以从图表 5-5 中的工作底稿看到，20X1 年的合并净利润是 168 700 美元，20X1 年 12 月 31 日的合并留存收益为 408 700 美元。这些金额的计算过程展示在图表 5-6 中。应当注意的是，合并净利润和合并留存收益都扣减了购买价差和商誉减值的转销金额。这是因为商誉减值是在合并净利润中确认，而不是在母公司权益法下的净利润中确认，合并净利润和合并留存收益要小于母公司的相应金额。

合并（控股）后第二年

合并（控股）后的第二年和后续年度里，权益法和合并程序与第一年的处理相同。我们将继续沿用 Peerless Products 公司和 Special Foods 公司的例子展示 20X2 年的处理过程。假定在 20X2 年没有因企业合并导致商誉减值。

母公司分录

20X2 年 Peerless Products 公司在其账簿中记录了以下分录：

(15) 借：现金	32 000	
贷：股权投资——Special Foods		32 000

记录来自 Special Foods 公司的股利分配：
$40 000×0.80

(16) 借：股权投资——Special Foods　　60 000
　　贷：投资收益——子公司　　60 000
记录权益法下的投资收益：
$75 000 ×0.80

(16) 借：投资收益——子公司　　4 800
　　贷：股权投资——Special Foods　　4 800
摊销与建筑物及设备相关的股权投资差额。

母公司股权投资账户 20X1 年和 20X2 年的变动总结如下：

	20X1 年		20X2 年	
期初余额		$310 000		$317 200
来自子公司的收益：				
母公司享有子公司净利润的份额	$40 000		$60 000	
冲销与已售存货相关的股权投资差额	(4 000)			
股权投资差额摊销	(4 800)		(4 800)	
		31 200		55 200
减：收到子公司分配的股利		(24 000)		(32 000)
期末余额		$317 200		$340 400

工作底稿——合并第二年

编制 20X2 年一整套合并财务报表所用的工作底稿例示在图表 5-7 中。20X2 年年末的抵销分录同 20X1 年年末的抵销分录很相似。

第一个工作底稿分录抵销 Peerless 公司来自 Special Foods 公司的投资收益，以及 Peerless 公司享有的 Special Foods 公司分配的 20X2 年股利。

E(18)	借：投资收益——子公司	55 200	
	贷：应收股利		32 000
	股权投资——Special Foods		23 200
	抵销来自子公司的投资收益。		

23 200 美元的股权投资账户贷记金额代表该账户本期的增加发生额，贷记后该账户回到 20X2 年 1 月 1 日时的余额，即第二年的年初余额。

20X2 年子公司净利润归属于少数股东的金额为 15 000 美元（$75 000×0.20），这个金额通过抵销分录 E（19）记入到工作底稿中。

E(19)	借：归属于少数股东的净利润	15 000	
	贷：应收股利		8 000
	少数股东权益		7 000
	分配归属于少数股东的净利润。		

表 5-7　20X2 年 12 月 31 日，编制合并财务报表的权益法工作底稿，合并后第 2 年，以高于账面价值的价格购买 80%的股权

项　目	Peerless Products	Special Foods	抵销分录		合并金额
			借　方	贷　方	
销售收入	450 000	300 000			750 000
来自子公司的投资收益	55 200		(18) 55 200		
贷方合计	505 200	300 000			750 000
销售成本	180 000	160 000			340 000
折旧和摊销	50 000	20 000	(22) 4 800		74 800
其他费用	60 000	45 000			105 000
借方合计	(290 000)	(225 000)			(519 800)
					230 200
少数股东利润			(19) 15 000		(15 000)
净利润，结转至下方	215 200	75 000	75 000		215 200
1 月 1 日留存收益	411 200	120 000	(20) 120 000		
			(23) 2 500		408 700
净利润，自上方结转	215 200	75 000	75 000		215 200
	626 400	195 000			623 900
宣告分配的股利	(60 000)	(40 000)		(18) 32 000	
				(19) 8 000	(60 000)
12 月 31 日留存收益，结转至下方	566 400	155 000	197 500	40 000	563 900
现　金	221 000	85 000			306 000
应收账款	150 000	80 000			230 000
存　货	180 000	90 000			270 000
土　地	175 000	40 000	(21) 8 000		223 000
建筑物和设备	800 000	600 000	(21) 48 000		1 448 000
对 Special Foods 公司的股权投资	340 400			(18) 23 200	
				(20) 317 200	
商　誉			(21) 10 000	(23) 2 500	7 500
股权投资差额			(20) 61 200	(21) 61 200	
借方合计	1 886 400	895 000			2 484 500
累计折旧	500 000	340 000		(21) 4 800	
				(22) 4 800	849 600
应付账款	100 000	100 000			200 000
应付债券	200 000	100 000			300 000
普通股	500 000	200 000	(20) 200 000		500 000
留存收益，自上方结转	566 400	155 000	197 500	40 000	563 900
少数股东权益				(19) 7 000	
				(20) 64 000	71 000
贷方合计	1 886 400	895 000	524 700	524 700	2 484 500

抵销分录：

(18) 抵销来自子公司的收益。

(19) 分配归属于少数股东权益的净利润。

(20) 抵销期初股权投资余额。

(21) 分配期初股权投资差额。

(22) 摊销与建筑物及设备相关的股权投资差额。

(23) 调整 20X1 年的商誉减值。

扣除归属于少数股东权益的15 000美元子公司净利润后，就得到了工作底稿中损益表部分的合并净利润。抵销分录E（19）也包括宣告分配股利的贷记金额，用来抵销Special Foods公司股利归属于少数股东权益的那部分。抵销分录E（18）和E（19）加在一起，抵销了Special Foods公司分配的全部股利。子公司净利润中少数股东享有的份额与少数股东享有的子公司分配的股利份额之间的7 000美元差异体现了20X2年少数股东权益增加的金额，该金额列示在工作底稿资产负债表部分。

分录E（20）抵销了Peerless Products公司投资账户和Special Foods公司所有者权益账户的期初余额。

E(20)	借：股本——Special Foods	200 000	
	期初留存收益	120 000	
	股权投资差额	61 200	
	贷：股权投资——Special Foods		317 200
	少数股东权益		64 000
	抵销股权投资账户的期初余额。		

抵销分录E（18）和E（20）加在一起，完全抵销了母公司股权投资账户的期末余额。期初子公司账面价值少数股东权益享有的份额（\$320 000×20%）记在贷方。该金额与抵销分录E（19）确认的20X2年少数股东权益增加金额相加，在合并资产负债表中列示该相加后的总金额。

抵销分录E（20）在工作底稿中还确认了20X2年年初的购买价差。在20X1年年初（合并日），股权投资差额为70 000美元，但是该金额在20X1年经过以下冲销后减少了：售出存货冲销了4 000美元；与Special Food公司建筑物及设备相关的摊销冲销了4 800美元。20X2年年初股权投资差额的余额为61 200美元（\$70 000–\$4 000–\$4 800）。抵销分录E（21）分配20X2年1月1日的股权投资差额余额。

E(21)	借：土地	8 000	
	建筑物和设备	48 000	
	商誉	10 000	
	贷：股权投资差额		61 200
	累计折旧		4 800
	分配期初股权投资差额。		

应当记住的是，每年根据各公司个别试算平衡表数据编制工作底稿，而不是根据上年工作底稿编制。20X1年年底记录在合并工作底稿中的4 800美元累计折旧不能自动过入到20X2年的工作底稿中。因此，每次工作底稿分录不仅要分配股权投资差额，还应当确认以前全部年度与分配给可折旧资产的股权投资差额相关的额外累计折旧。

20X2年与分配给建筑物和设备的股权投资差额相关的折旧体现在抵销分录E（22）中。

E(22)	借：折旧费用	4 800	
	贷：累计折旧		4 800
	摊销与建筑物和设备相关的股权投资差额： $48 000÷10 年。		

分录 E（23）根据 20X1 年合并损益表中确认的减值损失更正了期初合并留存收益和商誉的余额。

E(23)	借：期初留存收益	2 500	
	贷：商誉		2 500
	20X1 年商誉减值的调整。		

因为 Peerless Products 公司账簿中记载的购买价差在权益法下不进行转销以反映 20X1 年的商誉减值，所以通过抵销分录 E（20）在 20X2 年工作底稿中确立的股权投资差额包括代表商誉的股权投资差额的全部原始金额 10 000 美元。再者，由于该减值损失不影响 Peerless Products 公司权益法下的净利润，并且 Peerless Products 公司留存收益变为合并留存收益，因此，除非扣除以前期间的减值损失，否则期初合并留存收益将会高估。因此，每期期初合并留存收益和商誉都应当在工作底稿中扣减 20X1 年的商誉减值。

合并净利润和留存收益

图表 5–8 列示了 20X2 年合并净利润和 20X2 年年底合并留存收益的计算过程。

合并财务报表

20X2 年合并损益表和合并留存收益表，以及 20X2 年 12 月 31 日合并资产负债表列示在图表 5–9 中。

图表 5–8
合并净利润和留存收益，20X2，以高于账面价值的价格购买 80%的股权

20X2 年合并净利润：	
Peerless Products 公司自身经营利润	$160 000
Peerless Products 公司享有 Special Food 公司净利润的份额：$75 000×0.80	60 000
摊销 20X2 年与建筑物和设备相关的股权投资差额	(4 800)
20X2 年合并净利润	$215 200
20X2 年 12 月 31 日合并留存收益：	
20X1 年 12 月 31 日 Peerless 公司留存收益	$408 700
Peerless Products 公司 20X2 年自身经营利润	160 000
Peerless Products 公司享有 Special Food 公司 20X2 年净利润的份额：$75 000×0.80	60 000
摊销 20X2 年与建筑物和设备相关的股权投资差额	(4 800)
20X2 年 Peerless Products 公司宣告分派的股利	(60 000)
20X2 年 12 月 31 日合并留存收益	$563 900

图表 5-9 Peerless Products 公司和 Special Foods 公司 20X2 年合并财务报表

Peerless Products 公司及其子公司

合并损益表

20X2年度，截至12月31日

销售收入		$750 000
商品销售成本		(340 000)
毛 利		$410 000
费 用：		
折旧和摊销	$ 74 800	
其他费用	105 000	
费用合计		(179 800)
		$230 200
归属于少数股东的净利润		(15 000)
合并净利润		$215 200

Peerless Products 公司及其子公司

合并留存收益表

20X2 年度，截至 12 月 31 日

20X2 年 1 月 1 日合并留存收益	$408 700
20X2 年合并净利润	215 200
20X2 年宣告分配的股利	(60 000)
20X2 年 12 月 31 日合并留存收益	$563 900

Peerless Products 公司及其子公司

合并资产负债表

20X2 年 12 月 31 日

资 产			负 债		
现 金		$ 306 000	应付账款	$200 000	
应收账款		230 000	应付债券	300 000	
存 货		270 000			$ 500 000
土 地		223 000	少数股东权益		71 000
建筑物和设备	$1 448 000		股东权益		
累计折旧	(849 600)		普通股股本	$500 000	
		589 400	留存收益	563 900	
商 誉		7 500			1 063 900
合 计		$1 634 900	合 计		$1 634 900

合并的终止

如果前述纳入合并范围的子公司不再满足合并的标准，那么它将被排除在合并范围之外，通常这是因为母公司不能够对该子公司实施控制（如处于破产中的子公司）。在这些情形下，该子公司也不再适用权益法进行列报，母公司应当采用

成本法核算其对子公司的投资。当这类会计处理发生变更时，变更后的财务报表被视作一家不同实体的财务报表。FASB 第 154 号准则“会计变更和差错更正”要求报告主体的变更采用追溯调整，以反映新的报告主体。因此，变更前出于可比目的的各期财务报表要进行重述，将该子公司剔除出合并范围，并将母公司采用成本法列报的股权投资包括进来。另外，变更当期财务报告应当披露该变更的性质和原因，以及对全部列报期间的利润、其他综合收益以及相关每股收益的影响。

其他综合收益的处理

FASB 第 130 号准则“报告综合收益”建立了一个新的财务列报类别，即**其他综合收益**（other comprehensive income），它包括不包含在净利润中符合 GAAP 要求的全部收入、费用、利得和损失。[1]综合收益（利润）是净利润和其他综合收益之和。**FASB 第 130 号准则**允许在列报综合收益（利润）时可有几种不同的选择，但是合并程序相同，与列报形式无关。

其他综合收益账户是暂时性账户，每期期末无余额。正像收入和费用账户期末结转到留存收益账户一样，其他综合收益账户结转到一个特别所有者权益账户，通过这个账户来累计其他综合收益。

合并工作底稿的修改

当母公司或子公司记录了其他综合收益时，工作底稿通常包括一个新增的其他综合收益的部分。工作底稿的这个部分有助于列报的其他综合收益的计算，其他综合收益归属于少数股东权益的那部分（如果有的话），以及在合并资产负债表中列报的累计其他综合收益金额的计算。虽然工作底稿中为综合收益开辟的部分可以放在标准工作底稿损益表部分的后面，但这里使用的格式是将其放置在工作底稿的底部。如果母子公司都不列报其他综合收益，则这个部分可以从工作底稿中剔除。当列报其他综合收益时，工作底稿按照通常的方式编制，并在工作底稿的底部额外增加一个部分。标准工作底稿的修正仅仅是在工作底稿资产负债表部分增加一个所有者权益项目，以此来列报其他综合收益的累计影响。

为了例示当子公司列报其他综合收益时的合并程序，我们假设在 20X2 年 Special Foods 公司购买了分类为可供出售的投资 20 000 美元。20X2 年 12 月 31 日，该证券的公允价值上升到 30 000 美元。除了 Special Foods 公司对该证券投资的会计处理影响之外，20X2 年 12 月 31 日 Peerless Products 公司和 Special Foods 公司的财务报告信息同图表 5-7 列示的相同。

[1] 其他综合收益包括外币折算调整、某些衍生工具和证券投资未实现的利得或损失以及某些养老金负债调整（按最低要求）。

子公司记录的调整分录

20X2 年 12 月 31 日 Special Foods 公司通过下列调整分录确认了可供出售证券的公允价值增加：

(24) 借：可供出售证券投资	10 000	
贷：未实现的投资收益（其他综合收益）		10 000
记录可供出售证券公允价值增加。		

未实现收益不包含在子公司的净利润中，但子公司将其作为其他综合收益的一项进行列报。

母公司记录的调整分录

20X2 年 Peerless Products 公司用分录（15）至分录（17）记录了全部与其投资 Special Foods 公司相关的正常分录，视同该子公司没有列报其他综合收益。此外，在 20X2 年 12 月 31 日，Peerless Products 公司在其个别报表中确认了其享有的子公司可供出售证券公允价值增加而形成的未实现收益份额。

(17a) 借：股权投资——Special Foods	8 000	
贷：来自子公司的其他综合收益——未实现的投资收益（其他综合收益）		8 000
记录 Peerless Products 公司享有子公司持有可供出售证券公允价值增加的份额。		

合并工作底稿——合并后第二年

图表 5-10 例示了编制一整套 20X2 年合并财务报表的工作底稿。在该工作底稿中，由于分录（17a）的原因，Peerless Products 公司对 Special Foods 公司股权投资账户的余额大于图表 5-7 所列示的金额，并且 Peerless Products 公司享有 Special Foods 公司未实现收益的份额 8 000 美元列示在为综合收益开辟的独立部分（来自子公司其他综合收益——未实现的投资收益）。Special Foods 公司的试算平衡表经过调整以反映：（1）投资导致的现金余额的减少；（2）对可供出售证券的投资；（3）未实现的投资收益 10 000 美元。

合并程序

用于编制 20X2 合并工作底稿的抵销分录 E（18）至 E（23）列示在图表 5-7 中。当引入其他综合收益时，抵销分录 E（18）采用正常的方式抵销了母公司确认的来自其子公司的投资收益，抵销分录（19）将少数股东享有子公司净利润的份额分配给少数股东权益，图表 5-7 列示了这两个抵销分录。图表 5-7 中的抵销分录 E（20）抵销了母公司投资账户和子公司所有者权益账户的期初余额。虽然抵销分录 E（20）在这个例子中没有变化，但如果子公司的累计其他综合收益在

图表 5-10　20X2 年 12 月 31 日，综合收益例示，合并后第二年，以高于账面价值的价格购买 80%的股权

			抵销分录		
项　目	Peerless Products	Special Foods	借　方	贷　方	合并金额
销售收入	450 000	300 000			750 000
来自子公司的投资收益	55 200		(18) 55 200		
贷方合计	505 200	300 000			750 000
销售成本	180 000	160 000			340 000
折旧和摊销	50 000	20 000	(22) 4 800		74 800
其他费用	60 000	45 000			105 000
借方合计	(290 000)	(225 000)			(519 800)
					230 200
归属于少数股东的净利润			(19) 15 000		(15 000)
净利润，结转至下方	215 200	75 000	75 000		215 200
1 月 1 日留存收益	411 200	120 000	(20) 120 000		
			(23) 2 500		408 700
净利润，自上方结转	215 200	75 000	75 000		215 200
	626 400	195 000			623 900
宣告分配的股利	(60 000)	(40 000)		(18) 32 000	
				(19) 8 000	(60 000)
12 月 31 日留存收益，结转至下方	566 400	155 000	197 500	40 000	563 900
现　金	221 000	65 000			286 000
应收账款	150 000	80 000			230 000
存　货	180 000	90 000			270 000
土　地	175 000	40 000	(21) 8 000		223 000
建筑物和设备	800 000	600 000	(21) 48 000		1 448 000
可供出售证券投资		30 000			30 000
对 Special Foods 公司的股权投资	348 400			(18) 23 200	
商　誉			(21) 10 000	(23) 2 500	7 500
股权投资差额			(20) 61 200	(21) 61 200	
借方合计	1 874 400	905 000			2 494 500
	500 000	340 000		(21) 4 800	
累计折旧				(22) 4 800	849 600
应付账款	100 000	100 000			200 000
应付债券	200 000	100 000			300 000
普通股	500 000	200 000	(20) 200 000		500 000
留存收益，自上方结转	566 400	155 000	197 500	40 000	563 900
累计其他综合收益，来自下方	8 000	10 000	10 000		8 000
少数股东权益				(19) 7 000	
				(20) 64 000	
				(26) 2 000	73 000
贷方合计	1 874 400	905 000	534 700	534 700	2 494 500
其他综合收益：					
来自子公司的其他综合收益——未实现的投资收益	8 000		(25) 8 000		
未实现的投资收益		10 000			10 000
归属于少数股东的其他综合收益			(26) 2 000		(2 000)
1 月 1 日累计其他综合收益					
12 月 31 日累计其他综合收益，结转至上方	8 000	10 000	10 000		8 000

抵销分录：

(18) 抵销来自子公司的投资收益。

(19) 分配属于少数股东的净利润。

(20) 抵销期初股权投资账户余额。

(21) 分配期初股权投资差额。

(22) 摊销与建筑物和设备相关的股权投资差额。

(23) 20X1 年商誉减值的调整。

(25) 抵销来自子公司的其他综合收益。

(26) 分配属于少数股东的其他综合收益。

期初有余额，则抵销分录E（20）应该包括子公司累计其他综合收益期初余额的抵销，这是因为该账户完全包含在子公司的所有者权益里；再者，正如子公司的其他所有者权益账户一样，累计其他综合收益账户余额的一部分应该分配给期初少数股东权益。

抵销分录E（21）至E（23）对股权投资差额进行了处理，它们与图表5-7列示的相比没有变化。然而，对于子公司其他综合收益的处理需要两个额外的抵销分录。首先，分录（17a）记录的母公司享有子公司其他综合收益的份额应当被抵销，以免重复计算子公司其他综合收益。因此，工作底稿中分录（17a）的反向分录如下：

E(25)	借：来自子公司的其他综合收益——未实现的投资收益	8 000	
	贷：股权投资——Special Foods		8 000
	抵销来自于子公司的其他综合收益。		

第二，正如分配子公司净利润那样，要将少数股东享有子公司其他综合收益的份额分配给少数股东。

E(26)	借：属于少数股东的其他综合收益	2 000	
	贷：少数股东		2 000
	分配属于少数股东的其他综合收益。		

因此，合并财务报表中列报的其他综合收益的金额等于母公司享有子公司10 000美元其他综合收益的80%，剩余的2 000美元包含在少数股东权益中。

虽然图表5-10与图表5-7中的合并净利润相同，但图表5-10的工作底稿中的其他综合收益部分，明显确认了Special Foods公司持有的可供出售证券形成的未实现收益。这就允许在FASB许可的可选择的格式范围内，在合并资产负债表中确认上述情形。合并财务报表列示在图表5-11中。

合并工作底稿——后续年度的综合收益

20X2年后的每一年，Special Foods公司将对该项可供出售证券公允价值的变动在其账簿中调整未实现投资收益。例如，如果在20X3年Special Foods公司该项投资的价值又增加了5 000美元，则Special Foods公司将其证券投资的账面金额增加5 000美元，并确认作为20X3年其他综合收益内容之一的未实现收益5 000美元。在权益法下，Peerless Products公司将增加其对Special Foods公司的股权投资账户余额，并记录其享有子公司其他综合收益的份额4 000美元。

20X3年12月31日编制合并工作底稿所需的抵销分录应包括正常的抵销分录E（18）、E（19）以及E（21）至E（23）。此外，正常的投资抵销分录E（20）应当扩展以抵销子公司累计其他综合收益期初余额10 000美元，以及按照少数股东享有子公司累计其他综合收益期初余额的份额（$10 000×20%）增加少数股东权益。还需要两个额外的抵销分录E（25）和E（26）。

图表 5-11　Peerless Products 公司和 Special Foods 公司合并财务报表，20X2 年，包括其他综合收益

Peerless Products 公司及其子公司
合并损益表
20X2年度，截至12月31日

销售收入		$750 000
销售成本		(340 000)
毛利		$410 000
费用：		
折旧和摊销	$ 74 800	
其他费用	105 000	
费用合计		(179 800)
		$230 200
归属于少数股东的净利润		(15 000)
合并净利润		$215 200

Peerless Products 公司及其子公司
合并综合收益表
20X2 年度，截至 12 月 31 日

合并净利润		$215 200
其他综合收益：		
子公司持有投资的未实现收益	$10 000	
归属于少数股东的其他综合收益	(2 000)	
归属于控股股东的其他综合收益		8 000
合并综合收益		$223 200

Peerless Products 公司及其子公司
合并财务状况表
20X2 年 12 月 31 日

资产		
现金		$ 286 000
应收账款		230 000
存货		270 000
可供出售证券投资		30 000
土地		223 000
建筑物和设备	$1 448 000	
累计折旧	(849 600)	
		598 400
商誉		7 500
资产总计		$1 644 900
负债		
应付账款	$ 200 000	
应付债券	300 000	
负债总额		$ 500 000
少数股东权益		73 000
股东权益		
普通股	$ 500 000	
留存收益	563 900	
累计其他综合收益	8 000	
股东权益总额		1 071 900
负债和股东权益总计		$1 644 900

E(25a)	借：来自子公司的其他综合收益——未实现的投资收益	4 000	
	贷：股权投资——Special Foods		4 000
	抵销来自于子公司的其他综合收益。		
E(26a)	借：属于少数股东的其他综合收益	1 000	
	贷：少数股东权益		1 000
	分配属于少数股东的其他综合收益。		

额外的考虑

既然合并的基本程序已经讨论过，为了全面性和清晰性，一些额外的项目应当予以考虑。本节的讨论与合并中几个不同账户的处理相关，并且还简要说明了FASB新公布的关于企业合并和合并财务报表征求意见稿对合并财务报表的影响。

并购时子公司的估计账户

一家子公司不同估计账户的合并处理取决于账户的特定类型。以下的讨论假设不采用下推会计。

理论上，在合并日，一家子公司的累计折旧应当在编制合并财务报表时予以抵销。当购买固定资产时，无论是在企业合并还是其他情况下，出售方该项资产的累计折旧从不结转到购买方的账簿上。因此，理论上合并日子公司可折旧资产应当以其在该日的公允价值在合并资产负债表中列报，并且累计折旧只确认合并后的折旧。合并时，这就涉及子公司合并日的累计折旧与该资产在每期工作底稿中的金额进行抵销。这项抵销对该项资产的净额没有影响，因此，在实务中绝大数公司在编制合并财务报表时，简单地将母子公司的累计折旧合并起来。

应收账款通常按可变现净值在资产负债表中列报，通过对不能收回的账款计提准备，使得应收账款的法定全部金额减少到预计实际可收回金额。因此，如果在子公司账簿中正确陈述应收账款余额和准备，则这些金额应当列入合并资产负债表中。然而，FASB在新公布的征求意见稿中指出，合并日子公司应收账款应当按照它们的公允价值在合并资产负债表中进行计价，而不是按照估计账户计价。

如果一家子公司在合并日持有投资证券，则这些证券应当按其公允价值重新计价。与子公司合并日可供出售证券相联系的估计账户应当与相关的累计未实现损益账户相抵销。仅合并后的子公司可供出售证券形成的未实现损益应当与母公司的准备合并，并包含在合并资产负债表中。

在合并日，子公司可能会持有对外发行的长期债务，这些债务应当按其合并日的公允价值计价。如果公允价值与其账面价值存在差异，正如第1章讨论的那样，则这项差异通过与该项负债相联系的溢折价账户进行确认。当每期编制合并财务报表时，在工作底稿中对折价或溢价账户进行调整。由于对溢价或折价的调整应当在每期的工作底稿中摊销，因此也需要对利息费用进行调整。与此同时，该项摊销也会导致在未来期间对子公司溢价或折价有一个较小的调整。

购买日子公司的负留存收益

母公司可能购买一家留存收益账户余额为负或为借方余额的子公司。被购买子公司的累计亏损对合并程序不产生特殊的问题。除了子公司留存收益账户的借方余额通过一个贷方分录进行抵销，在合并工作底稿中正常地进行投资抵销。因此，投资抵销分录列示如下：

E(27)	借：股本——子公司	×××	
	股权投资差额	×××	
	贷：留存收益		×××
	股权投资——子公司		×××
	抵销投资余额。		

其他所有者权益账户

到此为止，关于合并财务报表的讨论都是关于那些所有者权益仅由留存收益和单一分类以面值发行的资本股权组成的公司。公司通常有更加复杂的所有者权益结构，常包括优先股和各种类型的额外投入资本。合并程序中对优先股的处理将在第9章中讨论。

一般而言，全部所有者权益账户与普通股有着相同的处理方法，并在普通股抵销的时候被抵销。这些账户中归属于少数股东权益的份额合并到合并资产负债表中的少数股东权益。

子公司与股权投资差额相关资产的处置

一项资产的处置通常涉及到损益表。如果子公司持有与股权投资差额相关的该项资产，则母公司权益法下的净利润和合并净利润都会受到影响。权益法下母公司应当将与出售资产相关的剩余股权投资差额在该项资产出售的时候作为来自子公司的收益和股权投资账户递减予以转销。合并时，与售出资产相关联的股权投资差额部分作为合并净利润的调整项进行处理。

存　货

只要子公司持有该项存货，任何与其相关的股权投资差额都要分配给该项存货。在该存货的出售期间，与存货相关的股权投资差额要分配给商品销售成本，如先前图表5-5中所列示。

子公司所采用的存货成本计价方法决定了在哪个期间将股权投资差额确认商品销售成本。当子公司采用先进先出的存货流转假设时，合并日持有的存货被视作合并后首先被售出的存货。因此，在正常情况下，股权投资差额在合并后紧接着的那个会计期间里分配给商品销售成本。当子公司采用后进先出的存货流转假设时，合并日持有的存货被视为保留在子公司的存货。仅当该存货数量下降到低于合并日的数量时，该部分对应的股权投资差额才分配给商品销售成本。

固定资产

子公司持有的与土地相关的股权投资差额在每期编制合并资产负债表时附加到工作底稿中该土地的余额里。如果子公司出售该块与股权投资差额相关的土地，则该项股权投资差额在工作底稿中作为当期出售该块土地形成的损益的调整项目。

为了例示，假设 20X1 年 1 月 1 日，Bright 公司以高于 Star 公司账面价值 10 000 美元的价格购买了 Star 公司全部的股本。全部股权投资差额都与 Star 公司早些时候以 25 000 美元的价格购买的土地相关。只要 Star 公司继续持有该块土地，在工作底稿中 10 000 美元的股权投资差额就应分配给该块土地。如果 Star 公司向不相关的公司以 40 000 美元出售该块土地，则 Star 公司账簿记录的分录如下：

（28）借：现金	40 000	
贷：土地		25 000
土地出售收益		15 000
记录出售土地。		

虽然 Star 公司列报 15 000 美元的收益是恰当的，但是合并主体购买该块土地的成本为 35 000 美元（\$10 000 +\$25 000）。所以，合并主体只应当列报 5 000 美元的收益。为了使 Star 公司列报的 15 000 美元收益减至合并主体应当列报的 5 000 美元收益，在出售当年工作底稿中的抵销分录如下：

E(29)	借：土地出售收益	10 000	
	贷：股权投资差额		10 000
	分配期初股权投资差额。		

如果相反地，Star 公司以 32 000 美元的价格出售该块土地，则 Star 公司记录的 7 000 美元（\$32 000–\$25 000）的收益要被抵销，并在合并损益表中确认 3 000 美元的损失（\$32 000–\$35 000）。这种情形下的抵销分录为：

E(30)	借：土地出售收益	7 000	
	土地出售损失	3 000	
	贷：股权投资差额		10 000
	分配期初股权投资差额。		

当母公司在其账簿中采用权益法时，正如在第 2 章讨论的那样，母公司应当在出售当期调整股权投资的账簿记载金额和权益法下的净利润来转销该项股权投资差额。从此以后，10 000 美元的股权投资差额将不复存在。

与设备出售相关的股权投资额的会计处理与土地出售的方法相似，不同之处在于需要考虑当期和以前年度的设备价差摊销情况。

FASB 新准则草案的变化

正如第 1 章和第 3 章讨论的那样，FASB 在企业合并和编制合并财务报表的会计处理方面提出了一些重要的改变。本节讨论那些直接影响合并财务报表最重要的几个提议，并在附录 5B 中给出例示。应当注意的是，对于发生在新准则生效日之前的企业合并或购买子公司的行为，新准则不进行追溯调整。因此如前所述，当前的子公司继续在合并资产负债表中反映。

一般而言，何时编制合并财务报表以及哪些公司应纳入合并财务报表范围的标准，同现行的准则是相一致的。新准则草案中的合并范围更加宽泛，在现阶段下允许不纳入合并范围的某些实体，如信托实体和非营利实体等将会纳入合并范围。同时，在某些情形下，母公司拥有少数股权的公司也允许纳入合并范围。但是，相关适用的标准尚未明确。

在第 1 章和第 3 章中所探讨和阐述的关于母公司购买非全资子公司的内容，是新准则草案中最显著的变化之一。新准则草案规定，在企业合并中取得的被购买公司的全部资产和负债应以合并日公允价值计量，无论母公司所占的股权比例为多少。正像我们在本章开始时所讨论的那样，现行准则要求在非全资子公司控股合并的情形下，在合并财务报表中只确认与母公司所享有被购买方净资产份额的公允价值的增值部分，以及母公司应享有的在合并中产生的商誉。在 FASB 新准则草案中，商誉是指被购买方整体公允价值与其可辨认净资产的公允价值的差额。这与现行准则商誉的计量方法不同。在现行准则中，商誉是指购买方的合并成本与其所享有的被购买方可辨认净资产的份额之间的差额。由于在新准则下，合并日非全资子公司少数股东权益是基于子公司的整体公允价值进行计量的，而不是按照其账面价值进行计量，所以，在新准则下确认的少数股东权益一般会大于在现行准则下确认的金额。

第 3 章中指出，FASB 在其新准则草案中采用了实体理论方法编制合并财务报表，其中，对少数股东权益的核算方法有别于在目前实务中通用的核算方法。如第 3 章所示，准则草案要求在计算合并净利润时不扣除归属于少数股东的部分，从合并净利润中扣除归属于少数股东的利润从而得到归属于多数（控股）股东的利润。与此处理方法相一致，该草案要求子公司所有者权益中不属于母公司的份额应作为少数股东权益，在合并资产负债表中所有者权益项目下以“少数股东权益”列示。

附录 5B 中例示的是依据新准则草案要求而编制的合并工作底稿。

关键概念总结

除了若干修正外，非全资子公司的合并工作底稿和合并步骤与我们在第 4 章中所讨论的全资子公司的合并底稿和合并步骤基本相同。当母公司购买其子公司半数以上股权，并且支付的价格超过其所购买的股权份额的账面价值时，这两者之间的差额归属于母公司的股东权益。因此，与全资控股合并以子公司全部资产的公允价值计量不同，只计算子公司中归属于母公司的资产的公允价值部分。此外，在合并财务报表中只确认在合并中产生的归属于母公司的商誉。

在非全资子公司的企业合并中，少数股东权益对子公司净利润和净资产的要求权通过合并工作底稿中的抵销分录予以确认。合并净利润等于母公司的当期净利润加上母公司所享有的子公司当期净利润的份额，并且经过股权投资差额摊销或转销调整。合并留存收益等于母公司的累计净利润加上合并日后母公司所享有的子公司净利润的份额，并经过股权投资差额摊销或转销调整，再减去母公司从子公司获得的累计股利。

对子公司当期实现的其他综合收益（利润）归属于母公司的份额应在合并综合收益（利润）中予以确认。其他综合收益可在三段式合并工作底稿底部增加一个区域予以列示。

附录5A 合并与成本法

并不是所有的母公司都采用权益法核算其对那些纳入合并范围子公司的投资。采用权益法还是成本法对合并财务报告没有影响。这是因为母公司投资账户的余额、母公司来自子公司的收益和一些相关的内容在编制合并财务报表时都予以抵销。因此，母公司可以在其个别账簿中自由地选择采用成本法或者其他某种类型的权益法来核算对纳入合并范围子公司的投资。

虽然权益法下的母公司净利润和留存收益通常等于合并财务报表的金额，但当母公司采用成本法时，这种相等通常不存在。这是因为与权益法相比，在成本法下，母公司使用不同的分录，在编制合并工作底稿时，需要不同的抵销分录。应当记住的是，不论母公司在其个别账簿中是采用成本法还是采用权益法，合并财务报表是一致的。

合并——合并当年

Peerless Products 公司和 Special Foods 公司的例子再次被用来例示当母公司采用成本法核算其对子公司投资时合并财务报表的编制。假设 Peerless Products 公司在20X1年1月1日以310 000美元的价格购买了 Special Foods 公司80%的股本。该购买价格比购买的股权的账面价值高出70 000美元。在全部股权投资差额中，8 000美元与土地相关；48 000美元与建筑物及设备相关，自合并日起，建筑物及设备的剩余使用年限为10年；4 000美元与存货相关，该存货在20X1年出售；10 000美元与商誉相关，20X1年商誉发生减值，减值损失为2 500美元，此后商誉价值保持不变。其他的数据与图表5-1和图表5-4中所列示的相同。

母公司成本法下的分录

当采用成本法核算时，在20X1 年 Peerless Products 公司仅有两个记录的分录与其对 Special Foods 公司的投资相关。分录（31）记录了 Peerless Products 公司购买 Special Foods 公司的股权，分录（32）基于当期收到的股利确认了股利收入 24 000 美元（$30 000 × 80%）。

(31)	借：股权投资——Special Foods	310 000	
	贷：现金		310 000
	记录购买 Special Foods 公司股权。		
(32)	借：现金	24 000	
	贷：股利收入		24 000
	记录来自 Special Foods 公司的股利分配： $30 000 × 80%。		

在母公司的账簿中不记录 20X1 年到期的股权投资差额的摊销和转销，而这些在权益法下是要记录的。

合并工作底稿——合并当年

图表 5-12 列示了用来编制 20X1 年 12 月 31 日合并财务报表的工作底稿。图表 5-12 工作底稿中的 Peerless Products 公司和 Special Foods 公司试算平衡数据不同于图表 5-5 所列示的，不同之处仅为 Peerless Products 公司账簿中采用成本法而不是权益法。

用于编制合并工作底稿的 5 个抵销分录：

E(33)	借：股利收入	24 000	
	贷：应收股利		24 000
	抵销来自子公司的股利分配。		
E(34)	借：归属于少数股东的净利润	10 000	
	贷：应收股利		6 000
	少数股东权益		4 000
	分配净利润给少数股东权益。		
E(35)	借：股本——Special Foods	200 000	
	期初留存收益	100 000	
	股权投资差额	70 000	
	贷：股权投资——Special Foods		310 000
	少数股东权益		60 000
	抵销合并日的投资余额。		

图表 5-12 20X1 年 12 月 31 日，合并财务报表成本法工作底稿，合并当年，以高于账面价值的价格购买 80%的股权

项 目	Peerless Products	Special Foods	抵销分录		合并金额
			借 方	贷 方	
销售收入	400 000	200 000			600 000
股利收入	24 000		(33) 24 000		
贷方合计	424 000	200 000			600 000
销售成本	170 000	115 000	(36) 4 000		289 000
折旧和摊销	50 000	20 000	(37) 4 800		74 800
商誉减值损失			(37) 2 500		2 500
其他费用	40 000	15 000			55 000
借方合计	(260 000)	(150 000)			(421 300)
					178 700
归属于少数股东的净利润			(34) 10 000		(10 000)
净利润，结转至下方	164 000	50 000	45 300		168 700
1 月 1 日留存收益	300 000	100 000	(35) 100 000		300 000
净利润，自上方结转	164 000	50 000	45 300		168 700
	464 000	150 000			468 700
宣告分配的股利	(60 000)	(30 000)		(33) 24 000	
				(34) 6 000	(60 000)
12 月 31 日留存收益，结转至下方	404 000	120 000	145 300	30 000	408 700
现 金	194 000	75 000			269 000
应收账款	75 000	50 000			125 000
存 货	100 000	75 000			175 000
土 地	175 000	40 000	(36) 8 000		223 000
建筑物和设备	800 000	600 000	(36) 48 000		1 448 000
对 Special Foods 公司的股权投资	310 000			(35) 310 000	
商 誉			(36) 10 000	(37) 2 500	7 500
股权投资差额			(35) 70 000	(36) 70 000	
借方合计	1 654 000	840 000			2 247 500
累计折旧	450 000	320 000		(37) 4 800	774 800
应付账款	100 000	100 000			200 000
应付债券	200 000	100 000			300 000
普通股	500 000	200 000	(35) 200 000		500 000
留存收益，自上方结转	404 000	120 000	145 300	30 000	408 700
少数股东权益				(34) 4 000	
				(35) 60 000	64 000
贷方合计	1 654 000	840 000	481 300	481 300	2 247 500

抵销分录：

(33) 抵销来自子公司的股利收入。

(34) 分配净利润给少数股东。

(35) 抵销合并日投资余额。

(36) 分配合并日股权投资差额。

(37) 摊销股权投资差额，减记商誉减值。

E(36)	借：销售成本	4 000	
	土地	8 000	
	建筑物及设备	48 000	
	商誉	10 000	
	贷：股权投资差额		70 000
	分配合并日的股权投资差额。		
E(37)	借：折旧费用	4 800	
	商誉减值损失	2 500	
	贷：累计折旧		4 800
	商誉		2 500
	摊销与建筑物及设备相关的股权投资差额 4 800 美元，并因减值减计商誉 2 500 美元。		

抵销分录 E（33）抵销了当期 Peerless Products 公司记录的股利收入和 Special Foods 公司与 Peerless 公司股东相关的股利分配。抵销分录 E（34）向少数股东分配净利润（$50 000×20%），并抵销了子公司分配股利属于少数股东的部分（$30 000×20%）。这个分录同权益法下的相同，并且不受母公司账簿中所采用方法的影响。

抵销分录 E（35）抵销了合并日 Special Foods 公司所有者权益账户的余额和 Peerless Products 公司投资账户的余额。代表着合并日 70 000 美元的购买价差的过渡账户建立起来。抵销分录 E（36）将价差分配给适当的费用和资产类别。抵销分录 E（37）确认了与分配给建筑物及设备相关的那部分价差的额外折旧。这个抵销分录还在工作底稿确认了包含在价差中商誉的减值损失，并以该减值金额减记商誉。

投资的抵销分录 E（35）同权益法下的相应抵销分录相同。这仅发生在合并当年，因为抵销的余额是年初的余额，即合并日的余额。合并日的余额是相同的，无论合并后采用何种方法核算该项投资。在全部的后续年度里，投资的抵销分录是不同的。

在成本法下，Peerless Products 公司 20X1 年净利润和期末留存收益比图表 5-12 中列示的合并总金额低 4 700 美元。这是因为，采用成本法，Peerless Products 公司净利润中不包括其享有 Special Foods 公司未分配净利润的份额（$20 000×80%），也没有从其净利润中扣减与 20X1 年出售的存货相联系的股权投资差额转销（$4 000），还没有扣减与建筑物及设备相联系的股权投资差额的摊销（$4 800）。同样，2 500 美元的商誉减值是在合并中确认的，而不是在 Peerless Products 公司的个别账簿中。工作底稿中的合并留存收益包含母公司的留存收益和母公司享有子公司自合并起留存收益的份额。

合并第二年

合并在成本法下和权益法下的差异在合并后的第二年中体现得更加明显。为了展示这一差异，假设 Peerless Products 公司 20X2 年自己独立经营取得的净利润为 160 000 美元，并分配了 60 000 美元的股利；Special Foods 公司 20X2 年列报 75 000 美元的净利润，并分配 40 000 美元的股利。

母公司成本法下的分录

母公司 20X2 年记录的分录仅有一个与其对子公司的投资相关。

		借方	贷方
(38)	借：现金	32 000	
	贷：股利收入		32 000
	记录来自 Special Foods 公司分配的股利： $40 000×80%		

合并工作底稿——合并第二年

20X2 年 12 月 31 日工作底稿中的 Peerless Products 公司和 Special Foods 公司的试算平衡数据列示在图表 5-13。

前两个抵销分录同第一年的相似。抵销分录 E（39）抵销了 Peerless Products 公司记录的来自 Special Foods 公司的股利收入，以及与 Peerless Products 公司投资相关的 Special Foods 公司宣告分配的股利。

		借方	贷方
E(39)	借：股利收入	32 000	
	贷：应收股利		32 000
	抵销来自子公司的股利收入。		

抵销分录 E（40）分配少数股东享有子公司净利润的份额（$75 000×20%），并抵销了少数股东享有子公司分配股利的部分：

		借方	贷方
E(40)	借：归属于少数股东的净利润	15 000	
	贷：应收股利		8 000
	少数股东权益		7 000
	分配归属于少数股东权益的净利润。		

在成本法下，母公司没有在其账簿中确认其享有子公司留存收益的部分。因此，母公司第二年年初留存收益少于合并留存收益，且母公司列报的投资账户余额少于该时点其享有子公司净资产的份额。图表 5-13 中完成合并工作底稿常用的方法是抵销母公司权益法下列报的余额，并将子公司留存收益增加的归属于母公司的部分汇总到合并留存收益中。

因为成本法下母公司投资账户的余额通常是保持不变的，所以投资的抵销分录也保持不变。抵销分录 E（41）抵销了 Peerless Products 公司投资账户余额和 Special Foods 公司所有者权益账户余额，正如它们在合并日存在的那样。

图表 5-13　20X2 年 12 月 31 日，合并财务报表成本法工作底稿，合并后第二年，以高于账面价值的价格购买 80%的股权

项　目	Peerless Products	Special Foods	抵销分录		合并金额
			借　方	贷　方	
销售收入	450 000	300 000			750 000
股利收入	32 000		(39)　32 000		
贷方合计	482 000	300 000			750 000
销售成本	180 000	160 000			340 000
折旧和摊销	50 000	20 000	(44)　4 800		74 800
其他费用	60 000	45 000			105 000
借方合计	(290 000)	(225 000)			(519 800)
					230 200
归属于少数股东的净利润			(40)　15 000		(15 000)
净利润，结转至下方	192 000	75 000	51 800		215 200
1 月 1 日留存收益	404 000	120 000	(41) 100 000		
			(42)　4 000		
			(43)　11 300		408 700
净利润，自上方结转	192 000	75 000	51 800		215 200
	596 000	195 000			623 900
宣告分配的股利	(60 000)	(40 000)		(39)　32 000	
				(40)　8 000	(60 000)
12 月 31 日留存收益，结转至下方	536 000	155 000	167 100	40 000	563 900
现　金	221 000	85 000			306 000
应收账款	150 000	80 000			230 000
存　货	180 000	90 000			270 000
土　地	175 000	40 000	(43)　8 000		223 000
建筑物和设备	800 000	600 000	(43)　48 000		1 448 000
对 Special Foods 公司的股权投资	310 000			(41) 310 000	
商　誉			(43)　7 500		7 500
股权投资差额			(41)　70 000	(43)　70 000	
借方合计	1 836 000	895 000			2 484 500
累计折旧	500 000	340 000		(43)　4 800	
				(44)　4 800	849 600
应付账款	100 000	100 000			200 000
应付债券	200 000	100 000			300 000
普通股	500 000	200 000	(41) 200 000		500 000
留存收益，自上方结转	536 000	155 000	1673 100	40 000	563 900
少数股东权益				(40)　7 000	
				(41)　60 000	
				(42)　4 000	71 000
贷方合计	1 836 000	895 000	500 600	500 600	2 484 500

抵销分录：

(39) 抵销来自子公司的股利收入。

(40) 分配归属于少数股东的净利润。

(41) 抵销合并日投资账户余额。

(42) 分配少数股东享有的子公司留存收益。

(43) 分配年初剩余股权投资差额。

(44) 摊销与建筑物及设备相关的股权投资差额。

E(41)	借：股本——Special Foods	200 000	
	期初留存收益	100 000	
	股权投资差额	70 000	
	贷：股权投资——Special Foods		310 000
	少数股东权益		60 000
	抵销合并日投资账户余额。		

这个分录同第一年的投资抵销分录相同。该投资抵销分录在后续的每一年里都保持相同，除非持股水平发生变化或子公司对外发行的股份发生变化，或者除非子公司宣告的股利大于被母公司并购后实现的净利润。

需要另外一个工作底稿分录在合并资产负债表中来确立一个恰当的少数股东权益余额。抵销分录E（40）分配少数股东享有的20X2年子公司股东权益增加部分的份额。抵销分录E（41）分配少数股东享有的合并日20X1年1月1日子公司所有者权益的份额。需要一个额外的分录来分配少数股东享有的子公司所有者权益在合并日至当期期初之间增加部分的份额。这项增加的计算如下所示：

Special Foods公司20X2年1月1日的所有者权益余额	$120 000
Special Foods公司合并日的所有者权益余额	(100 000)
留存收益	$ 20 000
少数股东权益享有的份额	× 0.20
少数股东权益享有增加部分的金额	$ 4 000

抵销分录E（42）分配少数股东权益享有的Special Foods公司所有者权益在合并日至当期期初之间增加部分的份额。

E(42)	借：期初留存收益	4 000	
	贷：少数股东权益		4 000
	分配少数股东权益享有的子公司期初留存收益。		

当每次编制合并财务报表时，可比的计算和抵销分录是必要的。

合并工作底稿中最后两个分录是与股权投资差额相关的。

E(43)	借：土地	8 000	
	建筑物及设备	48 000	
	商誉	7 500	
	期初留存收益	11 300	
	贷：股权投资差额		70 000
	累计折旧		4 800
	分配年初剩余股权投资差额。		
E(44)	借：折旧费用	4 800	
	贷：累计折旧		4 800
	摊销与建筑物及设备相关的股权投资差额。		

抵销分录 E（43）分配了股权投资差额的初始金额，使得子公司资产及其备抵账户的余额调整为 20X2 年年初的恰当的合并余额。抵销分录 E（44）摊销了 20X2 年与建筑物及设备相关的股权投资差额。

抵销分录 E（43）中的股权投资差额摊销反映了由 20X1 年商誉减值损失 2 500 美元而导致的商誉减少。此外，累计折旧增加的 4 800 美元是由于 20X1 年合并工作底稿增计的折旧。

在成本法下，母公司在其账簿中不确认股权投资差额的摊销或转销。因此，母公司列报的期初留存收益应当扣减合并财务报表中确认的全部以前年度的股权投资差额累计转销额，以使母公司列报的期初留存收益同合并主体在前期期末列报的留存收益余额相一致。应当记住的是，以前年度合并工作底稿中的分录并不结转到本年度工作底稿中。因此，需要通过抵销分录 E（43）使得合并留存收益减少，减少的金额为 20X1 年股权投资差额摊销的金额，该金额的组成如下：

与 20X1 年售出的存货相关的金额	$ 4 000
建筑物及设备的额外折旧额	4 800
商誉的减值损失	2 500
期初留存收益的减少金额	$11 300

合并留存收益

20X2 年 1 月 1 日工作底稿中的合并留存收益来自于母公司留存收益和子公司留存收益，以及各个抵销分录借方和贷方的合并。通过这种方法计算的 20X2 年 1 月 1 日的合并留存收益余额 408 700 美元等于图表 5-12 所列示的 20X1 年 12 月 31 日的合并留存收益余额。

子公司留存收益的期初余额在成本法下没有全部抵销，这是因为母公司留存收益没有包含并购后子公司形成的留存收益。因此，子公司留存收益的某一部分应当予以结转，并包含在合并留存收益中。

20X2 年 12 月 31 日合并留存收益可以通过调整 Peerless Products 公司和 Special Foods 公司列报的余额得到，相关调整如下所示：

20X2 年 12 月 31 日 Peerless Products 公司留存收益	$536 000
20X2 年 12 月 31 日 Special Foods 公司留存收益	155 000
合计	$691 000
扣减以下项目：	
20X1 年 1 月 1 日合并日 Special Food 公司留存收益	(100 000)
少数股东享有的合并后 Special Foods 公司形成的留存收益的份额［($20 000 + $35 000) × 0.20］	(11 000)
20X1 年股权投资差额的转销金额（$4000 + $4800 + $2500）	(11 300)
20X2 年股权投资差额的转销金额	(4 800)
20X2 年 12 月 31 日合并留存收益	$563 900

附录 5B FASB 准则草案变化的例示

贯穿本章的 Peerless Products 公司和 Special Foods 公司的案例可以用来例示 FASB 准则草案对企业合并以及编制合并财务报表会计处理变化产生的影响。再次假设 Peerless Products 公司在 20X1 年 1 月 1 日以 310 000 美元的价格购买了 Special Foods 公司 80%的股本。合并日 Peerless Products 公司和 Special Foods 公司的资产负债表如图表 5-1 所示。

在合并日，Special Foods 公司列报的净资产账面价值为 300 000 美元。经过仔细的核查，Peerless Products 公司的管理层确定 Special Foods 公司净资产的公允价值为 375 000 美元，Special Foods 公司的整体公允价值为 387 500 美元。如图表 5-2 所示，公允价值增加的 75 000 美元分配给存货 5 000 美元；分配给土地 10 000 美元；分配给建筑物及设备 60 000 美元。12 500 美元的商誉（\$387 500-\$375 000）按照持股比例分配给 Peerless 公司（80%）和少数股东（20%）。

母公司的分录

Special Foods 公司列报的 20X1 年净利润为 50 000 美元，支付股利 30 000 美元。与 5 000 美元股权投资差额相关的存货在 20X1 年全部售出。建筑物及设备自合并日起剩余使用年限为 10 年，采用直线法计提折旧。在 20X1 年年末，Peerless 公司管理层确定合并时确认的商誉发生减值，并批准确认 3 125 美元的减值损失。商誉减值包含按比例分配给控制股东和少数股东的商誉。

20X1 年 Peerless Products 公司在其账簿中记录了以下分录，来核算权益法下对 Special Foods 公司的股权投资：

		借方	贷方
(45)	借：股权投资——Special Foods	310 000	
	贷：现金		310 000
	记录购买 Special Foods 公司股权。		
(46)	借：现金	24 000	
	贷：股权投资——Special Foods		24 000
	记录 Special Foods 公司分配的现金股利：\$30 000 × 0.80		
(47)	借：股权投资——Special Foods	40 000	
	贷：投资收益		40 000
	记录权益法下的投资收益：\$50 000 × 0.80		
(48)	借：投资收益	4 000	
	贷：股权投资——Special Foods		4 000
	调整投资收益（与售出存货相关的股权投资差额）：\$5 000 × 0.80		

(49)	借：投资收益	4 800	
	贷：股权投资——Special Foods		4 800
	摊销与建筑物及设备相关的购买价差。		

这些分录与先前列示的现行准则下的分录（4）至（8）相同。

合并工作底稿

20X1年年末，Peerless Products公司在图表5-14所示的合并工作底稿的基础上编制合并财务报表。图表5-14中绝大多数的抵销分录与图表5-5中的抵销分录不同，这是因为FASB的准则草案要求确认子公司资产和负债的全部公允价值，而不仅仅是母公司享有该公允价值增加的份额。再者，准则草案要求在被并购公司公允价值与其可辨认净资产公允价值之间的差额的基础上确认商誉的全部金额，而不是将并购价格超出母公司享有子公司可辨认净资产公允价值的份额部分确认为商誉。

工作底稿中第一个抵销分录E（50）抵销了Peerless公司在其账簿中采用权益法确认的来自Special Foods公司的投资收益，抵销了Peerless Products公司享有Special Foods公司分配股利的份额，以及当期Peerless Products公司账簿中记录的该投资账户的变动。在现行准则下，这个抵销分录与抵销分录E（9）相同。

E(50)	借：投资收益	31 200	
	贷：应收股利		24 000
	股权投资——Special Foods		7 200
	抵销来自子公司的投资收益。		

下一个抵销分录分配归属于少数股东权益的净利润：

E(51)	借：归属于少数股东的净利润	7 175	
	贷：应收股利		6 000
	少数股东权益		1 175
	分配归属于少数股东权益的净利润。		

这个抵销分录同抵销分录E（10）很相似，但是金额不同，这是因为在准则草案中少数股东被认为对Special Foods公司资产公允价值的增加拥有要求权，包括商誉。实体投资差额的总额是合并日Special Foods公司的公允价值与其净资产账面价值之间的差额（\$387 500-\$300 000）。当少数股东权益的要求权包括这个金额的20%时，它也应当负担这项实体投资差额摊销的相应份额。相应地，少数股东权益享有Special Foods公司净利润份额的计算如下所示：

图表 5-14 20X1 年 12 月 31 日，新会计准则草案下的合并财务报表权益法工作底稿，合并当年，以高于账面价值的价格购买 80%的股权

项目	Peerless Products	Special Foods	抵销分录 借方	抵销分录 贷方	合并金额
销售收入	400 000	200 000			600 000
来自子公司的投资收益	31 200		(50) 31 200		
贷方合计	431 200	200 000			600 000
销售成本	170 000	115 000	(53) 5 000		290 000
折旧和摊销	50 000	20 000	(54) 6 000		76 000
商誉减值损失			(55) 3 125		3 125
其他费用	40 000	15 000			55 000
借方合计	(260 000)	(150 000)			(424 125)
合并净利润					175 875
归属于少数股东的净利润			(51) 7 175		(7 175)
归属于控制股东权益的净利润，结转至下方	171 200	50 000	52 500		168 700
1 月 1 日留存收益	300 000	100 000	(52) 100 000		300 000
净利润，自上方结转	171 200	50 000	52 500		168 700
	471 200	150 000			468 700
宣告分配的股利	(60 000)	(30 000)		(50) 24 000	
				(51) 6 000	(60 000)
12 月 31 日留存收益，结转至下方	411 200	120 000	152 500	30 000	408 700
现　金	194 000	75 000			269 000
应收账款	75 000	50 000			125 000
存　货	100 000	75 000			175 000
土　地	175 000	40 000	(53) 10 000		225 000
建筑物和设备	800 000	600 000	(53) 60 000		1 460 000
对 Special Foods 公司的股权投资	317 200			(50) 7 200	
				(52) 310 000	
商　誉			(53) 12 500	(55) 3 125	9 375
实体投资差额			(52) 87 500	(53) 87 500	
借方合计	1 661 200	840 000			2 263 375
累计折旧	450 000	320 000		(54) 6 000	776 000
应付账款	100 000	100 000			200 000
应付债券	200 000	100 000			300 000
普通股	500 000	200 000	(52) 200 000		500 000
留存收益，自上方结转	411 200	120 000	152 500	30 000	408 700
少数股东权益				(51) 1 175	
				(52) 77 500	78 675
贷方合计	1 661 200	840 000	522 500	522 500	2 263 375

抵销分录：

(50) 抵销来自子公司的净利润。

(51) 分配归属于少数股东的净利润。

(52) 抵销投资账户的期初余额。

(53) 分配股权投资差额的期初余额。

(54) 摊销与建筑物及设备相关的股权投资差额。

(55) 因商誉发生减值而减记商誉。

Special Foods 公司列报的净利润	\$50 000
减：当期分配给售出存货的实体投资差额	(5 000)
分配给建筑物及设备的实体投资差额相对应的折旧	(6 000)
商誉的减值	(3 125)
Special Foods 公司调整后的净利润	\$35 875
少数股东享有的比例	× 0.20
归属于少数股东的净利润	\$ 7 175

抵销分录 E（52）抵销了 Peerless Products 公司投资账户和 Special Foods 公司所有者权益账户的期初余额，并将 Special Foods 公司全部公允价值（\$387 500）的 20%分配给少数股东权益：

E(52)	借：股本——Special Foods	200 000	
	期初留存收益	100 000	
	实体投资差额	87 500	
	贷：股权投资——Special Foods		310 000
	少数股东权益		77 500
	抵销股权投资账户期初余额。		

抵销分录 E（52）分配给少数股东权益的金额大于现行准则下抵销分录 E（11）分配的金额，这是因为它是根据了 Special Foods 公司的公允价值而不是账面价值。抵销分录 E（52）还在工作底稿中确认了股权投资差额。这个股权投资差额在此称为*实体投资差额*，用以区别在现行准则下形成的*合并投资差额*。实体投资差额是合并日子公司的公允价值与其账面价值之间的差额，而合并投资差额是母公司支付的购买价格与母公司享有子公司账面价值份额之间的差额。由于实体投资差额与作为一个整体的子公司相联系，这就使得少数股东权益按照其享有投资差额的份额进行了增加。因此，在工作底稿抵销分录 E（52）中的少数股东权益的金额比现行准则下分录 E（11）的全额高 17 500 美元（\$87 500 × 0.20）。

接下来的三个抵销分录都与抵销分录 E（52）在工作底稿中确认的实体投资差额相关联：

E(53)	借：销售成本	5 000	
	土地	10 000	
	建筑物及设备	60 000	
	商誉	12 500	
	贷：实体投资差额		87 500
	分配期初实体投资差额。		
E(54)	借：折旧费用	6 000	
	贷：累计折旧		6 000
	摊销与建筑物及设备相关的实体投资差额： \$60 000 ÷ 10 年		

E(55)	借：商誉减值损失	3 125	
	贷：商誉		3 125
	因商誉发生减值而减记商誉。		

抵销分录 E（53）分配了实体投资差额，在合并日增加了 Special Foods 公司资产的公允价值并在工作底稿中确认了商誉。抵销分录 E（54）确认了与 Special Foods 公司建筑物及设备相关的实体投资差额的折旧。抵销分录 E（55）在工作底稿中确认了 20X1 年发生的商誉减值的损失，并以该金额减计了商誉。

一旦所有的抵销分录都记入到工作底稿中，工作底稿就可以按照正常的方式编制完成。在图表 5-14 中有几点需要注意：

1. 全部与股权投资差额和少数股东权益相关的抵销分录都是基于合并日子公司公允价值的基础上，而不是其账面价值，因此相应的金额与图表 5-5 中所示金额不同。
2. 在工作底稿的损益表底部，合并净利润以小计的形式列示，该项金额是由工作底稿中的借贷方差额计算得到。值得注意的是，工作底稿中该部分的最后一个项目不是合并净利润。合并净利润应在多数股东与少数股东之间进行分配，从合并净利润中扣除归属于少数股东的部分，可得出归属于多数股东的净利润，即工作底稿损益表部分的最后一项。
3. 与合并净利润不同，合并留存收益仅包括归属于控股权益的实体留存收益的那部分。相应地，工作底稿中所有者权益变动表的部分与图表 5-5 所列示的相同。
4. 工作底稿资产负债表部分的合并栏的资产金额大于图表 5-5 所列示的金额，这是因为它们是基于合并日 Special Foods 公司整体公允价值。合并栏底部所列示的少数股东权益大于图表 5-5 列示的金额，这是因为它包括合并日少数股东权益享有 Special Foods 公司公允价值的份额，而不是其账面价值。这个少数股东权益的金额计算如下所示：

20X1年12月31日Special Foods公司净资产账面价值		$320 000
少数股东享有的份额		× 0.20
20X1 年 12 月 31 日少数股东权益的账面价值		$ 64 000
20X1 年 1 月 1 日实体投资差额	$87 500	
20X1 年实体投资差额的变动：		
商誉减值损失	(3 125)	
销售成本	(5 000)	
增加的折旧	(6 000)	
20X1 年 12 月 31 日剩余的实体投资差额	$73 375	
少数股东权益的份额	× 0.20	14 675
20X1 年 12 月 31 日少数股东权益总额		$ 78 675

第 6 章

企业集团内部服务和非流动资产的转让

母公司和子公司之间会产生大量的交易事项。例如，制造企业通常会设立子公司，使其为附属企业的产品生产提供原材料或部件。而某些企业会向其附属企业提供并出售咨询或其他服务。许多大型的零售商，如 J. C.彭尼公司，向其子公司转让应收账款以获取经营现金。美国钢铁集团与其子公司存在数量众多的交易，其中包括出售原材料、加工制品和运输服务。这类交易对于整个合并主体的经营来说通常是至关重要的。这一类在关联企业之间的交易被称之为**企业集团内部转让**（intercompany/intercorporate transfers）。

合并财务报表的核心是将参与合并的所有附属企业视同一个单一的报告主体，并对其经营活动进行报告。由于不允许个别企业在其财务报表上列报内部交易，所以，合并主体必须从合并财务报表上剔除合并主体内部交易的影响。

前面的章节是以基本的合并步骤为基础，本章和之后的两章会致力于探讨企业集团内部转让的影响。本章主要探讨企业集团内部的服务和固定资产的出售，而第 7 章和第 8 章将对企业集团内部存货的销售以及债务的转让予以阐述。

合并主体概述

合并主体是数量众多的不同企业的集合体。个别企业的财务报表被合并成为一整套单独的财务报表，视同一个单独的企业，以列报整个经济实体的财务状况和经营成果。

图表 6–1 例示了合并主体及其各家附属企业既存在企业集团内部的转让和交易，也存在同集团外部的交易。从合并的观点来看，损益表中应只包含与经济实体的外部交易方的交易。因此，在图表 6–1 中，箭头穿越合并主体的边界的部分，表示在当期包含在合并主体的经营成果中的交易。在图表 6–1 中，附属企业之间的交易，即这些箭头没有穿越合并主体的分界线的部分，等同于和一家单独的企业的经营部门之间的转让，不在合并财务报表中予以体现。

图表 6–1

附属企业之间的交易

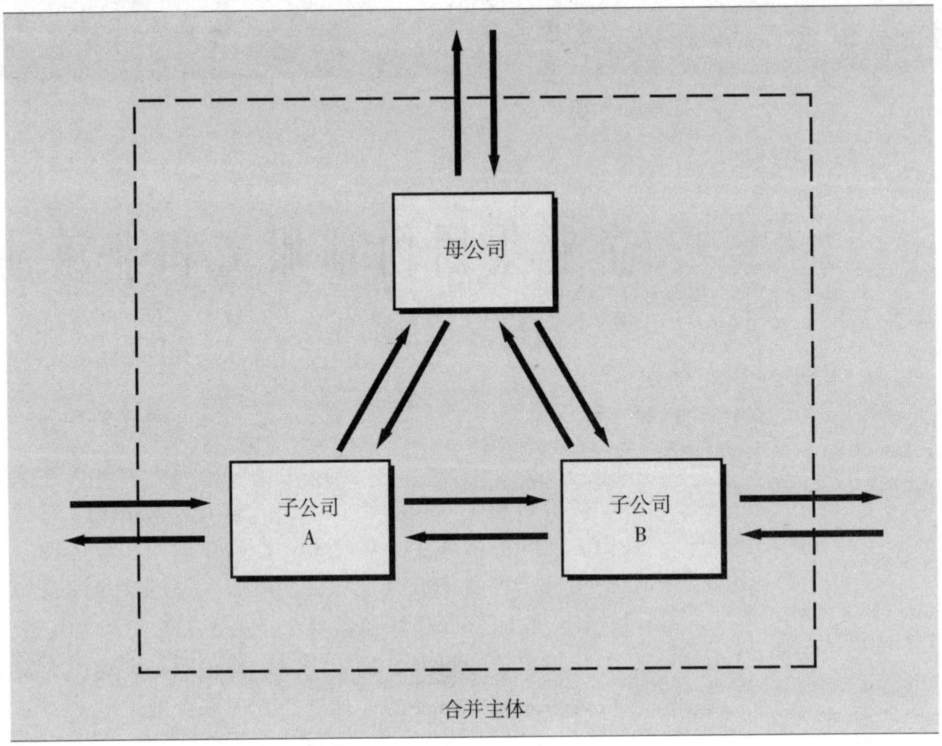

企业集团内部转让的抵销

在编制合并财务报表过程中，涉及到企业集团内部的所有转移交易都应予以抵销，从而呈报一套单一报告主体的财务报表。

会计研究公告第 51 号“合并财务报表”提到，作为企业集团内部余额和交易的举例，往来账户余额、证券的持有、销售和购买、利息和股利必须进行抵销。[1]

在关于企业集团内部转移的抵销中，全资子公司和非全资子公司之间是没有区别的。合并理论的关键点是单一实体观，而不是所持有的股权比例。一旦符合合并的条件，一家企业就成为一个单独的经济实体的一部分，不论其持有多少股权，关联企业之间所有的交易都是内部交易，必须全部予以抵销。

未实现损益的抵销

企业通常会按照与非附属企业交易的基础对与附属企业之间的交易进行核算，包括损益的确认。从销售企业的角度来看，对关联企业的销售通常在销售时点确认损益的实现，但是，从合并主体的角度来看，直到这笔交易被真正确认，才能认定利润的实现，而这通常要通过对非关联企业的再次出售。此类在企业集团内部转让中未确认的利润被称之为**未实现的企业集团内部利润**（unrealized intercom-

[1] *Accounting Research Bulletin No. 51,* “Consolidated Financial Statements,” August 1959, para. 6.

图表 6–2
企业集团内部销售

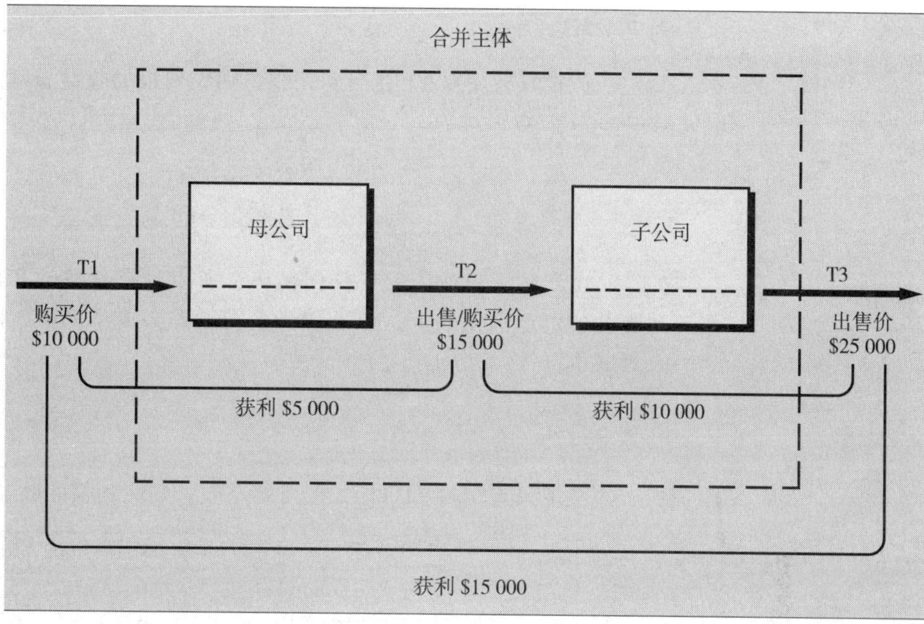

pany profit）。

以上图例以土地为例，对企业集团内部销售步骤进行了一个概述。图表 6–2 例示了一家母公司与其子公司之间的一系列交易。首先，母公司从一家非关联企业购买了土地，然后将其出售给一家子公司，最后由子公司将这块土地出售给一家非关联企业。三笔交易和金额如下：

T1——母公司从外部企业以10 000 美元购入土地。
T2——母公司以 15 000 美元将土地出售给子公司。
T3——子公司以 25 000 美元将土地出售给外部企业。

在以下案例中，每一家个别企业以及合并主体报告的收益金额取决于在这一会计期间发生了哪一笔交易。

案例 A

假定三笔交易都在同一会计期间完成，则应列报的收益金额如下：

母公司	$5 000（$15 000 – $10 000）
子公司	10 000（$25 000 – $15 000）
合并主体	15 000（$25 000 – $10 000）

每一家企业的报告收益被视为已实现的收益，主要是由于土地已经在同一会计期间内被再次出售给了非关联企业。合并主体的报告收益，应为合并主体 10 000 美元的初始购买价格与出售给外部企业 25 000 美元的价格之间的差额。15 000 美元的收益在合并损益表中列报。从合并的角度看，母公司出售土地给子公司的交易（交易 T2）是一笔内部交易，在合并财务报表上不予列报。

案例B

假定只有交易 T1 在当期完成。则应列报的收益金额如下：

母公司	\$–0–
子公司	–0–
合并主体	–0–

由于附属企业未完成任何销售，所以没有收益的实现或报告。在母公司以及合并的资产负债表上，土地以母公司的购买成本列报，同时这也是合并主体的购买成本。

案例 C

假定只有交易 T1 和 T2 在当期完成。则应列报的收益金额如下：

母公司	\$5 000（\$15 000 – \$10 000）
子公司	–0–
合并主体	–0–

由于土地并没有再次出售给合并主体以外的外部企业，因此母公司 5 000 美元的报告收益从合并主体的角度来看，被视为未实现的收益，不能在合并损益表上列报。在子公司账簿上的土地账面金额为 15 000 美元，即子公司的购买成本。从合并主体的角度看，土地被高估了 5 000 美元，应以 10 000 美元的成本予以列报。

案例 D

假定只有交易 T3 在当期完成，T1 和 T2 在前期发生。则当期应列报的收益金额为：

母公司	\$ –0–
子公司	10 000（\$25 000 – \$15 000）
合并主体	15 000（\$25 000 – \$10 000）

子公司确认了等于其出售价格 25 000 美元与其成本价格 15 000 美元之间的差额的收益，与此同时，合并主体的报告收益等于其出售价格 25 000 美元与其成本价格 10 000 美元之间的差额。

从合并的角度，在合并主体内部出售一项资产只是该项资产位置的变化，并不代表盈利的实现。合并主体的盈利必须通过与合并主体之外的外部交易方进行交易才可以实现。决定何时在合并财务报表中列报一项交易的关键是将企业集团视同一个合并主体，并且确定每一笔特定的交易是否全部发生在合并主体中。如果发生在合并主体中，那么该笔交易的影响必须从合并财务报表中剔除；如果是与外部交易方发生的交易，那么该笔交易应在合并主体的财务报表中予以列报。

企业集团内部服务的转让

关联企业之间会频繁地相互购买服务。这些服务有可能以各种不同的形式存在，企业集团内部购买咨询服务、工程、市场营销以及维修服务是十分普遍的。

当一家企业从关联企业购买服务时，购买方典型的会计处理方法是将其记录为一项费用，而出售方会将其记录为一项收入。在编制合并财务报表时，该项费用和收入都要进行抵销。例如，当母公司以 50 000 美元向子公司出售一项咨询服务时，母公司会确认一项 50 000 美元的咨询服务费收入，而子公司会相应确认一项咨询服务费用。在合并工作底稿中，要编制一笔抵销分录，按照 50 000 美元抵减咨询服务收入（借记）和咨询服务费用（贷记）。由于收入和费用相等并同时被抵销，该笔抵销分录对利润无影响。即使利润并未受到影响，该笔抵销分录仍然十分重要，否则收入和费用会同时被夸大。

一般而言，一种单纯的方法对企业集团内部服务的转让进行抵销是假设该项服务使得会计当期受益，故该项企业集团内部服务的内部利润在转让的会计当期被确认实现。相应地，由于企业集团内部利润在转让的当期已经被认为实现，从而不需要在未来的会计期间对当期服务的转让进行抵销。

通常，在服务出售的当期假定企业集团内部出售服务的利润实现，是一种现实的假定。然而，在某些情况下，企业集团内部服务利润的实现并不发生在提供服务的同一会计期间且金额十分巨大。例如，如果母公司为子公司设计一项新的制造设施，向子公司提供建筑服务并收费，则子公司会将该项成本包含在新设施中并予以资本化。从合并主体的角度而言，母公司确认的任何关于企业集团内部出售服务的利润（收入超过提供服务的成本部分），在企业集团内部利润最终实现前，都应从新设施的报告成本中抵销。利润的实现会在该项设施的使用年限中分期进行。因此，抵销分录每年都要编制，这和本章随后列示的企业集团内部固定资产交易的处理相类似。

企业集团内部土地的转让

当发生企业集团内部非流动资产的转让时，只要购买方持有该项资产，通常就需要在合并财务报表编制过程中进行相应的调整。企业集团内部资产的转让最简单的例子为企业集团内部土地的出售。

利润抵销程序概述

当关联企业间土地的转让价格以账面价值进行，则在编制合并财务报表时，不需要进行特殊的调整或抵销。例如，如果一家企业以 10 000 美元购买了一块土地，又按照同样价格出售给子公司，在合并主体中，该项资产仍以初始成本 10 000 美元计价。

母公司			子公司		
现　金	10 000		土　地	10 000	
土　地		10 000	现　金		10 000

由于卖方既没有记录损失也没有记录收益，因此从合并的角度而言，资产和收益的列报是正确的。

如果土地是以高于或低于账面价值的价格进行转让，那么在合并过程中需要进行特别的会计处理。由于合并主体仍旧持有该土地，故卖方的收益或损失必须予以抵销，在合并财务报表中不应列报任何损益，直到该土地被出售给合并主体外的外部交易方时，损益才会实现。同样的，只要合并主体仍旧持有该土地，不管是被哪一家附属企业持有，该土地应在合并财务报表中以初始成本列报。

作为举例，假定 Peerless Products 公司于 20X1 年 1 月 1 日以 20 000 美元购买土地，且于 20X1 年 7 月 1 日以 35 000 美元的价格出售该土地给其子公司，如下所示：

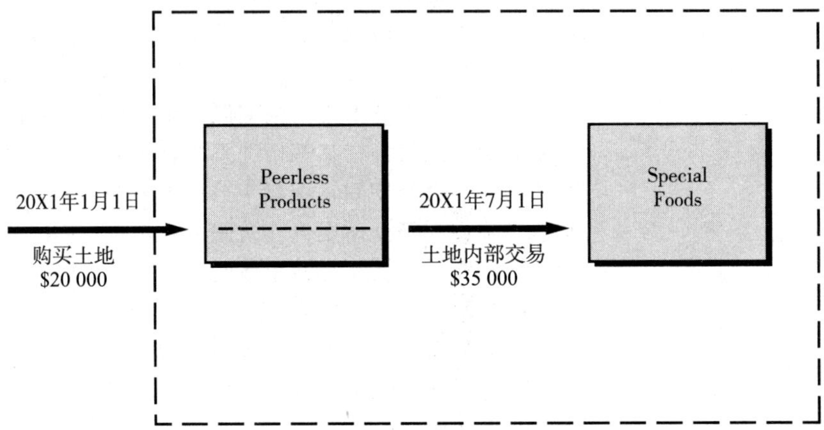

Peerless Products 公司记录购买土地，并出售该土地给 Special Foods 公司的分录如下：

20X1 年 1 月 1 日

(1) 借：土地	20 000	
贷：现金		20 000
记录购买土地。		

20X1 年 7 月 1日

(2) 借：现金	35 000	
贷：土地		20 000
出售土地的收益。		15 000
记录对 Special Foods 公司出售土地。		

Special Foods 公司从 Peerless Products 公司购买土地的分录如下。

20X1 年 7 月 1 日

(3) 借：土地	35 000	
贷：现金		35 000
记录从 Peerless Products 公司购买土地。		

企业集团内部转让导致出售方确认了15 000美元的收益，且土地的账面价值增加了相等金额。这两部分金额均不能在合并财务报表中列报，因为从合并的角度来看，15 000美元的企业集团内部收益尚未实现。土地并未售出给合并主体之外的外部交易方，只是在企业集团内部的转移，因此，这块土地仍应以其初始成本在合并主体中列报。在编制合并财务报表的过程中，该笔收益应进行抵销，在 Special Foods 公司的账簿上的土地价值必须从 35 000 美元恢复到其初始成本 20 000 美元。在 20X1 年年末进行合并财务报表的编制时，需通过如下分录调整：

E(4)	借：出售土地收益	15 000	
	贷：土地		15 000
	抵销未实现的土地出售收益。		

未实现利润分配的抵销

由作为出售方的附属企业确认的企业集团内部转移的收益或损失，最终会归属于该企业的股东。当此项销售是由母公司向子公司进行的，则被称之为**顺销**(downstream sale)，该项转让的损益会归属于母公司的股东。当这项销售是由子公司向母公司进行的，则被称之为**逆销**（upstream sale），一切损益会归属于子公司的股东。如果是全资控股子公司，那么所有的收益或损失最终会归属于作为唯一股东的母公司。但是，如果作为出售方的子公司不是被全部控股，那么在逆销中产生的损益会在母公司和少数股东（非控股股东）中进行分配。

一般而言，直到销售给一家外部的企业之前，销售的收益或损失不会被合并主体认为真正实现。在编制合并财务报表时，未实现的损益会被抵销以冲销已被附属企业的股东（出售方）确认的损益。因此，企业集团内部交易销售的方向决定了应对哪家股东的未实现收益和损失进行抵销。

抵销未实现的企业集团内部损益的具体方式如下：

销　售	抵　销
顺销（母公司向子公司销售）	对应控股股东权益
逆销（子公司向母公司销售）：	
全资子公司	对应控股股东权益
半数以上控股的子公司	按比例对应控股股东和少数股东（非控股股东）权益

如图所示，假定 Purity 公司拥有 Southern 集团 75%的股本。Purity 公司报告的自身实现的、不包括来自 Southern 公司的投资收益的利润为 100 000 美元；Southern 公司报告净利润为 60 000 美元。其中包含作为出售方的附属企业的未实现利润为 10 000 美元，是企业集团内部转让资产形成的。如果该项销售为顺销，那

么，在编制合并报表时全部未实现利润从控股股东享有的收入份额中进行抵销。这样，合并净利润计算如下：

Purity公司的个别利润		$100 000
减去：企业集团内部资产顺销的未实现利润		(10 000)
Purity公司个别已实现的利润		$ 90 000
Purity公司在Southern公司利润中享有的份额：		
Southern公司净利润	$60 000	
Purity公司按持股比例享有的份额	× 0.75	45 000
合并净利润		$135 000

反之，如果企业集团内部转移是由子公司向母公司销售，则逆销的未实现利润应按比例对控股股东和少数股东的收益进行抵销，在这种情况下，合并净利润计算如下：

Purity公司的个别利润		$100 000
Purity公司在Southern公司实现的利润中享有的份额：		
Southern公司净利润	$60 000	
减去：企业集团内部资产逆销的未实现利润	(10 000)	
Southern公司已实现的利润	$50 000	
Purity公司按持股比例享有的份额	× 0.75	37 500
合并净利润		$137 500

逆销的合并净利润高于顺销的合并净利润2 500美元，是由于25%的未实现利润在少数股东收益中抵销，而不是如同顺销一样全额从控股股东收益中进行抵销。

需要注意的是，未实现的企业集团内部收益和损失在编制合并财务报表时总是要进行全额抵销。作为出售方的子公司的少数股东收益的存在只是对抵销金额的分配有影响，不会对未实现的损益的抵销金额有影响。

少数股东收益

分配给少数股东的收益（利润）是指子公司和合并主体外的交易方的交易所实现的利润中，少数股东按照持股比例所享有的份额。在顺销例子中分配给少数股东的收益计算如下：

Southern公司净利润	$60 000
少数股东的持股比例	× 0.25
分配给少数股东的收益（利润）	$15 000

在逆销例子中分配给少数股东的利润计算如下：

Southern公司净利润	$60 000
减去：在资产逆销中的未实现利润	(10 000)
Southern公司的已实现净利润	$50 000
少数股东的持股比例	× 0.25
分配给少数股东的利润	$12 500

在顺销的例子中，企业集团内部未实现的利润 10 000 美元在母公司账簿上确认，因此，在顺销的企业集团内部交易中的未实现利润对少数股东权益没有影响。子公司的与合并主体外的交易方交易形成的全部利润均已经实现。在逆销例子中，子公司利润中包含 10 000 美元的企业集团内部未实现利润。子公司的与合并主体外的交易方交易实现的利润只有 50 000 美元（60 000 美元减去 10 000 美元的企业集团内部未实现利润）。

顺　销

为了对企业集团内部未实现利润的会计处理进行更加全面的例示，我们沿用 Peerless Products 公司和 Special Foods 公司的例子，相关假定如下：

1. 按照股票的账面价值 240 000 美元，Peerless Products 公司于 20X0 年 12 月 31 日购买了 Special Foods 公司 80%的股份。
2. 20X1 年 7 月 1 日，Peerless Products 公司将一块土地以 35 000 美元出售给 Special Foods 公司，这块土地是 Peerless Products 公司于 20X1 年 1 月 1 日以 20 000 美元的初始成本购买的。Special Foods 公司在 20X1 年度及以后年度继续持有该土地。
3. 20X1 年，Peerless Products 公司报告的个别利润为 155 000 美元，由其自身正常经营实现利润 140 000 美元和出售土地的利得 15 000 美元构成；Peerless Products 公司宣告分派股利 60 000 美元。Special Foods 公司报告净利润为 50 000 美元，并宣告分派股利 30 000 美元。
4. Peerless Products 公司按照基本权益法对 Special Foods 公司的投资进行核算，在基本权益法下，按对 Special Foods 公司的持股比例对享有的净利润和股利份额进行记录，但是不对未实现的企业集团内部利润进行调整。

在本章的前面已列示，Peelress Products 公司以分录（2）对土地的出售和获取的收益 15 000 美元（$35 000 -$20 000）进行会计记录。分录（3）记录了 Special Foods 公司以 35 000 美元价格购买土地的交易事项。

基本权益法分录——20X1 年

20X1 年，Peerless Products 公司采用基本权益法按照持股比例记录应享有的来自 Special Foods 公司的利润和股利份额，相关分录如下：

	借方	贷方
(5) 借：现金	24 000	
贷：股权投资——Special Foods		24 000
记录来自 Special Foods 公司的股利分配：$30 000 × 0.80		
(6) 借：股权投资——Special Foods	40 000	
贷：投资收益——子公司		40 000
记录权益法下的投资收益：$50 000 × 0.80		

20X 1 年 12 月 31 日，Peerless Products 公司账簿上股权投资账户情况如下：

股权投资——Special Foods			
初始成本	240 000		
(6) 应计权益		(5) 应收股利	
($50 000 × 0.80)	40 000	($30 000 × 0.80)	24 000
20X1 年 12 月 31 日余额	256 000		

合并工作底稿——20X1 年

用于编制合并财务报表的合并工作底稿如图表 6–3 所示，正常合并底稿分录如下：

		借	贷
E(7)	借：投资收益——子公司	40 000	
	贷：应收股利		24 000
	股权投资——Special Foods		16 000
	抵销来自子公司的投资收益。		
E(8)	借：少数股东收益	10 000	
	贷：应收股利		6 000
	少数股东权益		4 000
	分配归属于少数股东的净利润。		
	$10 000 = $50 000 × 0.20		
	$6 000 = $30 000 × 0.20		
E(9)	借：股本——Special Foods	200 000	
	期初留存收益	100 000	
	贷：股权投资——Special Foods		240 000
	少数股东权益		6 000
	抵销投资账户的期初余额。		

分录 E（7）抵销了 Peerless Products 公司对 Special Foods 公司的投资账户的变动金额，分录（6）确认了来自 Special Foods 公司的投资收益，分录（5）确认了 Peerless Products 公司享有的 Special Foods 公司的股利份额。分录 E（8）分配了归属于少数股东的 Special Foods 公司的利润（$50 000 × 0.20），同时按其持股比例对享有的 Special Foods 公司的股利份额予以抵销。由于该项交易是一项顺销交易，所以分配给少数股东的利润部分不会受到企业集团内部留存收益的影响。分录 E（9）抵销了 Peerless Products 公司对 Special Foods 公司的投资账户的期初余额，以及其在 Special Foods 公司的所有者权益的期初余额，同时确认了少数股东权益期初余额。

为抵销企业集团内部土地销售未实现的利润，附加分录如下。

图表 6-3 20X1 年 12 月 31 日，合并工作底稿，企业集团内部销售当年——土地顺销

项　目	Peerless Products	Special Foods	抵销分录 借　方	抵销分录 贷　方	合并金额
销售收入	400 000	200 000			600 000
出售土地收益	15 000		(10) 15 000		
来自子公司的投资收益	40 000		(7) 40 000		
贷方合计	455 000	200 000			600 000
销售成本	170 000	115 000			285 000
折旧和摊销	50 000	20 000			70 000
其他费用	40 000	15 000			55 000
借方合计	(260 000)	(150 000)			(410 000)
					190 000
少数股东利润			(8) 10 000		(10 000)
净利润，结转至下方	195 000	50 000	65 000		180 000
1 月 1 日留存收益	300 000	100 000	(9) 100 000		300 000
净利润，自上方结转	195 000	50 000	65 000		180 000
	495 000	150 000			480 000
宣告分配的股利	(60 000)	(30 000)		(7) 24 000	
				(8) 6 000	(60 000)
12 月 31 日留存收益，结转至下方	435 000	120 000	165 000	30 000	420 000
现　金	299 000	40 000			339 000
应收账款	75 000	50 000			125 000
存　货	100 000	75 000			175 000
土　地	155 000	75 000		(10) 15 000	215 000
建筑物和设备	800 000	600 000			1 400 000
对 Special Foods 公司的股权投资	256 000			(7) 16 000	
				(9) 240 000	
借方合计	1 685 000	840 000			2 254 000
累计折旧	450 000	320 000			770 000
应付账款	100 000	100 000			200 000
应付债券	200 000	100 000			300 000
普通股股本	500 000	200 000	(9) 200 000		500 000
留存收益，自上方结转	435 000	120 000	165 000	30 000	420 000
少数股东权益				(8) 4 000	
				(9) 60 000	64 000
贷方合计	1 685 000	840 000	365 000	365 000	2 254 000

抵销分录：

(7) 抵销来自子公司的投资收益。

(8) 分配归属于少数股东的净利润。

(9) 抵销股权投资账户的期初余额。

(10) 抵销土地顺销未实现的利润。

E(10)	借：销售土地收益 　　贷：土地 抵销土地顺销未实现的利润。	15 000	 15 000

因为合并主体仍旧持有这块土地，所以 Peerless Products 公司账簿上确认的 15 000 美元的收益必须在合并工作底稿上进行抵销，则合并损益表上对此收益不予体现。同样，列示在合并资产负债表上的土地金额应是合并主体购买土地的初始成本 20 000 美元，因此，在 Special Foods 公司账簿上的 35 000 美元必须予以抵减。

合并净利润

20X1 年合并净利润计算如下：

Peerless Products 公司个别利润		$155 000
减去：土地顺销中未实现的企业集团内部利润		(15 000)
Peerless Products 公司个别的已实现利润		$140 000
Peerless Products 公司按持股比例享有的 Special Foods 公司利润的份额：		
Special Foods 公司净利润	$50 000	
Peerless Products 公司的持股比例	× 0.80	40 000
20X1 年合并净利润		$180 000

少数股东权益

在合并主体中少数股东享有的利润份额被局限于其享有子公司利润的份额。Special Foods 公司 20X1 年度净利润为 50 000 美元，而少数股东权益为 20%。因此，利润中的 10 000 美元（$50 000×0.20）是少数股东应享有的份额。

如图表 6–3 所示，20X1 年年末全部少数股东权益为 64 000 美元，表示少数股东按其持股比例在子公司全部净资产中所享有的份额。

20X1 年 12 月 31 日 Special Foods 公司账面价值：	
股　本	$200 000
留存收益	120 000
账面价值合计	$320 000
少数股东的持股比例	× 0.20
20X1 年 12 月 31 日少数股东权益	$ 64 000

少数股东权益不会受未实现的顺销利润的影响。

逆　销

子公司的账簿上记录了由逆销形成的企业集团内部利润。如果从合并的角度来看，该项利润为未实现的利润，则其不应包含在合并财务报表中。如同顺销一样，在合并工作底稿上未实现的企业集团内部利润被以同样的方式进行抵销。但利润的抵销是控股股东和非控股股东分别按照他们的持股比例进行抵减。

我们采用顺销的会计处理例子来说明逆销的会计处理。在这个案例中，除自身正常经营实现的 50 000 美元利润之外，Special Foods 公司还确认了出售土地给 Peerless Products 公司的 15 000 美元利润。因此，Special Foods 公司 20X1 年度的净利润为 65 000 美元。Peerless Products 公司的个别利润为 140 000 美元，且全部来自正常的经营。

Special Foods 公司逆销至 Peerless Products 公司的业务情况如下：

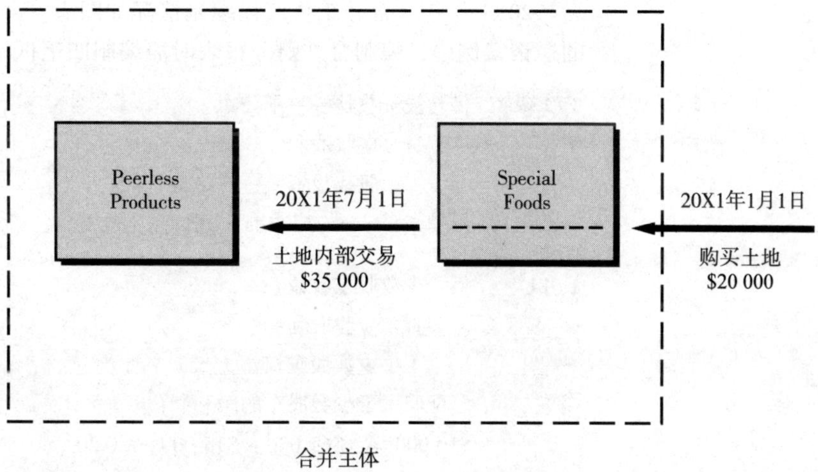

基本权益法分录——20X1 年

20X1 年期间，Peerless Products 公司在基本权益法下，按照正常分录反映其享有 Special Foods 公司的利润和股利的份额：

(11) 借：现金	24 000	
贷：股权投资——Special Foods		24 000
记录来自 Special Foods 公司的股利分配： $30 000 × 0.80		
(12) 借：股权投资——Special Foods	52 000	
贷：投资收益——子公司		52 000
记录权益法下的投资收益： $65.000 × 0.80		

需注意的是，Peerless Products 公司的应计权益在分录（12）中同时包含其在 Special Foods 公司中享有的经营利润的份额，以及在土地交易中获取的收益份额。

20X1 年年末，Peerless Products 公司账簿上对 Special Foods 公司的投资账户情况如下。

股权投资——Special Foods			
初始成本	240 000		
(12) 应计权益		(11) 应收股利	
($65 000 × 0.80)	52 000	($30 000 × 0.80)	24 000
20X1年12月31日余额	268 000		

合并工作底稿——20X1年

20X1年年末合并工作底稿编制情况如图表6-4所示。在与顺销案例几乎相同的逆销案例中，编制合并财务报表时需编制四笔抵销分录：

E(13)	借：投资收益——子公司	52 000	
	贷：应收股利		24 000
	股权投资——Special Foods		28 000
	抵销来自Special Foods公司的投资收益。		
E(14)	借：少数股东收益	10 000	
	贷：应收股利		6 000
	少数股东权益		4 000
	分配归属于少数股东的净利润： $10 000 = （$65 000 − $15 000）× 0.20 $6 000 = $30 000 × 0.20		
E(15)	借：股本——Special Foods	200 000	
	期初留存收益	100 000	
	贷：股权投资——Special Foods		240 000
	少数股东权益		60 000
	抵销股权投资账户的期初余额。		
E(16)	借：出售土地的收益	15 000	
	贷：土地		15 000
	抵销土地逆销未实现的收益。		

逆销分录和顺销分录的唯一区别在于分录E（13）。在逆销例子中，子公司的列报利润为65 000美元，而不是在顺销例子中的50 000美元，这两者之间的区别在于出售土地形成的15 000美元的额外收益。

和顺销例子一样，分录E（14）分配了归属于少数股东的净利润。对控股股东和少数股东的利润分配是基于子公司已实现的利润，在两个例子中均为50 000美元。

顺销和逆销，抵销程序上的唯一区别是，逆销时的子公司的未实现利润是按照控股股东和少数股东的持股比例分别进行抵销，而顺销时的母公司的企业集团内部未实现利润是全部按控股股东持股比例进行抵销。因此，在顺销中，全部15 000美元未实现企业集团内部利润被按照控股股东享有的利润份额进行抵销，以获得

图表 6-4　20X1 年 12 月 31 日，合并工作底稿，企业集团内部销售当年——土地逆销

项　目	Peerless Products	Special Foods	抵销分录 借　方	抵销分录 贷　方	合并金额
销售收入	400 000	200 000			600 000
出售土地收益		15 000	(16)　15 000		
来自子公司的投资收益	52 000		(13)　52 000		
贷方合计	452 000	215 000			600 000
销售成本	170 000	115 000			285 000
折旧和摊销	50 000	20 000			70 000
其他费用	40 000	15 000			55 000
借方合计	(260 000)	(150 000)			(410 000)
					190 000
少数股东利润			(8)　10 000		(10 000)
净利润，结转至下方	192 000	65 000	77 000		180 000
1 月 1 日留存收益	300 000	100 000	(15)　100 000		300 000
净利润，自上方结转	192 000	65 000	77 000		180 000
	492 000	165 000			480 000
宣告分配的股利	(60 000)	(30 000)		(13)　24 000	
				(14)　6 000	(60 000)
12 月 31 日留存收益，结转至下方	432 000	135 000	177 000	30 000	420 000
现　金	299 000	110 000			339 000
应收账款	75 000	50 000			125 000
存　货	100 000	75 000			175 000
土　地	210 000	20 000		(16)　15 000	215 000
建筑物和设备	800 000	600 000			1 400 000
对 Special Foods 公司的股权投资	268 000			(13)　28 000	
				(15)　240 000	
借方合计	1 682 000	855 000			2 254 000
累计折旧	450 000	320 000			770 000
应付账款	100 000	100 000			200 000
应付债券	200 000	100 000			300 000
普通股股本	500 000	200 000	(9)　200 000		500 000
留存收益，自上方结转	432 000	135 000	177 000	30 000	420 000
少数股东权益				(14)　4 000	
				(15)　60 000	64 000
贷方合计	1 682 000	855 000	377 000	377 000	2 254 000

抵销分录：

(13) 抵销来自子公司的投资收益。

(14) 分配归属于少数股东的净利润。

(15) 抵销股权投资账户的期初余额。

(16) 抵销土地逆销未实现的利润。

合并净利润。在逆销中，3 000美元的未实现企业集团内部利润从少数股东享有的利润份额中扣除。少数股东享有的子公司的全部净利润中的份额为13 000美元($65 000 ×0.20)，但需减去其在企业集团内部销售的未实现利润的份额部分3 000美元（$15 000 × 0.20）。

特别要注意的是，在逆销案例中，分录E（16）中未实现的企业集团内部利润的抵销是和顺销案例中分录E（10）的抵销相同的。顺销和逆销案例之间唯一的区别是，如何在分配给控股股东和少数股东的未实现利润中进行利润的抵减。

合并净利润

如果从合并的角度而言，企业集团内部利润是未实现的利润，而这部分利润又包含在子公司的净利润中，则合并净利润和少数股东享有的利润份额同时要进行调整。20X1年度的合并净利润计算如下：

Peerless Products公司的个别利润		$140 000
Peerless Products 公司享有 Special Foods 公司已实现利润的份额：		
Special Foods 公司的净利润	$65 000	
减去：土地逆销中未实现的企业集团内部利润	(15 000)	
Special Foods 公司已实现利润	$50 000	
Peerless Products 公司的持股比例	× 0.80	40 000
20X1 年度合并净利润		$180 000

在图表6-4中，合并工作底稿中列示的金额是利润抵销以及对少数股东利润分配的结果。

Peerless Products 公司净利润		$192 000
Special Foods 公司净利润		65 000
		$257 000
抵销项目：		
Peerless Products 公司来自 Special Foods 公司的投资收益	$52 000	
出售土地未实现的利润	15 000	
		(67 000)
		$190 000
少数股东享有的利润份额		(10 000)
20X1 年度合并净利润		$180 000

不论是否存在一项企业集团内部销售，当期年度的合并净利润都是相同的，因为这部分收益是未实现的收益。由于合并净利润的形成只是基于两家附属企业的已实现利润，所以，未实现的收益必须全额抵销。

少数股东权益

分配给少数股东的利润是以其在 Special Foods 公司的持股比例所享有的已实现利润计算的，如下所示。

Special Foods 公司净利润	$65 000
减去：土地逆销未实现的企业集团内部利润	(15 000)
Special Foods 公司的已实现利润	$50 000
少数股东的持股比例	× 0.20
归属于少数股东的利润	$10 000

全部少数股东权益是按照少数股东在 Special Foods 公司所有者权益中的持股比例计算的，扣除了未实现的利润和损失。20X1 年 12 月 31 日，少数股东权益为 64 000 美元，计算如下：

20X1 年 12 月 31 日 Special Foods 公司的账面值：	
股　本	$200 000
留存收益	135 000
账面价值合计	$335 000
土地逆销未实现的企业集团内部利润	(15 000)
Special Foods 公司已实现的账面价值	$320 000
少数股东的持股比例	× 0.20
20X1 年 12 月 31 日少数股东权益	$ 64 000

第一年后对未实现利润的抵销

对一项由企业集团内部销售产生的未实现利润，在该会计期间编制合并财务报表过程中，工作底稿的抵销分录应扣除出售方记录的损益，并通过对资产报告金额的调整使该项资产的价格恢复到出售企业支付的初始价格。其后的每一个会计期间，只要资产仍旧被购买方的附属企业所持有，报告的资产余额和作为出售方的附属企业的股东权益就会被相应调整，以剔除未实现的损益的影响。而利润在之后的会计期间将不会受到影响。

在顺销的案例中，母公司确认了企业集团内部转移的全部利润，并在后续年度中包含在其留存收益余额中。因此，在土地顺销年度之后的每一个会计期间，只要子公司仍旧持有该土地，均需要在合并工作底稿中编制如下抵销分录：

E(17)	借：期初留存收益	15 000	
	贷：土地		15 000
	抵销前期土地顺销未实现的利润。		

此分录抵减了合并留存收益的期初数和土地的报告余额，以剔除未实现的企业集团内部收益的影响。

在土地逆销的案例中，子公司确认了企业集团内部利润。母公司按照其持股比例确认了其享有的利润份额，该部分金额被包含在母公司后续年度的期初留存收益里。在企业集团内部转移的后续年度里，只要该土地仍旧为母公司所持有，则在合并工作底稿编制过程中，应以如下分录将未实现的企业集团内部利润按比例从子公司少数股东权益中抵销，同时对该土地的报告余额进行抵销。

E(18)	借：期初留存收益	12 000	
	少数股东权益	3 000	
	贷：土地		15 000
	抵销前期土地逆销未实现的利润。		

因此，在企业集团内部土地转让逆销的后续会计期间，母公司应按其享有的未实现的内部利润的份额对合并留存收益进行抵减，少数股东则按未实现的内部利润的剩余部分金额对合并留存收益进行抵减。抵销分录的编制视同未实现的企业集团内部利润未发生一样。

资产的后续处置

当资产被再次出售给外部交易方时，企业集团内部资产出售形成的未实现利润被视为真正实现。附属企业将资产出售给外部交易方时确认的损益，从合并的目的看，必须对前期未实现的企业集团内部的收益或损失进行调整。在对外部销售时，出售方的报告利润是基于附属企业的成本，而合并主体的报告损益是基于该资产在合并主体中的成本，也就是附属企业从外部交易方最初购买该资产时发生的成本。

当前期未实现的企业集团内部利润实现时，对于利润抵销的步骤的影响必须被冲回。在利润实现的时点，递延的企业集团内部利润要在合并利润的计算中全额加回，且须将该利润分配至最初已被抵销的股东权益。

为例示已被转让资产的再次出售以及未实现的企业集团内部利润的会计处理情形，假定 Peerless Products 公司于 20X1 年 1 月 1 日从外部企业以 20 000 美元购买土地，后于 20X1 年 7 月 1 日以 35 000 美元出售土地给 Special Foods 公司。之后 Special Foods 公司于 20X5 年 3 月 1 日将土地以 45 000 美元再次出售给外部企业。具体情况如下：

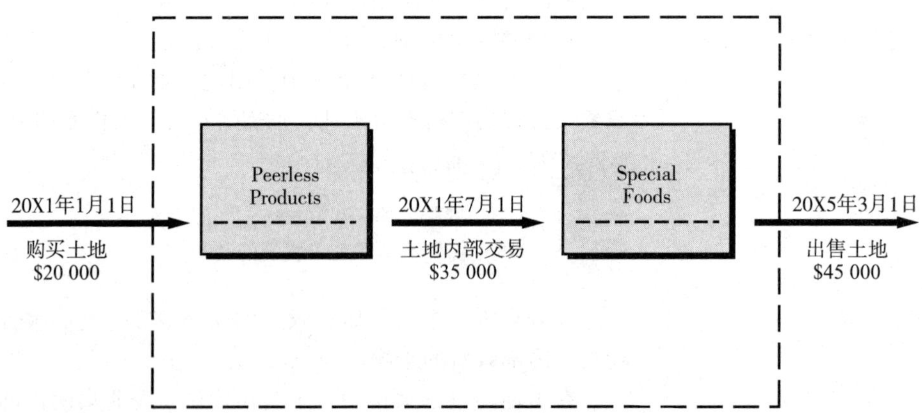

合并主体

Special Foods 公司确认了将土地出售给外部企业的收益为 10 000 美元（$45 000 –$35 000）。然而从合并的角度来看，该项业务的收益应为 25 000 美元，即该土地从合并主体中出售时的价格 45 000 美元，与该土地被计入合并主体时的价格（即 Peerless 公司的初始购买成本）20 000 美元之间的价差。

在合并工作底稿中，该土地不再需要就未实现的企业集团内部收益被抵减，这是因为该收益已经实现，且合并主体不再持有该土地。相反，对 Special Foods 公司确认的出售给外部企业的 10 000 美元利润必须予以调整，以反映对于合并主体而言的全部利润 25 000 美元。因此，在 20X5 年年末合并工作底稿中抵销分录如下：

E(19)	借：期初留存收益	15 000	
	贷：出售土地收益		15 000
	调整前期企业集团内部土地出售未实现的收益。		

除了对出售土地的收益进行调整之外，此分录按照前期 Peerless 公司确认的企业集团内部未实现利润的金额对合并留存收益的期初数予以抵减。其他所有抵销分录与在期初不存在该项未实现企业集团内部利润时的处理是相同的。

在企业集团内部转让最终出售给外部企业的后续期间，不需要额外的会计处理。从合并主体的角度来看，该项交易已完毕，一旦发生出售给外部企业的事实，利润即实现。

在本例中，如 Special Foods 公司在土地逆销的企业集团内部转让后，Peerless Products 公司已完成对外部企业的销售，则工作底稿中的会计处理与顺销转移例子中的会计处理几乎一样，除了抵销分录 E（19）中的借方数会在留存收益期初数（$12 000）和少数股东权益（$3 000）之间按照其各自享有的份额进行分配。此外，合并工作底稿中分配给少数股东的利润份额是基于子公司的已实现净利润。因为在本年度 15 000 美元的企业集团内部利润已经通过出售给外部企业的方式实现，所以子公司的已实现净利润中包括子公司的报告净利润以及该部分企业集团内部利润。

折旧资产的企业集团内部转让

折旧或摊销资产内部销售形成的未实现的企业集团利润，被认为是该项资产在其剩余经济寿命期间内，通过购买企业对该项资产的使用并与非附属企业发生的交易中逐步分期实现的。这样，未实现的利润和损失会在每一个会计期间内分期实现，作为该项资产在其服务期限内产生的利益。

对一项从附属企业购买的资产，在每一个会计期间根据企业集团内部转让的价格确认应计提的折旧金额。然而从合并的角度来看，折旧应基于对于合并主体而言的资产成本，即该项资产从外部企业购买时的初始成本。在合并工作底稿中，需要编制抵销分录对该资产和相关的累计折旧进行重述，体现在合并财务报表上的折旧费用，应该是视同该项企业集团内部转让未发生的情况下应计提的金额。因为企业集团内部转让完全发生在企业集团内部，所以合并财务报表的列报应视同该项内部转让从未发生过一样。

顺　销

为例示一项应折旧资产的顺销，我们将 Peerless Products 公司和 Special Foods 公司的例子修改一下。假定 Peerless 公司于 20X1 年 12 月 31 日以 7 000 美元出售设备给 Special Foods 公司, 具体资料如下：

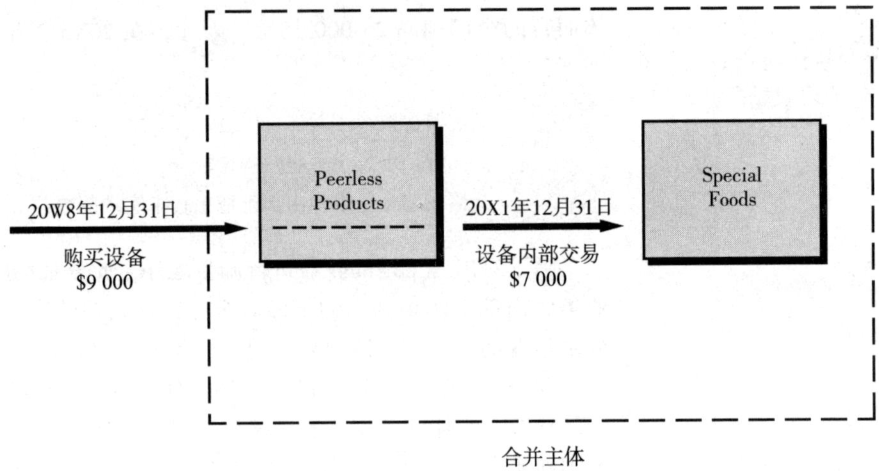

在20W8 年 12 月 31 日，也就是 20X1 年 12 月 31 日前的 3 年，Peerless Products 公司以 9 000 美元的初始成本购得该项设备，全部使用年限为 10 年，直线法提取折旧，无残值。在 Peerless Products 公司出售该设备前，其账面价值计算如下：

Peerless Products公司购买该设备初始成本		$9 000
20X1 年 12 月 31 日累计折旧：		
年折旧额（$9 000 ÷10 年）	$900	
已折旧年限	× 3	
		(2 700)
20X1 年 12 月 31 日设备账面价值		$6 300

在企业集团内部出售设备的交易中，Peerless Products 公司确认的收益如下：

设备的销售价格	$7 000
设备的账面价值	(6 300)
出售设备获得的收益	$ 700

个别公司分录——20X1 年

Special Foods 公司按其成本对设备购买的会计记录：

20X1 年 12 月 31 日		
(20) 借：设备	7 000	
贷：现金		7 000
记录设备购买。		

Special Foods 公司不在 20X1 年度对该设备计提折旧，因为设备是在 20X1 年最后一天购买的。

由于 Peerless Products 公司持有该设备至 20X1 年年末，因此其应该计提本年度折旧。

20X1 年12 月 31 日		
(21) 借：折旧费用	900	
贷：累计折旧		900
记录出售该设备时计提的 20X1 年度折旧费用。		

Peerless Products 公司于 20X1 年年末记录出售该设备，同时对出售设备的收益 700 美元（$7 000 - $6 300）进行确认。

20X1 年 12 月 31 日		
(22) 借：现金	7 000	
累计折旧	2 700	
贷：设备		9 000
设备销售收益		700
记录设备出售。		

此外，Peerless Products 公司以常规基本权益法分录对 20X1 年度享有的 Special Foods 公司的利润和股利予以确认。

(23) 借：现金	24 000	
贷：股权投资——Special Foods		24 000
记录来自 Special Foods 公司的股利分配： $30 000 × 0.80		
(24) 借：股权投资——Special Foods	40 000	
贷：投资收益——子公司		40 000
记录权益法下的投资收益： $50 000 × 0.80		

20X1 合并工作底稿

20X1 年年末编制合并财务报表的工作底稿如图表 6-5 中所示。前三笔抵销分录为常规分录：（1）对 Peerless Products 公司确认的享有 Special Foods 公司的利润、股利和 Peerless Products 公司股权投资账户的本年度变动额予以抵销；（2）分配归属于少数股东的利润；（3）抵销 Special Foods 公司的所有权益账户和股权投资账户的期初余额。

E(25)	借：投资收益——子公司	40 000	
	贷：应收股利		24 000
	股权投资——Special Foods		16 000
	抵销来自子公司的投资收益。		

图表 6-5 20X1年12月31日，合并工作底稿，企业集团内部销售当期——设备顺销

项 目	Peerless Products	Special Foods	抵销分录 借 方	抵销分录 贷 方	合并金额
销售收入	400 000	200 000			600 000
设备销售收益	700		(28) 700		
来自子公司的投资收益	40 000		(25) 40 000		
贷方合计	440 700	200 000			600 000
销售成本	170 000	115 000			285 000
折旧和摊销	50 000	20 000			70 000
其他费用	40 000	15 000			55 000
借方合计	(260 000)	(150 000)			(410 000)
					190 000
少数股东收益			(26) 10 000		(10 000)
净利润，结转至下方	180 700	50 000	50 700		180 000
1月1日留存收益	300 000	100 000	(27) 100 000		300 000
净利润，自上方结转	180 700	50 000	50 700		180 000
	480 700	150 000			480 000
宣告分配的股利	(60 000)	(30 000)		(25) 24 000	
				(26) 6 000	(60 000)
12月31日留存收益，结转至下方	420 700	120 000	150 700	30 000	420 000
现 金	271 000	68 000			339 000
应收账款	75 000	50 000			125 000
存 货	100 000	75 000			175 000
土 地	175 000	40 000			215 000
建筑物和设备	791 000	607 000	(28) 2 000		1 400 000
对Special Foods公司的股权投资	256 000			(25) 16 000	
				(27) 240 000	
借方合计	1 668 000	840 000			2 254 000
累计折旧	447 300	320 000		(28) 2 700	770 000
应付账款	100 000	100 000			200 000
应付债券	200 000	100 000			300 000
普通股股本	500 000	200 000	(27) 200 000		500 000
留存收益，自上方结转	420 700	120 000	150 700	30 000	420 000
少数股东权益				(26) 4 000	
				(27) 60 000	64 000
贷方合计	1 668 000	840 000	352 700	352 700	2 254 000

抵销分录：

(25) 抵销来自子公司的投资收益。

(26) 分配归属于少数股东的净利润。

(27) 抵销股权投资账户的期初余额。

(28) 抵销设备顺销未实现的利润。

E(26)	借：少数股东收益	10 000	
	贷：应收股利		6 000
	少数股东权益		4 000
	分配归属于少数股东的净利润： $10 000 = $50 000×0.20		
E(27)	借：股本——Special Foods	200 000	
	期初留存收益	100 000	
	贷：股权投资——Special Foods		240 000
	少数股东权益		60 000
	抵销股权投资账户的期初余额。		

在工作底稿中编制一笔额外的分录，抵销合并净利润中设备销售未实现的企业集团内部利润并重述在合并报表上应列报的该设备金额，视同该笔企业集团内部销售没有发生一样。由于母公司和子公司的试算平衡余额均包含企业集团内部转让的影响，所以，需在合并工作底稿中将该余额调整至内部转让前的余额。

	试算平衡余额	抵销金额	合并金额
建筑物和机器设备	$7 000	$2 000	$9 000
累计折旧	–0–	(2 700)	(2 700)
设备出售收益	(700)	700	–0–

因此合并工作底稿中应编制分录如下：

E(28)	借：固定资产——建筑物和机器设备	2 000	
	设备出售收益	700	
	贷：累计折旧		2 700
	抵销设备顺销未实现的利润。		

作为此笔分录的结果，在 Special Foods 公司账簿上以 7 000 美元列报的该设备，在合并资产负债表中被列报为 9 000 美元（$7 000 + $2 000），即 Peerless Products 公司的初始成本。虽然 Special Foods 公司未对该设备计提折旧，但在抵销分录 E（28）中有 2 700 美元的累计折旧（$900 × 3），此金额是在 Peerless Products 公司账簿上计提的视同该设备并未出售的折旧金额。分录 E（28）同时对 700 美元未实现的且不能列报的企业集团内部利润进行了抵销，视 Peerless Products 公司和 Special Foods 公司为一个单独的实体。通过分录 E（28）以获取合并财务报表的列报金额，视同母公司仍旧继续持有该项设备，并没有发生企业集团内部转让。

20X2 年个别公司的分录

20X2 年，Special Foods 公司开始对从 Peerless Products 公司购买的成本为 7 000 美元的设备计提折旧，该设备尚可使用年限为 7 年，按照直线法计提，则年折旧额为 1 000 美元（$7 000 ÷ 7 年）。

(29) 借：折旧费用 1 000
　　贷：累计折旧 1 000
　记录 20X2 年度折旧费用。

该金额与 Peerless Products 公司如果一直继续持有该设备应计提的年折旧额相比较，每年多计 100 美元。

20X2 年，Peerless 采用基本权益法核算其享有的来自 Special Foods 公司的 74 000 美元净利润份额，以及 40 000 美元股利份额，相关分录如下：

(30) 借：现金 32 000
　　贷：股权投资——Special Foods 32 000
　记录来自 Special Foods 公司的股利分配：
　$40 000 × 0.80

(31) 借：股权投资——Special Foods 59 200
　　贷：投资收益——子公司 59 200
　记录权益法下的投资收益：
　$74 000 × 0.80

Special Foods 公司 20X2 年度的净利润为 74 000 美元，因为已扣减被转让资产 1 000 美元的折旧费用。因此，Peerless Products 公司享有的该公司的净利润份额为 59 200 美元（$74 000 × 0.80）。

Peerless Products 公司对 Special Foods 公司的股权投资账户如下：

股权投资——Special Foods			
初始成本	240 000		
(24) 20X1 年度应计权益		(23) 20X1 年应收股利	
($50 000 × 0.80)	40 000	($30 000 × 0.80)	24 000
20X1 年 12 月 31 日余额	256 000		
(31) 20X2 年度应计权益		(30) 20X2 年应收股利	
($74 000 × 0.80)	59 200	($40 000 × 0.80)	32 000
20X2 年 12 月 31 日余额	283 200		

20X2 年合并工作底稿

20X2 年合并工作底稿的列报如图表 6–6 所示。基本举例中的试算平衡金额已进行调整以反映企业集团内部资产的销售。合并工作底稿中的前三笔抵销分录为常规分录，对母公司享有的来自子公司的利润和股利份额进行抵销，对母公司对子公司的股权投资账户以及在子公司所有者权益中享有的份额进行抵销，同时对少数股东权益予以确定。

E(32)	借：投资收益——子公司	59 200	
	贷：应收股利		32 000
	股权投资——Special Foods		27 200
	抵销来自子公司的投资收益。		
E(33)	借：少数股东收益	14 800	
	贷：应收股利		8 000
	少数股东权益		6 800
	分配归属于少数股东的利润额： $14 800 = $74 000 × 0.20		
E(34)	借：股本——Special Foods	200 000	
	期初留存收益	120 000	
	贷：股权投资——Special Foods		256 000
	少数股东权益		64 000
	抵销股权投资账户的期初余额。		

在分录 E（33）中，对少数股东享有的 Special Foods 公司的报告利润 74 000 美元中 20%的份额予以分配，假定未实现的利润保留在母公司账簿上。

除了这些常规分录，分录 E（35）抵销了 20X1 年企业集团内部交易对 20X2 年期初余额的影响。

E(35)	借：固定资产——建筑物和机器设备	2 000	
	期初留存收益	700	
	贷：累计折旧		2 700
	抵销设备出售未实现的利润对 20X2 年期初余额的影响。		

分录 E（35）对该设备的余额重述$9 000 美元（$7 000 + $2 000），即 Peerless Products 公司购买该设备时的价格，也是对于合并主体的初始成本。该设备的累计折旧金额为贷记 2 700 美元，这也是 20X2 年 1 月 1 日累计折旧的期初数，如同该设备未出售给 Special Foods 公司应计提的金额。

年折旧金额　($9 000 ÷10 年)	$ 900
至 20X1 年 12 月 31 日已使用的年限	× 3
20X1 年 12 月 31 日累计折旧额	$2 700

分录 E（35）抵减了企业集团未实现利润对期初留存收益的影响。Peerless Products 公司年初留存收益包含全部未实现利润。如果在合并留存收益中列报该项金额，会造成合并留存收益余额的夸大，因为从合并的角度来看，该利润并未真正实现。

在 20X2 年 12 月 31 日合并工作底稿中还需编制一笔额外的抵销分录。Special Foods 公司在其个别账簿中，于 20X2 年年初对转让的设备资产计提了折旧，年折旧额 1 000 美元（$7 000 ÷7 年 ）。然而从合并的角度来看，20X2 年度应以 6 300

图表 6-6 20X2 年 12 月 31 日，合并工作底稿，企业集团内部销售的第二年——设备顺销

项目	Peerless Products	Special Foods	抵销分录 借方	抵销分录 贷方	合并金额
销售收入	450 000	300 000			750 000
来自子公司的投资收益	59 200		(32) 59 200		
贷方合计	509 200	300 000			750 000
销售成本	180 000	160 000			340 000
折旧和摊销	49 100	21 000		(36) 100	70 000
其他费用	60 000	45 000			105 000
借方合计	(289 100)	(226 000)			(515 000)
					235 000
少数股东的利润			(33) 14 800		(14 800)
净利润，结转至下方	220 100	74 000	74 000	100	220 200
1月1日留存收益	420 700	120 000	(34) 120 000		
			(35) 700		420 000
净利润，自上方结转	220 100	74 000	74 000	100	220 200
	640 800	194 000			640 200
宣告分配的股利	(60 000)	(40 000)		(32) 32 000	
				(33) 8 000	(60 000)
12月31日留存收益，结转至下方	580 800	154 000	194 700	40 100	580 200
现 金	298 000	78 000			376 000
应收账款	150 000	80 000			230 000
存 货	180 000	90 000			270 000
土 地	175 000	40 000			215 000
建筑物和设备	791 000	607 000	(35) 2 000		1 400 000
对 Special Foods 公司的股权投资	283 200			(32) 27 200	
				(34) 256 000	
借方合计	1 877 200	895 000			2 491 000
累计折旧	496 400	341 000	(36) 100	(35) 2 700	840 000
应付账款	100 000	100 000			200 000
应付债券	200 000	100 000			300 000
普通股股本	500 000	200 000	(34) 200 000		500 000
留存收益，自上方结转	580 800	154 000	194 700	40 100	580 200
少数股东权益				(33) 6 800	
				(34) 64 000	70 800
贷方合计	1 877 200	895 000	396 800	396 800	2 491 000

抵销分录：

(32) 抵销来自子公司的投资收益。

(33) 分配归属于少数股东的利润。

(34) 抵销股权投资账户的期初余额。

(35) 抵销设备销售未实现的利润。

(36) 抵销多计的折旧费用。

美元（$9 000 − $2 700）为计提折旧基础，即该设备在 Peerless Products 公司资产转让前的账面净值。6 300 美元应在设备的尚可使用年限 7 年中分期摊销，从合并的角度，年折旧金额为 900 美元（$6 300 ÷ 7 年）。因此，合并的折旧费用和累计折旧金额必须从 Special Foods 公司账簿上的记录金额中抵减 100 美元。

E(36)	借：累计折旧	100	
	贷：折旧费用		100
	抵销多计的折旧费用。		

需要注意的是，这笔分录增加了合并净利润 100 美元。企业集团内部销售中形成的 700 美元未实现利润会在资产转移之后的 7 年间以每年 100 美元分期实现。7 年之后，该项企业集团内部利润将全部实现，同时不再需要对折旧或留存收益进行更进一步的抵销。

两笔单独的分录（35）和（36）纯粹为一种编制形式上的个人偏好。某些人宁愿将两笔分录合并，在年末以一笔单独的分录确定合并余额：

E(36a)	借：固定资产——建筑物和机器设备	2 000	
	期初留存收益	700	
	贷：折旧费用		100
	累计折旧		2 600

累计折旧 2 600 美元的贷方数表示了在 20X2 年 12 月 31 日应计提的合并累计折旧金额 3 600 美元（$900 × 4 年）与在 Special Foods 公司账簿上列报的 1 000 美元累计折旧之间的差额。

一旦全部抵销分录在合并工作底稿上完成，调整后的账户余额已剔除企业集团内部转让的影响。

	子公司试算平衡余额	抵销金额	合并金额
固定资产——建筑物和机器设备	$7 000	$2 000	$9 000
累计折旧	(1 000)	(2 600)	(3 600)
折旧费用	1 000	(100)	900

合并净利润和留存收益

20X2 年度合并净利润的计算应包括对 20X1 年度向 Special Foods 公司出售设备已实现利润的调整。

Peerless Products公司的个别利润		$160 900
设备顺销企业集团内部部分已实现利润		100
Peerless Products 公司个别的已实现利润		$161 000
PeerlessProducts 公司享有 Special Foods 公司利润的份额：		
Special Food 公司的净利润	$74 000	
Peerless Products 公司的持股比例	× 0.80	59 200
20X2 年度合并净利润		$220 200

由于 Peerless Products 公司未从其享有 Special Foods 公司投资收益的份额中对未实现的损益予以调整，Peerless 公司的留存收益中包含有未实现的企业集团内部利润，因此，该金额超过了合并留存收益的应报告金额。于是，在 20X2 年 12 月 31 日的合并留存收益，可通过自 Peerless Products 公司的留存收益中减去未实现的企业集团内部利润中的剩余部分计算得出：

20X2年12月31日Peerless Products 公司留存收益		$580 800
减去：20X1 年未实现的企业集团内部利润	$700	
20X2 年已实现的利润	(100)	(600)
20X2 年 12 月 31 日合并留存收益		$580 200

少数股东权益

20X2 年度，分配给少数股东的净利润应等于其按照持股比例享有的子公司已实现的报告利润的份额。Special Foods 公司 20X2 年度净利润为 74 000 美元，少数股东享有利润的 20%，即 14 800 美元（$74 000 × 0.20）。

20X2 年年末的全部少数股东权益为 70 800 美元，该项金额等于少数股东按其持股比例享有的子公司净资产账面价值的份额。

20X2 年 12 月 31 日 Special Foods 公司账面价值：	
股本	$200 000
留存收益	154 000
账面价值总计	$354 000
少数股东的持股比例	× 0.20
20X2 年 12 月 31 日少数股东权益	$ 70 800

后续年度的合并

合并步骤在后续年度与 20X2 年度是十分类似的。只要 Special Foods 公司继续持有该设备并计提折旧，则合并步骤必须包括：

1. 重述资产和累计折旧余额。
2. 调整本年度的折旧费用。
3. 按照企业集团内部未实现利润的年初数抵减期初留存收益。

例如，在 20X3 年 12 月 31 日对 Peerless Products 公司和 Special Foods 公司的合并工作底稿中节选分录如下：

E(37)	借：固定资产——建筑物和机器设备	2 000	
	期初留存收益	600	
	贷：累计折旧		2 600
	抵销设备出售未实现的利润。		

E(38)	借：累计折旧	100	
	贷：折旧费用		100
	抵销多计的折旧费用。		

除了在 20X2 年年末，额外的 100 美元被视为已经实现的企业集团内部利润部分，以上这些分录和 20X2 年度中的分录 E（35）和 E（36）是相同的。因此，在分录 E（37）中对期初留存收益的抵减额为 600 美元，即 700 美元的企业集团内部利润的初始金额减去在 20X2 年度被视为已经实现的利润部分。

分录 E（37）中累计折旧的贷方数要小于 20X2 年的分录 E（35）中的金额 100 美元，这是因为与合并报表要求的适当金额相比，Special Foods 公司在 20X2 年度个别账上多计 100 美元贷方数。由于此金额被带入工作底稿，因此，在分录 E（37）中对累计折旧期初数进行重述时，与以前年度相比要少计 100 美元。

20X2 年 12 月 31 日 Peerless Products 公司应计累计折旧，假设资产未被转让［($9 000 ÷ 10) ×4］	$3 600
20X2 年 12 月 31 日 Special Foods 公司计提的累计折旧［($7 000 ÷ 7) ×1］	(1 000)
工作底稿对累计折旧的调整	$2 600

同时对期初留存收益借方和累计折旧贷方在每一年度按 100 美元进行抵减，直到该项资产提足折旧且企业集团内部利润被全部确认为止。

资产转让时预计使用年限发生变化

当一项应折旧资产在企业间转让时，关于其剩余预计经济寿命的变动有可能是适当的。例如，购买企业有可能将该资产用于不同类型的工艺流程，使用频率也有可能随之变化。如果应折旧资产的预计使用年限在企业集团内部资产转让时发生变化，则其会计处理方法与该项资产仍旧在原企业账簿上发生的变化是一样的。新的尚可使用年限被同时作为购买企业和编制合并报表时折旧的基础。

逆 销

由企业集团内部销售的逆销引起的未实现利润的会计处理与顺销的会计处理是相同的，除了对于未实现利润在后续年度的实现过程中，必须在控股股东和少数股东之间进行分配。借用顺销的例子来说明逆销的会计处理。假定 Special Foods 公司于 20X1 年 12 月 31 日以 7 000 美元出售给 Peerless 公司一项设备，而 20X1 年度的全部报告利润为 50 700 美元（$50 000 + $700），包含 700 美元的出售设备收益。在发生企业集团内部销售的三年前，Special Foods 公司购买该设备的初始成本为 9 000 美元。[2] 出售日该设备的账面价值如下。

[2] 为了避免复杂情况，假定在合并日该设备的公允价值与其账面价值相等，因此没有与该设备相关的购买合并价差产生。

Special Foods公司的初始成本		$9 000
20X1 年 12 月 31 日累计折旧：		
年折旧额（$9 000 ÷ 10 年）	$900	
已折旧年数	× 3	
		(2 700)
20X1 年 12 月 31 日账面价值		$6 300

20X1 年个别公司分录

Special Foods 公司对该设备计提当年折旧，以及于 20X1 年 12 月 31 日向 Peerless Products 公司出售该设备的分录如下：

20X1 年12 月 31 日

	借方	贷方
(39) 借：折旧费用	900	
贷：累计折旧		900
记录设备出售时计提的 20X1 年度折旧费用。		

	借方	贷方
(40) 借：现金	7 000	
累计折旧	2 700	
贷：固定资产——机器设备		9 000
出售设备收益		700
记录设备出售。		

Peerless Products 公司以如下分录记录 Special Foods 公司购买设备：

20X1 年 12 月 31日

	借方	贷方
(41) 借：设备	7 000	
贷：现金		7 000
记录设备购买。		

此外，Peerless Products 公司以基本权益法核算其享有的 Special Foods 公司利润和股利的份额。相关分录如下：

	借方	贷方
(42) 借：现金	24 000	
贷：股权投资——Special Foods		24 000
记录来自 Special Foods 公司的股利分配： $30 000× 0.80		

	借方	贷方
(43) 借：股权投资——Special Foods	40 560	
贷：投资收益——子公司		40 560
记录权益法下的投资收益： ($50 000 + $700) × 0.80		

20X1 年合并工作底稿

20X1 年合并工作底稿列报如图表 6–7 所示，除了在反映设备逆销部分略有修改，该合并工作底稿与在图表 6–5 中的列示相同。

四笔抵销分录在 20X 1 年度合并工作底稿中列示如下：

E(44)	借：投资收益	40 560	
	贷：应收股利		24 000
	股权投资——Special Foods		16 560
	抵销来自子公司的投资收益。		
E(45)	借：少数股东收益	10 000	
	贷：应收股利		6 000
	少数股东权益		4 000
	分配归属于少数股东的利润： $10 000 = ($50 700 – $700) × 0.20		
E(46)	借：股本——Special Foods	200 000	
	期初留存收益	100 000	
	贷：股权投资——Special Foods		240 000
	少数股东权益		60 000
	抵销股权投资账户的期初余额。		
E(47)	借：固定资产——建筑物和机器设备	2 000	
	设备出售收益	700	
	贷：累计折旧		2 700
	抵销设备逆销未实现的利润。		

分录 E（44）是一笔常规分录，对 Peerless Products 公司账上享有的 Special Foods 公司的利润和股利分派的份额予以抵销，该分录是基于 Peerless Products 公司 20X1 年度账簿上的金额。分录 E（45）则按照少数股东享有的 Special Foods 公司已实现利润的份额进行利润分配，计算如下：

20X1 年度 Special Foods 公司净利润	$50 700
企业集团内部销售未实现利润	(700)
20X1 年度 Special Foods 公司已实现净利润	$50 000
少数股东持股比例	× 0.20
20X1 年度归属于少数股东享有的利润	$10 000

在逆销案例中，未实现利润的抵销应在 Peerless Products 公司和少数股东之间分配，该分配是基于其各自在 Special Foods 公司的所有权份额。在图表 6–7 中，分配给少数股东利润为 10 000 美元，合并净利润为 180 000 美元。因此，合并净利润等同于 Peerless Products 公司自身实现的利润加上其在 Special Foods 公司享有的已实现的净利润的份额。

图表 6-7 20X1 年 12 月 31 日，合并工作底稿，企业集团内部销售当年；设备逆销

项 目	Peerless Products	Special Foods	抵销分录		合并金额
			借 方	贷 方	
销售收入	400 000	200 000			600 000
销售设备收益		700	(47) 700		
来自子公司的投资收益	40 560		(44) 40 560		
贷方合计	440 560	200 700			600 000
销售成本	170 000	115 000			285 000
折旧和摊销	50 000	20 000			70 000
其他费用	40 000	15 000			55 000
借方合计	(260 000)	(150 000)			(410 000)
					190 000
少数股东利润			(45) 10 000		(10 000)
净利润，结转至下方	180 560	50 700	51 260		180 000
1 月 1 日留存收益	300 000	100 000	(46) 100 000		300 000
净利润，自上方结转	180 560	50 700	51 260		180 000
	480 560	150 700			480 000
宣告分配的股利	(60 000)	(30 000)		(44) 24 000	
				(45) 6 000	(60 000)
12 月 31 日留存收益，结转至下方	420 560	120 700	151 260	30 000	420 000
现 金	257 000	82 000			339 000
应收账款	75 000	50 000			125 000
存 货	100 000	75 000			175 000
土 地	175 000	40 000			215 000
建筑物和设备	807 000	591 000	(47) 2 000		1 400 000
对 Special Foods 公司的股权投资	256 560			(44) 16 560	
				(46) 240 000	
借方合计	1 670 560	838 000			2 254 000
累计折旧	450 000	317 300		(47) 2 700	770 000
应付账款	100 000	100 000			200 000
应付债券	200 000	100 000			300 000
普通股股本	500 000	200 000	(46) 200 000		500 000
留存收益，自上方结转	420 560	120 700	151 260	30 000	420 000
少数股东权益				(45) 4 000	
				(46) 60 000	64 000
贷方合计	1 670 560	838 000	353 260	353 260	2 254 000

抵销分录：

(44) 抵销来自子公司的投资收益。

(45) 分配归属于少数股东的利润。

(46) 抵销股权投资账户的期初余额。

(47) 抵销设备逆销未实现的利润。

Peerless Products 公司的个别利润	\$140 000
Peerless Products 享有的 Special Foods 公司的已实现利润［(\$50 700 - \$700) × 0.80］	40 000
20X1 年度合并净利润	\$180 000

抵销分录 E（46）和 E（47）与在顺销案例中的分录是同样的。分录 E（46）不会受到该交易的影响。分录 E（47）在该销售发生的会计期间不受销售方向的影响。

20X2 年个别企业账簿

在企业集团内部转让发生的第二年，Special Foods 公司报告净利润为 75 900 美元（不包括转移资产计提的 900 美元折旧费用）。

Peerless Products 公司在其账上按常规的基本权益法对享有的 20X2 年度 Special Foods 公司的利润和股利分派的份额予以确认。20X2 年年末，Peerless Products 公司股权投资账户情况如下：

股权投资——Special Foods			
初始成本	240 000		
(43) 20X1 年度应计权益		(42) 20X1 年度应收股利	
(\$50 700 × 0.80)	40 560	(\$30 000 × 0.80)	24 000
20X1 年 12 月 31 日余额	256 000		
20X2 年度应计权益		20X2 年度应收股利	
(\$75 900 × 0.80)	60 720	(\$40 000 × 0.80)	32 000
20X2 年 12 月 31 日余额	285 280		

20X2 年合并抵销分录

20X2 年合并工作底稿如图表 6–8 所示。20X2 年合并财务报表抵销分录编制如下：

E(48)	借：投资收益——子公司	60 720	
	贷：应收股利		32 000
	股权投资——Special Foods		28 720
	抵销来自子公司的投资收益： \$60 720 = \$75 900 × 0.80		
E(49)	借：少数股东收益	15 200	
	贷：应收股利		8 000
	少数股东权益		7 200
	分配归属于少数股东的利润： \$15 200 =（\$75 900 + \$100）× 0.20		

E(50)	借：股本——Special Foods	200 000	
	期初留存收益	120 700	
	贷：股权投资——Special Foods		256 560
	少数股东权益		64 140
	抵销股权投资账户的期初余额： \$256 560 = （\$200 000 + \$120 700） × 0.80 \$64 140 = （\$200 000 + \$120 700） × 0.20		
E(51)	借：固定资产——建筑物和机器设备	2 000	
	期初留存收益	560	
	少数股东权益	140	
	贷：累计折旧		2 700
	抵销设备逆销未实现的利润。		
E(52)	借：累计折旧	100	
	贷：折旧费用		100
	抵销多计的折旧费用。		

除了在分录 E（51）中对未实现的企业集团内部利润在期初按持股比例在控股股东权益（留存收益）和少数股东权益之间的分配之外，顺销和逆销案例在第二年度的抵销分录只是略有不同。在分录 E（35）中，将顺销案例形成的未实现利润全部分配给控股股东。而在 20X1 年年末资产逆销中形成的 700 美元的未实现利润，按比例在控股股东和少数股东之间分配。因此，在 20X2 年期初，未实现利润的抵销须同时对合并留存收益和少数股东权益进行抵减。

购买企业 Peerless Products 公司计提的年折旧额和出售企业 Special Foods 公司原应计提的年折旧额之间的差异是 100 美元。

Peerless Products 公司计提的年折旧额（\$7 000 ÷7 年）	\$1 000
Special Foods 公司原应计提的年折旧额	
假设资产未进行转让（\$9 000 ÷10 年）	(900)
	\$ 100

分录 E（52）中对折旧费用和累计折旧按照此差额进行了调整，导致利润总额增加了 100 美元。

100 美元的增加利润被视为企业集团转移形成的利润中已实现的那部分。共计 700 美元的未实现利润应在企业集团内部转移之后的 7 年间以每年 100 美元分期实现。由于该内部利润每年实现 100 美元，控股股东权益将按照其 80%的持股比例增加 80 美元，而少数股东权益按其 20%的持股比例增加 20 美元。分录 E（49）中按少数股东持股比例享有的 Special Foods 公司的利润份额进行利润的分配，以 Special Foods 公司的报告净利润 （\$75 900）加上企业集团内部利润被确认在 20X2 年期间已实现的部分（\$100）为计算基数。剩余的已实现利润 80 美元则归属于控股股东，从而增加合并净利润。

图表 6-8　20X2 年 12 月 31 日，合并工作底稿，企业集团内部销售的第二年——资产逆销

项　目	Peerless Products	Special Foods	抵销分录 借　方	抵销分录 贷　方	合并金额
销售收入	450 000	300 000			750 000
来自子公司的利润	60 720		(48) 60 720		
贷方合计	510 720	300 000			750 000
销售成本	180 000	160 000			340 000
折旧和摊销	51 000	19 100		(52) 100	70 000
其他费用	60 000	45 000			105 000
借方合计	(291 000)	(224 100)			(515 000)
					235 000
少数股东利润			(49) 15 200		(15 200)
净利润，结转至下方	219 720	75 900	75 920	100	219 800
1 月 1 日留存收益	420 560	120 700	(50) 120 700		
			(51) 560		420 000
净利润，自上方结转	219 720	75 900	75 920	100	219 800
	640 280	196 600			639 800
宣告分配的股利	(60 000)	(40 000)		(48) 32 000	
				(49) 8 000	(60 000)
12 月 31 日留存收益，结转至下方	580 280	156 600	197 180	40 100	579 800
现　金	284 000	92 000			376 000
应收账款	150 000	80 000			230 000
存　货	180 000	90 000			270 000
土　地	175 000	40 000			215 000
建筑物和设备	807 000	591 000	(51) 2 000		1 400 000
对 Special Foods 公司的股权投资	285 280			(48) 28 720	
				(50) 256 560	
借方合计	1 881 280	893 000			2 491 000
累计折旧	501 000	336 400	(52) 100	(51) 2 700	840 000
应付账款	100 000	100 000			200 000
应付债券	200 000	100 000			300 000
普通股股本	500 000	200 000	(50) 200 000		500 000
留存收益，自上方结转	580 280	156 600	197 180	40 100	579 800
少数股东权益			(51) 140	(49) 7 200	
				(50) 64 140	71 200
贷方合计	1 881 280	893 000	399 420	399 420	2 491 000

抵销分录：

(48) 抵销来自子公司的投资收益。

(49) 分配归属于少数股东的利润。

(50) 抵销股权投资账户的期初余额。

(51) 抵销设备逆销未实现的利润。

(52) 抵销多计的折旧费用。

分录E（50）是一笔常规分录，是母公司对子公司投资账户和在子公司享有的所有者权益份额年初数的抵销。此分录同时也按照少数股东享有的子公司所有者权益期初余额的份额（$320 700 × 0.20）对其按比例进行分配。但是，该金额（$64 140）大于上期期末分配给少数股东权益的实际数（见图表6–7）。该项增加额140美元是由期初少数股东享有的未实现企业集团内部利润的份额（$700 × 0.20）导致的。分录E（51）则对少数股东按比例享有的企业集团未实现利润份额的期初数予以抵减，通过这两笔分录确定了少数股东权益的正确期初余额。

合并净利润

在扣除转让资产多计的1 000美元折旧费用后，Peerless Products公司20X2年度的个别净利润为159 000美元。20X2年度合并净利润计算如下：

Peerless Products 公司的个别净利润		$159 000
Peerless 公司享有的 Special Foods 公司已实现利润的份额：		
Special Foods 公司净利润	$75 900	
逆销已实现的企业集团内部利润	100	
Special Foods 公司已实现的利润	$76 000	
PeerlessProducts 公司的持股比例	× 0.80	60 800
20X2 年度合并净利润		$219 800

少数股东权益

20X2年度少数股东享有的利润份额为15 200美元，是以少数股东在Special Foods公司按持股比例享有的已实现利润份额计算的（$76 000 × 0.20）。全部少数股东权益则是按照少数股东在Special Foods公司享有的所有者权益份额计算的，不包含未实现的损益部分。20X2年12月31日，少数股东权益合计为71 200美元，计算如下：

20X2 年 12 月 31 日 Special Foods 公司的净资产账面价值：	
股本	$200 000
留存收益 （$120 700 + $75 900 − $40 000）	156 600
净资产账面价值合计	$356 600
20X1 年度逆销未实现的企业集团利润	(700)
20X2 年度已实现的企业集团内部利润	100
Special Foods 公司已实现的净资产账面价值	$356 000
少数股东持股比例	× 0.20
20X2 年 12 月 31 日少数股东权益	$ 71 200

年度终了前的资产转让

如果一项企业集团内部转让发生在会计期间内而不是在会计期末，则内部损益中的一部分会被视为在此会计期间内实现。当这种情况发生时，年末的工作底稿抵销分录须对折旧费用和累计折旧进行相应调整。调整的金额应等于购买方记录的折旧与出售方在同一会计期间企业集团内部销售之后原应计提的折旧之间的差额。

例如，如果 Special Foods 公司的设备逆销交易发生在 20X1 年 1 月 1 日而非 20X1 年 12 月 31 日，那么在编制 20X1 年年末合并工作底稿时需要附加一笔与 E（52）同样的抵销分录。

摊销资产的企业集团内部转让

生产权利、专利或其他类型的无形资产有可能被出售给附属企业。对于无形资产的处理与对于有形资产的处理通常是不同的，有形资产通常在被摊销的过程中以剩余的未摊销余额列报而是不使用一个备抵账户。除了无形资产是以扣除累计摊销后的净值列报，在合并过程中，对企业集团内部无形资产销售和有形资产销售的会计处理是相同的。

关键概念总结

同一合并主体内附属企业之间的交易，应被视为是在一个单独的企业内发生的。依据公认会计准则，一家企业内部交易的影响不一定包含在对外财务报告中。因此，在编制合并财务报表时，合并主体内企业间的全部交易对报表的影响应予以抵销。

对企业集团内部交易的抵销应包含对企业集团内部未实现利润的剔除。在合并主体内，当一家企业出售一项资产给一家附属企业时，直至得到确认前，任何企业集团内部利润均不能被视为已实现。如果该项资产具有无限使用寿命，如土地，则只有该项资产被再次出售给合并主体之外的交易方时，企业集团内部未实现的损益才被视为已实现。如果该项资产经济寿命有限，那么通过对该资产使用过程中的折旧或摊销，可在其尚可使用年限内分期对未实现的企业集团内部损益予以确认。

与企业集团内部资产转让未实现损益相关的合并程序，包括工作底稿的调整，以对资产和相关账户进行重述，如累计折旧，须将其余额重述成假设该项内部转让未发生时的应报告金额。在内部转让的会计期间，分配给出售方企业股东的利润须按其享有的未实现企业集团内部利润的份额予以抵减。如果该销售为顺销业务，那么未实现企业集团内部损益的抵销对应的是控股股东权益。如果发生的是一项逆销业务，那么未实现的企业集团内部损益的抵销要在控股股东和少数股东权益之间按比例分配。

附录 6A 非流动资产的企业集团内部转让——完全调整权益法和成本法

母公司有可能采用多种不同的会计处理方法对子公司进行核算。一旦子公司被纳入合并范围，母公司账上对于子公司的会计处理方法对合并财务报表不会产生影响。第 6 章着重介绍了母公司采用基本权益法下的合并程序，而在实务中，另外两种会计处理方法也同样被频繁使用，这两种方法是完全调整权益法和成本法。

完全调整权益法

企业在完全调整权益法下对其投资账户进行核算，计算按其持股比例享有的子公司利润和股利份额时的会计处理，与基本权益法下是相同的。此外，通过同时对投资账户和确认的来自被投资企业的利润进行抵减，投资者享有的企业集团内部交易形成的未实现利润份额会在企业集团内部销售期间自母公司利润中剔除。当企业集团内部利润在后续期间实现时，投资者会同时增加投资账户以及确认的来自被投资企业的收益。通过这些调整，母公司的净利润通常会与合并净利润相等。

Peerless Products Corporation

Special Foods Inc.

为了对此加以阐述，假定与前文中讨论的设备逆销案例以及图表 6-7 中某些资料相同。Special Foods 公司于 20X1 年 12 月 31 日向 Peerless Products 公司以 7 000 美元出售设备，且 20X1 年度报告的全部利润为 50 700 美元，其中包括出售设备形成的 700 美元收益。在发生此项企业集团内部销售之前的 3 年，Special Foods 公司购买了该项设备，初始成本为 9 000 美元。两家公司均使用直线法计提折旧。

如前文所述，Special Foods 公司记录了该项设备 20X1 年度的折旧，确认了 20X1 年 12 月 31 日向 Peerless 公司出售设备的收益，相关会计分录如下：

20X1 年12 月 31 日

	借方	贷方
(53) 借：折旧费用	900	
贷：累计折旧		900
记录出售设备时 20X1 年度计提的折旧费用。		
(54) 借：现金	7 000	
累计折旧	2 700	
贷：固定资产——机器设备		9 000
营业外收入——出售设备收益		700
记录设备出售。		

Peerless 公司以如下分录记录了从 Special Foods 公司购买设备：

20X1 年 12 月 31日		
(55) 借：固定资产——设备	7 000	
贷：现金		7 000
记录设备购买。		

20X1 年完全调整权益法分录

20X1 年度完全调整权益法下，Peerless Products 公司按其 80%的持股比例确认其享有 Special Foods 公司利润和股利的份额，这与在基本权益法下的会计处理是相同的。

(56) 借：现金	24 000	
贷：股权投资——Special Foods		24 000
记录来自 Special Foods 公司的股利分配： $30 000 × 0.80		
(57) 借：股权投资——Special Foods	40 560	
贷：投资收益——子公司		40 560
记录权益法下的投资收益： $50 700 × 0.80		

在完全调整权益法下，对于 Peerless Products 公司按持股比例享有的 700 美元未实现企业集团内部利润的份额，需要编制一笔额外的分录进行抵减。

(58) 借：投资收益——子公司	560	
贷：股权投资——Special Foods		560
剔除出售设备未实现的收益：$700 × 0.80		

此分录与“单行合并”的理念一致，并确保母公司权益法下的净利润与合并净利润相等。

通过分录（57）和（58）记录的来自 Special Foods 公司的全部投资收益为 40 000 美元。该金额与 Peerless Products 公司享有 Special Foods 公司已实现的净利润的份额相等，计算如下：

20X1 年度 Special Foods 公司报告净利润	$50 700
企业集团内部销售未实现的利润	(700)
20X1 年度 Special Foods 公司已实现的净利润	$50 000
Peerless Products 公司持股比例	× 0.80
20X1 年度 Peerless Products 公司享有 Special Foods 公司的投资收益	$40 000

由于此项企业集团内部销售为一笔逆销业务，因此在权益法下的净利润中，

只有母公司享有的未实现利润的份额被抵减。如果该项销售为顺销业务，则全部700美元的留存收益应在分录（58）中予以抵减。

经过对20X1年12月31日进行权益法下的调整，股权投资账户余额为256 000美元。

购买Special Foods公司股份的初始成本	$240 000
Peerless公司按持股比例享有Special Foods公司的利润份额 （$50 700 × 0.80）	40 560
Peerless公司享有Special Foods公司的股利份额（$30 000 × 0.80）	(24 000)
Peerless Products公司享有的未实现利润的份额（$700 × 0.80）	(560)
20X1年12月31日股权投资账户余额	$256 000

请注意20X1年年末，Peerless Products公司的投资收益和股权投资账户的余额均低于基本权益法下对Special Foods公司投资的会计处理。差额560美元与Peerless Products公司享有的未实现企业集团内部利润份额相等（$700 × 0.80）。

20X1年合并工作底稿

20X1年12月31日编制的合并工作底稿如图表6-9所示。除了在完全调整权益法下的修改部分，与图表6-7的列报基本相同。

20X1年12月31日，在合并工作底稿中列示的四笔抵销分录如下：

E(59)	借：投资收益——子公司	40 000	
	贷：应收股利		24 000
	股权投资——Special Foods		16 000
	抵销来自子公司的投资收益。		
E(60)	借：少数股东收益	10 000	
	贷：应收股利		6 000
	少数股东权益		4 000
	分配归属于少数股东享有的利润： $10 000 = （$50 700 − $700） × 0.20		
E(61)	借：股本——Special Foods	200 000	
	期初留存收益	100 000	
	贷：股权投资——Special Foods		240 000
	少数股东权益		60 000
	抵销股权投资账户的期初余额。		
E(62)	借：固定资产——建筑物和机器设备	2 000	
	设备出售收益	700	
	贷：累计折旧		2 700
	抵销设备逆销未实现的利润。		

除了分录E（59），所有这些分录均与编制图表6-7时基本权益法下的分录相同。此分录对Peerless Products公司权益法下的利润进行了抵销，与图表6-7中分

录 E（44）不同之处是，Peerless Products 公司在分录（58）中记录的对未实现利润的调整金额不同。工作底稿余下部分的编制与基本权益法下的处理方法是完全一致的。

虽然分录（58）对 Peerless Products 公司账簿上的报告净利润按比例对未实现的利润剔除了，但是没有从合并净利润中抵销该利润。分录（58）仅仅改变了 Peerless Products 公司确认的来自子公司的利润金额和其股权投资账户的余额。这些余额在抵销分录 E（59）和 E（61）中被依次抵销。在设备出售时，Special Foods 公司账簿上记录的收益不会受到 Peerless Products 公司所记录的分录的影响，因此除非其被抵销，否则该金额会被结转至合并工作底稿。为避免此项收益出现在合并损益表中，需要编制分录 E（62）。

需注意的是，如图表 6-9 中工作底稿所示，母公司的净利润与合并净利润相等，且母公司的留存收益也与合并留存收益相等。

20X2 年完全调整权益法分录

20X2 年度，Peerless Products 公司记录了其享有 Special Foods 公司 75 900 美元的利润份额和 40 000 美元的股利份额，相关分录如下：

		借方	贷方
(63)	借：现金	32 000	
	贷：股权投资——Special Foods		32 000
	记录来自 Special Foods 公司的股利分配： $40 000 × 0.80		
(64)	借：股权投资——Special Foods	60 720	
	贷：投资收益——子公司		60 720
	记录权益法下的投资收益： $75 900 × 0.80		

在完全调整权益法下，为确认因已实现的企业集团内部利润而增加的利润，Peerless Products 公司需编制一笔额外分录。

		借方	贷方
(65)	借：股权投资——Special Foods	80	
	贷：投资收益——子公司		80
	确认出售设备已实现的利润： ($700 ÷ 7 年) × 0.80		

20X1 年中的企业集团内部转让形成的利润应在未来 7 年中分期实现。在每一年度分期实现的企业集团内部利润 100 美元，是 Peerless Products 公司计提的折旧额（$1 000）与 Special Foods 公司原应计提的折旧额（$900）之间的差额（假定未发生企业集团内部转让）。由于在编制合并财务报表时，折旧费用将被调整成企业集团内部转让未发生情况下原应计提的金额，于是合并工作底稿中的利润总额将增加 100 美元。此增加额将在该逆销案例中的控股股东和少数股东之间进行分配，导致合并净利润增加 80 美元（$100 × 0.80）。

图表 6-9 20X1 年 12 月 31 日，完全调整权益法合并工作底稿，企业集团内部销售当年——设备逆销

项 目	Peerless Products	Special Foods	抵销分录		合并金额
			借 方	贷 方	
销售收入	400 000	200 000			600 000
设备销售收益		700	(62) 700		
来自子公司的投资收益	40 000		(59) 40 000		
贷方合计	440 000	200 700			600 000
销售成本	170 000	115 000			285 000
折旧和摊销	50 000	20 000			70 000
其他费用	40 000	15 000			55 000
借方合计	(260 000)	(150 000)			(410 000)
					190 000
少数股东收益			(60) 10 000		(10 000)
净利润，结转至下方	180 000	50 700	50 700		180 000
1 月 1 日留存收益	300 000	100 000	(61) 100 000		300 000
净利润，自上方结转	180 000	50 700	50 700		180 000
	480 000	150 700			480 000
宣告分配的股利	(60 000)	(30 000)		(59) 24 000	
				(60) 6 000	(60 000)
12 月 31 日留存收益，结转至下方	420 000	120 700	150 700	30 000	420 000
现 金	257 000	82 000			339 000
应收账款	75 000	50 000			125 000
存 货	100 000	75 000			175 000
土 地	175 000	40 000			215 000
建筑物和设备	807 000	591 000	(62) 2 000		1 400 000
对 Special Foods 公司的股权投资	256 000			(59) 16 000	
				(61) 240 000	
借方合计	1 670 000	838 000			2 254 000
累计折旧	450 000	317 300		(62) 2 700	770 000
应付账款	100 000	100 000			200 000
应付债券	200 000	100 000			300 000
普通股股本	500 000	200 000	(61) 200 000		500 000
留存收益，自上方结转	420 000	120 700	150 700	30 000	420 000
少数股东权益				(60) 4 000	
				(61) 60 000	64 000
贷方合计	1 670 000	838 000	352 700	352 700	2 254 000

抵销分录：

(59) 抵销来自子公司的投资收益。

(60) 分配归属于少数股东的利润。

(61) 抵销股权投资账户的期初余额。

(62) 抵销设备逆销未实现的利润。

20X2 年度中，分录（65）增加了 Peerless 公司权益法下的投资收益，即按其持股比例享有的已实现利润部分的份额。回顾在 20X1 年中，Peerless Products 公司净利润按照其持股比例享有的未实现利润的份额被予以抵减。因此，在 20X2 年，Peerless Products 公司将享有已实现的利润部分在其投资收益和股权投资账户中予以恢复。与单向合并的理念相一致，分录（65）使得 Peerless Products 公司完全调整权益法下净利润和合并净利润相同。

20X2 年合并工作底稿

20X2 年度合并工作底稿如图表 6-10 所示。合并工作底稿中包括如下抵销分录：

E(66)	借：投资收益——子公司	60 800	
	贷：应收股利		32 000
	股权投资——Special Foods		28 800
	抵销来自子公司的投资收益： $60 800 = （$75 900 + $100）× 0.80		
E(67)	借：少数股东收益	15 200	
	贷：应收股利		8 000
	少数股东权益		7 200
	分配归属于少数股东的利润： $15 200 = （$75 900 + $100）× 0.20		
E(68)	借：股本——Special Foods	200 000	
	期初留存收益	120 700	
	贷：股权投资——Special Foods		256 560
	少数股东权益		64 140
	抵销股权投资账户的期初余额： $256 560 = （$200 000 + $120 700）× 0.80 $64 140 = （$200 000 + $120 700）× 0.20		
E(69)	借：固定资产——建筑物和机器设备	2 000	
	股权投资——Special Foods	560	
	少数股东权益	140	
	贷：累计折旧		2 700
	抵销设备逆销未实现的利润。		
E(70)	借：累计折旧	100	
	贷：折旧费用		100
	抵销多计折旧费用。		

除了两处差异，以上这些分录与基本权益法下的抵销分录是相同的。首先，

图表6-10 20X2年12月31日，完全调整权益法合并工作底稿，企业集团内部销售的第二年；设备逆销

项 目	Peerless Products	Special Foods	抵销分录		合并金额
			借 方	贷 方	
销售收入	450 000	300 000			750 000
来自子公司的投资收益	60 800		(66) 60 800		
贷方合计	510 800	300 000			750 000
销售成本	180 000	160 000			340 000
折旧和摊销	51 000	19 100		(70) 100	70 000
其他费用	60 000	45 000			105 000
借方合计	(291 000)	(224 100)			(515 000)
					235 000
少数股东收益			(67) 15 200		(15 200)
净利润，结转至下方	219 800	75 900	76 000	100	219 800
1月1日留存收益	420 000	120 700	(68) 120 700		420 000
净利润，自上方结转	219 800	75 900	76 000	100	219 800
	639 800	196 600			639 800
宣告分配的股利	(60 000)	(40 000)		(66) 32 000	
				(67) 8 000	(60 000)
12月31日留存收益，结转至下方	579 800	156 600	196 700	40 100	579 800
现 金	284 000	92 000			376 000
应收账款	150 000	80 000			230 000
存 货	180 000	90 000			270 000
土 地	175 000	40 000			215 000
建筑物和设备	807 000	591 000	(69) 2 000		1 400 000
对Special Foods公司的股权投资	284 800		(69) 560	(66) 28 800	
				(68) 256 560	
借方合计	1 880 800	893 000			2 491 000
累计折旧	501 000	336 400	(70) 100	(69) 2 700	840 000
应付账款	100 000	100 000			200 000
应付债券	200 000	100 000			300 000
普通股股本	500 000	200 000	(68) 200 000		500 000
留存收益，自上方结转	579 800	156 600	196 700	40 100	579 800
少数股东权益			(69) 140	(67) 7 200	
				(68) 64 140	71 200
贷方合计	1 880 800	893 000	399 500	399 500	2 491 000

抵销分录：

(66) 抵销来自子公司的投资收益。

(67) 分配归属于少数股东的利润。

(68) 抵销股权投资账户的期初余额。

(69) 抵销设备逆销未实现的利润。

(70) 抵销多计的折旧费用。

分录 E（66）抵销了 Peerless Products 公司确认的来自 Special Foods 公司的投资收益和股利。由于 Peerless Products 公司在完全调整权益法下确认的 20X2 年利润包含了 Peerless Products 公司享有的 20X1 年度企业集团内部利润的份额，而在基本权益法下不包括该部分金额，因此基本权益法下对利润的抵销额为 80 美元（$100 × 0.80），高于完全调整权益法下的会计处理。

第二项差异是分录 E（69）。在基本权益法下，母公司享有的未实现的企业集团内部利润已经包含在其 20X2 年留存收益期初余额中，因此在合并时须进行抵销。此项抵销在基本权益法下通过分录 E（51）例示。在完全调整权益法下，企业集团内部转让的当年，母公司享有的未实现利润的份额已经自母公司账簿上确认的投资收益中抵销，相应地，该项金额也未包含在留存收益中。因此，不需要对留存收益的金额进行额外的抵销。

分录 E（51）中的借记留存收益，被分录 E（69）中的借记股权投资账户取而代之。由于在分录 E（68）中，股权投资账户和自母公司利润中未实现的利润同时被抵减，因此对股权投资账户的贷记金额，与母公司按持股比例所享有的子公司所有者权益的份额的期初数是相等的，而该抵销金额大于实际的股权投资账户的期初余额，该部分附加金额与母公司享有的企业集团内部利润中未实现部分的期初余额相等。在分录 E（69）中以该金额借记股权投资，通过 E（68）和 E（69）这两笔分录对股权投资账户的期初余额全额予以抵销。

其他的抵销分录在基本权益法下和完全调整权益法下是一致的。

成本法

采用成本法对子公司的投资进行核算时，母公司以在这一会计期间里获得的子公司分配的股利作为投资收益。成本法下，不需要编制分录来记录母公司享有的子公司留存收益、对合并价差进行摊销或对未实现的企业集团内部利润进行剔除。

在以下例示中，母公司对子公司的投资采用成本法核算。为了说明企业集团内部设备销售后的合并处理方法，假定所用资料和前文讨论的设备逆销案例中的相同。

20X1 年合并工作底稿

如图表 6-11 中工作底稿所例示，在 Special Foods 公司将设备逆销给 Peerless Products 公司后，编制 20X1 年度合并财务报表时，在合并工作底稿中编制的抵销分录如下（假定 Peerless Products 公司采用成本法对其投资进行核算）：

E(71)	借：股利收益	24 000	
	贷：应收股利		24 000
	抵销来自子公司的股利收益： $30 000 × 0.80		

E(72)	借：少数股东收益	10 000	
	贷：应收股利		6 000
	少数股东权益		4 000
	分配归属于少数股东的利润： $10 000 = ($50 700 - $700) × 0.20		
E(73)	借：股本——Special Foods	200 000	
	期初留存收益	100 000	
	贷：股权投资——Special Foods		240 000
	少数股东权益		60 000
	抵销购买日股权投资余额。		
E(74)	借：固定资产——建筑物和机器设备	2 000	
	固定资产处置收益	700	
	贷：累计折旧		2 700
	抵销设备逆销未实现的利润。		

分录E（71）对Peerless Products公司享有的Special Foods公司20X1年度分配股利的份额进行抵销。其他所有抵销分录在合并年度与基本权益法分录是相同的。

20X2年合并工作底稿

20X2年12月31日编制合并工作底稿如图表6-12所示。合并工作底稿的抵销分录如下：

E(75)	借：股利收益	32 000	
	贷：应收股利		32 000
	抵销来自子公司的股利收益。 $40 000 × 0.80		
E(76)	借：少数股东收益	15 200	
	贷：应收股利		8 000
	少数股东权益		7 200
	分配归属于少数股东的利润： $15 200 = ($75 900 + $100) × 0.20		
E(77)	借：股本——Special Foods	200 000	
	期初留存收益	100 000	
	贷：股权投资——Special Foods		240 000
	少数股东权益		60 000
	抵销购买日股权投资余额。		

图表 6-11　20X1 年 12 月 31 日，成本法合并工作底稿，企业集团内部销售当年——设备逆销

项　目	Peerless Products	Special Foods	抵销分录 借　方	抵销分录 贷　方	合并金额
销售收入	400 000	200 000			600 000
销售设备收益		700	(74)　700		
股利收益	24 000		(71)　24 000		
贷方合计	424 000	200 700			600 000
销售成本	170 000	115 000			285 000
折旧和摊销	50 000	20 000			70 000
其他费用	40 000	15 000			55 000
借方合计	(260 000)	(150 000)			(410 000)
					190 000
少数股东收益			(72)　10 000		(10 000)
净利润，结转至下方	164 000	50 700	34 700		180 000
1 月 1 日留存收益	300 000	100 000	(73)　100 000		300 000
净利润，自上方结转	164 000	50 700	34 700		180 000
	464 000	150 700			480 000
宣告分配的股利	(60 000)	(30 000)		(71)　24 000	
				(72)　6 000	(60 000)
12 月 31 日留存收益，结转至下方	404 000	120 700	134 700	30 000	420 000
现　金	257 000	82 000			339 000
应收账款	75 000	50 000			125 000
存　货	100 000	75 000			175 000
土　地	175 000	40 000			215 000
建筑物和设备	807 000	591 000	(74)　2 000		1 400 000
对 Special Foods 公司的股权投资	240 000			(73)　240 000	
借方合计	1 654 000	838 000			2 254 000
累计折旧	450 000	317 300		(74)　2 700	770 000
应付账款	100 000	100 000			200 000
应付债券	200 000	100 000			300 000
普通股股本	500 000	200 000	(73)　200 000		500 000
留存收益，自上方结转	404 000	120 700	134 700	30 000	420 000
少数股东权益				(72)　4 000	
				(73)　60 000	64 000
贷方合计	1 654 000	838 000	336 700	336 700	2 254 000

抵销分录：

(71) 抵销来自子公司的股利收益。

(72) 分配归属于少数股东的利润。

(73) 抵销购买日股权投资余额。

(74) 抵销设备逆销未实现的利润。

图表 6-12 20X2 年 12 月 31 日，成本法合并工作底稿，企业集团内部销售的第二年——设备逆销

项目	Peerless Products	Special Foods	抵销分录 借方	抵销分录 贷方	合并金额
销售收入	450 000	300 000			750 000
股利收益	32 000		(75) 32 000		
贷方合计	482 000	300 000			750 000
销售成本	180 000	160 000			340 000
折旧和摊销	51 000	19 100		(80) 100	70 000
其他费用	60 000	45 000			105 000
借方合计	(291 000)	(224 100)			(515 000)
					235 000
少数股东收益			(76) 15 200		(15 200)
净利润，结转至下方	191 000	75 900	47 200	100	219 800
1 月 1 日留存收益	404 000	120 700	(77) 100 000		
			(78) 4 140		
			(79) 560		420 000
净利润，自上方结转	191 000	75 900	47 200	100	219 800
	595 000	196 600			639 800
宣告分配的股利	(60 000)	(40 000)		(75) 32 000	
				(76) 8 000	(60 000)
12 月 31 日留存收益，结转至下方	535 000	156 600	151 900	40 100	579 800
现　金	284 000	92 000			376 000
应收账款	150 000	80 000			230 000
存　货	180 000	90 000			270 000
土　地	175 000	40 000			215 000
建筑物和设备	807 000	591 000	(79) 2 000		1 400 000
对 Special Foods 公司的股权投资	240 000			(77) 240 000	
借方合计	1 836 000	893 000			2 491 000
累计折旧	501 000	336 400	(80) 100	(79) 2 700	840 000
应付账款	100 000	100 000			200 000
应付债券	200 000	100 000			300 000
普通股股本	500 000	200 000	(77) 200 000		500 000
留存收益，自上方结转	535 000	156 600	151 900	40 100	579 800
少数股东权益			(79) 140	(76) 7 200	
				(77) 60 000	
				(78) 4 140	71 200
贷方合计	1 836 000	893 000	354 140	354 140	2 491 000

抵销分录：

(75) 抵销来自子公司的股利收益。

(76) 分配归属于少数股东的利润。

(77) 抵销购买日股权投资账户余额。

(78) 分配属于少数股东的前期留存收益。

(79) 抵销设备逆销未实现的利润。

(80) 抵销多计的折旧费用。

E(78)	借：期初留存收益	4 140	
	贷：少数股东权益		4 140
	分配属于少数股东的前期留存收益： (\$120 700 − \$100 000) × 0.20		
E(79)	借：固定资产——建筑物和机器设备	2 000	
	期初留存收益	560	
	少数股东权益	140	
	贷：累计折旧		2 700
	对设备逆销形成的未实现利润的抵销。		
E(80)	借：累计折旧	100	
	贷：折旧费用		100
	对多记折旧的抵销。		

分录 E（75）对 Peerless Products 公司享有子公司的股利份额予以抵销。分录 E（76）以常规方式对少数股东分配利润，同时考虑了少数股东按持股比例享有的 20X2 年度中企业集体内部利润中被确认已实现的部分。在成本法下，股权投资的抵销分录通常不会改变，这是由于股权投资的账面金额不会发生变化。因此，分录 E（77）和 20X1 年度的股权投资的抵销分录是同样的。但需要编制一笔附加分录 E（78），对合并日后少数股东享有 Special Foods 公司以前年度利润的份额进行分配［(\$50 700 − \$30 000) × 0.20］。期初留存收益既不会被抵销，也不会分配给少数股东结转至工作底稿合并栏以作为合并留存收益的期初余额。

与基本权益法下合并的处理方法一样，分录 E（79）和 E（80）抵销了企业集团内部转让的影响。

第7章

企业集团内部存货交易

存货交易是企业集团内部交易中最常见的一种形式。从概念上讲，关联企业间存货交易的抵销和其他类型的企业集团间的内部交易是没有太大区别的。在进行合并损益表编制时，合并方记录的所有收入和费用项目均应全额抵销，内部交易中取得的所有损益要予以递延，直到该项资产出售给非关联企业时才予以实现。

企业集团内部存货转让的记账程序会比其他类型的内部转让更为复杂。因为存货项目有各种不同的类型，所以某些存货会从一个关联企业转让到另一个关联企业。而且，实时记录哪些存货是再出售的、哪些存货还仍旧持有的难度会比存货交易本身复杂得多，这是由于有些存货是在装运期间就马上被购买企业出售了，而另一些货物会一直存续数个会计期间。不过，存货交易的合并程序与第6章所讨论的固定资产合并程序十分类似。

概　述

用于编制合并财务报表的合并工作底稿抵销分录应对关联企业之间所有交易的全部影响予以抵销。一旦发生企业集团内部存货交易，就需要运用抵销分录消除个别企业记录的与内部交易相关的收入和费用的影响。抵销分录可以确保，只要存货仍旧被持有，那么对合并主体而言，只有存货的历史成本包含在合并资产负债表中，当存货再出售给非关联企业时则作为所属会计期间的销售成本。

以成本价转让

有些时候，货物会以出售方的成本价或账面价值销售给关联企业。当一项企业集团内部交易不涉及损益的时候，会计期末资产负债表上的存货金额不需要进行合并调整，因为购买方存货的账面价值与转让方的成本，同时也与合并主体的成本是相同的。在存货再出售给非关联企业时，关联企业确认的销售成本也就是合并主体的销售成本。

即使企业集团内部销售不涉及损益，也仍旧需要抵销分录来剔除企业集团内部销售形成的未实现收入和出售方记录的销售成本的影响，这样可以避免高估这两个账户的余额。如果该存货是以成本转让，且收入和销售成本账户抵减相同的金额，则合并净利润不会受到抵销分录的影响。

存在收益（利润）或损失的内部转让

企业有多种不同的方法确定企业集团内部的转让价格。在某些企业，对关联企业的销售价格和对其他客户的价格是一样的。某些企业会对转让到关联企业的存货按照成本的一定百分比定价。其他企业会精心制定转让价格政策以激励内部销售。不论采用何种方法对企业集团内部转让价格进行确定，都需要通过抵销程序从合并财务报表中消除该项销售的影响。

企业集团内部销售涉及损益的时候，需要在内部转让所在的会计期间进行抵销，同时对合并损益表和合并资产负债表的相关账户予以调整。

损益表：销售收入和销售成本。企业集团内部销售形成的销售收入和转让企业记录的相关产品销售成本均须予以剔除。

资产负债表：存货。企业集团内部销售形成的损益均应被剔除，对于合并主体而言，该存货应以成本列报。

财务报表的列报结果视同该项企业集团内部转让未曾发生过一样。

不同类型存货系统的影响

许多企业采用永续盘存制或定期盘存制对存货和销售成本进行管理。在永续盘存制下，购买货物时直接借记存货账户；出售货物时按照成本借记销售成本，贷记存货账户。在定期盘存制下，购买货物是借记购买账户而不是存货账户，且不需要编制分录确认销售成本直到会计期末为止。

定期盘存制和永续盘存制的选用会在个别企业的账簿上导致不同的分录出现，编制合并财务报表时也会在合并工作底稿抵销分录上略有不同。由于大多数企业使用永续盘存制，本章会着重研讨永续盘存制下的合并程序。

存货的顺销

为了合并的目的，一项企业集团内部存货销售的利润应于存货出售给非关联企业所在的会计期间确认。在对外出售前，所有的企业集团内部利润均应予以递延。合并净利润的确认必须根据转让企业已实现的利润。由于顺销形成的企业集团内部利润记录在母公司的账簿上，因此合并净利润和母公司股东的所有者权益需要按照未实现利润的全部金额进行抵减。

当某企业出售一项存货给一家附属企业时，会出现以下三种情况中的一种：(1) 该项存货在同一会计期间再出售给非附属企业；(2) 该项存货再出售给一家附属企业（购买方）；（3）该存货被附属企业（购买方）持有两个或多个会计期间。Peerless Products 集团和 Special Foods 公司的连续案例可以用来阐明在每一种存货处理下的合并程序。在第 6 章，假定 Peerless Products 集团于 20X0 年 12 月 31 日以账面价值 240 000 美元购买了 Special Foods 公司 80%的股本。

作为顺销影响的示例，假定 Peerless Products 公司于 20X1 年 3 月 1 日购买了 7 000 美元的存货，并于 4 月 1 日以 10 000 美元再出售给 Special Foods 公司。Peerless Products 公司会计分录如下：

20X1 年 3 月 1 日		
(1) 借：存货	7 000	
贷：现金		7 000
记录购买存货。		
20X1 年 4 月 1 日		
(2) 借：现金	10 000	
贷：销售收入		10 000
记录出售存货给 Special Foods 公司。		
(3) 借：销售成本	7 000	
贷：存货		7 000
记录出售给Special Foods 公司存货的成本。		

Special Foods 公司以如下分录记录从 Peerless Products 公司购买的存货：

20X1 年 4 月 1日		
(4) 借：存货	10 000	
贷：现金		10 000
记录从 Peerless Products 公司购买的存货。		

在内部交易期间转售

为了对存货出售给附属企业后，在同一会计期间再出售给非附属企业的合并予以例示，假定 Special Foods 公司于 20X1 年 11 月 5 日以 15 000 美元自 Peerless Products 公司购入的存货再出售给非附属企业，情形如下：

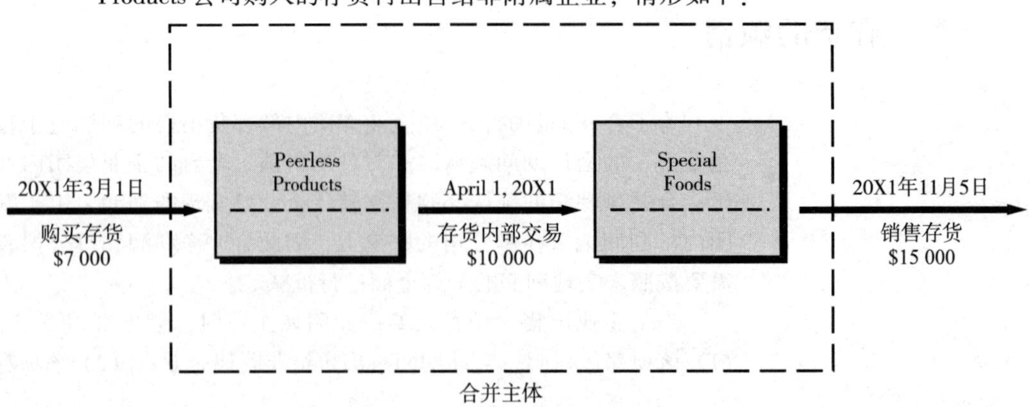

Special Foods 公司以如下分录记录出售给非附属企业的存货：

20X1 年 11 月 5 日

(5)	借：现金	15 000	
	贷：销售收入		15 000
	向非附属企业出售存货。		
(6)	借：销售成本	10 000	
	贷：存货		10 000
	出售给非附属企业的存货成本。		

对个别企业的入账分录审核表明，如果企业集团内部销售的影响不予以剔除，则合并损益表中的账户余额会出现错误列报。

项　目	Peerless Products	Special Foods	未调整合计	合并金额
销售收入	$10 000	$15 000	$25 000	$15 000
销售成本	(7 000)	(10 000)	(17 000)	(7 000)
毛　利	$ 3 000	$ 5 000	$ 8 000	$ 8 000

虽然不进行调整的合并毛利也是正确的，但仅仅将 Peeless Products 公司和 Special Foods 公司账簿上的数字简单相加得来的销售收入合计和销售成本合计，对于合并主体而言显然被夸大了。出售给非附属企业的存货销售价格为 15 000 美元，而 Peerless Products 公司的初始成本为 7 000 美元。因此，对于合并主体而言，8 000 美元的毛利是正确的，但合并销售收入和销售成本应分别为 15 000 美元和 7 000 美元，而不是 25 000 美元和 17 000 美元。在合并工作底稿中，应同时从销售收入和销售成本中抵销企业集团内部销售的金额，以正确列报合并金额：

E(7)	借：销售收入	10 000	
	贷：销售成本		10 000
	抵销企业间内部存货销售。		

需要注意的是，此分录对于合并净利润无任何影响，因为销售收入和销售成本已同时按相同金额抵减。因为全部的企业集团内部利润已经通过向外部交易方再次出售存货而在当期实现，所以，企业集团内部利润不再需要进行抵销。

在企业集团内部转让发生的第二年对存货转售

当存货出售给一家附属企业并存在获利，且并未在同一会计期间再出售时，则在企业集团内部销售发生的当期和后续期间均应对合并财务报表进行适当调整，直到该项存货被出售给非附属企业为止。作为示例，假定 Peerless Products 公司于 20X1 年以 7 000 美元购买存货，当年向 Special Foods 公司以 10 000 美元出售该存货。Special Foods 公司于 20X2 年 1 月 2 日将其以 15 000 美元再度出售给非附属企业。具体情形如下。

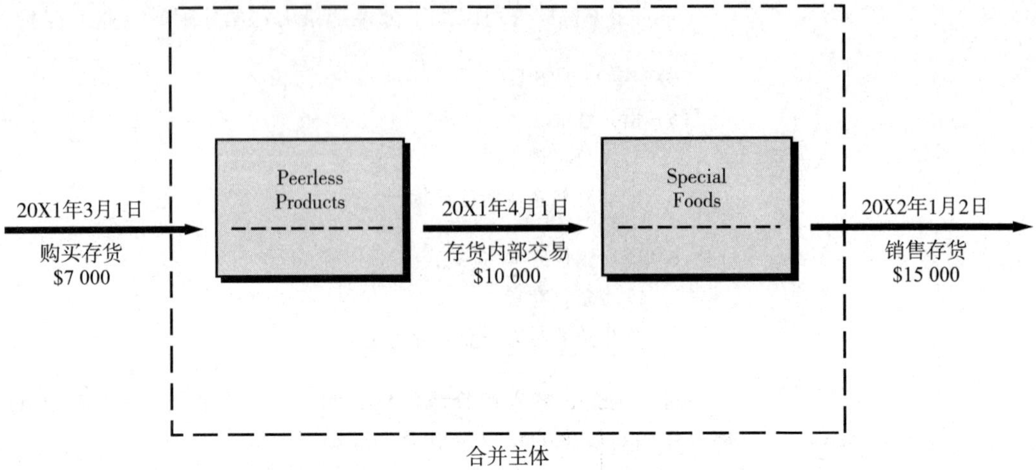

在之前的示例中，Peerless Products 公司在 20X1 年期间，通过分录（1）至分录（3）记录了购买存货以及向 Special Foods 公司出售存货的过程。Special Foods 公司以分录（4）记录了自 Peerless Products 公司购买的存货。在 20X2 年，Special Foods 公司通过分录（5）和分录（6）记录了向非附属企业再次出售存货的交易。

20X1 年基本权益法分录

在基本权益法下，Peerless Products 公司按照常规方法记录了按照持股比例所享有的 Special Foods 公司利润的份额和股利：

(8) 借：现金	24 000	
贷：股权投资——Special Foods		24 000
记录来自 Special Foods 公司的股利分配： $30 000 × 0.80		
(9) 借：股权投资——Special Foods	40 000	
贷：投资收益——子公司		40 000
记录权益法下的投资收益： $50 000 × 0.80		

通过上述会计分录，股权投资账户的期末余额为 256 000 美元（$240 000 + $40 000 – $24 000）。

20X1 年合并工作底稿

20X1 年年末合并工作底稿如图表 7–1 所示。工作底稿中的四笔抵销分录如下：

E(10)	借：投资收益——子公司	40 000	
	贷：应收股利		24 000
	股权投资——Special Foods		16 000
	抵销来自子公司的投资收益。		

E(11)	借：少数股东收益	10 000	
	贷：应收股利		6 000
	少数股东权益		4 000
	分配归属于少数股东的净利润。		
	$10 000 = $50 000 × 0.20		
E(12)	借：股本——Special Foods	200 000	
	期初留存收益	100 000	
	贷：股权投资——Special Foods		240 000
	少数股东权益		60 000
	抵销股权投资账户的期初余额。		
E(13)	借：销售收入	10 000	
	贷：销售成本		7 000
	存货		3 000
	抵销企业集团内部存货顺销。		

只有分录 E(13) 和存货未实现的利润抵销有关，其他分录是工作底稿中常见的类型。

分录 E(10) 根据 Peerless Products 公司账簿上的分录（8）和分录（9）编制，同时对 Peerless Products 公司按投资比例享有 Special Foods 公司的利润份额和分配的股利，以及股权投资账户的当期变动额予以抵销。在存货顺销的转移中少数股东收益不受影响，在工作底稿抵销分录 E(11) 中，按比例分配给少数股东应享有的 Special Foods 公司的利润份额（$50 000 × 0.20)。此分录抵销了少数股东享有 Special Foods 公司股利的份额（$30 000 × 0.20)，使得当期少数股东权益增加 4 000 美元，这是由于 Special Foods 公司净利润超过其分配的股利造成的［($50 000 − $30 000) × 0.20］。分录 E(12) 对 Special Foods 公司所有者权益账户的期初余额和 Peerless Products 公司对子公司的股权投资账户进行了抵销，同时也确认了少数股东权益的期初数。企业集团内部存货销售对此分录没有影响，因为虽然该项内部交易在本期发生，但该分录对期初余额进行了抵销。

分录 E(13) 抵销了企业集团内部存货销售的影响。Peerless Products 公司和 Special Foods 公司于 20X1 年在个别账簿上关于存货内部交易的分录，会导致对 20X1 年度合并毛利以及期末合并存货余额的夸大，除非在合并工作底稿上对该项金额予以调整。Peerless Products 公司和 Special Foods 公司个别账簿上对该项企业集团内部存货交易的记录金额以及适当的合并金额如下：

项 目	Peerless Products	Special Foods	未调整合计	合并金额
销售收入	$10 000	$ –0–	$10 000	$ –0–
销售成本	(7 000)	$ –0–	(7 000)	–0–
毛 利	$ 3 000	$ –0–	$ 3 000	$ –0–
存 货	$ –0–	$10 000	$10 000	$7 000

图表 7-1 20X1年12月31日，合并工作底稿，企业集团内部销售当年——存货顺销

项 目	Peerless Products	Special Foods	抵销分录		合并金额
			借 方	贷 方	
销售收入	400 000	200 000	(13) 10 000		590 000
来自子公司的投资收益	40 000		(10) 40 000		
贷方合计	440 000	200 000			590 000
销售成本	170 000	115 000		(13) 7 000	278 000
折旧和摊销	50 000	20 000			70 000
其他费用	40 000	15 000			55 000
借方合计	(260 000)	(150 000)			(403 000)
					187 000
少数股东收益			(11) 10 000		(10 000)
净利润，结转至下方	180 000	50 000	60 000	7 000	177 000
1月1日留存收益	300 000	100 000	(12) 100 000		300 000
净利润，自上方结转	180 000	50 000	60 000	7 000	177 000
	480 000	150 000			477 000
宣告分配的股利	(60 000)	(30 000)		(10) 24 000	
				(11) 6 000	(60 000)
12月31日留存收益，结转至下方	420 000	120 000	160 000	37 000	417 000
现 金	264 000	75 000			339 000
应收账款	75 000	50 000			125 000
存 货	100 000	75 000		(13) 3 000	172 000
土 地	175 000	40 000			215 000
建筑物和设备	800 000	600 000			1 400 000
对Special Foods公司的股权投资	256 000			(10) 16 000	
				(12) 240 000	
借方合计	1 670 000	840 000			2 251 000
累计折旧	250 000	220 000			470 000
应付账款	100 000	100 000			200 000
应付债券	400 000	200 000			600 000
普通股股本	500 000	200 000	(12) 200 000		500 000
留存收益，自上方结转	420 000	120 000	160 000	37 000	417 000
少数股东权益				(11) 4 000	
				(12) 60 000	64 000
贷方合计	1 670 000	840 000	360 000	360 000	2 251 000

抵销分录：

(10) 抵销来自子公司的投资收益。

(11) 分配归属于少数股东的利润。

(12) 抵销股权投资账户的期初余额。

(13) 抵销企业集团内部存货顺销交易。

分录 E(13) 将未调整的合计金额更正为适当的合并金额。编制合并损益表时，销售收入和销售成本同时从 Peerless Products 公司和 Special Foods 公司试算平衡余额中被抵减。这样一来，利润的抵减额为差额 3 000 美元（\$10 000 – \$7 000）。此外，Special Foods 公司账上存货的期末余额以企业集团内部交换价格列示，而不是按照合并主体的历史成本。直到该存货再出售给外部交易方，每一期编制合并报表时均须对存货的未实现企业集团内部利润部分予以抵减。

20X1 年度合并净利润

如图表 7–1 中合并工作底稿所示，20X1 年合并净利润为 177 000 美元。该金额可验证如下：

Peerless Products公司的个别经营利润		\$140 000
减：未实现的企业集团内部顺销存货利润		(3 000)
Peerless Products 公司已实现的利润		\$137 000
Peerless Products 公司享有 Special Foods 公司的利润份额：		
Special Foods 公司的净利润	\$50 000	
Peerless Products 公司所享有的利润份额	× 0.80	40 000
20X1 年度合并净利润		\$177 000

20X2 年基本权益法分录

20X2 年，Special Foods 公司将 20X1 年以 10 000 美元购自 Peerless Products 公司的存货出售给非附属企业，销售价格为 15 000 美元。同时，Peerless Products 公司按照正常的基本权益法分录记录了按其持股比例享有的 Special Foods 公司 20X2 年度净利润的份额和分配的股利：

(14) 借：现金	32 000	
贷：股权投资——Special Foods		32 000
记录来自 Special Foods 公司的股利分配：\$40 000 × 0.80		
(15) 借：股权投资——Special Foods	60 000	
贷：投资收益——子公司		60 000
记录权益法下的投资收益：\$75 000 × 0.80		

投资账户余额

Peerless Products 公司股权投资账户如下。

股权投资——Special Foods			
初始成本	240 000		
(9) 20X1 年度应计权益		(8) 20X1 年度应收股利	
($50 000 × 0.80)	40 000	($30 000 × 0.80)	24 000
20X1 年 12 月 31 日余额	256 000		
(15) 20X2 年度应计权益		(14) 20X2 年度应收股利	
($75 000 × 0.80)	60 000	($40 000 × 0.80)	32 000
20X2 年 12 月 31 日余额	284 000		

20X2 年合并工作底稿

20X2 年度末合并工作底稿的编制如图表 7–2 所示。编制四笔抵销分录如下：

		借	贷
E(16)	借：投资收益——子公司	60 000	
	贷：应收股利		32 000
	股权投资——Special Foods		28 000
	抵销来自子公司的投资收益。		
E(17)	借：少数股东收益	15 000	
	贷：应收股利		80 000
	少数股东权益		70 000
	分配归属于少数股东的净利润： $15 000 = $75 000 × 0.20		
E(18)	借：股本——Special Foods 公司	200 000	
	期初留存收益	120 000	
	贷：股权投资——Special Foods 公司		256 000
	少数股东权益		64 000
	抵销股权投资账户的期初余额。		
E(19)	借：期初留存收益	3 000	
	贷：销售成本		3 000
	抵销存货利润的期初余额。		

分录 E(16) 抵销了基本权益法下 20X2 年度 Peerless Products 公司分录（14）和分录（15）的影响。分录 E（17）中按照少数股东享有的利润份额（$75 000 × 0.20）对利润进行了分配，同时在 20X2 年度的工作底稿中相应增加了少数股东享有 Special Foods 公司净资产的请求权。由于该笔销售为顺销，因此分配给少数股东的权益金额和收益金额将不受企业集团内部利润的影响。分录 E（18）对 Special Foods 公司所有者权益的期初余额和 Peerless Products 公司股权投资账户的期初余额进行了抵销，同时少数股东权益的余额与 Special Foods 公司的账面价值的 20%相等。

图表7-2　20X2年12月31日，合并工作底稿，企业集团内部销售后的第二年——存货顺销

项　目	Peerless Products	Special Foods	抵销分录 借　方	抵销分录 贷　方	合并金额
销售收入	450 000	300 000			750 000
来自子公司的投资收益	60 000		(16) 60 000		
贷方合计	510 000	300 000			750 000
销售成本	180 000	160 000		(19) 3 000	337 000
折旧和摊销	50 000	20 000			70 000
其他费用	60 000	45 000			105 000
借方合计	(290 000)	(225 000)			(512 000)
					238 000
少数股东收益			(17) 15 000		(15 000)
净利润，结转至下方	220 000	75 000	75 000	3 000	223 000
1月1日留存收益	420 000	120 000	(18) 120 000		
			(19) 3 000		417 000
净利润，自上方结转	220 000	75 000	75 000	3 000	223 000
	640 000	195 000			640 000
宣告分配的股利	(60 000)	(40 000)		(16) 32 000	
				(17) 8 000	(60 000)
12月31日留存收益，结转至下方	580 000	155 000	198 000	43 000	580 000
现　金	291 000	85 000			376 000
应收账款	150 000	80 000			230 000
存　货	180 000	90 000			270 000
土　地	175 000	40 000			215 000
建筑物和设备	800 000	600 000			1 400 000
对Special Foods公司的股权投资	284 000			(16) 28 000	
				(18) 256 000	
借方合计	1 880 000	895 000			2 491 000
累计折旧	300 000	240 000			540 000
应付账款	100 000	100 000			200 000
应付债券	400 000	100 000			600 000
普通股股本	500 000	200 000	(18) 200 000		500 000
留存收益，自上方结转	580 000	155 000	198 000	43 000	580 000
少数股东权益				(17) 7 000	
				(18) 64 000	71 000
贷方合计	1 880 000	895 000	398 000	398 000	2 491 000

抵销分录：

(16) 抵销来自子公司的投资收益。

(17) 分配属于少数股东的利润。

(18) 抵销股权投资账户的期初余额。

(19) 抵销存货利润期初余额。

分录E(19)通过抵减期初留存收益把销售成本调整为适当的合并余额。如果Special Foods公司在当期出售了该存货，则Special Foods公司期初存货中未实现的企业集团内部利润应确认为销售成本。这样，如果以取自Peerless Products公司和Special Foods公司账簿上的未调整合计数在合并损益表中列报，则20X2年度的合并销售成本将被夸大。情形如下：

项 目	Peerless Products	Special Foods	未调整合计	合并金额
销售收入	$ –0–	$15 000	$15 000	$15 000
销售成本	–0–	(10 000)	(10 000)	(7 000)
毛利	$ –0–	$ 5 000	$ 5 000	$ 8 000

与企业集团内部发生的存货转移不同，当存货在后续期间出售给非附属企业时，该项存货销售不需予以调整。原因在于，Special Foods公司列报的金额反映了对外经济实体的销售，同时以适当的金额在合并报表中列报。通过分录E(19)剔除了销售成本中3 000美元企业集团内部利润。在合并损益表中，Peerless Products公司支付的存货初始购买成本和存货销售毛利8 000美元被正确地予以列报。

抵销分录E(19)按照20X2年年初企业集团内部未实现利润的金额抵减了留存收益的期初数。由于Peerless Products公司已经在20X1年确认了存货顺销的全部企业集团内部利润，因此Peerless Products公司的期初留存收益余额中包含这部分利润，如果Peerless Products公司列报的全部余额结转到合并财务报表中，则合并留存收益中的期初余额会被夸大。分录E(19)使得合并留存收益的期初余额和当年销售成本金额视同于未实现的企业集团内部利润在年初时未发生一样。

如果销售是对外部企业的，并且该笔交易完成，则在未来会计期间不再需要对企业集团内部交易进行相关的调整和抵销。

20X2年度合并净利润

20X2年度合并净利润为223 000美元，如图表7–2工作底稿所示。该笔金额验证如下：

Peerless Products公司的个别经营利润		$160 000
实现的递延企业集团内部利润		3 000
Peerless Products公司的已实现利润		$163 000
Peerless Products公司享有Special Foods公司的利润份额：		
Special Foods公司的净利润	$75 000	
Peerless Products公司的持股比例	× 0.80	60 000
20X2年度合并净利润		$223 000

存货持有两个或两个以上的会计期间

企业有可能将从附属企业购买的存货持有超过一个会计期间。例如，某项存货的成本是按照后进先出法进行存货核算，那么直到该批存货清算完毕，该存货的成本仍保留在存货余额中，所以在清算前，每次呈报合并报表时，均需在合并工作底稿中编制抵销分录，以对合并主体的存货成本予以重述。例如，只要 Special Foods 公司继续持有购自 Peerless Products 公司的存货，那么在企业集团内部销售的后续年度每次呈报合并资产负债表时，均需要在合并工作底稿中编制如下抵销分录：

(E20)	借：期初留存收益	3 000	
	贷：存货		3 000
	抵销存货利润的期初余额。		

在该存货出售给合并主体之外的交易方前，在企业集团内部销售的后续期间内，不需要对损益表进行调整。

存货逆销

如果发生一笔逆销的存货业务，且母公司将该存货在同一会计期间再度出售给非附属企业，那么，母公司全部的权益法分录以及在合并工作底稿中的抵销分录与顺销案例中的分录都是相同的。

如果该存货未在当期期末再出售给非附属企业，那么合并工作底稿中的抵销分录和顺销案例的区别在于，未实现的企业集团内部利润应在控股股东和少数股东之间分配。在逆销业务中，子公司确认的企业集团内部利润由控股股东和少数股东共享。因此，对于未实现的企业集团内部利润进行抵销，需要在每一会计期间同时对双方权益予以抵减，直到存货再度出售给非附属企业并确认了该笔利润。

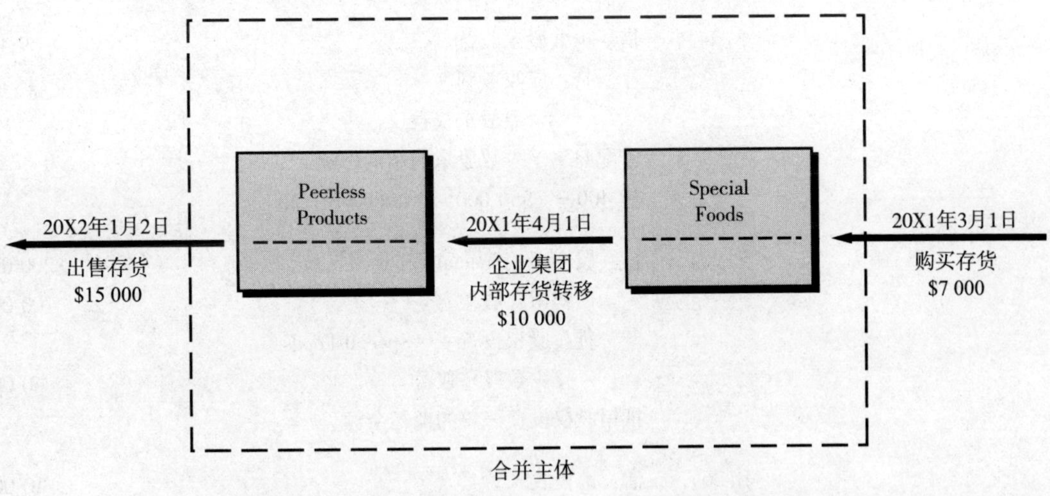

Special Foods 公司于 20X1 年 3 月 1 日以 7 000 美元购买存货，并在同一年度按 10 000 美元出售给 Peerless Products 公司。Peerless Products 公司持有存货直到下一年度的 1 月 2 日，按 15 000 美元将存货出售给非附属企业。

20X1 年度基本权益法分录

20X1 年，Peerless Products 公司按照基本权益法记录如下分录：

(21) 借：现金	24 000	
贷：股权投资——Special Foods		24 000
记录来自 Special Foods 公司的股利分配： $30 000 × 0.80		
(22) 借：股权投资——Special Foods	40 000	
贷：投资收益——子公司		40 000
记录权益法下的投资收益： $50 000 × 0.80		

以上这些分录与存货顺销业务的例示是同样的。

20X1 年合并工作底稿

编制 20X1 年度合并财务报表的工作底稿如图表 7-3 所示。工作底稿中包含以下四笔抵销分录：

E(23)	借：投资收益——子公司	40 000	
	贷：应收股利		24 000
	股权投资——Special Foods		16 000
	抵销来自子公司的投资收益。		
E(24)	借：少数股东收益	9 400	
	贷：应收股利		6 000
	少数股东权益		3 400
	分配归属于少数股东的利润份额： $9 400 = ($50 000 - $3 000) × 0.20		
E(25)	借：股本——Special Foods	200 000	
	期初留存收益	100 000	
	贷：股权投资——Special Foods		240 000
	少数股东权益	60 000	
	抵销股权投资账户的期初余额。		
E(26)	借：销售收入	10 000	
	贷：销售成本		7 000
	存货		3 000
	抵销企业集团内部的存货逆销业务。		

除了分录 E(24) 之外，在企业集团内部转移的当年，存货逆销业务的全部合

图表 7-3　20X1 年 12 月 31 日，合并工作底稿，企业集团内部销售当年——存货逆销

项　目	Peerless Products	Special Foods	抵销分录 借　方	抵销分录 贷　方	合并金额
销售收入	400 000	200 000	(26) 10 000		590 000
来自子公司的投资收益	40 000		(23) 40 000		
贷方合计	440 000	200 000			590 000
销售成本	170 000	115 000		(26) 7 000	278 000
折旧和摊销	50 000	20 000			70 000
其他费用	40 000	15 000			55 000
借方合计	(260 000)	(150 000)			(403 000)
					187 000
少数股东收益			(24) 9 400		(9 400)
净利润，结转至下方	180 000	50 000	59 400	7 000	177 600
1 月 1 日留存收益	300 000	100 000	(25) 100 000		300 000
净利润，自上方结转	180 000	50 000	59 400	7 000	177 600
	480 000	150 000			477 600
宣告分配的股利	(60 000)	(30 000)		(23) 24 000	
				(24) 6 000	(60 000)
12 月 31 日留存收益，结转至下方	420 000	120 000	159 400	37 000	417 600
现　金	264 000	75 000			339 000
应收账款	75 000	50 000			125 000
存　货	100 000	75 000		(26) 3 000	172 000
土　地	175 000	40 000			215 000
建筑物和设备	800 000	600 000			1 400 000
对 Special Foods 公司的股权投资	256 000			(23) 16 000	
				(25) 240 000	
借方合计	1 670 000	840 000			2 251 000
累计折旧	250 000	220 000			470 000
应付账款	100 000	100 000			200 000
应付债券	400 000	200 000			600 000
普通股股本	500 000	200 000	(25) 200 000		500 000
留存收益，自上方结转	420 000	120 000	159 400	37 000	417 600
少数股东权益				(24) 3 400	
				(25) 60 000	63 400
贷方合计	1 670 000	840 000	359 400	359 400	2 251 000

抵销分录：

(23) 抵销来自子公司的投资收益。

(24) 分配归属于少数股东的利润。

(25) 抵销股权投资账户的期初余额。

(26) 抵销企业集团内部存货逆销业务。

并工作底稿抵销分录和存货顺销业务是相同的。由于 Special Foods 公司确认的逆销业务的企业集团内部利润是由控股股东和少数股东共享的，因此须通过对未实现利润的抵销同时予以抵减。分录 E(24) 中对少数股东享有的利润份额的分配是根据 Special Foods 公司已实现的利润（\$50 000 – \$3 000），同时扣减少数股东所享有的未实现企业集团内部利润的份额。

由于在存货逆销业务中，对未实现利润的抵销是在控股股东和少数股东之间按其持股比例进行分配的，因此在图表 7–3 中分配给少数股东的利润 600 美元（\$3 000 × 0.20）少于图表 7–1 例示的存货顺销业务案例。合并净利润也由此相应地增加了 600 美元。其他的所有合并损益表金额在两个案例中都是相同的。

20X1 年度合并净利润

经过对少数股东享有的利润份额进行抵减之后，20X1 年度的合并净利润为 177 600 美元，如以下工作底稿所示，该金额验证如下：

Peerless Products公司的个别经营利润		\$140 000
Peerless Products 公司享有 Special Foods 公司净利润的份额：		
Special Foods 公司净利润	\$50 000	
减去：存货逆销未实现的企业集团内部利润	(3 000)	
Special Foods 公司已实现的利润	\$47 000	
Peerless Products 公司的持股比例	× 0.80	37 600
20X1 年度合并净利润		\$177 600

20X2 年基本权益法分录

20X2 年，Peerless Products 公司按照常规基本权益法确认其享有 Special Foods 公司的利润份额和股利，相关分录如下：

(27) 借：现金	32 000	
贷：股权投资——Special Foods		32 000
记录来自 Special Foods 公司的股利分配： \$40 000 × 0.80		

(28) 借：股权投资——Special Foods	60 000	
贷：投资收益——子公司		60 000
记录权益法下的投资收益： \$75 000 × 0.80		

正如存货顺销业务中所例示的，20X2 年年末股权投资账户的余额是 284 000 美元。

20X2 年合并工作底稿

用于编制 20X2 年年末合并财务报表的合并工作底稿如图表 7–4 所示。合并工作底稿包含以下抵销分录：

E(29)	借：投资收益——子公司	60 000	
	贷：应收股利		32 000
	股权投资——Special Foods		28 000
	抵销来自子公司的投资收益。		
E(30)	借：少数股东收益	15 600	
	贷：应收股利		8 000
	少数股东权益		7 600
	分配归属于少数股东的利润： $15 600 = （$75 000 + $3 000） × 0.20		
E(31)	借：股本——Special Foods	200 000	
	期初留存收益	120 000	
	贷：股权投资——Special Foods		256 000
	少数股东权益		64 000
	抵销股权投资账户的期初余额。		
E(32)	借：期初留存收益	2 400	
	少数股东收益	600	
	贷：销售成本		3 000
	抵销存货利润的期初余额： $2 400 = $3 000 × 0.80 $600 = $3 000 × 0.20		

基于子公司已实现的净利润，分录 E(30) 将少数股东享有的利润份额 15 600 美元［($75 000 + $3 000) × 0.20］进行分配。该金额由两部分组成，一是由少数股东按照其持股比例享有的 20X2 年度 Special Foods 公司的报告净利润（$75 000）；二是少数股东应享有的已实现的企业集团内部存货利润（$3 000）。

工作底稿分录 E(32) 明确地将存货逆销业务的利润进行了抵销。在编制 20X1 年度合并财务报表的时候，须从合并净利润和分配给少数股东的利润份额中对未实现的内部利润按比例进行抵减。在分录 E(32) 中，未实现的利润在 20X2 年年初同时分配给控股股东和少数股东。如同在顺销业务中一样，在合并工作底稿中贷记销售成本以反映对于合并主体而言初始的存货成本（$7 000）。

20X2 年度合并净利润

20X2 年度合并净利润为 222 400 美元，如图表 7–4 工作底稿所示。该金额被验证如下。

Peerless Products公司的个别经营利润		$160 000
Peerless Products 公司享有 Special Foods 公司净利润的份额：		
Special Foods 公司的净利润	$75 000	
存货逆销已实现的企业集团内部利润	3 000	
Special Foods 公司已实现的利润	$78 000	
Peerless Products 公司的持股比例	× 0.80	62 400
20X2 年度合并净利润		$222 400

其他问题

企业集团内部存货转让的频率和可能发生的形式各异的情况都可能引发一些额外的实务操作问题。本章将对其中一些问题进行简要的论述。

存货由一家子公司出售给另一家子公司

存货交易通常会发生在同一控制或所有权下的企业之间。当一家子公司出售货物给另一家子公司时，抵销分录和之前例示的子公司出售货物给母公司的分录相同。未实现的企业集团内部利润须全额抵销，同时按比例地抵减出售方的所有者权益。

为了举例说明，假定 Peerless Products 公司除了拥有 Special Foods 公司 80%的权益外，还拥有 Super Industries 公司 90%发行在外的流通股份。如果 Special Foods 公司以 10 000 美元向 Super Industries 公司出售存货，获得利润 3 000 美元。在当期期末，Super Industries 公司持有全部存货。在期末编制合并工作底稿时，需包括如下抵销分录：

E(33)	借：销售收入	10 000	
	贷：销售成本		7 000
	存货		3 000
	抵销企业集团内部存货销售业务。		

抵销的 3 000 美元未实现的企业集团内部利润，需在出售方的两类股东之间按持股比例进行分配。这样，合并净利润按 Peerless Products 公司享有的 80%的内部利润份额进行抵减，即 2 400 美元，而 Special Foods 公司的非控股股东（少数股东）按其享有的 20%份额予以抵减，即 600 美元。

转让过程中发生的成本

当一家附属企业出售货物给另一家附属企业时，在存货转让过程中通常会发生一些附加的成本，例如运费。该成本的会计处理与将该附属企业视为一家单独企业的经营分部相同。如果该附加成本是在同一家企业中将存货由一个地点转移

图表 7-4　20X2 年 12 月 31 日，合并工作底稿，企业集团内部销售的第二年——存货逆销

项　目	Peerless Products	Special Foods	抵销分录		合并金额
			借　方	贷　方	
销售收入	450 000	300 000			750 000
来自子公司的投资收益	60 000		(29)　60 000		
贷方合计	510 000	300 000			750 000
销售成本	180 000	160 000		(32)　3 000	337 000
折旧和摊销	50 000	20 000			70 000
其他费用	60 000	45 000			105 000
借方合计	(290 000)	(225 000)			(512 000)
					238 000
少数股东收益			(30)　15 600		(15 600)
净利润，结转至下方	220 000	75 000	75 600	3 000	222 400
1 月 1 日留存收益	420 000	120 000	(31) 120 000		300 000
			(32)　2 400		417 600
净利润，自上方结转	220 000	75 000	75 600	3 000	222 400
	640 000	195 000			640 000
宣告分配的股利	(60 000)	(40 000)		(29)　32 000	
				(30)　8 000	(60 000)
12 月 31 日留存收益，结转至下方	580 000	155 000	198 000	43 000	580 000
现　金	291 000	85 000			376 000
应收账款	150 000	80 000			
存　货	180 000	90 000			270 000
土　地	175 000	40 000			215 000
建筑物和设备	800 000	600 000			1 400 000
对 Special Foods 公司的股权投资	284 000			(29)　28 000	
				(31) 256 000	
借方合计	1 880 000	895 000			2 491 000
累计折旧	300 000	240 000			540 000
应付账款	100 000	100 000			200 000
应付债券	400 000	200 000			600 000
普通股股本	500 000	200 000	(31) 200 000		500 000
留存收益，自上方结转	580 000	155 000	198 000	43 000	580 000
少数股东权益			(32)　600	(30)　7 600	
				(31)　64 000	71 000
贷方合计	1 880 000	895 000	398 600	398 600	2 491 000

抵销分录：

(23) 抵销来自子公司的投资收益。

(24) 分配归属于少数股东的利润。

(25) 抵销股权投资账户的期初余额。

(26) 抵销存货利润的期初余额。

到另一个地点时发生的，则应将该成本计入存货成本，但在合并过程中需做适当的调整。

成本与市价孰低

在成本与市价孰低原则下，如果在会计期末，购自另一家附属企业的存货的市场价值低于企业集团的内部转移价格，则企业有可能对该项存货计提减值。可以举例说明这类情况，假定母公司按20 000美元购买存货，并将其以35 000美元的价格出售给另一家子公司。子公司在年末仍持有该项存货，且确定在这个时点上，该项存货的市场价值（重置成本）为25 000美元。

年末，子公司对该存货按照市场价值25 000美元和其成本35 000美元相比较计提减值，分录如下：

		借方	贷方
(34)	借：存货减值损失	10 000	
	贷：存货		10 000
	按照市场价值对存货计提减值损失。		

虽然在子公司账上此分录对存货以25 000美元进行了价值重估，然而从合并的角度而言，该项存货的适当价值应为母公司的初始购买成本20 000美元。因此，合并工作底稿上的抵销分录如下：

		借方	贷方
E (35)	借：销售收入	35 000	
	贷：销售成本		20 000
	存货		5 000
	存货减值损失		10 000
	抵销企业集团内部存货销售业务。		

子公司记录的存货减值损失应予以抵销，这是由于从合并的角度而言，存货的价值应为20 000美元，低于25 000美元的市场价值。

发生在企业合并前的销售与购买

有时会出现企业出售货物给另一家企业后不久，两家企业就合并的情形。对于发生在企业合并前的存货转让，其利润合并的会计处理，取决于交易双方在交易的时点是否独立，且该项销售是否为公平交易的结果。作为一般原则，如果交易会导致一个不公平的交易结果，那么应对该影响予以抵销。但是，两家企业合并不一定就意味着它们之间过去的交易是不公平的。可以对前期交易的情况（例如交易的价格和转移的数量）进行核查。

如果没有相反的证据，那么两家企业在合并前会被视为是单独的和相互独立的企业。因此，如果前期的销售是公平交易的结果，则应视为非关联方交易。这样在双方合并后编制合并财务报表时，即使一方仍旧持有该项存货，也不需要进行抵销或相应的调整。

关键概念总结

编制合并财务报表应将合并主体视为一个单独的企业。因此，在编制合并财务报表时，合并主体内各企业间的全部交易的影响应予以抵销。

对于企业集团内部存货交易的会计处理和在第 6 章论述的企业集团内部的非流动资产交易的会计处理是类似的。每次编制合并报表时，对当期发生的企业集团内部交易的影响，和前期发生的内部交易形成的未实现利润的影响均应予以抵销。因企业集团内部存货交易形成的内部销售收入和销售成本，在合并时应予以抵销。此外，从合并的角度，只有存货再出售给外部交易方时，才能对企业集团内部利润进行确认。未实现的内部利润应全部抵销，并按照出售方股东的持股比例进行分配。如果包含有未实现内部利润的存货在当期销售，合并销售成本应进行调整，以反映对于合并主体而言的实际存货成本；如果到期末仍旧持有存货，也应调整成对于合并主体而言的实际存货成本。

附录 7A　企业集团内部存货交易——完全调整权益法和成本法

如前述存货逆销案例所例示的，合并程序首先运用完全调整权益法，而后使用成本法。假定 Special Foods 公司于 20X1 年以 7 000 美元购入存货，在同一年以 10 000 美元出售存货给 Peerless Products 公司。Peerless Products 公司于 20X2 年出售存货给外部交易方。两家公司都采用永续盘存法对存货进行管理。

完全调整权益法

除了对未实现的企业集团内部利润的处理上有所区别，完全调整权益法下 Peerless Products 公司账簿上的会计分录和合并工作底稿上的抵销分录与在基本权益法下是相同的。采用完全调整权益法进行会计处理，母公司按照其享有当期未实现利润的份额对利润和股权投资账户余额进行抵减。随后，一旦存货出售给外部交易方，企业集团内部利润得以实现，母公司则会相应增加其收益和股权投资账户的账面价值。

20X1 年完全调整权益法分录

在 20X1 年度，Peerless Products 公司按照常规权益法分录记录其享有 Special Foods 公司利润的份额和获得的股利，同时编制一笔附加分录，按照其享有的当年未实现企业集团内部利润的份额对投资收益和长期股权账户进行抵减：

	借方	贷方
(36) 借：现金	24 000	
贷：股权投资——Special Foods		24 000
记录来自 Special Foods 公司的股利分配：$30 000 × 0.80		

		借方	贷方
(37)	借：股权投资——Special Foods	40 000	
	贷：投资收益——子公司		40 000
	记录权益法下的投资收益： $50 000 × 0.80		
(38)	借：投资收益——子公司	2 400	
	贷：股权投资——Special Foods		2 400
	剔除存货逆销未实现的利润：$3 000 × 0.80		

分录（38）是运用完全调整权益法，按照母公司享有的未实现利润的份额抵减母公司的投资收益和长期股权账户，这样使母公司的净利润和合并净利润相一致。

20X1 年合并抵销分录

编制 20X1 年合并财务报表需要在工作底稿中编制四笔抵销分录：

		借方	贷方
E(39)	借：投资收益——子公司	37 600	
	贷：应收股利		24 000
	股权投资——Special Foods		13 600
	抵销来自子公司的投资收益。		
E(40)	借：少数股东收益	9 400	
	贷：应收股利		6 000
	少数股东权益		3 400
	分配归属于少数股东的利润。 $9 400 = ($50 000 - $3 000) × 0.20		
E(41)	借：股本——Special Foods	200 000	
	期初留存收益	100 000	
	贷：股权投资——Special Foods		240 000
	少数股东权益		60 000
	抵销股权投资账户的期初余额。		
E(42)	借：销售收入	10 000	
	贷：销售成本		7 000
	存货		3 000
	抵销存货的逆销业务。		

除了分录 E(39)，以上所有的抵销分录和基本权益法下的抵销分录是相同的。由于母公司记录的从 Special Foods 公司获得的投资收益，在完全调整权益法下比基本权益法下少 2 400 美元，所以分录 E(39) 针对这部分金额进行抵销。同样，20X1 年度完全调整权益法下母公司股权投资账户的增加额，会按照母公司享有的

未实现利润的份额予以抵减，差额反映在抵销分录 E(39) 中。

20X2 年完全调整权益法分录

20X2 年，存货转售给外部交易方，母公司除了按照其享有的子公司报告净利润的比例对投资收益进行确认外，同时按比例确认了递延存货收益（$3 000）的份额：

		借	贷
(43)	借：现金	32 000	
	贷：股权投资——Special Foods		32 000
	记录来自 Special Foods 公司的股利分配： $40 000 × 0.80		
(44)	借：股权投资——Special Foods	60 000	
	贷：投资收益——子公司		60 000
	记录权益法下的投资收益： $75 000 × 0.80		
(45)	借：股权投资——Special Foods	2 400	
	贷：投资收益——子公司		2 400
	确认存货逆销业务的递延收益： $3 000 × 0.80		

一旦存货出售给非附属企业，从合并主体的角度而言，该企业集团内部利润已实现并应包含在合并净利润中。Peerless Products 公司通过分录（45）使得其在权益法下确认的净利润与合并净利润一致。

20X2 年合并抵销分录

20X2 年年末，编制合并财务报表时，合并工作底稿的抵销分录如下：

		借	贷
E(46)	借：投资收益——子公司	62 400	
	贷：应收股利		32 000
	股权投资——Special Foods		30 400
	抵销来自子公司的投资收益。		
E(47)	借：少数股东收益	15 600	
	贷：应收股利		8 000
	少数股东权益		7 600
	分配归属于少数股东的利润： $15 600 = ($75 000 + $3 000) × 0.20		

E(48)	借：股本——Special Foods	200 000	
	期初留存收益	120 000	
	贷：股权投资——Special Foods		256 000
	少数股东权益		64 000
	抵销股权投资账户的期初余额。		
E(49)	借：股权投资——Special Foods	2 400	
	少数股东权益	600	
	贷：销售成本		3 000
	抵销存货利润的期初余额。		

分录 E(46) 对 Peerless Products 公司权益法下确认的投资收益和其享有 Special Foods 公司的股利份额进行了抵销。如同 Peerless Products 公司权益法下分录包含有母公司按比例享有的已实现存货利润一样，在分录 E(47) 中，20X2 年度少数股东享有的收益，应是 Special Foods 公司 75 000 美元的报告净利润加上当年实现的存货递延收益 3 000 美元之和的 20%。这样，20X2 年度损益表中少数股东享有的利润为 15 600 美元［($75 000 + $3 000) × 0.20］。

分录 E(48) 是一笔常规分录，对子公司所有者权益账户的期初余额和对子公司的股权投资账户予以抵销。贷记股权投资账户是抵销 Peerless Products 公司所持有的 Special Foods 公司净资产的份额。由于 Peerless Products 公司在 20X1 年分录 (38) 中对股权投资账户进行了抵减以剔除未实现企业集团内部利润的影响，所以分录 E(48) 贷记股权投资账户要比期初余额高 2 400 美元。

显而易见，工作底稿抵销分录 E(49) 抵销了存货逆销业务形成的利润。合并底稿中贷记销售成本以反映对于合并主体而言出售存货的初始成本 ($7 000)。期初的未实现利润应按比例在控股股东和非控股股东之间分配。母公司享有的未实现内部利润的份额已经通过 20X1 年分录 (38) 从期初留存收益中剔除。此分录对 Peerless Products 公司 20X1 年的利润和留存收益进行了抵减，使得其留存收益和 20X1 年年末的合并留存收益相一致。这样，Peerless Products 公司 20X2 年的期初留存收益和合并留存收益是相等的，可以在 20X2 年度的合并工作底稿中列示，且不需做额外调整。

分录 E(49) 应借记股权投资账户 2 400 美元，这是由于分录 (38) 的抵减，导致分录 E(48) 多抵销了股权投资账户。这样，分录 E(46)、E(48) 和 E(49) 全面抵销了股权投资账户的余额。

成本法

当采用成本法进行会计处理时，母公司将获得的子公司股利记录为投资收益，对于子公司留存收益或未实现的企业集团内部利润不做调整。作为存货逆销业务后合并的示例，母公司对子公司的投资采用成本法，假定和前述处理逆销业务的说明相同。

20X1 年合并抵销分录

编制 20X1 年合并财务报表时，应编制以下抵销分录：

E(50)	借：股利收益	24 000	
	贷：应收股利		24 000
	抵销来自子公司的股利分配： $30 000 × 0.80		
E(51)	借：少数股东收益	9 400	
	贷：应收股利		6 000
	少数股东权益		3 400
	分配归属于少数股东的利润： $9 400 = ($50 000 - $3 000) ×0.20		
E(52)	借：股本——Special Foods	200 000	
	期初留存收益	100 000	
	贷：股权投资——Special Foods		240 000
	少数股东权益		60 000
	抵销合并日股权投资账户的余额。		
E(53)	借：销售收入	10 000	
	贷：销售成本		7 000
	存货		3 000
	抵销企业集团内部存货逆销业务。		

除了分录 E(50)，以上这些抵销分录和在基本权益法下的处理是相同的。该笔分录抵销了母公司获得的来自子公司的股利收益，而非按其享有子公司利润的份额进行抵销。

20X2 年合并抵销分录

20X2 年年末的合并工作底稿需要编制如下抵销分录：

E(54)	借：股利收益	32 000	
	贷：应收股利		32 000
	抵销来自子公司的股利分配： 40 000 × 0.80		
E(55)	借：少数股东收益	15 600	
	贷：应收股利		8 000
	少数股东权益		7 600
	分配归属于少数股东的利润： $15 600 ($75 000 + $3 000) × 0.20		

E(56)	借：股本——Special Foods	200 000	
	期初留存收益	100 000	
	贷：股权投资——Special Foods		240 000
	少数股东权益		60 000
	抵销合并日股权投资账户余额。		
E(57)	借：期初留存收益	4 000	
	贷：少数股东权益		4 000
	分配归属于少数股东的前期留存收益： $20 000 × 0.20		
E(58)	借：期初留存收益	2 400	
	少数股东权益	600	
	贷：销售成本		3 000
	抵销存货利润的期初余额。		

分录E(55)和分录E(58)与基本权益法下的会计处理相同。分录E(54)抵销了20X2年度Peerless Products公司来自子公司的股利收益。分录E(56)抵销了合并日Special Foods公司的所有者权益账户和与其对应的Peerless Products公司的股权投资账户。该笔分录每年都会在合并工作底稿中出现。由于此分录保持不变，所以，在合并日分配的归属于少数股东的权益只是基于Special Foods公司净资产的账面价值。因此，需要分录E(57)将Special Foods公司从合并日到当年期初的留存收益按比例分配给少数股东。

第 8 章

企业集团内部债务

控制其他公司的一个好处就是当公司有需要的时候，管理层能够将资源从一个法律实体转移到另一法律实体。公司常发现，它们能够从将多余的资金出借给关联企业以及在资金短缺时从关联企业借入资金的行为中获利。相比于公开发行债券，借款方常受益于较低的借款利率、较少的限制性贷款条件、非正式的贷款协定以及较低的集团内部债券发行成本。作为贷款方的附属企业可能受益于将多余的资金投资于一家公司，并对这家公司有充分的了解，这使得它可以从出借的资金上赚取固定的收益而比投资于非关联企业承担更小的风险。再者，对于母公司或不同的附属企业，作为一个整体在资本市场筹措资金比每个关联企业直接去资本市场融资更具优势。

合并概述

图表 8-1 例示了两种类型的企业集团的内部债务转移。如图表 8-1（a）所示，**企业集团内部直接债务转移**（direct intercompany debt transfer）涉及一家关联企业与另一家关联企业之间的借贷，该借贷没有非关联方参与。例如，企业集团内部存货赊销产生的商业应收或应付款项，以及一家关联企业向另一家关联企业签署应付票据来筹集营运资金。

企业集团内部间接债务转移（indirect intercompany debt transfer）涉及向非关联方发行债券和该债务工具发行后由发行方的关联企业购买的行为。如图表 8-1（b）所例示的那样，Special Foods 公司向非关联公司发行债务工具借入资金，如发行票据或债券。Special Foods 公司的母公司 Peerless Products 公司之后又从非关联公司购入该债务工具。因此，Peerless Products 公司间接地从非关联公司取得 Special Foods 公司的该项债务。

当编制合并财务报表时，企业集团内部筹资协议产生的全部账户余额应当予以抵销。合并财务报表将合并主体作为一家单独的公司进行列报。因此，在图表 8-1 中，那些没有跨越合并主体边界的交易将在合并财务报表中列报。虽然在图表 8-1（a）中 Special Foods 公司从 Peerless 公司借入资金，但作为整体的合并主体并

图表 8-1 企业集团内部债务交易

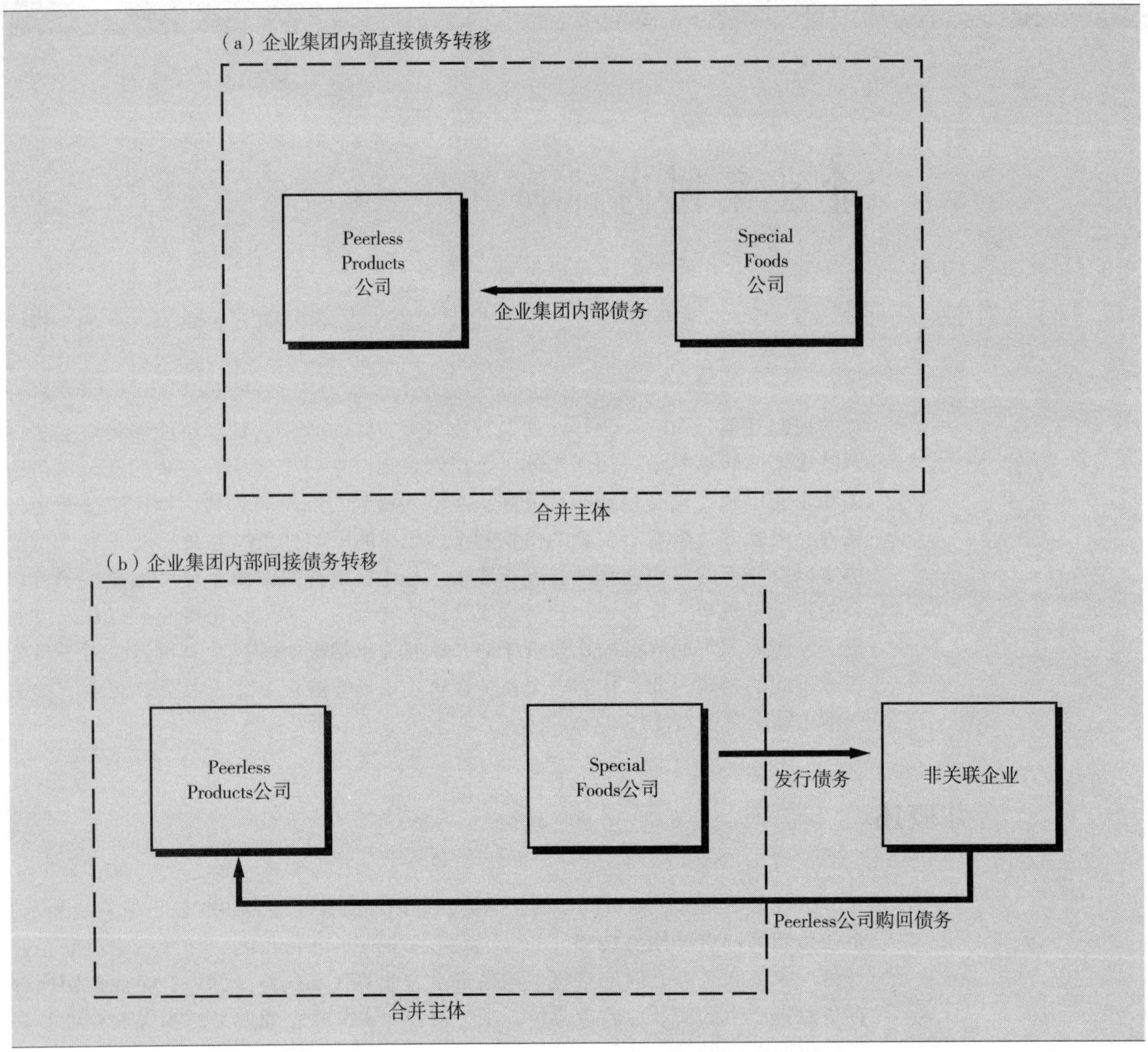

没有发生借贷，企业集团内部借贷不反映在合并财务报表中。

在图表 8-1（b）中，Special Foods 公司从非关联公司借入资金。因为这项交易是同非关联方发生的，因此它跨越了合并主体的边界，这项交易应反映在合并财务报表中。本质上，合并主体从外部借款，该项负债应当包含在合并资产负债表中。当 Peerless 公司从非关联方购买了 Special Foods 公司的债务工具时，这项交易也跨越了合并主体的边界。本质上合并主体购回的是其本身的债务，该项交易应当作为一项债务的赎回进行列报。正如到期日之前绝大多数债务的赎回，购买关联企业的债券常导致赎回收益或损失。即使该收益或损失不在任何一家关联企业的个别损益表中列报，但也要在合并损益表中列报。

本章讨论当企业集团内部发生直接债务或间接债务转移时，编制合并财务报表的程序。虽然讨论集中在债券上，相同的概念和程序也适用于票据和其他类型的企业集团内部债务。

直接向关联方出售债券

当一家公司将债券直接销售给关联方时，该企业集团内部债务的全部影响应当在编制合并财务报表时予以抵销。一家公司不能列报投资本公司的债券投资或来自本公司的债券负债。因此，当合并主体被看作一个独立的公司时，涉及企业集团内部债务的全部金额应当予以抵销，包括债券投资、应付债券、未摊销的债券的溢折价、债券的利息收入和利息费用、应收利息和应付利息。

按照面值转移

当应付票据或应付债券按面值直接售给关联方，投资方和发行方记录的分录应当是彼此对应的。为了例示，假设 20X1 年 1 月 1 日 Special Foods 公司按面值向 Peerless Products 公司发行 10 年期债券，债券面值总额为 100 000 美元，票面利率为 12%。图表 8–1（a）描绘了这笔交易。20X1 年 Special Foods 公司记录了该债券的利息费用 12 000 美元（$100 000 × 12%），Peerless 公司记录了相同金额的利息收入。

在编制 20X1 年合并财务报表时，需要在工作底稿中记录两个抵销分录来消除内部债务的影响：

E(1)	借：应付债券	100 000	
	贷：债券投资——Special Foods		100 000
	抵销企业集团内部持有的债券。		
E(2)	借：利息收益	12 000	
	贷：利息费用		12 000
	抵销企业集团内部利息。		

这些抵销分录在工作底稿中抵销了 Peerless 公司账簿中记录的债券投资和相应的投资收益，以及 Special Foods 公司账簿中记录的负债和相关的利息费用。由此导致的报表看上去并不存在债务，从合并的角度看也需要如此。

应当注意的是，这些抵销分录对合并净利润没有影响，这是因为它们以相同的金额减少了利息收益和利息费用。只要企业集团内部债务继续存在，每期期末都需要编制抵销分录 E(1) 和 E(2)。如果在年末计提债券利息，同样也应进行抵销。

按照溢价或折价转移

当息票率或名义利率与资金借出方要求的收益率不同时，债券会按照折价或溢价出售。在这种情形下，记录的债券利息收益或费用不等同于支付的现金利息。相反，利息收益和利息费用的金额要经过溢折价摊销调整。

作为企业集团内部债券不按面值转移处理的示例，假设20X1年1月1日Peerless Products公司以90 000美元的价格购买了Special Foods公司发行的10年期债券，该债券面值总额100 000美元，票面利率为12%。1月1日和7月1日支付债券利息。每年Special Foods公司确认的利息费用和Peerless公司确认的利息收入包含了按直线法摊销的折价摊销，如下所示：

现金利息（$100 000 × 0.12）	$12 000
折价摊销 （$10 000÷20个半年利息期）× 2	1 000
利息费用或收益	$13 000

在一年的两个利息支付周期的每期确认这些金额的一半。虽然利息摊销方法通常要求摊销折价和溢价，但当直线法同利息方法没有重大偏离时，以及当交易是在母公司和子公司之间或同一母公司的子公司之间发生的时候，直线法是可以接受的。

债务人的分录

Special Foods公司在1月1日记录了债券的发行，该债券折价为10 000美元。Special Foods公司在7月1日第一个半年度利息支付时确认了利息费用，并在12月31日计提了当年第二个半年度的利息费用。债券折价的摊销导致利息费用大于支付的现金利息，从而导致了折价账户余额的减少。20X1年Special Foods公司记录的与该债券相关的分录如下所示：

20X1年1月1日		
(3) 借：现金	90 000	
应付债券——折价	10 000	
贷：应付债券		100 000
向Peerless Products公司发行债券。		
20X1年7月1日		
(4) 借：利息费用	6 500	
贷：应付债券——折价		500
现金		6 000
半年度利息支付。		
20X1年12月31日		
(5) 借：利息费用	6 500	
贷：应付债券——折价		500
现金		6 000
年末计提利息费用。		

债券投资方的分录

Peerless Products 公司记录了债券的购买和 20X1 年债券的利息收益，分录如下：

20X1 年 1 月 1 日		
(6) 借：债券投资——Special Foods	90 000	
贷：现金		90 000
从 Special Foods 公司购入债券。		
20X1 年 7 月 1 日		
(7) 借：现金	6 000	
债券投资——Special Foods	500	
贷：利息收益		6 500
收到债券利息。		
20X1 年 12 月 31 日		
(8) 借：应收利息	6 000	
债券投资——Special Foods	500	
贷：利息收益		6 500
年末计提利息收益。		

Peerless 公司折价的摊销增加了利息收入，增加后的金额大于收到的现金利息，并增加了债券投资账户的余额。

年末的抵销分录

20X1 年 12 月 31 日，摘自 Peerless Products 公司和 Special Foods 公司与债券相关的金额，以及恰当的合并金额如下表所示：

项 目	Peerless Products	Special Foods	未调整总额	合并金额
应付债券	–0–	$(100 000)	$(100 000)	–0–
应付债券的折价	–0–	9 000	9 000	–0–
应付利息	–0–	(6 000)	(6 000)	–0–
债券投资	$91 000	–0–	91 000	–0–
应收利息	6 000	–0–	6 000	–0–
利息费用	–0–	$13 000	$13 000	–0–

全部与企业集团内部持有的债务相关的账户余额应当在编制合并财务报表时予以抵销。最终，20X1 年 12 月 31 日编制的合并工作底稿包括下列与企业集团内部持有债务相关的抵销分录：

E(9)	借：应付债券	100 000	
	贷：债券投资——Special Foods		91 000
	应付债券——折价		9 000
	抵销企业集团内部持有的债券。		

E(10)	借：利息收益	13 000	
	贷：利息费用		13 000
	抵销企业集团内部利息。		
E(11)	借：应付利息	6 000	
	贷：应收利息		6 000
	抵销企业集团内部应收或应付利息。		

抵销分录 E(9) 将债券投资和应付债券以及相联系的折价相互抵销。Special Foods 公司账簿中应付债券的账面价值和 Peerless 公司账簿中的债券投资将保持一致，只要两家公司采用相同的方法摊销折价。

抵销分录 E(10) 将 20X1 年 Peerless 公司确认的债券利息收益和 Special Foods 公司确认的利息费用相互抵销。这是因为 20X1 年下半年的利息是计提，并没有支付，在年末企业集团内部应收或应付款继续存在。抵销分录 E(11) 将应收利息和应付利息相互抵销。

20X2 年年末合并要求的抵销分录同 20X1 年年末的抵销分录类似。因为每年的折价摊销都为 1 000 美元，所以 Peerless 公司账簿中的债券投资账户余额增加到了 92 000 美元（$90 000+$1 000+$1 000）。类似地，Special Foods 公司账簿中的债券折价减少到 8 000 美元，形成一个 92 000 美元的实际债券负债。20X2 年年末与债券相关的合并抵销分录如下所示：

E(12)	借：应付债券	100 000	
	贷：债券投资——Special Foods		92 000
	应付债券——折价		8 000
	抵销企业集团内部持有的债券。		
E(13)	借：利息收益	13 000	
	贷：利息费用		13 000
	抵销企业集团内部利息。		
E(14)	借：应付利息	6 000	
	贷：应收利息		6 000
	抵销企业集团内部应收或应付利息。		

从非关联方购入关联方债券

当发行给非关联方的债券在发行后被发行方的关联方购买时，情况会变得更为复杂。从合并主体的角度出发，购买关联方债券的行为使得该债券在被购买的时点上赎回。一旦该债券被合并主体内部的另一家公司购买，该债券就不再被合并主体的外部方所持有，它们应当视同被发行者购回那样来进行处理。合并主体内部另一家公司购买关联企业的债券被称为**推定赎回**（constructive retirement）。虽然该债券实际上并没有被赎回，但在编制合并财务报表时，它们被视同赎回来进行处理。

当一个推定赎回发生时，该期间的合并损益表列报一项债券赎回收益或损失，这项收益或损失是基于债务人账簿中该债券的账面记载价值与关联企业购买该债券所支付的价格之间的差额。该应付债券和购买者的债券投资都不在合并资产负债表中列报，这是因为该债券被认为不是发行在外的债券。

按账面价值购买

一家公司从非关联方处购买关联企业的债券，购买价格等于该债券债务人所列报的金额，在这种情形下，编制合并财务报表所要求的抵销分录与抵销企业集团内部直接债务转移的抵销分录相同。假如这样的话，债务人列报的该债券负债以及相关溢价或折价的总额等于债券持有人的该债券投资账户的余额，并且债券持有人每期列报的利息收益等于债务人列报的利息费用。全部这些金额都应当予以抵销，避免在合并财务报表中错误列报。

低于账面价值购买

利率水平的持续变动以及影响证券市场其他因素的反复无常，使得一家公司的债券不太可能在发行后按一个与它们的账面价值相等的价格对外出售。当关联企业购买该债券的价格与债务人列报的债券金额不同时，在推定赎回期间内要在合并损益表中列报一项收益或损失。此外，在购买之后，两家关联企业列报的该债券利息收益和利息费用应当在编制合并财务报表时予以抵销，在这种情况下进行投资的关联企业列报的利息收益不等于债务人列报的利息费用，这是因为该债券在这两家公司的账面记载金额不同。债券账面记载金额的差异反映在折价或溢价的摊销，进而导致利息收益和利息费用存在差异。

作为以低于关联企业债券账面价值的价格购买之后的合并例子，假设在 20X0 年 12 月 31 日 Peerless Products 公司购买了 Special Foods 公司 80%的股本，购买日 Special Foods 公司的账面价值为 240 000 美元。此外，其他条件如下：

1. 20X1 年1 月 1 日，Special Foods 公司发行债券，该债券票面价值总额 100 000 美元，票面利率 12%，期限 10 年；该债券以 102 000 美元的价格发行。非关联企业从 Special Foods 公司购买这些债券。
2. 该债券在 6 月 30 日和 12 月 31 日支付利息。
3. Peerless Products 公司和 Special Foods 公司都采用直线法摊销债券的折价和溢价。
4. 20X1 年 12 月 31 日，Peerless Products 公司从非关联企业以 91 000 美元购得该债券。
5. 20X1 年和 20X2 年 Special Foods 公司列报的净利润分别为 50 000 美元和 75 000 美元。Special Foods 公司 20X1 年和 20X2 年宣告的股利分别为 30 000 美元和 40 000 美元。

6. 20X1 年和 20X2 年 Peerless 公司自己的经营所得分别为 140 000 美元和 160 000 美元。20X1 年和 20X2 年 Peerless 公司宣告的股利均为 60 000 美元。

Special Foods 公司和 Peerless 公司之间的债券交易如下图所示：

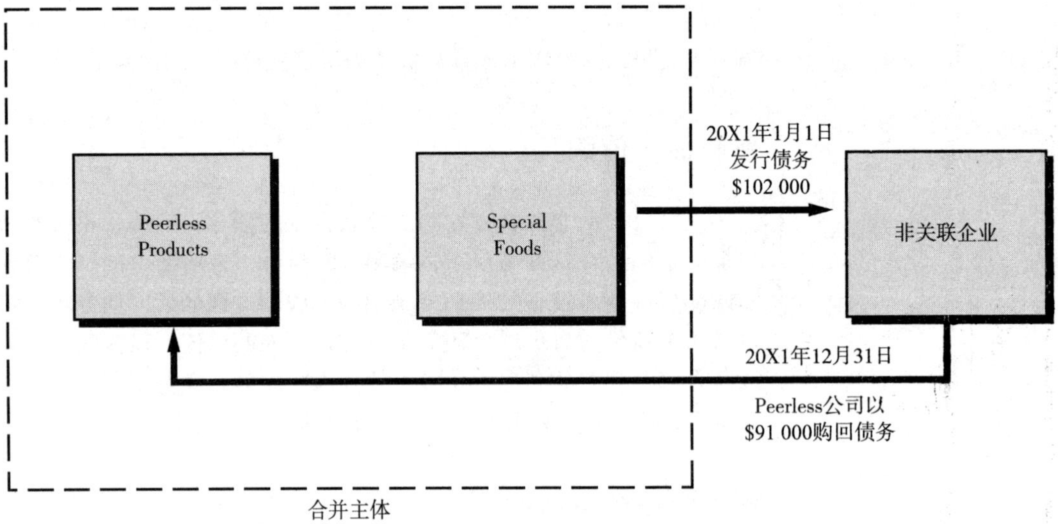

20X1 年债券负债的分录

20X1 年 Special Foods 公司记录的与其债券相关的分录如下所示：

	借方	贷方
20X1 年 1 月 1 日		
(15) 借：现金	102 000	
贷：应付债券		100 000
应付债券——溢价		2 000
向非关联企业出售债券。		
20X1 年 6月 30 日		
(16) 借：利息费用	5 900	
应付债券——溢价	100	
贷：现金		6 000
半年度利息支付：		
\$5 900 = \$6 000 − \$100		
\$100 = \$2 000 ÷ 20 个计息期		
\$6 000 = \$100 000 × 0.12 × 6/12		
20X1 年 12 月 31 日		
(17) 借：利息费用	5 900	
应付债券——溢价	100	
贷：现金		6 000
半年度支付利息。		

分录（15）记录了面向非关联公司的债券发行，债券发行价格为 102 000 美元。分录（16）和（17）记录了 20X1 年两个利息支付期每期利息的支付和债券溢价的摊销。20X1 年全部的利息费用为 11 800 美元（\$5 900 × 2），20X1 年 12 月 31 日债券的账面价值如下所示：

发行时债券的账面价值	\$102 000
20X1 年溢价的摊销	(200)
20X1 年 12 月 31 日债券的账面价值	\$101 800

20X1 年债券投资的分录

Peerless Products 公司记录了从非关联公司购入 Special Foods 公司的债券，分录如下：

20X1年 12 月 31 日

(18) 借：债券投资——Special Foods	91 000	
贷：现金		91 000
从非关联公司购入 Special Foods 公司的债券。		

这个分录与从一家非关联公司处购入债券的分录相同。Peerless Products 公司在年底支付给非关联公司债券利息后购买该债券，因此，Peerless Products 公司在 20X1 年没有获得该债券的利息，在购买日也不计提任何债券利息收益。

债券推定赎回收益的计算

从合并的角度来看，Peerless Products 公司购买 Special Foods 公司债券被认为是合并主体对该债券的赎回。因此，在编制合并财务报表时，债券购回日的账面价值与合并主体购回该债券所支付的金额之间的差额，应当确认为一项收益或损失：

20X1 年 12 月 31 日 Special Foods 公司债券的账面价值	\$101 800
Peerless Products 公司购买该债券所支付的价格	(91 000)
债券推定赎回收益	\$ 10 800

这项收益作为债券赎回收益在合并损益表中列报。

推定赎回收益的分配

实务中有四种方法用来向参与的公司股东分配关联企业债券推定赎回收益或损失。根据所选择的方法，该收益或损失可能分配给以下任何一方：

1. 发行该债券的关联企业。
2. 购买该债券的关联企业。
3. 母公司。
4. 发行公司和购买公司，基于它们各自账簿中在购买日该债券记载金额与债券面值之间的差额。

没有必然的理由去选择哪一种方法，实务中的选择常常是基于便捷性和重要性。FASB 的方法是将该收益或损失分配给债券发行公司。在前面几章中，企业集团内部交易的收益或损失被视作归属于出售方股东。当这种方法运用于企业集团内部债务转移时，内部债务转移引起的收益或损失被视作归属于出售或发行债券的关联企业股东。本质上，购回债券的关联企业被视作代表发行债券的关联企业购回该债券。

前面几章讨论的企业集团内部收益或损失与企业集团内部债务转移产生的收益或损失之间存在着一个重要的不同点。企业集团内部资产转移产生的收益或损失要在关联企业个别报表中确认，并且在合并时予以抵销；而企业集团内部债务交易产生的收益或损失不在关联企业个别报表中确认，而应当在合并时予以确认。

当子公司是发行债券的关联企业，该债券的推定赎回收益或损失被视为归属于子公司股东。因此，这项收益或损失在合并净利润和少数股东权益之间按照各自的股本比例进行分配。如果母公司是发行债券的关联企业，则推定赎回或损失全部分配给控股股东而不分配给少数股东。

由于相关公司每年记录利息收益和利息费用，所以，该项推定收益或损失要在债券发行的剩余期间内进行确认；相应地，每期末确认的收益或损失的总金额会减少，并且在债券到期日全部摊销完毕。因此，对于发行债券公司的股东来讲，没有永久的收益或损失。

20X1 年基本权益法分录

除通过分录（18）记录该项债券投资，20X1 年 Peerless Products 公司还记录了以下基本权益法下的分录，对其在 Special Foods 公司的股权投资进行会计处理：

(19) 借：现金	24 000	
贷：股权投资——Special Foods		24 000
记录来自 Special Foods 公司的股利分配： $30 000 × 0.80		
(20) 借：股权投资——Special Foods	40 000	
贷：投资收益——子公司		40 000
记录权益法下的投资收益： $50 000 × 0.80		

通过这些分录，20X1 年年末股权投资账户的余额为 256 000 美元。

20X1 年合并工作底稿

用于编制 20X1 年 12 月 31 日 Peerless Products 公司和 Special Foods 公司合并财务报表的工作底稿在图表 8-2 中。

E(21)	借：投资收益——子公司	40 000	
	贷：应收股利		24 000
	股权投资——Special Foods		16 000
	抵销来自子公司的投资收益。		
E(22)	借：归属于少数股东的净利润	12 160	
	贷：应收股利		6 000
	少数股东权益		6 160
	分配归属于少数股东的净利润： $12 160 = （$50 000 + $10 800）× 0.20		
E(23)	借：股本——Special Foods	200 000	
	期初留存收益	100 000	
	贷：股权投资——Special Foods		240 000
	少数股东权益		60 000
	抵销投资账户的期初余额。		
E(24)	借：应付债券	100 000	
	应付债券——溢价	1 800	
	贷：债券投资——Special Foods		91 000
	债券赎回收益		10 800
	抵销企业集团内部持有的债券。		

工作底稿分录 E(21) 抵销了投资账户在 20X1 年的变化金额、母公司享有子公司净利润的份额，以及 Peerless Products 公司当年确认的股利。分录 E(22) 分配给少数股东权益的净利润金额为 12 160 美元，计算过程如下所示：

Special Foods 公司的净利润	$50 000
债券推定赎回收益	10 800
Special Foods 公司实现的净利润	$60 800
少数股东持有的份额	× 0.20
归属于少数股东的净利润	$12 160

债券的推定赎回收益归属于发行债券的 Special Foods 公司的股东。因此，该项收益连同 Special Foods 公司列报的净利润按照份额比例（$10 800 × 20%）一起分配给少数股东。如果 Peerless Products 公司是发行债券的关联公司，则该项收益应当全部包含在合并净利润中，不向少数股东进行分配。

分录 E(22) 还抵销了少数股东享有 Special Foods 公司 20X1 年宣告股利的份额，并且确认了少数股东对子公司净资产要求权的增加。分录 E(23) 抵销了 Peerless Products 公司投资账户以及 Special Foods 公司所有者权益账户的期初余额，并且在工作底稿中确认了少数股东权益的期初余额。

分录 E(24) 是工作底稿中最后一个分录，它抵销了企业集团内部持有的债券，并且确认了债券推定赎回收益。恰当的合并余额和 Peerless Products 公司、

图表 8-2 20X1 年 12 月 31 日，合并工作底稿；以低于账面价值的价格购回债券

项 目	Peerless Products	Special Foods	抵销分录 借 方	抵销分录 贷 方	合并金额
销售收入	400 000	200 000			600 000
来自子公司的投资收益	40 000		(21) 40 000		
债券到期收益				(24) 10 800	10 800
贷方合计	440 000	200 000			610 800
销售成本	170 000	115 000			285 000
折旧和摊销	50 000	20 000			70 000
其他费用	20 000	3 200			23 200
借方合计	20 000	11 800			31 800
贷方合计	(260 000)	(150 000)			(410 000)
					200 800
归属于少数股东的净利润			(22) 12 160		(12 160)
净利润，结转至下方	180 000	50 000	52 160	10 800	188 640
1 月 1 日留存收益	300 000	100 000	(23) 100 000		300 000
净利润，自上方结转	180 000	50 000	52 160	10 800	188 640
	480 000	150 000			488 640
宣告分配的股利	(60 000)	(30 000)		(21) 24 000	
				(22) 6 000	(60 000)
12 月 31 日留存收益，结转至下方	420 000	120 000	152 160	40 800	428 640
现 金	173 000	76 800			249 800
应收账款	75 000	50 000			125 000
存 货	100 000	75 000			175 000
土 地	175 000	40 000			215 000
建筑物和设备	800 000	600 000			1 400 000
对 Special Foods 公司的债券投资	91 000			(24) 91 000	
对 Special Foods 公司的股权投资	256 000			(21) 16 000	
				(23) 240 000	
借方合计	1 670 000	841 800			2 164 800
累计折旧	450 000	320 000			770 000
应付账款	100 000	100 000			200 000
应付债券	200 000	100 000	(24) 100 000		200 000
应付债券利息		1 800	(24) 1 800		
普通股股本	500 000	200 000	(23) 200 000		500 000
留存收益，自上方结转	420 000	120 000	152 160	40 800	428 640
少数股东权益				(22) 6 160	
				(23) 60 000	66 160
贷方合计	1 670 000	841 800	453 960	453 960	2 164 800

抵销分录：

(21) 抵销来自子公司的投资收益。

(22) 分配归属于少数股东的净利润。

(23) 抵销投资账户的期初余额。

(24) 抵销企业集团内部持有的债券。

Special Foods 公司的账簿记录的金额列示如下：

项　目	Peerless Products	Special Foods	未调整的总额	合并金额
应付债券	–0–	$(100 000)	$(100 000)	–0–
应付债券的溢价	–0–	(1 800)	(1 800)	–0–
债券投资	$91 000	–0–	91 000	–0–
利息费用	–0–	$11 800	$11 800	$11 800
利息收益	–0–	–0–	–0–	–0–
债券赎回收益	–0–	–0–	–0–	(10 800)

Special Foods 公司的应付债券和 Peerless Products 公司对 Special Foods 公司的债券投资不能在合并资产负债表中列报，这是因为债券持有所涉及的各方都包含在同一个经济实体中。应当注意的是，该债券的推定赎回收益不在 Peerless Products 公司账簿中，也不在 Special Foods 公司账簿中列示，这是因为从个别公司的角度来看，该债券仍然发行在外。从合并主体的角度，该债券在 20X1 年年末被赎回，收益应当在合并工作底稿中确认，从而在合并损益表中列报该项收益。

20X1 年 12 月 31 日编制合并财务报表时，利息收益和利息费用不需要抵销。这是因为 Peerless Products 公司在当年末购入该债券，Peerless Products 公司直到 20X2 年才确认利息收益。Special Foods 公司记录的利息费用 11 800 美元（$12 000 – $200）被恰当地视为合并主体的利息费用，这是因为在整个 20X1 年债券是被非关联方持有。

20X1 年合并净利润

图表 8–2 的工作底稿列示了合并净利润 188 640 美元。这个金额的验证如下：

Peerless Products 公司独自经营的净利润		$140 000
Peerless Products 公司享有 Special Foods 公司净利润的份额：		
Special Foods 公司的净利润	$50 000	
债券推定赎回收益	10 800	
Special Foods 公司实现的净利润	$60 800	
Peerless Products 公司的比例份额	× 0.80	48 640
20X1 年合并的净利润		$188 640

如果 Peerless Products 公司没有购回该债券，合并净利润就不会增加 8 640 美元（$10 800 × 0.80）。

20X1 年 12 月 31 日少数股东权益

20X1 年 12 月 31 日少数股东权益的总额包括少数股东享有 Special Foods 公司账面价值和债券推定赎回收益的份额。20X1 年 12 月 31 日少数股东权益余额计算如下。

20X1 年 12 月 31 日 Special Foods 公司的账面价值:	
股本	$200 000
留存收益	120 000
账面价值列报总额	$320 000
债券的推定赎回收益	10 800
Special Foods 公司实现的账面价值	$330 800
少数股东享有的份额	× 0.20
20X1 年 12 月 31 日少数股东权益	$ 66 160

20X2 年债券负债的分录

20X2 年 Special Foods 公司通过以下分录记录债券利息:

20X2 年 6 月 30 日		
(25) 借:利息费用	5 900	
应付债券——溢价	100	
贷:现金		6 000
支付半年期利息。		
20X2 年 12 月 31 日		
(26) 借:利息费用	5 900	
应付债券——溢价	100	
贷:现金		6 000
支付半年期利息。		

20X2 年债券投资分录

Peerless Products 公司对于 Special Foods 公司债券投资的会计处理,采用与这些债券由非关联公司发行同样的会计处理。Peerless 公司支付的 91 000 美元的价格反映了低于债券面值 9 000 美元($100 000 - $91 000)的折价。这些折价以每年 1 000 美元($9 000 ÷ 9 年)或者以每半年的利息支付期内 500 美元的金额在债券剩余的 9 年期间进行摊销。Peerless Products 公司 20X2 年关于利息收益的分录如下所示:

20X2 年 6 月 30 日		
(27) 借:现金	6 000	
债券投资——Special Foods	500	
贷:利息收益		6 500
记录收到债券利息。		
20X2 年 12 月 31 日		
(28) 借:现金	6 000	
债券投资——Special Foods	500	
贷:利息收益		6 500
记录收到债券利息。		

这笔 13 000 美元的利息收益是 Peerless Products 公司除独自经营利润 160 000 美元之外获得的收益。

推定赎回收益的后续确认

在债券推定赎回的年度，即 20X1 年，全部 10 800 美元的赎回收益在合并损益表中，而不是在 Peerless Products 公司或 Special Foods 公司的个别账簿中予以确认。20X1 年该债券推定赎回收益的总额等于在推定赎回的时点上 Peerless Products 公司该债券投资的折价与 Special Foods 公司该债券负债的溢价之和：

Peerless Products 公司债券投资的折价	$ 9 000
Special Foods 公司债券负债的溢价	1 800
债券推定收益的总额	$10 800

这些关系如下图所示：

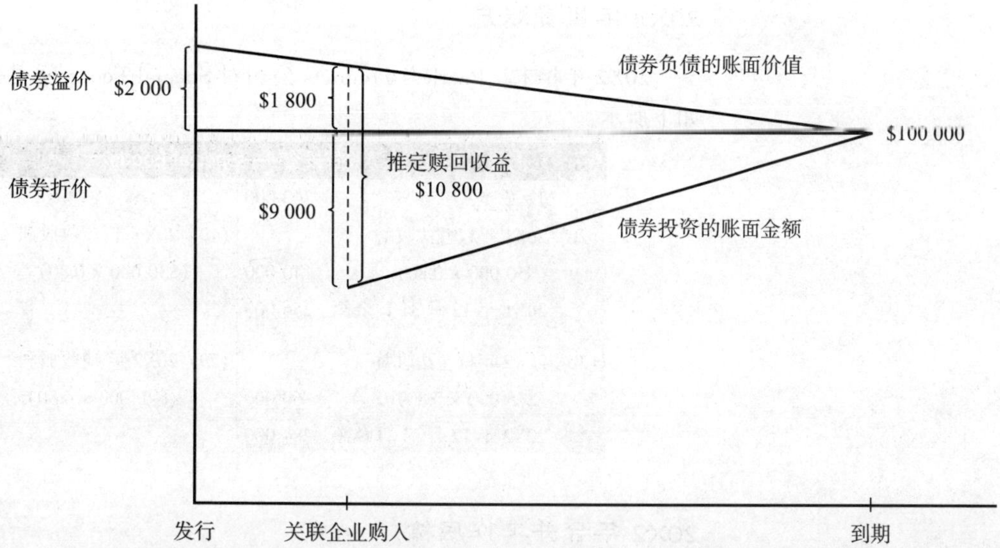

20X1 年以后的每年中，当 Peerless Products 公司和 Special Foods 公司分别摊销债券投资折价和债券负债溢价时，它们都确认一部分推定赎回收益：

Peerless Products 公司债券投资折价的摊销（$9 000÷9 年）	$1 000
Special Foods 公司债券负债溢价的摊销（$1 800÷9 年）	200
两家公司合并的净利润金额每年的增加额	$1 200

因此，这项 10 800 美元的推定赎回收益以每年 1 200 美元的速率在 Peerless Products 公司和 Special Foods 公司的账簿上予以确认，先前这项收益是在合并损益表中确认的。在债券剩余的 9 年期间内，Peerless Products 公司和 Special Foods 公司将全额确认这项 10 800 美元的收益（$1 200 × 9）。

20X2 年基本权益法分录

除了编制与 Special Foods 公司债券投资相关的分录，20X2 年 Peerless Products 公司还记录了以下基本权益法下的分录：

		借方	贷方
(29)	借：现金	32 000	
	贷：股权投资——Special Foods		32 000
	记录来自 Special Foods 公司分配的股利： $40 000 × 0.80		
(30)	借：股权投资——Special Foods	60 000	
	贷：投资收益——子公司		60 000
	记录权益法下的投资收益： $75 000 × 0.80		

20X2 年投资账户

20X2 年年末，Peerless Products 公司对 Special Foods 公司股本投资的会计处理如下所示：

股权投资——Special Foods			
初始成本	240 000		
(20) 20X1 年权益法收益		(19) 20X1 年 应收股利	
($50 000 × 0.80)	40 000	($30 000 × 0.80)	24 000
20X1 年 12 月 31 日余额	256 000		
(30) 20X2 年权益法收益		(29) 20X2 年 应收股利	
($75 000 × 0.80)	60 000	($40 000 × 0.80)	32 000
20X2 年 12 月 31 日余额	284 000		

20X2 年合并工作底稿

20X2 年 12 月 31 编制的工作底稿列示在图表 8-3 中。工作底稿中应记录下列抵销分录：

		借方	贷方
E(31)	借：投资收益——子公司	60 000	
	贷：应收股利		32 000
	股权投资——Special Foods		28 000
	抵销来自子公司的投资收益。		
E(32)	借：归属于少数股东的净利润	14 760	
	贷：应收股利		8 000
	少数股东权益		6 760
	分配归属于少数股东的净利润： $14 760 = ($75 000–$1 200) × 0.20		

图表 8-3 20X2 年 12 月 31 日，合并工作底稿；以低于账面价值购回债券的第二年

项 目	Peerless Products	Special Foods	抵销分录 借 方	抵销分录 贷 方	合并金额
销售收入	450 000	300 000			750 000
利息收益	13 000		(34) 13 000		
来自子公司的投资收益	60 000		(31) 60 000		
贷方合计	523 000	300 000			750 000
销售成本	180 000	160 000			340 000
折旧和摊销	50 000	20 000			70 000
其他费用	40 000	33 200			73 200
利息费用	20 000	11 800		(34) 11 800	20 000
借方合计	(290 000)	(225 000)			(503 200)
					246 800
归属于少数股东的净利润			(32) 14 760		(14 760)
净利润，结转至下方	233 000	75 000	87 760	11 800	232 040
1 月 1 日留存收益	420 000	120 000	(33) 120 000	(34) 8 640	428 640
净利润，自上方结转	233 000	75 000	87 760	11 800	232 040
	653 000	195 000			660 680
宣告分配的股利	(60 000)	(40 000)		(31) 32 000	
				(32) 8 000	(60 000)
12 月 31 日留存收益，结转至下方	593 000	155 000	207 760	60 440	600 680
现 金	212 000	86 600			298 600
应收账款	150 000	80 000			230 000
存 货	180 000	90 000			270 000
土 地	175 000	40 000			215 000
建筑物和设备	800 000	600 000			1 400 000
对 Special Foods 公司的债券投资	92 000			(34) 92 000	
对 Special Foods 公司的股权投资	284 000			(31) 28 000	
				(33) 256 000	
借方合计	1 893 000	896 600			2 413 600
累计折旧	500 000	340 000			840 000
应付账款	100 000	100 000			200 000
应付债券	200 000	100 000	(34) 100 000		200 000
应付债券利息		1 600	(34) 1 600		
普通股股本	500 000	200 000	(33) 200 000		500 000
留存收益，自上方结转	593 000	155 000	207 760	60 440	600 680
少数股东权益				(32) 6 760	
				(33) 64 000	
				(34) 2 160	72 920
贷方合计	1 893 000	896 600	509 360	509 360	2 413 600

抵销分录：

(31) 抵销来自子公司的投资收益。

(32) 分配归属于少数股东的净利润。

(33) 抵销投资账户的期初余额。

(34) 抵销企业集团内部持有的债券。

E(33)	借：股本——Special Foods	200 000	
	期初留存收益	120 000	
	贷：股权投资——Special Foods		256 000
	少数股东权益		64 000
	抵销投资账户期初余额。		
E(34)	借：应付债券	100 000	
	应付债券——溢价	1 600	
	利息收益	13 000	
	贷：债券投资——Special Foods		92 000
	利息费用		11 800
	期初留存收益		8 640
	少数股东权益		2 160
	抵销企业集团内部持有的债券：		
	\$1 600 = \$2 000 - \$200- \$200		
	\$13 000 = （\$100 000 × 0.12） + \$1 000		
	\$92 000 = \$91 000 + \$1 000		
	\$11 800 = （\$100 000 × 0.12） - \$200		
	\$8 640 = \$10 800 × 0.80		
	\$2 160 = \$10 800 × 0.20		

抵销分录 E(31) 抵销了 20X2 年记录在 Peerless Products 公司账簿中权益法下分录的净影响。抵销分录 E(32) 给少数股东分配净利润，如下所示：

20X2 年 Special Foods 公司净利润	\$75 000
减：关联企业在 20X2 年确认的 20X1 年债券推定赎回收益	
Peerless 公司债券投资折价的摊销	（1 000）
Special Foods 公司应付债券溢价的摊销	（200）
作为分配基础的净利润	\$73 800
少数股东权益份额的比例	× 0.20
少数股东享有的净利润	\$14 760

在 20X1 年该债券推定赎回收益包含在合并损益表中以及分配给少数股东的净利润的计算中。由于通过这两家关联企业债券折价和溢价的摊销，该项赎回收益在这两家账簿上予以确认，所以它的影响应当从合并净利润和分录 E(32) 分配给少数股东的净利润的金额中予以抵销。

抵销分录 E(33) 是常规的抵销分录，它抵销了 Special Foods 公司所有者权益账户和 Peerless Products 公司对 Special Foods 公司股权投资账户的 20X2 年期初余额，并确认了少数股东权益 20X2 年的期初余额。抵销分录 E(33) 在视同不存在推定收益的情形下，确认了少数股东权益的期初余额。这些与投资账户以及少数股东权益相关的抵销分录，是基于每个股东共同享有 Special Foods 公司该期期初账面价值份额的比例。

20X2 年 1 月 1 日 Special Foods 公司账面价值	
股本	$200 000
留存收益	120 000
账面价值总额	$320 000
控制股东权益享有该账面价值的份额（$320 000×0.80）	$256 000
少数股东权益享有该账面价值的份额（$320 000×0.20）	64 000
分配的总额	$320 000

工作底稿的抵销分录 E(34) 反映了该推定收益对少数股东权益和合并留存收益期初余额的影响。抵销分录 E(34) 使合并留存收益增加了 Peerless Products 公司享有该债券推定赎回收益的份额 8 640 美元（$10 800 × 80%），在该期期初，该项赎回收益并没有记录在这两家相关联企业的账簿上。相似地，少数股东权益增加了其享有该项未记录收益的份额 2 160 美元（$10 800 × 20%）。由于债券赎回的推定收益只是在 20X1 年的合并损益表中确认，而并没有在 Peerless Products 公司和 Special Foods 公司的个别报表中予以确认，所以，只有在 20X2 年的工作底稿中按相应的比例调增该项金额，合并留存收益与少数股东权益的期初余额才不会被低估。

抵销分录 E(34) 还抵销了企业集团内部持有债券的所有影响。包括（1）Peerless Products 公司的债券投资；（2）Special Foods 公司应付债券以及相应的溢价；（3）Peerless Products 公司的债券利息收益；（4）Special Foods 公司的债券利息费用。来自 Peerless 公司和 Special Foods 公司账簿中与该债券相关的金额以及恰当的合并金额如下表所示：

项　目	Peerless Products 公司	Special Foods 公司	未调整总额	合并金额
应付债券	–0–	$(100 000)	$(100 000)	–0–
应付债券的溢价	–0–	(1 600)	(1 600)	–0–
债券投资	$ 92 000	–0–	92 000	–0–
利息费用	–0–	$　1 800	$　11 800	–0–
利息收益	$(13 000)	–0–	(13 000)	–0–

抵销分录 E(34) 抵销了与企业集团内部持有债券相关的全部余额，所以未调整总额不会列示在合并财务报表中。

20X2 年合并净利润

合并净利润 232 040 美元列示在图表 8–3 的工作底稿中。这个金额的验证如下：

Peerless Products公司的净利润		$173 000
Peerless Products 公司享有 Special Foods 公司的净利润		
Special Foods 公司的净利润	$75 000	
Peerless Products 公司债券折价的摊销	(1 000)	
Special Foods 公司债券溢价的摊销	(200)	
作为分配基础的净利润	$73 800	
Peerless Products 公司份额的比例	× 0.80	59 040
20X2 年合并净利润		$232 040

20X2 年 12 月 31 日少数股东权益

20X2 年 12 月 31 日少数股东权益的总额包括少数股东享有 Special Foods 公司列报的账面价值和这两家关联公司未确认的部分债券推定赎回收益的比例份额：

20X2年12月31日Special Foods公司的账面价值：		
股本		$200 000
留存收益		155 000
账面价值总额		$355 000
债券推定赎回收益	$10 800	
减：20X2 年这两家关联公司确认的部分	(1 200)	
这两家关联公司未确认的推定收益		9 600
Special Foods 公司实现的账面价值		$364 600
少数股东享有的份额		× 0. 20
20X2 年 12 月 31 日少数股东权益		$ 72 920

后续年度关于债券的抵销分录

在 20X2 年以后的年度中，用于抵销企业集团内部债券以及调整债券推定赎回收益的工作底稿分录，与抵销分录 E(34) 十分相似。每年未摊销的债券折价和溢价分别减少了 1 000 美元和 200 美元。截止到 20X3 年年初，这两家关联公司未确认的债券推定赎回收益剩余金额 9 600 美元的计算如下所示：

债券的推定赎回收益		$10 800
减：20X2 年这两家关联公司确认的部分：		
Peerless 公司债券折价的摊销	$1 000	
Special Foods 公司债券溢价的摊销	200	
这两家关联公司确认的推定赎回收益的总额		(1 200)
20X3 年 1 月 1 日未确认的债券推定赎回收益		$ 9 600

在20X3 年年末编制工作底稿的债券抵销分录中，这个金额（$9 600）在期初留存收益与少数股东权益之间进行分配：

E(35)	借：应付债券	100 000	
	应付债券——溢价	1 400	
	利息收益	13 000	
	贷：债券投资——Special Foods		93 000
	利息费用		11 800
	期初留存收益		7 680
	少数股东权益		1 920
	抵销企业集团内部持有的债券：		
	$1 400 = $2 000 - $200 - $200 - $200		
	$13 000 = （$100 000 × 0.12） + $1 000		
	$9 300 = $91 000 + $1 000 + $1 000		
	$11800 = （$100 000 × 0.12） - $200		
	$7 680 = （$10 800 - $1 200） × 0.80		
	$1 920 = （$10 800 - $1 200） × 0.20		

高于账面价值购买

当一家关联企业的债券以高于其账面价值的金额从非关联方购入时，除了确认债券推定赎回损失，合并程序实际上与前面例示的程序相同。例如，假设 Special Foods 公司在 20X1 年 1 月 1 日发行了 10 年期的债券，票面利率为 12%，票面金额为 100 000 美元。非关联公司从 Special Foods 公司购入该债券，20X1 年 12 月 31 日该非关联公司以 104 500 美元的价格将该债券出售给 Peerless Products 公司。Special Foods 公司每年确认 12 000 美元（$100 000 × 12%）的利息费用。20X1 年以后 Peerless Products 公司每年确认 11 500 美元的利息收益，计算过程如下所示：

年度现金利息支付（$100 000 × 0.12）	$12 000
减：债券投资的溢价摊销（$4 500 ÷ 9 年）	(500)
利息收益	$11 500

由于债券是以面值发行的，所以该债券在 Special Foods 公司的账面记载金额保持在 100 000 美元。因此，一旦 Peerless Products 公司以 104 500 美元的价格从非关联公司购入该债券，则金额为 4 500 美元（$104 500 – $100 000）的推定赎回损失就应当在合并损益表中予以确认。在 20X1 年年末编制的合并工作底稿中，债券的抵销分录抵销了应付债券和债券投资，并确认了推定赎回损失：

E(36)	借：应付债券	100 000	
	债券赎回损失	4 500	
	贷：债券投资——Special Foods		104 500
	抵销企业集团内部持有的债券。		

在后续年度中，Peerless Products 公司摊销债券投资的溢价，同时每年减少利息收益和债券投资账户余额 500 美元。实质上，Peerless Product 公司通过上述处理确认了一部分债券赎回损失。当编制合并财务报表时，期初个别公司未确认的推定赎回损失按照各自享有的份额在债券发行方的所有者之间进行分配。20X2 年年末，编制合并工作底稿所需编制的债券抵销分录如下所示：

E(37)	借：应付债券	100 000	
	利息收益	11 500	
	期初留存收益	3 600	
	少数股东权益	900	
	贷：债券投资——Special Foods		104 000
	利息费用		12 000
	抵销企业集团内部持有的债券：		
	$11 500 = ($100 000 ×0.12) – $500		
	$3 600 = $4 500 × 0.80		
	$900 = $4 500 × 0.20		
	$104 000 = $104 500 – $500		
	$12 000 = $100 000 × 0.12		

类似地，20X3 年年末工作底稿中还需要编制以下分录：

E(38)	借：应付债券	100 000	
	利息收益	11 500	
	期初留存收益	3 200	
	少数股东权益	800	
	贷：债券投资——Special Foods		103 500
	利息费用		12 000
	抵销企业集团内部持有的债券：		
	$3 200 = （$4 500 − $500） × 0.80		
	$800 = （$4 500 − $500） × 0.20		
	$103 500 = $104 500 − $500 − $500		

关键概念总结

正如其他类型的企业集团的内部交易一样，企业集团内部债务转移的影响应当在编制合并财务报表时予以全部抵销。在合并财务报表中只能列报合并主体与非关联各方之间的债务交易。

当集团内部一家公司直接购入集团内部另一家公司发行的债券时，从合并的角度来看，该债券被视同没有发行。因此，企业集团内部持有的与债券相关的所有方面都应当在编制合并财务报表时予以抵销。需要抵销的项目包括：（1）购买方账上的债券投资；（2）发行方账上的债券负债以及相关的折价和溢价；（3）投资方确认的利息收益和发行方确认的利息费用；（4）截至合并财务报表日任何企业集团内部的应收/应付利息。

当集团内部一家公司从非关联方购入集团内部另一家公司的债券时，从合并的角度来看，该债券视同发行后又被合并主体购回。如果购买债券的关联企业所支付的价格与该债券的发行方记载的账面价值存在差异，则一项债券赎回收益或损失应当在合并损益表中予以确认。此外，该项企业集团内部持有的债券所涉及的所有影响都应当予以抵销，这是因为该债券视同已被合并主体赎回。

附录 8A 企业集团内部债务——完全调整权益法和成本法

采用完全调整权益法和成本法的合并程序将沿用先前所示的企业集团内部债券交易的例子。假设 Special Foods 公司在 20X1 年 1 月 1 日发行 10 年期的债券，债券面值总额为 100 000 美元，非关联方公司以 102 000 美元购入该债券。20X1 年 12 月 31 日 Peerless Products 公司从该非关联方公司以 91 000 美元的价格购入该债券。

完全调整权益法

完全调整权益法下的会计处理程序与基本权益法下的会计处理程序相同，除了以下两项调整之外：（1）母公司按照其享有购回当年债券推定赎回收益或损失的份额调整其净利润和投资账户；（2）母公司调整其和其子公司在后续年度债券折价和溢价摊销过程中所隐含确认的赎回收益或损失。

在本例中，20X1 年债券推定赎回收益为 10 800 美元，计算过程如下所示：

20X1 年 12 月 31 日 Special Foods 公司债券的账面价值（$102 000 - $200）	$101 800
Peerless 公司购买该债券所支付的价格	(91 000)
债券的推定赎回收益	$ 10 800

20X1 年完全调整权益法下的分录

Peerless Products 公司在 20X1 年记录了以下完全调整权益法下的分录，作为对 Special Foods 公司股权投资的会计处理：

(39) 借：现金	24 000	
贷：股权投资——Special Foods		24 000
记录来自 Special Foods 公司的股利分配： $30 000 × 0.80		
(40) 借：股权投资——Special Foods	40 000	
贷：投资收益——子公司		40 000
记录权益法下的投资收益： $50 000 × 0.80		
(41) 借：股权投资——Special Foods	8 640	
贷：投资收益——子公司		8 640
确认来自债券赎回的收益： ($101 800 - $91 000) × 0.80		

分录（41）按照母公司享有 Special Foods 公司债券推定赎回收益的份额调整了权益法下的净利润。虽然 Peerless Products 公司自己没有确认该项赎回收益，但是完全调整权益法下的净利润应当等于合并净利润。为了与单行合并的概念保持一致，Peerless Products 公司享有 Special Foods 公司债券推定赎回收益的份额，应当包含在其享有 Special Foods 公司净利润的份额中。

分录（39）、分录（40）和 分录（41）记录了来自 Special Foods 公司的投资收益 48 640 美元，并使 Peerless Products 公司该股权投资账户截止到 20X1 年 12 月 31 日的余额增加到 264 640 美元。

20X1 年合并抵销分录

20X1 年 12 月 31 日，编制 Peerless Products 公司与 Special Foods 公司的合并财务报表所用的工作底稿中包含以下抵销分录：

E(42)	借：投资收益——子公司	48 640	
	贷：应收股利		24 000
	股权投资——Special Foods		24 640
	抵销来自子公司的投资收益。		
E(43)	借：归属于少数股东权益的净利润	12 160	
	贷：应收股利		6 000
	少数股东权益		6 160
	分配归属于少数股东权益的净利润： $12 160 = ($50 000 + $10 800) × 0.20		
E(44)	借：股本——Special Foods	200 000	
	期初留存收益	100 000	
	贷：股权投资——Special Foods		240 000
	少数股东权益		60 000
	抵销投资账户的期初余额。		
E(45)	借：应付债券	100 000	
	应付债券——溢价	1 800	
	贷：债券投资——Special Foods		91 000
	债券赎回收益		10 800
	抵销企业集团内部持有的债券。		

20X2 年完全调整权益法下的分录

除了与 Special Foods 公司债券投资相关的那些分录之外，Peerless Products 公司还在 20X2 年记录了以下完全调整权益法下的分录：

(46)	借：现金	32 000	
	贷：股权投资——Special Foods		32 000
	记录来自 Special Foods 公司的股利分配： $40 000 × 0.80		
(47)	借：股权投资——Special Foods	60 000	
	贷：投资收益——子公司		60 000
	记录权益法下的投资收益： $75 000 × 0.80		

（48）借：投资收益——子公司　　960

　　贷：股权投资——Special Foods　　960

调整债券推定赎回收益已确认的部分：

（\$10 800 ÷ 9 年）× 0.80

由于 20X2 年 Peerless Products 公司确认的债券利息收益 13 000 美元大于 Special Foods 公司确认的利息费用 11 800 美元，使得 Peerless Products 公司和 Special Foods 公司在个别账簿中确认了部分推定债券赎回收益，分录（48）调整了 Peerless 公司确认的那部分。尽管在 20X1 年 Peerless Products 公司和 Special Foods 公司都没有在它们的个别账簿中确认该债券推定赎回收益，但是 Peerless Products 公司按照该赎回收益（10 800 美元）的 80%调整了其权益法下来自 Special Foods 公司的投资收益。因此，当 Peerless 公司和 Special Foods 公司在债券的剩余期限内确认该赎回收益时，Peerless Products 公司应当按照其享有该赎回收益的份额记录与 20X1 年分录互为反向的分录。这个调整是为了避免重复记录 Peerless Products 公司享有该赎回收益的份额。因此，对于初始调整金额 8 640 美元，每年需要反向调整 960 美元（\$8 640 ÷ 9 年）。20X2 年的这项调整是通过分录（48）完成的。

分录（48）的金额也等于 Peerless Products 公司享有利息费用与利息收益之间合并抵销差额的份额：

Peerless Products 公司利息收益的抵销	\$13 000
Special Foods 公司利息费用的抵销	(11 800)
相抵之后的净收益	\$ 1 200
Peerless Products 公司享有的比例份额	× 0.80
合并净利润减少额	\$ 960

当该债券利息费用和利息收益在编制合并财务报表的过程中予以抵销时，合并净利润减少 960 美元。分录（48）调整了 Peerless Products 公司权益法下的净利润，使其与合并净利润保持相等。

Peerless Products 公司 20X2 年年末与其对 Special Foods 公司股权投资相关的账户如下所示：

对 Special Foods 公司的股权投资			
初始成本	240 000		
（40）20X1 年权益法下的投资收益 （\$50 000 × 0.80）	40 000	（39）20X1 年收到的股利 （\$30 000 × 0.80）	24 000
（41）债券推定赎回收益 （\$10 800 × 0.80）	8 640		
20X2 年 12 月 31 日余额	264 640		
（47）20X2 年权益法下的投资收益 （\$75 000 × 0.80）	60 000	（46）20X2 年收到的股利 （\$40 000 × 0.80）	32 000
		（48）推定收益确认的部分 （\$8 640÷9 年）	960
20X2 年 12 月 31 日余额	291 680		

20X2 年合并抵销分录

20X2 年编制合并财务报表工作底稿中所需的抵销分录如下所示：

E(49)	借：投资收益——子公司	59 040	
	贷：应收股利		32 000
	股权投资——Special Foods		27 040
	抵销来自子公司的投资收益。		
E(50)	借：归属于少数股东权益的净利润	14 760	
	贷：应收股利		8 000
	少数股东权益		6 760
	分配归属于少数股东权益的净利润： \$14 760 = (\$75 000 - \$1 200) × 0.20		
E(51)	借：股本——Special Foods	200 000	
	期初留存收益	120 000	
	贷：股权投资——Special Foods		256 000
	少数股东权益		64 000
	抵销股权投资账户期初余额。		
E(52)	借：应付债券	100 000	
	应付债券——溢价	1 600	
	利息收益	13 000	
	贷：债券投资——Special Foods		92 000
	利息费用		11 800
	股权投资——Special Foods		8 640
	少数股东权益		2 160
	抵销企业集团内部持有的债券： \$1 600 = \$2 000 - \$200 - \$200 \$13 000 = (\$100 000 × 0.12) + \$1 000 \$92 000 = \$ 91 000 + \$1 000 \$11 800 = (\$100 000 × 0.12) - \$200 \$8 640 = \$10 800 × 0.80 \$2 160 = \$10 800 × 0.20		

成本法

采用成本法时合并财务报表的编制沿用完全调整权益法的例子进行例示。Peerless Products 公司在 20X1 年和 20X2 年分别确认了成本法下的股利收益 24 000 美元（\$30 000 × 0.80）和 32 000 美元（\$40 000 × 0.80）。关于 Special Foods 公司未分配的利润和债券的推定收益，Peerless Products 公司没有作任何调整。

20X1 年合并抵销分录

20X1 年编制合并工作底稿所需的成本法下的抵销分录如下所示：

E(53)	借：股利收益	24 000	
	贷：应收股利		24 000
	抵销来自子公司的股利收益：$30 000 × 0.80		
E(54)	借：归属于少数股东权益的净利润	12 160	
	贷：应收股利		6 000
	少数股东权益		6 160
	分配归属于少数股东权益的净利润： $12 160 = （$50 000 + $10 800）× 0.20		
E(55)	借：股本——Special Foods	200 000	
	期初留存收益	100 000	
	贷：股权投资——Special Foods		240 000
	少数股东权益		60 000
	抵销合并日股权投资账户的余额。		
E(56)	借：应付债券	100 000	
	应付债券——溢价	1 800	
	贷：债券投资——Special Foods		91 000
	债券赎回收益		10 800
	抵销企业集团内部持有的债券。		

20X2 年合并抵销分录

20X2 年年末编制合并工作底稿所需的抵销分录如下所示：

E(57)	借：股利收益	32 000	
	贷：应收股利		32 000
	抵销来自子公司的股利收益：$40 000 × 0.80		
E(58)	借：归属于少数股东权益的净利润	14 760	
	贷：应收股利		8 000
	少数股东权益		6 760
	分配归属于少数股东权益的净利润： $14 760 = （$75 000 − $1200）× 0.20		

E(59)	借：股本——Special Foods	200 000	
	期初留存收益	100 000	
	贷：股权投资——Special Foods		240 000
	少数股东权益		60 000
	抵销合并日股权投资账户的余额。		
E(60)	借：期初留存收益	4 000	
	贷：少数股东权益		4 000
	分配归属于少数股东权益的未分配的前期利润：\$20 000 × 0.20		
E(61)	借：应付债券	100 000	
	应付债券——溢价	1 600	
	利息收益	13 000	
	贷：债券投资——Special Foods		92 000
	利息费用		11 800
	期初留存收益		8 640
	少数股东权益		2 160
	抵销企业集团内部持有的债券： \$1 600 = \$2 000 − \$200 − \$200 \$13 000 =（100 000 × 0.12）+ \$1 000 \$92 000 = \$91 000 + \$1 000 \$11 800 =（\$100 000 × 0.12）− \$200 \$8 640 = \$10 800 × 0.80 \$2 160 = \$10 800 × 0.20		

第9章

合并财务报表中的所有者权益事项

在前述合并报表的例子中只体现了简单的所有者权益状况。然而在实务中，经常会发现相当复杂的所有者权益结构。例如，一个子公司在普通股之外还可能持有发行在外的优先股，而在某些情况下母公司既持有子公司的普通股，也持有子公司的优先股。其他情况下，一个或者多个子公司可能持有母公司或者其他关联公司的股份。有时候，通过购买或者出售子公司股份或者通过子公司股份交易，母公司对子公司的所有权会发生变化。

本章旨在为实务中普遍会遇到的、在复杂所有者权益状况下会产生的合并问题提供基本的讲解。主要讨论以下问题：

1. 子公司发行在外的优先股
2. 母公司在子公司所有者权益的变化
3. 多层级所有权结构
4. 交叉持股或相互持股
5. 子公司发放股票股利

子公司发行在外的优先股

许多公司都不只发行一种股票。每一种证券一般都具有某种特殊功能，而且每种都有不同的权利和特征。通常，优先股持有者在分配股利或者在清算中分配资产时优先于普通股持有者。优先股持有者通常不具有投票权，因此，不管拥有多少优先股，其权益都不代表控制权。

因为子公司优先股持有者对子公司的净资产有请求权，所以在编制合并财务报表时要特别给予关注。

合并财务报表——子公司发行在外的优先股

在编制合并财务报表时，考虑抵销公司间普通股权益之前，要先确定归属于子公司优先股股东的权益。如果母公司持有子公司部分优先股，那么这部分优先股权益必须要抵销。其他非母公司持有的子公司优先股的权益分配给少数股东(非控制权益)。

我们沿用前面章节中 Peerless Products 公司 和 Special Foods 公司的相关信息，说明在子公司具有发行在外的优先股的情形下合并财务报表的编制程序：

1. 20X0 年 12 月 31 日，Peerless Products 公司购买了 Special Foods 公司 80%的普通股股权，账面价值是 240 000 美元，采用基本权益法核算该项投资。
2. 20X1 年度，Peerless Products 公司的营业利润为 140 000 美元，并且宣告了 60 000 美元的股利。
3. 20X1 年度，Special Foods 公司报告的净收益为 50 000 美元，并且宣告了 30 000 美元的股利。

假设 Special Foods 公司在 2001 年 1 月 1 日发行了票面价格为 100 000 美元、股息为 12%的优先股，而 Peerless Products 公司没有购买。20X1 年支付优先股股利为 12 000 美元。

Special Foods 公司净收益的分配

Special Foods 公司报告的 20X1 年净收益为 50 000 美元，其中 12 000 美元（$100 000 × 0.12）作为当年股利支付给优先股股东。Peerless Products 公司的剩余权益部分计算如下：

20X1 年 Special Foods 公司的净利润	$50 000
减：优先股股利（$100 000 × 0.12）	(12 000)
Special Foods 公司归于普通股股东的收益	$38 000
Peerless 公司普通股股份的百分比	× 0.80
Peerless 公司来自 Special Foods 公司的收益	$30 400

2001 年，Special Foods 公司分配给少数股东的收益等于优先股股利加上扣除优先股股利后的收益的 20%（$38 000 × 0.20）。计算如下：

Special Foods 公司的优先股股利	$12 000
分配给 Special Foods 公司少数普通股股东的收益（$38 000 × 0.20）	7 600
分配给少数股东的收益合计	$19 600

合并工作底稿

20X1 年年底合并财务报表的工作底稿如图表 9-1 所示。抵销分录如下：

E(1)	借：投资收益——子公司	30 400	
	贷：应收股利——普通股		24 000
	股权投资——Special Foods 普通股		6 400
	抵销来自子公司的投资收益。		

图表 9-1　20X1 年 12 月 31 日的合并工作底稿（合并的第 1 年），以账面价值购买 80%的股权

项　目	Peerless Products	Special Foods	抵销分录		合并数
			借　方	贷　方	
销售收入	400 000	200 000			600 000
来自子公司的投资收益	30 400		(1)　30 400		
贷方合计	430 400	200 000			600 000
销售成本	170 000	115 000			285 000
折旧和摊销	50 000	20 000			70 000
其他费用	40 000	15 000			55 000
借方合计	(260 000)	(150 000)			(410 000)
					190 000
归属于少数股东的净利润			(2)　19 600		(19 600)
净利润，结转至下方	170 400	50 000	50 000		170 400
1 月 1 日留存收益	300 000	100 000	(3)　100 000		300 000
净利润，自上方结转	170 400	50 000	50 000		170 400
	470 400	150 000			470 400
宣告分配的股利：优先股		(12 000)		(2)　12 000	
普通股	(60 000)	(30 000)		(1)　24 000	
				(2)　6 000	(60 000)
12 月 31 日留存收益，结转至下方	410 400	108 000	150 000	42 000	410 400
现　金	264 000	163 000			427 000
应收账款	75 000	50 000			125 000
存　货	100 000	75 000			175 000
土　地	175 000	40 000			215 000
建筑物和设备	800 000	600 000			1 400 000
对 Special Foods 公司的股权投资	246 000			(1)　6 400	
				(3)　240 000	
借方合计	1 660 400	928 000			2 342 000
累计折旧	250 000	220 000			470 000
应付账款	100 000	100 000			200 000
应付债券	400 000	200 000			600 000
优先股股本		100 000	(4)　100 000		
普通股股本	500 000	200 000	(3)　200 000		500 000
留存收益，自上方结转	410 400	108 000	150 000	42 000	410 400
少数股东权益				(2)　1 600	
				(3)　60 000	
				(4)　100 000	161 600
贷方合计	1 660 400	928 000	450 000	450 000	2 342 000

抵销分录：

(1) 抵销来自子公司的投资收益。

(2) 分配归属于少数股东权益的收益。

(3) 抵销普通股股权投资的期初余额。

(4) 抵销子公司的优先股股本。

E(2)	借：少数股东收益	19 600	
	贷：应收股利——优先股		12 000
	应收股利——普通股		6 000
	少数股东权益		1 600
	分配归属于少数股东权益的收益。		
E(3)	借：普通股股本——Special Foods	200 000	
	1月1日的留存收益	100 000	
	贷：普通股股权投资——Special Foods		240 000
	少数股东权益		60 000
	抵销股权投资的期初余额。		
E(4)	借：优先股股本——Special Foods	100 000	
	贷：少数股东权益		100 000
	抵销子公司的优先股股本。		

在合并中，把 12 000 美元优先股股利看作分配给少数股东的收益。因为 Peerless Products 公司没持有 Special Foods 公司的任何优先股，所以把全部优先股归类为少数股东权益。

母公司持有子公司的优先股

有时候母公司在投资子公司普通股之外还会持有子公司的优先股。因为母公司持有的优先股包含在合并主体中，所以在编制合并财务报表时必须予以抵销。同样，母公司确认的优先股股利也要抵销掉。

作为一个说明如何处理母公司持有子公司优先股的例子，假设 Peerless Products 公司以 60 000 美元购买了 Special Foods 公司 60%账面价值为 100 000 美元的优先股，该优先股于 20X1 年 1 月 1 日发行，年股利为 12%。在 20X1 年，Special Foods 公司宣告了 12 000 美元的优先股股利。Peerless Products 公司确认了 7 200 美元（$12 000 × 0.60）来自 Special Foods 公司的优先股股利，剩余的股利 4 800 美元（$12 000 × 0.40）分配给其他优先股股东。

在合并中，分配给少数股东的总收益中包括支付给除了 Peerless Products 公司之外的优先股持有者的股利部分：

归属于少数股东的优先股股利（$12 000 × 0.40）	$ 4 800
分配给 Special Foods 的少数普通股股东的收益（$38 000 × 0.20）	7 600
少数股东权益总计	$12 400

2001 年年底编制合并工作底稿时需要做的抵销分录如下：

E(5)	借：投资收益——子公司	30 400	
	贷：应收股利——普通股		24 000
	普通股股权投资——Special Foods		6 400
	抵销来自子公司的投资收益：		
	$30 400 = （$50 000 − $12 000） × 0.80		

E(6)	借：股利收入——优先股	7 200	
	贷：应收股利——优先股		7 200
	抵销来自子公司的优先股股利收入：$12 000 × 0.60		
E(7)	借：少数股东收益	12 400	
	贷：应收股利——优先股		4 800
	应收股利——普通股		6 000
	少数股东权益		1 600
	分配归属于少数股东的收益： $12 400 = $4 800 + $7 600 $4 800 = $12 000 × 0.40		
E(8)	借：普通股股本——Special Foods	200 000	
	1 月 1 日的留存收益	100 000	
	贷：普通股股权投资——Special Foods		240 000
	少数股东权益		60 000
	抵销普通股股权投资的期初余额。		
E(9)	借：优先股股本——Special Foods	100 000	
	贷：优先股股权投资——Special Foods		60 000
	少数股东权益		40 000
	抵销子公司优先股股权投资。		

关于抵销分录的几点说明：

1. Peerless Products 公司持有 Special Foods 公司 60%的优先股股本应与优先股股权投资账户相抵销，其余的优先股应包括在少数股东权益中。
2. Peerless Products 公司来自 Special Foods 公司的优先股股权投资的股利收入与其所占的 Special Foods 公司宣告的股利部分相互抵销。
3. 分配给少数股东的收益包括来自于 Special Foods 公司的优先股的收益和普通股的收益（不包括属于 Peerless Products 公司的部分），同样，少数股东权益总额包括 Special Foods 公司归属于少数股东的优先股和普通股（不包括归属于 Peerless Products 公司的部分）。

子公司优先股的特殊条款

在实务中，我们可以发现优先股有许多不同的特征。例如，大多数优先股股利是可累计的，部分优先股附有参与分配的权利，而且很多优先股可以以面值之外的价格随时赎回。当纳入合并的子公司有发行在外的优先股时，必须认真审查优先股协议的条款，以确定子公司所有者权益中可分配给优先股权益的份额。

累计股息条款要求公司在支付普通股股息之前支付当前以及以前未支付的优先股股利，这在一定程度上是对优先股持有者的保护。如果一个子公司有发行在外的累计优先股，那么不管是否宣告优先股股利，在合并时都应将当年的优先股股利分配给优先股股东。如果子公司有未支付的累计优先股股利，在合并时，应通过留存收益的调整确认逾期未支付的股息。另外，如果子公司的优先股股利是非累计的，那么子公司就没有义务支付未宣告的股利。因此，在合并时对子公司的非累计优先股的未宣告股利无须做任何调整。

附有参与分配权力的优先股可以获得超过固定优先股股息率的收入分配。虽然只有很少的优先股可享有这种权力，但是签订不同的分配协议还是可能的。一旦确定了参与分配的程度，在合并财务报表中就应确认归属于优先股股东的来自于子公司收益和净资产的份额。

许多优先股是可以随时赎回的，而且通常是以超过票面价值的价格赎回。在优先股协议中支付给子公司的可赎回优先股的金额被看作优先股股东对子公司资产的请求权，在编制合并资产负债表时，这部分子公司所有者权益金额应分配给优先股股东。

子公司特殊优先股示例

为了说明对具有最基本特征的子公司优先股在合并时的处理，我们假设 Special Foods 公司在 20X0 年 1 月 1 日发行了面值为 100 000 美元、股息率为 12%的优先股，该优先股是可累计的，没有参与额外分红的权利，且在价格为 105 美元时可以赎回。在 20X0 年未宣告优先股股息。在 20X0 年 12 月 31 日，Peerless Products 公司以 240 000 美元购买了普通股 80%的股份。在 20X1 年 1 月 1 日，Peerless Products 公司以 61 000 美元购买了优先股 60%的股份。下面是 Special Foods 公司在 20X0 年 12 月 31 日的股东权益账户：

优先股	\$100 000
普通股	200 000
留存收益	100 000
股东权益合计	\$400 000

20X1 年 1 月 1 日，编制合并资产负债表时分配给优先股股东权益的份额计算如下：

Special Foods 公司优先股股本的面值	\$100 000
赎回溢价	5 000
20X0 年未付股息	12 000
20X1 年 1 月 1 日，优先股权益合计	\$117 000

优先股股本在 Peerless Products 公司和少数股东之间分配如下：

Peerless Products 公司持有的优先股份额（\$117 000 × 0.60）	\$ 70 200
少数股东持有的优先股份额（\$117 000 × 0.40）	46 800
20X1 年 1 月 1 日，优先股权益合计	\$117 000

由于优先股权益超过其面值 17 000 美元，因此，在 Special Foods 公司留存收

益中分配给普通股股东的金额应扣除此金额。所以，Special Foods 公司普通股股东对公司净资产的请求权列示如下：

普通股股本	$200 000
留存收益（$100 000 – $17 000）	83 000
20X1 年 1 月 1 日，普通股权益合计	$283 000

Special Foods 公司普通股权益在 Peerless Products 公司和少数股东之间的分配列示如下：

Peerless Products 公司应享有的普通股权益（$283 000 × 0.80）	$226 400
少数股东应享有的普通股权益（$283 000 × 0.20）	56 600
20X1 年 1 月 1 日，普通股权益合计	$283 000

编制 20X1 年 1 月 1 日的合并资产负债表时，工作底稿中的抵销分录列示如下：

E(10)	借：普通股股本——Special Foods	200 000	
	留存收益	83 000	
	股权投资差额	13 600	
	贷：普通股股权投资——Special Foods		240 000
	少数股东权益		56 600
	抵销普通股股权投资：		
	$83 000 = $100 000 – $17 000		
	$13 600 = $240 000 –（$283 000 × 0.80）		
	$56 600 = $283 000 × 0.20		
E(11)	借：优先股股本——Special Foods	100 000	
	留存收益	17 000	
	贷：优先股股权投资——Special Foods		61 000
	资本公积——溢价（优先股）		9 200
	少数股东权益		46 800
	抵销子公司优先股：		
	$17 000 = $117 000–$100 000		
	$9 200 =（$117 000 × 0.60）– $61 000		
	$46 800 = $117 000 × 0.40		

关于抵销分录 E(10) 和 E(11)，有以下几点需要注意：

1. Special Foods 公司的留存收益中只有与普通股股本有关的 83 000 美元在分录 E(10) 中抵销，留存收益中剩余的与优先股股本有关的 17 000 美元在分录 E(11) 中抵销。
2. 因为 Peerless Products 公司持有 Special Foods 公司普通股股本为 226 400 美元（$283 000 × 0.80），而其初始投资成本为 240 000 美元，于是就产生了

13 600 美元的股权投资差额。该差额应分配到工作底稿中恰当的资产和负债项目中。

3. 20X1 年 1 月 1 日，包括优先股和普通股在内的少数股东权益列示如下：

优先股股本（$117 000 × 0.40）	$ 46 800
普通股股本（$283 000 × 0.20）	56 600
20X1 年 1 月 1 日，少数股东权益合计	$103 400

4. Peerless Products 公司投资 Special Foods 公司优先股的初始成本和其所隐含的对 Special Foods 公司净资产的请求权之间的差额计算如下：

对 Special Foods 公司净资产的请求权（$117 000 × 0 .60）	$70 200
优先股初始投资成本	(61 000)
差　额	$ 9 200

从合并的角度来看，Peerless Products 公司购买优先股可以看作是对合并主体少数优先股股权的赎回。因为该项赎回的价格低于面值，而且资本交易并不确认损益，所以这部分额外收益在分录 E(11) 中贷记资本公积（股本溢价）。

母公司所有权的变化

虽然以前的章节一直把母公司持有子公司的所有者权益当作是不变的，但实际上，所有者权益水平是经常变化的。母公司或者子公司的交易都会导致所有者权益水平发生变化。母公司可以通过向非关联公司购买或者出售子公司股份的交易来改变所有权比例。子公司可以通过增发股票或者从非关联公司回购股份来改变母公司的权益比例，如果不是全资子公司，还可以通过与母公司的股票交易来改变母公司的所有者权益水平。

母公司从非关联公司购买额外的股份

母公司可能会在不同时点购买子公司的普通股。编制合并报表时，每次股票的购买成本与购买时的股票账面价值之间的差额作为股权投资差额予以处理。

增持被投资公司的普通股股票已在第 2 章——公司之间投资会计中予以介绍。在合并过程中多次购买子公司股份的其他影响在下面的例子中进行说明。

假设 Special Foods 公司在 20X0 年 1 月 1 日有 200 000 美元的普通股和 60 000 美元的留存收益。在 20X0、20X1 和 20X2 年 Special Foods 公司披露了以下信息：

期间	净利润	股　息	期末账面价值
20X0	$40 000	–0–	$300 000
20X1	50 000	$30 000	320 000
20X2	75 000	40 000	355 000

Peerless Products 公司分不同批次购买了 Special Foods 公司 80%的股份，列示如下：

购买日	购买股份比例	成本	账面价值	股权投资差额
20X0 年 1 月 1 日	20	$ 56 000	$ 52 000	$ 4 000
20X0 年 12 月 31 日	10	35 000	30 000	5 000
20X2 年 1 月 1 日	50	185 000	160 000	25 000
	80	$276 000	$242 000	$34 000

所有的差额都与 Special Foods 公司持有的土地有关。请注意，一直到 20X2 年 1 月 1 日 Peerless Products 公司才取得 Special Foods 公司的控制权。

Peerless Products 公司的投资账户中应包括以下信息：

20X0	
购买股份（1 月 1 日）	$ 56 000
权益法下的投资收益（$40 000 × 0.20）	8 000
购买股份（12 月 31 日）	35 000
投资账户余额（12 月 31 日）	$ 99 000
20X1	
权益法下的投资收益（$50 000 × 0.30）	$ 15 000
收到的股息（$30 000 × 0.30）	(9 000)
投资账户余额（12 月 31 日）	$105 000
购买股份（1 月 1 日）	185 000
权益法下的投资收益（$75 000 × 0.80）	60 000
收到的股息（$40 000 × 0.80）	(32 000)
投资账户余额（12 月 31 日）	$318 000

因为 Peerless Products 公司在 20X2 年 1 月 1 日才取得 Special Foods 公司的控制权，所以应编制 20X2 年的合并报表。年底的合并工作底稿应包括以下抵销分录：

E(12)	借：投资收益——子公司	60 000	
	贷：应收股利		32 000
	股权投资——Special Foods		28 000
	抵销来自子公司的投资收益。		
E(13)	借：少数股东收益	15 000	
	贷：应收股利		8 000
	少数股东权益		7 000
	分配给少数股东的收益：		
	$15 000 = $75 000 × 0.20		
	$8 000 = $40 000 × 0.20		
	$7 000 = $15 000 − $8 000		

E(14)	借：普通股股本——Special Foods	200 000	
	1月1日留存收益	120 000	
	土地	34 000	
	贷：股权投资——Special Foods		290 000
	少数股东权益		64 000
	抵销股权投资的期初余额：		
	\$290 000 = \$105 000 + \$185 000		
	\$64 000 = \$320 000 × 0.20		

分录E(12) 抵销了20X2年Peerless Products公司确认的来自Special Foods公司的投资收益。分录E（13）给少数股东分配应得的权益，并且抵销了在20X2年少数股权按照20%分配的股息。分录E(14) 抵销了Special Foods公司的初始股东权益余额，确认了少数股权自年初的权益，抵销了Peerless Products公司的初始投资余额。

如果在此期间还有购买额外股份的情况，则抵销分录并做相应的调整，合并净收益只应包括母公司在持有新增股份期间的应计收益。期中购买的合并步骤在第10章中介绍。

母公司向非关联方出售子公司股份

当公司处理全部或者部分投资的时候，通常会产生损益并且将损益在卖方入账。会计准则委员会第18号意见书明确阐述了出售被投资者的股份时，要求确认由股票账面价值与售出价格之间的差异而产生的损益。[1]然而，当出售的是子公司的股份，而且这个子公司仍然在合并范围的时候，问题就出现了。当母公司出售了子公司的部分股份，但是仍然对子公司具有控制权时，这里的问题是要把出售股份的损益计入合并损益表，还是在合并中抵销。

在合并损益表中确认出售子公司股份的损益，同时继续把子公司纳入合并范围似乎是与单一经济主体概念相违背的。从合并的角度来看，在出售给非关联方时，子公司的股份就成为发行在外的少数股权的一部分了。如果一个独立公司发行股票时不确认损益，那么包含在合并主体中的公司发行股票时也不应确认。从概念上来说，母公司持有股份的账面价值与售价之间的差额在合并财务报表中作为资本公积的调整项比确认损益更贴切一些。虽然到现在还没有作为正式公布的内容，但这是过去10年里美国财务会计准则委员会的观点。然而，美国财务会计准则委员会关于合并财务报表的新准则将要求采用这种处理方法。

作为出售子公司股票给关联方的例子，我们假设Special Foods公司在20X0年1月1日发行在外的股票为20 000股，面值为200 000美元，留存收益为100 000美元。当天，Peerless Products公司以面值按每股10美元购买了16 000股，即80%的权益，账面价值为240 000美元（\$300 000 × 0.80）。Special Foods公司报告

[1] *Accounting Principle Board Opinion No. 18,* "The Equity Method of Accounting for Investments in Common Stock," March 1971, para. 19 (f).

20X1 年净收益为 50 000 美元，支付股利 30 000 美元。20X2 年 1 月 1 日，Peerless Products 公司以 19 000 美元出售了 1 000 股 Special Foods 公司的股份给非关联方，但仍然持有 Special Foods 公司 75%（15 000 ÷ 20 000）的权益。出售当天，Special Foods 公司有总额为 320 000 美元的所有者权益，其中包括 200 000 美元的普通股股本和 120 000 美元的留存收益。

投资的账面价值与售价之间的差额

在权益法下，在出售日 Peerless Products 公司投资在 Special Foods 公司的账面价值反映了 Peerless 公司在 Special Foods 公司 20X1 年的净收益以及股息中所占的份额，列示如下：

20X0 年 12 月 31 日的投资成本	$240 000
Peerless Products 公司的投资收益（$50 000×0.80）	40 000
Peerless Products 公司分得的股息（$30 000 × 0.80）	(24 000)
20X2 年 1 月 1 日的投资余额	$256 000

因为不存在差额，所以，投资账户余额等于 Special Foods 公司 20X1 年 1 月 1 日的所有者权益的 80%。

Peerless Products 公司用以下分录记录了 Special Foods 的股票出售：

20X2年 1 月 1 日			
(15)	借：现金	19 000	
	贷：股权投资——Special Foods		16 000
	投资收益		3 000
	出售投资记录： $16 000 = $256 000 ×1/16		

Peerless Products 公司将股票账面价值 16 000 美元（$256 000 × 1/16）与售出价格 19 000 美元之间的差额 3 000 美元作为投资收益予以确认。

20X2 年合并工作底稿

如果认为出售股份时在合并损益表中确认收益是恰当的，那么编制 20X2 年 12 月 31 日或者以后期间的合并报表时不需要作任何调整。另一方面，在合并损益表中不包括收益与单一经济实体观点更加一致。如果是那样的话，应该抵销收益，并且在 20X2 年 12 月 31 日增加资本公积，合并工作底稿中应包括以下分录：

E(16)	借：投资收益	3 000	
	贷：资本公积		3 000
	抵销涉及子公司股份交易的收益。		

这个分录中把股票交易看作是合并主体向少数股东发行股票。

20X2 年 12 月 31 日的合并工作底稿如图表 9-2 所示。除了分录 E(16) 以外，底稿中还包括抵销对 Special Foods 公司 75%的投资的正常分录。

E(17)	借：投资收益——子公司	56 250	
	贷：应收股利		30 000
	股权投资——Special Foods		26 250
	抵销来自子公司的投资收益： $56 250 = $75 000 × 0.75 $30 000 = $40 000 × 0.75 $26 250 = $56 250 − $30 000		
E(18)	借：少数股东收益	18 750	
	贷：应收股利		10 000
	少数股东权益		8 750
	分配给少数股东的收益： $18 750 = $75 000 × 0.25 $10 000 = $40 000 × 0.25 $8 750 = $18 750 − $10 000		
E(19)	借：普通股股本——Special Foods	200 000	
	1月1日留存收益	120 000	
	贷：股权投资——Special Foods		240 000
	少数股东权益		8 000
	抵销普通股股权投资的期初余额： $240 000 = $320 000 × 0.75 $80 000 = $320 000 × 0.25		

分录 E(17) 抵销了 Peerless Products 公司持有 Special Foods 公司 75%股权的投资收益和股息。分录 E(18) 按照 25%的比率分配给少数股权权益。

合并工作底稿中 Peerless Products 公司的投资账户余额为 266 250 美元，该余额由以下涉及投资账户的分录得出：

对 Special Foods 公司的股权投资			
初始成本	240 000		
20X1 年度应计权益 ($50 000 × 0.80)	40 000	20X1 年度股利 ($30 000 × 0.80)	24 000
20X1 年 12 月 31 日余额	256 000		
		(15) 出售 1 000 股 ($256 000 × 1/16)	16 000
20X2 年度应计权益 ($75 000 × 0.75)	56 250	20X2 年度股利 ($40 000 × 0.75)	30 000
余额，X2 年 12 月 31 日	266 250		

在分录 E(19) 中抵销的 Peerless Products 公司的投资金额是 20X2 年年初其售出 1 000 股后的金额，即 Peerless Products 公司所占有的 Special Foods 公司所有者权益初始金额 320 000 美元的 75%。分录 E(17) 和分录 E(19) 一起抵销了 Peer-

图表 9-2　20X2 年 12 月 31 日合并工作底稿（合并后的第 2 年），以账面价值购买 75%的股权

项　目	Peerless Products	Special Foods	抵销分录		合并金额
			借　方	贷　方	
销售收入	450 000	300 000			750 000
处置股权投资收益	3 000		(16)　3 000		
来自子公司的投资收益	56 250		(17)　56 250		
贷方合计	509 250	300 000			750 000
销售成本	180 000	160 000			340 000
折旧和摊销	50 000	20 000			70 000
其他费用	60 000	45 000			105 000
借方合计	(290 000)	(225 000)			(515 000)
					235 000
少数股东收益			(18)　18 750		(18 750)
净利润，结转至下方	219 250	75 000	78 000		216 250
1 月 1 日留存收益	420 000	120 000	(19)　120 000		420 000
净利润，自上方结转	219 250	75 000	78 000		216 250
	639 250	195 000			636 250
宣告分配的股利	(60 000)	(40 000)		(17)　30 000	
				(18)　10 000	(60 000)
12 月 31 日留存收益，结转至下方	579 250	155 000	198 000	40 000	576 250
现　金	308 000	85 000			393 000
应收账款	150 000	80 000			230 000
存　货	180 000	90 000			270 000
土　地	175 000	40 000			215 000
建筑物和设备	800 000	600 000			1 400 000
对 Special Foods 公司的股权投资	266 250			(17)　26 250	
				(19)　240 000	
借方合计	1 879 250	895 000			2 508 000
累计折旧	300 000	240 000			540 000
应付账款	100 000	100 000			200 000
应付债券	400 000	200 000			600 000
普通股股本	500 000	200 000	(19)　200 000		500 000
资本公积				(16)　3 000	3 000
留存收益，自上方结转	579 250	155 000	198 000	40 000	576 250
少数股东权益				(18)　8 750	
				(19)　80 000	88 750
贷方合计	1 879 250	895 000	398 000	398 000	2 508 000

抵销分录：

(16) 抵销与子公司股权交易相联系的收益。

(17) 抵销来自子公司的投资收益。

(18) 分配归属于少数股东的收益。

(19) 抵销普通股股权投资的期初余额。

less Products 公司在 20X2 年 12 月 31 日报告的总投资余额。

在分录 E(19) 中分配给少数股权的金额是 Special Foods 公司初始所有者权益的 25%。在分录 E(18) 和分录 E(19) 中一起确认的少数股东权益为 88 750 美元，等于 Special Foods 公司 20X2 年 12 月 31 日所有者权益账面价值 355 000 美元的 25%。

对 20X2 年以后的合并影响

20X2 年以后每年编制合并财务报表时，都需要做一个类似 E(16) 的底稿分录来重新确认 3 000 美元资本公积的增项。因为 Peerless Products 公司在 20X2 年确认的该项收益已包含在留存收益中，从而应该冲减初始的留存收益以抵销该项收益的影响。在 20X2 年以后每年都应该包含在合并工作底稿中的分录列示如下：

E(20)	借：留存收益——1 月 1 日	3 000	
	贷：资本公积		3 000
	抵销涉及子公司股票交易的收益影响。		

子公司向非关联方出售增发的股票

当子公司向经济实体以外的团体出售新发股票时，会对合并企业产生额外的资金。向非关联方出售新增股份会增加子公司发行在外的股份总数，相应地降低了母公司所持有的所有者权益百分比。同时，在合并财务报表中要分配给少数股权的金额也会增加。最终分配给多数和少数股权的金额受以下两方面因素的影响：

1. 出售给非关联方的股份数额。
2. 出售给非关联方的股票价格。

子公司股票面值与售价之间的差异

如果新股票的售价等于发行在外的股票的账面价值，那么现有股东的请求权就不会有变化。如果把子公司的股东权益看作是一个蛋糕，那么整个蛋糕变大了。母公司所占有的蛋糕的份额减少了，但是母公司占有的那一块本身的规模没有变化，因为整个蛋糕的规模增加了。

合并中的抵销分录要做调整以确认少数股权增加的请求权，并相应地确认子公司增加后的所有者权益。

然而，大多数交易并不是按照账面价值进行的。当售价与账面价值不同时，产生的差异会按照一定比例分配给所有股东。在这种情况下，即使母公司持有子公司的股份数量保持不变，其账面价值也会发生变化。蛋糕的规模和母公司的持股比例都发生了变化，母公司的股份比例发生变化是因为蛋糕规模增加和母公司持股比例的降低并不能完全抵销。

在当前的报告准则下，合并报表可以用以下两种方法中的一种来报告母公司持股的账面价值的变化。

1. 调整股本（实收资本）。
2. 在合并损益表中确认损益。

虽然在会计文献中可以找到对两种方法的支持，但是美国会计准则委员会推荐在子公司购回库藏股或者增发股票时，像合并主体中的权益交易一样不确认损益。

从合并的角度看，子公司向非关联方出售增发股份与母公司出售子公司股份是类似的交易，因为在这两种情况下都是合并主体向少数股权出售股份。因为合并的各方被看作是一个经济实体，因此不管是母公司还是子公司，向少数股权出售子公司的股份都应同样处理。而对这样的交易确认损益看似不太恰当，因为从单一实体观点来看，合并主体出售股份给非关联方是资本交易。

子公司向非关联方出售股份的例示

为举例说明子公司向非关联方出售新增股份，假设 Peerless Products 公司 20X0 年 12 月 31 日，以面值 10 美元购得 Special Foods 公司 16 000 股普通股，取得了 Special Foods 公司 80%的权益，账面价值记为 240 000 美元。Special Foods 公司只对外发行了普通股。其他信息同上一个例子。在 20X2 年 1 月 1 日，Special Foods 公司以每股 20 美元出售 5 000 股新增股份给非关联方，总价为 100 000 美元。交易后，Special Foods 公司共有 25 000 股发行在外的股票，Peerless Products 公司占有其 64%（16 000 ÷ 25 000）的权益。

20X2 年 1 月 1 日，出售新增股份对 Special Foods 公司资产负债表的影响列示如下：

	出售前	出售后
普通股权，面值 10 美元	$200 000	$250 000
资本公积		50 000
留存收益	120 000	120 000
股东权益合计	$320 000	$420 000

Peerless Products 公司对 Special Foods 公司投资的账面价值在其出售新增股份以后的变化如下：

	出售前	出售后
Special Foods 公司的股东权益总额	$320 000	$420 000
Peerless 公司享有的比例份额	× 0.80	× 0.64
	$256 000	$268 800

值得注意的是，Peerless Products 公司的权益百分比从 80%降到 64%，同时其投资账面价值增加了 12 800 美元。投资账面价值增加是因为增发股票的售价 20 美元高于出售前发行在外的股票的账面价值 16 美元（$320 000 ÷ 20 000 股）。

增发股票的售价	$20
售前股票的账面价值（$320 000 ÷ 20 000股）	(16)
售价超出账面价值	$4
售出股份数	× 5 000
超过账面价值的增加额	$20 000
Peerless Products 公司的持股比例	× 0.64
Peerless Products 公司增加的权益	$12 800

Peerless Products 公司持有 Special Foods 公司净资产权益的增加可以通过以下分录入账：

(21)	借：股权投资——Special Foods	12 800	
	贷：资本公积		12 800
	记录由于子公司出售新增股份而增加的权益。		

因为变化是源自相关公司的资本交易，所以这种处理方法避免了确认损益，这与美国财务会计准则委员会推荐的方法是一致的。

20X2 年 1 月 1 日，新增股份一经售出后，编制合并资产负债表所需的投资抵销分录列示如下：

E(22)	借：普通股股本——Special Foods	250 000	
	资本公积——Special Foods	50 000	
	1 月 1 日的留存收益	120 000	
	贷：股权投资——Special Foods		268 800
	少数股东权益		151 200
	抵销普通股股权投资：		
	$268 800 = $420 000 × 0.64		
	$151 200 = $420 000 × 0.36		

在编制合并财务报表时，像所有子公司股东权益账户一样，Special Foods 公司因出售新增股份而计入资本公积的金额也应抵销。因增发股票而导致的少数股权对 Special Foods 公司投资账面价值的增加应在合并资产负债表中的少数股权余额中反映。少数股权余额为 151 200 美元，是 Special Foods 公司售出增发股票以后 420 000 美元总账面价值的 36%。通过 Peerless Products 公司所做的分录（21）结转资本公积，从而将 Peerless Products 公司对 Special Foods 公司投资账面价值增加的 12 800 美元在合并资产负债表中反映。

以低于账面价值的价格出售子公司股票

子公司以低于当前账面价值向非关联方出售股票会产生与上述例子相反的效果。因为以低于账面价值的价格出售增发股票会导致母公司的请求权贬值。母公司所持有股票的账面价值的减少通常会计入资本公积的借方，同时贷记投资账户。如果没有资本公积账户余额，则应减少留存收益。

子公司向母公司出售增发的股票

一个非全资子公司向母公司出售新增的股票会增加母公司所有者权益的百分比。如果以与当前股票的账面价值相等的价格出售，那么母公司投资账户的增加额与子公司股东权益的增加额相等。分配给少数股权的净账面价值也不会发生变化。在编制合并财务报表时，基本的抵销分录以母公司新的权益百分比为基础编制。

当母公司以不等于子公司当前发行在外的股票的账面价值的价格直接从子公司购买股票时，以实际支付的价格与母公司所持有的所有股票账面价值的增加额之间的差异来衡量差额。这里账面价值的变化包括刚刚从子公司购买来的新股份和之前持有的股票账面价值的增减。编制合并财务报表时，产生的差异的处理方式与从非关联方处购得股份而产生的差异的处理方式相同。然而，因为在这种情况下，母公司可能有能力影响股价，而且差异可能与可辨认资产或者负债有明显的联系，所以在确定如何进行差异分配时，应对相关的资产或负债重新复核。

为了说明子公司向母公司出售增发股票的情况，假设在 Peerless Products 公司和 Special Foods 公司的例子中，20X0 年 12 月 31 日，Peerless Products 公司在市场上以面值 10 美元购买了 Special Foods 公司的 16 000 股普通股股票，账面价值为 240 000 美元，占 Special Foods 公司 80%的所有者权益。到 20X1 年 12 月 31 日，以权益法核算的投资账面余额为 256 000 美元。20X2 年 1 月 1 日，Peerless Products 公司以每股 20 美元直接从 Special Foods 公司购买了 5 000 新股。这新增的 100 000 美元投资使 Peerless 公司总共拥有 Special Foods 公司 84%（21 000 ÷ 25 000）的所有者权益。

子公司向母公司出售新增股份导致 Special Foods 公司资产负债表的变化列示如下：

	出售前	出售后
普通股股本，面值 10 美元	\$200 000	\$250 000
资本公积		50 000
留存收益	120 000	120 000
股东权益合计	\$320 000	\$420 000

因为购买了新增股票，Peerless Products 公司对 Special Foods 公司投资的账面价值变化如下：

	出售前	出售后
Special Foods 公司的股东权益总额	\$320 000	\$420 000
Peerless 公司享有的比例份额	× 0.80	× 0.84
Peerless 公司对 Special Foods 公司股权投资的账面价值	\$256 000	\$352 800

如果把 Special Foods 公司的所有者权益看作是一个蛋糕，那么蛋糕的规模和 Peerless Products 公司的百分比都增加了。Peerless Products 公司所持有的那一块蛋糕也因此增加了 96 800 美元。

新的每股股票的账面价值为 16.8 美元（\$420 000 ÷ 25 000 股），而在购买新股票之前的每股账面价值为 16 美元（$320 000 ÷ 20 000 股）。每股账面价值增加了，这是因为 Peerless Products 公司为新增发的股票支付的价格高于之前持有股票的账面价格。

因为 Peerless Products 公司支付给新增股票的价格高于其账面价值而产生的差异列示如下：

Peerless购买新股支付的价格		$100 000
Peerless Products 公司投资账面价值的增加：		
购买后账面价值（$420 000 ×0 .84）	$352 800	
购买前账面价值（$320 000 ×0 .80）	(256 000)	
账面价值增加		(96 800)
差异		$ 3 200

20X2 年 1 月 1 日出售新股给 Peerless Products 公司后，为编制合并资产负债表而需要做的投资抵销分录如下：

E(23)	借：普通股股本——Special Foods	250 000	
	资本公积	50 000	
	留存收益，1 月 1 日	120 000	
	股权投资差额	3 200	
	贷：股权投资——Special Foods		356 000
	少数股权		67 200
	抵销普通股股权投资：		
	$356 000 = $256 000 + $100 000		
	$67 200 = $420 000 × 0.16		

从 Peerless Products 公司投资账户抵销的余额等于之前的余额 256 000 美元加上购买新股的 100 000 美元。少数股权等于 Special Foods 公司所有者权益账面价值 420 000 美元的 16%。

子公司从非关联方购回股票

有时候子公司会从少数股东那里回购库藏股。少数股东通常发现他们不可能有机会干预子公司的活动以及运营，因此常常也乐意出售股份。母公司也可能不想有外部股东参与，因此可能指令子公司回购那些愿意出售的少数股东的股权。

虽然在子公司从少数股东那里回购库藏股时母公司不是一个直接的参与者，但是母公司占有子公司净资产的权益会因为交易而改变。当实际交易发生时，变化的金额必须要在编制合并报表时予以确认。

我们假设 Peerless Products 公司在 20X1 年 1 月 1 日以账面价值每股 10 美元购买了 Special Foods 公司 80%（20 000 股）的股票，账面价值记为 240 000 美元。20X2 年 1 月 1 日，Special Foods 公司从非关联方以每股 20 美元回购了 1 000 股库藏股。因为回购，Peerless Products 公司占有 Special Foods 公司的权益增加为

84.21%（16 000 ÷19 000），而少数股权减为 15.79%（3 000÷19 000）。Special Foods 公司在回购股份前后的所有者权益列示如下：

	出售前	出售后
普通股股本，面值$10	$200 000	$200 000
留存收益	120 000	120 000
合　计	$320 000	$320 000
减：库藏股		(20 000)
股东权益合计	$320 000	$300 000

因为股权回购，Peerless Products 公司持有 Special Foods 公司股份的相关账面价值变化如下：

	出售前	出售后
Special Foods 的所有者权益总额	$320 000	$300 000
Peerless Products 公司所占的比例	× 0.80	× 0.8421
Peerless Products 公司投资 Special Foods 的账面价值	$256 000	$252 630

Special Foods 公司以高于账面价值的价格回购股票，导致 Peerless Products 公司投资账面价值减少 3 370 美元（$256 000 – $252 630）。Peerless Products 公司以下列分录确认投资的减少：

		借方	贷方
(24)	借：留存收益	3 370	
	贷：股权投资——Special Foods		3 370
	记录因为子公司回购股票而导致的权益减少。		

像处理出售股份给非关联方产生的差异一样，调整资本公积似乎是确认母公司对子公司净资产的权益变化的最合适的方法。这里，Peerless Products 公司减少留存收益是因为其账簿中没有资本公积账户。

20X2 年 1 月 1 日回购新股后为编制合并资产负债表需要做的投资抵销分录如下：

		借方	贷方
E(25)	借：普通股股本——Special Foods	200 000	
	留存收益，1 月 1 日	120 000	
	贷：库藏股		20 000
	股权投资——Special Foods		252 630
	少数股东权益		47 370
	抵销普通股股权投资：		
	$252 630 = $256 000 – $3 370		
	$47 370 = $300 000 × 0.1579		

需要注意的是，在这个分录中抵销了子公司包括库藏股在内的所有普通股股东权益。

子公司从母公司购买股票

子公司可以像回购少数股权股票一样回购母公司的股票而减少其发行在外的股票数量。在实务中，不会经常发生从母公司回购股票的交易。只有当需要筹措额外的资金时，母公司才会减少其持有的子公司权益，并将其出售给非关联方。

当子公司从其母公司回购部分股份的时候，母公司会将售价与投资账面价值之间的差额确认为损益。但是在关于是否把这种母子公司之间的交易当作是符合公平公正原则的交易上存在一些分歧，因此，在母公司的损益表中报告损益是值得质疑的。从合并的角度来说，当子公司从母公司回购股票时，交易代表了一种内部转移，并没有产生损益。

为举例说明子公司从母公司回购股票的情形，我们假设 20X0 年 12 月 31 日 Peerless Products 公司在市场上以账面价值每股 10 美元购买了 Special Foods 公司 20 000 股中的 16 000 股股票，账面价值记为 240 000 美元。20X2 年 1 月 1 日 Special Foods 公司从 Peerless Products 公司以每股 20 美元回购了 4 000 股股票，使得 Peerless Products 公司只占有 Special Foods 公司 75%（12 000 ÷ 16 000）的所有者权益。Special Foods 公司回购前后的所有者权益列示如下：

	出售前	出售后
普通股股本，面值$10	$200 000	$200 000
留存收益	120 000	120 000
合　计	$320 000	$320 000
减：库藏股	______	(80 000)
股东权益合计	$320 000	$240 000

在本例中，Peerless Products 公司持有 Special Foods 公司的投资额等于实际账面价值的份额。因为股权回购而产生的账面价值变化如下：

	出售前	出售后
Special Foods 公司的所有者权益总额	$320 000	$240 000
Peerless Products 公司所占的比例	× 0.80	× 0.75
Peerless Products 公司投资 Special Foods 公司的账面价值	$256 000	$180 000

Peerless Products 公司用以下分录记录其出售了在 Special Foods 公司 25%（4 000 ÷ 16 000）的投资额：

20X2 年 1 月 1 日

(26) 借：现金	80 000	
贷：股权投资——Special Foods		76 000
投资收益		4 000

记录投资的出售：

$80 000 = $20 × 4 000 股

$76 000 = $256 000 − $180 000

$4 000 = $80 000 − $76 000

股权投资的新账面价值为 180 000 美元（$256 000 - $76 000）。该金额等于回购后 Special Foods 公司所有者权益总额 240 000 美元的 75%，因此在这个例子中没有差异。账面价值减少了 76 000 美元是由持有股票数量的减少以及仍旧持有股票的账面价值的减少造成的。

在编制 20X2 年合并财务报表时，收益必须重分类为资本公积，而且包括库藏股在内的对 Special Foods 公司的权益总额都要予以抵销。在编制 20X2 年 12 月 31 日合并工作底稿时，除了一般的分录还应包括下面的抵销分录：

E（27）	借：投资收益	4 000	
	贷：资本公积		4 000
	抵销涉及子公司股份交易的收益。		
E（28）	借：普通股股本——Special Foods	200 000	
	1 月 1 日的留存收益	120 000	
	贷：库藏股		80 000
	股权投资——Special Foods		180 000
	少数股东权益		60 000
	抵销普通股股权投资： $180 000 = $240 000 × 0.75 $60 000 = $240 000 × 0.25		

复杂的所有者权益结构

当一个公司直接或者间接控制另一个公司时，当前财务报告准则要求编制合并财务报表。至今讨论的焦点都集中在简单直接的母-子公司关系上，然而，很多公司都有比较复杂的组织结构。

图表 9-3 展示了三种不同的所有权结构。**直接持股**（direct ownership）是前面章节讨论的类型，见图表 9-3（a）；母公司对每一个子公司都有控制权益。在图表 9-3（b）所示的**多层级持股**（multilevel ownership）结构中，母公司只对其子公司所控制的公司拥有**间接控制权**（indirect control）。在这种情况下编制合并财务报表时要做的抵销分录与在简单所有权结构中的类似，但是要十分注意数据的合并顺序。

图表 9-3（c）反映了**交叉持股**（reciprocal ownership）或者**相互持股**（mutual holdings）的结构。在相互持股情况下，母公司拥有子公司大多数的普通股，子公司也拥有母公司的部分普通股。如果在编制合并财务报表时没有考虑交叉持股，那么报告的数据可能会被严重夸大。

多层级所有权结构和控制

很多情况下，公司通过多元化经营建立起多重公司层次。比如，一个公司有

图表 9–3 多种所有者权益结构

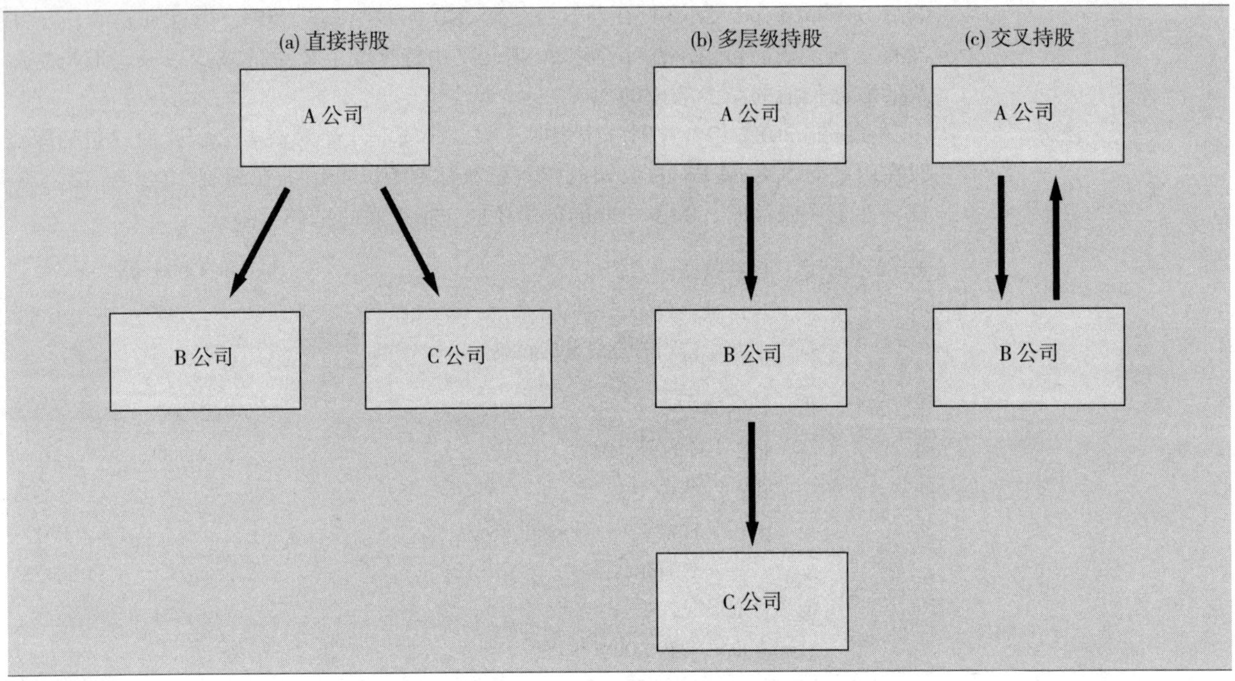

很多子公司，其中一个是经销商。而经销商子公司又有一个财务子公司、一个房地产子公司、一个保险子公司等，也许还有其他类别的子公司。这也就意味着，在编制合并报表时，不仅要包括母公司直接控制的公司，还要包括其只有间接投资的公司。

因为包括了新增的所有权层级，合并的复杂度增加了。必须在每一个所有权层级上确认归属于多数股东和少数股东的收益和净资产份额，同时，也须确认应抵销的未实现收益或损失。

当存在不同层级的所有权时，第一步通常是合并最底层，或者是距离母公司最远的、拥有稍高一层公司的子公司。顺着次序向上一直合并到直接由母公司控制的所有权结构。在每一层级分配归属于多数股东和少数股东的收益。

为举例说明存在多层级所有权的合并，我们做如下假设：

1. Peerless Products 公司在 20X0 年 12 月 31 日购买了 Special Foods 公司 80%的普通股股权，账面价值为 240 000 美元。
2. Special Foods 公司在 20X1 年 1 月 1 日购买了 Bottom 公司 90%的普通股股权，账面价值为 162 000 美元，在购买日，Bottom 公司拥有 100 000 美元的普通股和 80 000 美元的留存收益。
3. 在 20X1 年，Bottom 公司报告了 10 000 美元的净收益，宣告分派股利 8 000 美元；Special Foods 公司报告了单独的经营收益 50 000 美元，宣告股利 30 000 美元。

其他的数据与前面章节中以 Peerless Products 公司和 Special Foods 公司为例的相同。所有权结构如下：

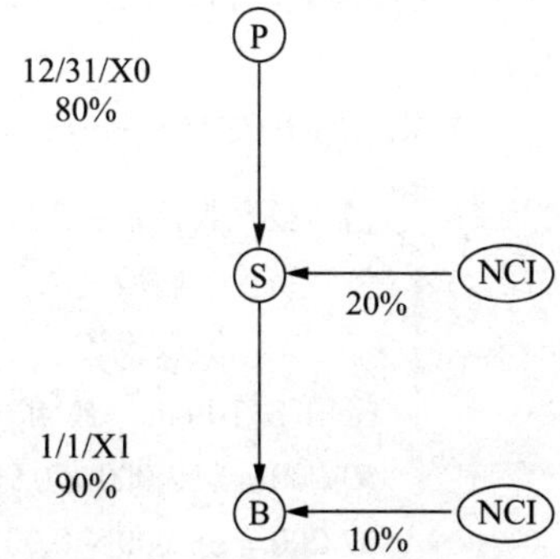

计算净收益

在包括母公司、子公司和子公司的子公司这样的三层级结构下，首先要按照比例把底层子公司的收益加到母公司子公司的独立收益中，然后把总额按照比例加到母公司的独立收益中，从而得到权益法下母公司的净收益。合并净收益可以用同样的方法计算而得。

Peerless Products 公司的净收益计算如下：

	Peerless Products 公司	Special Foods 公司	Bottom 公司	少数股东收益
经营利润	$140 000	$50 000	$10 000	
利润来自：				
Bottom 公司		9 000		$1 000
Special Foods 公司	47 200			11 800
净收益	$187 200	$59 000	$10 000	$12 800

合并净收益等于 Peerless Products 公司权益法下的净收益，这可以通过合计三个公司的经营利润减去少数股东收益来证实：

经营利润：		
Peerless Products 公司		$140 000
Special Foods 公司		50 000
Bottom 公司		10 000
各自独立经营的利润合计		$200 000
其中少数股东收益：		
Bottom 公司（$10 000 × 0.10）	$ 1 000	
Special Foods 公司（$59 000 × 0.20）	11 800	
少数股东收益合计		(12 800)
合并净收益		$187 200

合并工作底稿

20X1 年合并 Peerless Products、Special Foods 和 Bottom 公司的工作底稿见图表 9-4。

先录入如下关于 Special Foods 公司对 Bottom 公司投资的抵销分录：

E(29)	借：投资收益——Bottom	9 000	
	贷：应收股利		7 200
	股权投资——Bottom		1 800
	抵销来自 Bottom 公司的投资收益： $9 000 = $10 000 × 0.90 $7 200 = $8 000 × 0.90 $1 800 = $9 000 − $7 200		
E(30)	借：少数股东收益	1 000	
	贷：应收股利		800
	少数股东权益		200
	分配归属于 Bottom 公司的少数股东收益： $1 000 = $10 000 × 0.10 $800 = $8 000 × 0.10 $200 = $1 000 − $800		
E(31)	借：普通股股本——Bottom	100 000	
	1 月 1 日的留存收益	80 000	
	贷：股权投资——Bottom		162 000
	少数股东权益		18 000
	抵销对 Bottom 公司的股权投资： $162 000 = $180 000 ×0 .90 $18 000 = $180 000 × 0.10		

接着，在工作底稿中做关于 Peerless 公司对 Special Foods 公司投资的抵销分录。

E(32)	借：投资收益——Special Foods	47 200	
	贷：应收股利		24 000
	股权投资——Special Foods		23 200
	抵销来自 Special Foods 公司的投资收益： $47 200 = $59 000 × 0.80 $24 000 = $30 000 × 0.80 $23 200 = $47 200 − $24 000		

图表 9-4　20X1 年 12 月 31 日合并工作底稿（合并的第 1 年）；直接持股和间接持股

项　目	Peerless Products	Special Foods	Bottom	抵销分录 借　方	抵销分录 贷　方	合并金额
销售收入	400 000	200 000	150 000			750 000
来自 Bottom 公司的投资收益		9 000		(29)　9 000		
来自 Special Foods 公司的投资收益	47 200			(32)　47 200		
贷方合计	447 200	209 000	150 000			750 000
销售成本	170 000	115 000	80 000			365 000
折旧和摊销	50 000	20 000	35 000			105 000
其他费用	40 000	15 000	25 000			80 000
借方合计	(260 000)	(150 000)	(140 000)			(550 000)
						200 000
少数股东收益				(30)　1 000		
				(33)　11 800		(12 800)
净利润，结转至下方	187 200	59 000	10 000	69 000		187 200
1 月 1 日的留存收益	300 000	100 000	80 000	(31)　80 000		
				(34)　100 000		300 000
净利润，自上方结转	187 200	59 000	10 000	69 000		187 200
	487 200	159 000	90 000			487 200
宣告分配的股利	(60 000)	(30 000)	(8 000)		(29)　7 200	
					(30)　800	
					(32)　24 000	
					(33)　6 000	(60 000)
12 月 31 日的留存收益，结转至下方	427 200	129 000	82 000	249 000	38 000	427 200
现　金	264 000	20 200	25 000			309 200
应收账款	75 000	50 000	30 000			155 000
存　货	100 000	75 000	40 000			215 000
土　地	175 000	40 000	50 000			265 000
建筑物和设备	800 000	600 000	75 000			1 475 000
对 Bottom 公司的股权投资		163 800			(29)　1 800	
					(31)　162 000	
对 Special Foods 公司的股权投资	263 200				(32)　23 200	
					(34)　240 000	
借方合计	1 677 200	949 000	220 000			2 419 200
累计折旧	250 000	220 000	20 000			490 000
应付账款	100 000	100 000	18 000			218 000
应付债券	400 000	300 000				700 000
普通股股本	500 000	200 000	100 000	(31)　100 000		
				(34)　200 000		500 000
留存收益，自上方结转	427 200	129 000	82 000	249 000	38 000	427 200
少数股东权益					(30)　200	
					(31)　18 000	
					(33)　5 800	
					(34)　60 000	84 000
贷方合计	1 677 200	949 000	220 000	549 000	549 000	2 419 200

抵销分录：

(29) 抵销来自 Bottom 公司的投资收益。
(30) 分配归属于 Bottom 公司少数股东的收益。
(31) 抵销对 Bottom 公司的股权投资。
(32) 抵销来自 Special Foods 公司的投资收益。
(33) 分配归属于 Special Foods 公司少数股东的收益。
(34) 抵销对 Special Foods 公司的股权投资。

E(33)	借：少数股东收益	11 800	
	贷：应收股利		6 000
	少数股东权益		5 800
	分配归属于 Special Foods 公司少数股东的收益： $11 800 = $59 000 × 0.20 $6 000 = $30 000 × 0.20 $5 800 = $11 800 − $6 000		
E(34)	借：普通股——Special Foods 公司	200 000	
	1 月 1 日的留存收益	100 000	
	贷：股权投资——Special Foods 公司		240 000
	少数股东权益		60 000
	抵销对 Special Foods 公司的股权投资： $240 000 = $300 000 × 0.80 $60 000 = $300 000 × 0.20		

购买顺序

在前例中，先是 Peerless Products 公司对 Special Foods 公司投资，然后 Special Foods 公司对 Bottom 公司投资。然而，如果在 Peerless Products 公司投资 Special Foods 公司之前，Special Foods 公司已经拥有 Bottom 公司的权益，那么从购买日起，Bottom 公司未分配收益的一部分应已确认为 Special Foods 公司的收益。只要 Special Foods 公司用权益法核算其对 Bottom 公司的投资，就不会有特殊问题产生，那么，编制正常的合并程序即可。然而，如果 Special Foods 公司用成本法核算其对 Bottom 公司的投资，那么，则必须在合并工作底稿中先转化为权益法，以便于 Special Foods 公司在合并日的留存收益包括自投资以来 Bottom 公司的恰当份额，从而确定正确的股权投资差额。

未实现的企业集团内部利润

当在多层级关联方之间发生内部销售时，与相关权益对应的未实现利润必须予以抵销。最简单的方法是在分配归属于多数股东和少数股东的收益之前计算各公司的已实现利润。

例如，以如下方式计算每个关联公司应记入所有者权益的已实现利润就可以得出未实现利润。

	Peerless Products	Special Foods	Bottom	少数股东收益
经营利润	$140 000	$50 000	$10 000	
未实现利润	(5 000)	(10 000)	(3 000)	
已实现经营利润	$135 000	$40 000	$ 7 000	
利润来自：				
Bottom 公司		6 300		700
Special Foods 公司	37 040			9 260
实现的净利润	$172 040	$46 300	$ 7 000	$9 960

Peerless Products 公司的合并净收益等于列示的已实现净收益 172 040 美元。在合并工作底稿中做第 6 和第 7 章中讨论的常规抵销分录以抵销未实现的企业集团内部利润，并在工作底稿中计入相关的公司。

交叉持股或相互持股

当两个公司互持对方股份时，我们称之为交叉持股。在实务中很少有交叉持股，而且其会计影响一般也不大。

处理交叉持股有两种不同的方法。实务中最常用的是**库藏股法**（treasury stock method)，在该方法下，把子公司持有的母公司的股份看作是母公司回购的股份。而**实体法**（entity approach）则把母子公司看作是一个实体，在不同的所有者权益之间分配收益时，需要考虑交叉持股的关系。

库藏股法

在库藏股法下，子公司购买母公司的股份被看作为母公司回购自己的股份并作为库藏股持有。子公司通常会以成本法核算对母公司的投资，因为这样的投资经常是很小份额，而且几乎不会有能力对母公司产生重大的影响。

子公司分配给少数股权的收益通常以子公司的净收益为基础，而子公司的净收益包括来自对母公司投资所分配的股息收入。而母公司按照权益法核算其占有子公司收益的份额，这里的子公司收益不包括来自母公司的股息收入。

为说明库藏股法的例子，我们做如下假设：

1. 在 20X0 年 12 月 31 日，Peerless Products 公司购买了 Special Foods 公司 80%的普通股，账面价值为 240 000 美元。
2. Special Foods 公司在 20X1 年 1 月 1 日购买了 Peerless Products 公司 10%的普通股，账面价值为 80 000 美元。
3. 20X1 年两家公司报告的经营利润和股利分别列示如下：

	经营利润	股利
Peerless Products 公司	$140 000	$60 000
Special Foods 公司	50 000	30 000
经营利润合计	$190 000	

Peerless Products 公司和 Special Foods 公司之间的交叉持股情况列示如下：

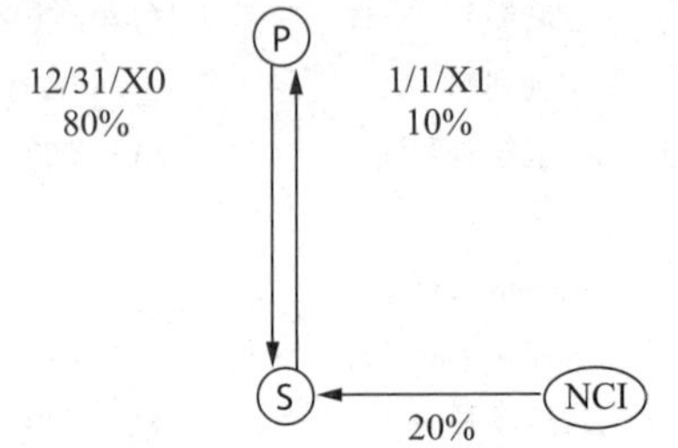

Special Foods 公司用以下分录记录其购买 Peerless Products 公司的普通股：

20X1 年 1 月1 日

		借方	贷方
(35)	借：股权投资——Peerless Products	80 000	
	贷：现金		80 000
	记录购买 Peerless Products 公司的股份。		

因为没有取得对 Peerless Products 公司重大影响的能力，因此 Special Foods 公司对其投资采用成本法核算。在 20X1 年，Special Foods 公司用以下分录记录来自 Peerless Products 公司的股利：

		借方	贷方
(36)	借：现金	6 000	
	贷：股利收入		6 000
	记录来自 Peerless Products 公司的股利收入： $60 000 × 0.10		

在 20X1 年年底编制的合并工作底稿见图表 9-5，包括以下抵销分录：

		借方	贷方
E(37)	借：股利收入	6 000	
	贷：应收股利		6 000
	抵销来自 Peerless Products 公司的股利收入。		
E(38)	借：投资收益——子公司	40 000	
	贷：应收股利		24 000
	股权投资——Special Foods		16 000
	抵销来自子公司的投资收益。		
E(39)	借：少数股东收益	11 200	
	贷：应收股利		6 000
	少数股东权益		5 200
	分配归属于少数股东的收益。		
E(40)	借：库藏股	80 000	
	贷：股权投资——Peerless Products		80 000
	将对 Peerless Products 公司的股权投资重分类为库藏股。		

图表 9-5 20X1 年 12 月 31 日库藏股法下的合并工作底稿（合并的第 1 年），以账面价值购买 80%的股权

项 目	Peerless Products	Special Foods	抵销分录		合并数
			借 方	贷 方	
销售收入	400 000	200 000			600 000
来自子公司的投资收益	40 000		(38) 40 000		
股利收益		6 000	(37) 6 000		
贷方合计	440 000	206 000			600 000
销售成本	170 000	115 000			285 000
折旧和摊销	50 000	20 000			70 000
其他费用	40 000	15 000			55 000
借方合计	(260 000)	(150 000)			(410 000)
					190 000
少数股东收益			(39) 11 200		(11 200)
净利润，结转至下方	180 000	56 000	57 200		178 800
1 月 1 日的留存收益	300 000	100 000	(41) 100 000		300 000
净利润，自上方结转	180 000	56 000	57 200		178 800
	480 000	156 000			478 800
宣告分配的股利	(60 000)	(30 000)		(37) 6 000	
				(38) 24 000	
				(39) 6 000	(54 000)
12 月 31 日的留存收益，结转至下方	420 000	126 000	157 200	36 000	424 800
现 金	264 000	1 000			265 000
应收账款	75 000	50 000			125 000
存 货	100 000	75 000			175 000
土 地	175 000	40 000			215 000
建筑物和设备	800 000	600 000			1 400 000
对 Special Foods 公司的股权投资	256 000			(38) 16 000	
				(41) 240 000	
对 Peerless Products 公司的股权投资		80 000		(40) 80 000	
借方合计	1 670 000	846 000			2 180 000
累计折旧	450 000	320 000			770 000
应付账款	100 000	100 000			200 000
应付债券	200 000	100 000			300 000
普通股股本	500 000	200 000	(41) 200 000		500 000
留存收益，自上方结转	420 000	126 000	157 200	36 000	424 800
少数股东权益				(39) 5 200	
				(41) 60 000	65 200
库藏股			(40) 80 000		(80 000)
贷方合计	1 670 000	846 000	437 200	437 200	2 180 000

抵销分录：

(37) 抵销来自 Peerless Products 公司的股利收益。

(38) 抵销来自子公司的投资收益。

(39) 分配归属于少数股东的收益。

(40) 将对 Peerless Products 公司的股权投资重分类为库藏股。

(41) 抵销对 Special Foods 公司的股权投资。

E(41)	借：普通股股本——Special Foods	200 000	
	1月1日的留存收益	100 000	
	贷：股权投资——Special Foods		240 000
	少数股东权益		60 000
	抵销对 Special Foods 公司的股权投资。		

分录 E(40) 将 Special Foods 公司对 Peerless Products 公司的投资重分类为库藏股。所有 Peerless Products 公司的普通股在合并资产负债表上都列示为发行在外。库藏股以成本价 80 000 美元列为所有者权益的减少，就像一个公司的资产负债表上以成本价列示库藏股一样。注意分录 E(37)，因为股息付给了合并主体之外的权益，从而减少了合并报表中的留存收益总额。

在 20X1 年合并工作底稿中还需要编制其他常规的抵销分录，以抵销 PeerlessProducts 公司对 Special Foods 公司的投资，以及经过 Peerless Products 公司确认的来自 Special Foods 公司的收益。经过 Peerless Products 公司确认的来自 Special Foods 公司的收益基于 Special Foods 公司的独立收益，该收益不包括来自 Peerless Products 公司的股息收入。因此，抵销的收益是 Peerless Products 公司对 Special Foods 公司独立经营收益 50 000 美元的 80%，即 40 000 美元。

注意在这种方法下，母公司权益法下的收益和合并净收益可能不相等。Peerless Products 公司的收益计算如下：

Peerless Products 公司独立的经营收益	$140 000
Peerless Products 公司占有 Special Foods 公司经营收益的份额（$50 000 × 0.80）	40 000
Peerless Products 公司净收益	$180 000

合并净收益计算如下：

Peerless Products公司单独的经营利润		$140 000
Special Foods 公司单独的经营利润		50 000
单独收益合计		$190 000
减去少数股东收益：		
Special Foods 公司的净收益（$50 000 + $6 000）	$56 000	
少数股权比例	× 0.20	
		(11 200)
合并净收益		$178 800

差异的产生是由于在计算少数股东收益时考虑了 Peerless Products 公司分配给 Special Foods 公司的 6 000 美元股息，而在计算母公司净收益时并没有考虑。

在库藏股法下分配给少数股东的收益是否恰当是个问题，因此合并净收益也会产生差异。通常按照少数股权占有子公司净收益的比例来计算归属于少数股东的收益。在列示的计算中，子公司的净收益包括了 Special Foods 公司对 Peerless Products 公司投资的股息收入。少数股东的收益是基于子公司净收益的全部份额进行计算的。

实体法

用于处理交叉持股的实体法，通常也称作传统法或者惯例法，与库藏股法相比，该种方法与合并实体理论比较一致。在实体法下，合并公司的单独收益的合计被看作为合并主体的总收益，而且在多数股东和少数股东之间予以分配。在不同的股东之间分配收益时，将子公司持有母公司股份确认为交叉持股的关系。通常用一系列的联立方程为每一个公司计算其交叉收益总额。最后的结果用来在多数股东和少数股东之间进行分配。

实体法下的资产负债表与库藏股法下的差异较大。子公司持有的母公司的股份不是作为库藏股处理，而是像母公司投资子公司的普通股一样被抵销了。在编制合并报表时，持有母公司的普通股份额、资本公积和留存收益与子公司的投资账户相抵销。

我们用说明库藏股法的例子来说明实体法下应分配的收益。应分配给两个公司的总收益等于两个公司各自的经营收益加上各自享有对方收益的份额。比如，我们假设：

P = Peerless Products 公司的总收益

S = Special Foods 公司的总收益

两个公司的总收益可以通过以下公式得出：

$$P = \$140\ 000 + 0.80S$$
$$S = \$50\ 000 + 0.10P$$

归属于每一个公司的收益可以通过解以下联立方程式得出：

$$P = \$140\ 000 + 0.80S$$
$$P = \$140\ 000 + 0.80\ (\$50\ 000 + 0.10P)$$
$$P = \$140\ 000 + \$40\ 000 + 0.08P$$
$$0.92P = \$180\ 000$$
$$P = \underline{\underline{\$195\ 652}}$$
$$S = \$50\ 000 + 0.10P$$
$$S = \$50\ 000 + 0.10\ (\$195\ 652)$$
$$S = \$50\ 000 + \$19\ 565$$
$$S = \underline{\underline{\$69\ 565}}$$

这些利润数据充当确认分配给多数股东和少数股东收益基础的角色。但是这些计算得出的总和不经调整是不能对外报告的，因为关联方持有一定比例的对方公司的股份。分配的总额是以合并主体以外的股东权益比例为基础的。

合并净收益：		
Peerless Products 公司的收益	$195 652	
合并主体以外的股东持有比例	× 0.90	
		$176 087
分配给少数股东的收益：		
Special Foods 公司的收益	$ 69 565	
少数股东持股比例	× 0.20	
		13 913
分配的收益总额		$190 000

注意合并净收益不是分配给 Peerless Products 公司的收益金额，而是为合并主体股东持有的总份额而调整的分配金额。也就是，Peerless Products 公司 90%的股份被认为是由合并主体股东持有，而另外的 10%则由合并主体内部持有。

报告的合并主体净收益与分配给合并子公司少数股东的净收益总和应该总是等于各自经营收益的总和：

报告的经营收益	
Peerless Products 公司	$140 000
Special Foods 公司	50 000
报告的收益总额	$190 000

子公司发放股票股利

在子公司发放股票股利的情形下，需要对编制合并财务报表时所做的抵销分录做适当调整。由于股票股利是按比例分配给所有的股东，所以多数股东和少数股东的相关权益并不会因为股票股利而发生任何改变。母公司对子公司投资的账面余额也不会受股票股利的影响。另外，虽然子公司的所有者权益总额没有改变，但是所有者权益账户却发生了变化。股票股利的实质是留存收益的永久性资本化，因此会导致留存收益的减少，同时导致股本或者资本公积的增加。

如在子公司发放股票股利期间编制合并财务报表，那么，宣告的股票股利必须同增加的股本以及资本公积一起抵销。宣告的股票股利不能在合并留存收益表中列报，因为只有母公司的股利才被看作为合并主体的股利。

在合并的后续年度，子公司所有者权益账户余额按照常规方式予以抵销。记住，股利并不能改变公司的所有者权益总额，只是在所有者权益账户之间的转让。即使金额从一个账户转移到另一个账户，子公司所有者权益账户余额在合并时也必须按照常规的合并程序予以抵销。

子公司发放股票股利例示

以 Peerless Products 公司和 Special Foods 公司为例来说明子公司发放股票股利

的处理方法。比如，Special Foods 公司宣告发放其 20X1 年 200 000 美元普通股 25%的股票股利，并且选择将股票以面值资本化。Special Foods 公司用以下分录记录股票股利：

(42) 借：股票股利	50 000	
贷：普通股股本		50 000
记录 25%的股票股利：\$200 000 × 0.25		

投资者只需要做一个备忘分录来记录收到的股票股利。

当编制 20X1 年年底合并财务报表时，工作底稿中要做常规的抵销分录。如果子公司没有宣告股票股利，则抵销投资账户和期初子公司股东权益余额的分录应该是：

E(43)	借：普通股股本——Special Foods	200 000	
	1 月 1 日的留存收益	100 000	
	贷：股权投资——Special Foods		240 000
	少数股东权益		60 000
	抵销股权投资的期初余额。		

当子公司宣告股票股利时，除了投资抵销分录以外所有的抵销分录都是一样的。分录 E(43) 应做如下调整：

E(44)	借：普通股股本——Special Foods	250 000	
	1 月 1 日的留存收益	100 000	
	贷：股权投资——Special Foods		240 000
	少数股东权益		60 000
	股票股利		50 000
	抵销股权投资的期初余额：		
	\$250 000 = \$200 000 + \$50 000		
	\$50 000 = \$200 000 × 0.25		

需要注意的是，虽然普通股账户总额因为股票股利而增加了 50 000 美元，但是当年留存收益的抵销分录并没有改变，因为宣告股票股利并没有结转到留存收益账户中，因此只是抵销留存收益的期初余额。像子公司的其他股利一样，股票股利必须予以抵销，因为这些股利并不被视为合并主体的股利。

对以后年度的影响

在 20X1 年年底，宣告的股票股利会结转到子公司的留存收益账户，而不在以后期间的财务报表中单独列示。与没有股票股利相比，这会导致子公司账簿中普通股股本余额增加 50 000 美元，留存收益余额减少 50 000 美元。在合并工作底稿中的投资抵销分录必须能够反映这些余额的变化。

因此，假设 Special Foods 公司在 20X2 年没有宣告股票股利，12 月 31 日编制的投资抵销分录如下。

E(45)	借：普通股股本——Special Foods	200 000	
	1月1日的留存收益	120 000	
	贷：股权投资——Special Foods		256 000
	少数股东权益		64 000
	抵销股权投资的期初余额。		

如果 Special Foods 公司在 20X1 年度宣告了股票股利，那么，在 20X2 年 12 月 31 日编制合并工作底稿时要将分录 E(45) 替换为：

E(46)	借：普通股股本——Special Foods	250 000	
	1月1日的留存收益	70 000	
	贷：股权投资——Special Foods		256 000
	少数股东权益		64 000
	抵销股权投资的期初余额。		

除了普通股股本账户增加了 50 000 美元，留存收益账户减少了 50 000 美元外，分录 E(45) 和 E(46) 是一样的，只是反映了这些账户余额因为股票股利而产生的差异。

关键概念总结

在编制合并财务报表时会产生很多股东权益的问题。当子公司有发行在外的优先股时，母公司持有的部分必须予以抵销，因为这是合并主体内部持股。剩余的优先股被视为少数股东权益的一部分。在评估优先股股东请求权时，必须考虑到优先股的所有特点，包括累计未付股息、股息参与权利以及可随时赎回条款等。

涉及到子公司普通股的交易可能影响到多数股权的持股比例。虽然现行的会计标准允许实务中有一定程度的灵活性，但是，在单一经济实体概念下，涉及到子公司股份的交易应该被视为合并主体的权益交易。因此，在合并损益表中不应报告此类交易的损益。比如，母公司确认的将所持有的子公司股份再卖给子公司的损益，应该在编制合并财务报表时予以抵销，因为该项交易是完全发生在合并主体内部的。

许多合并主体的组织结构远比只有一个母公司和一个或多个子公司的模式复杂。在较多情况下，子公司持有另外公司的多数股权，这样其母公司对这个公司就有了间接控制权。在这样的情况下，从最底层开始向最高层合并。在较少的情况下，子公司会持有母公司的股份。在合并财务报表中，通常将这部分股份视为库藏股。

子公司宣告股票股利只会对合并财务报表中的抵销分录产生很小的影响。在宣告股票股利的当年，编制合并财务报表时需将股票股利和普通股账户的增加额予以抵销。在以后年度，投资抵销分录反映了子公司普通股账户余额增加和留存收益账户余额减少的变化。

第 10 章

合并报告的其他问题

合并主体必须和其他单独企业一样，按照一般公认的会计准则，以同样的方式编制财务报表。合并主体的报告和列报标准与单一法人实体没有什么不同。这一章会讨论如下与合并财务报表相关的一般财务报告问题：

1. 合并现金流量表
2. 期中合并
3. 合并所得税问题
4. 合并每股收益

合并现金流量表

合并主体和单独公司一样，在公布整套财务报表时应包括**现金流量表**（statement of cash flows）。合并现金流量表类似于单一法人实体的现金流量表，并且基本以相同的方式进行编制。

合并现金流量表的编制

合并现金流量表通常会在合并损益表、留存收益表和资产负债表之后编制。合并现金流量表的编制要取决于其他三张报表的信息，而不是包括在三段式的合并工作底稿中。当采用以合并净利润为起点的间接法编表时，必须对所有影响合并净利润和合并主体现金的项目分别进行调整。同个别现金流量表相比，合并现金流量表的编制只需要做少量调整（比如因冲销股权投资差额而导致的折旧和摊销）。

像其他合并财务报表一样，附属公司之间的所有转让都应当在编制合并现金流量表时抵销。虽然出售或购买资产对个别公司来讲会形成资金的来源或耗用，但如果此类活动完全发生在同一合并主体之间，就不应该纳入现金流量报表。同一合并主体内公司转让产生的未实现利润应在编制合并资产负债表和损益表时抵销，因此，在编制现金流量表时不再需要对企业集团内部未实现利润做额外调整。

当存在少数股权时，分配给少数股东的权益要作为经营活动产生的现金的调整项目。归属于少数股东的收益应在合并净利润中扣除，但并不代表现金的流出。因此，把归属于少数股东的收益重新加回到合并现金流量表中的合并净利润中，体现为经营活动产生的现金流量。

收到或支付给少数股东的资金通常包含在合并现金流量表的筹资活动中。例如，支付给少数股东的股息连同支付给母公司的股息通常都列示在现金流出项下。对少数股东增发或回购股票被视为非关联交易，作为现金的流入或流出予以列报。

合并现金流量表示例

为举例说明合并现金流量表的编制，作如下假设：

1. Peerless Products 公司在 20X0 年 12 月 31 日以高于账面价值 66 000 美元的价格购入 Special Foods 公司 80%的普通股。
2. 在 66 000 美元的购买差额中，8 000 美元分配给土地，48 000 美元是剩余使用年限为 10 年的设备，另外 10 000 美元是商誉。管理层认为商誉在 20X1 年年底将发生减值，有理由计提 2 500 美元的减值准备，之后商誉价值保持不变。
3. 20X2 年 Peerless 公司支付了 60 000 美元的股息；Special Foods 公司报告的净利润为 75 000 美元，并支付了 40 000 美元的股息。
4. 20X2 年 Peerless 公司以 40 000 美元的价格向非关联企业出售了其在 20X1 年购入的土地。
5. Special Foods 公司在 20X2 年年底从非关联公司采购了设备，价款 100 000 美元。

20X1 年 12 月 31 日和 20X2 年 12 月 31 日合并资产负债表的信息如下表所示：

	12 月 31 日	
	20X1 年	20X2 年
现　金	$ 269 000	$ 276 000
应收账款	125 000	230 000
存　货	175 000	270 000
土　地	223 000	183 000
建筑物和设备	1 448 000	1 548 000
商　誉	7 500	7 500
借方合计	$2 247 500	$2 514 500
累计折旧	$ 774 800	$ 849 600
应付账款	200 000	230 000
应付债券	300 000	300 000
普通股股本	500 000	500 000
留存收益	408 700	563 900
少数股东权益	64 000	71 000
贷方合计	$2 247 500	$2 514 500

20X2 年度合并损益表如下表所示：

销售收入		$720 000
出售土地收益		30 000
		$750 000
减：销售成本	$340 000	
折旧费用	74 800	
其他费用	105 000	(519 800)
可供全体股东分配的利润		$230 200
归属于少数股东的利润		(15 000)
合并净利润		$215 200

图表 10–1 是一份合并现金流量表的工作底稿。虽然用于编制现金流量表的工作底稿格式不尽相同，但合并现金流量表和单一法人主体的现金流量表并没有什么差别。工作底稿的基本分录详见图表 10–1 所示。工作底稿的底部列示合并现金流量表的编制。

Peerless 公司 20X2 年合并现金流量表见图表 10–2。这与单独公司的报表十分类似。然而，图表 10–2 中也包含了两个合并报表独有的项目。首先，少数股东收益要加回到经营活动产生的现金，因为这部分在计算合并净利润的时候被扣除了，但此项并没有造成经营性现金的减少。其次，即使在合并留存收益表中没有列示这部分的宣告股息分配，但是向少数股东支付的股利仍然导致了现金流出。尽管支付少数股东的股利没有被视为对合并留存收益的分配，但仍将作为少数股东权益的现金抵减。

合并现金流量表——直接法

虽然几乎所有的大公司都使用间接法来编制现金流量表，但如前面示例所述，许多争议显示直接法更为易懂和有用。权威机构普遍表示赞同直接法，即使它们并不强求企业使用这种方法。

在介绍了间接法之后，利用同样的信息，图表 10–3 展示了采用直接法编制合并现金流量表的工作底稿。现金流量表中唯一受两种不同编制方法差异影响的是经营活动的部分。在采用间接法的情况下，如图表 10–2 所示，经营活动的部分以净利润作为起点，调节经营活动产生的现金，分别调整所有影响现金和净利润的项目。如图表 10–3 所示，如果采用直接法编制现金流量表，则经营活动部分体现了实际的现金流量。在这个例子中，只有如下的现金流动与经营活动有关：

经营活动产生的现金流量：	
收到来自客户的现金	$615 000
支付给供应商的现金	(510 000)
经营活动提供的现金流量净额	$105 000

对于经营活动部分无论采用哪种方法编制，最后的数字都是相同的，但是直接法比间接法更清晰地展示了现金的流动。已收账款等于合并损益表中的销售收

图表 10–1 20X2 年度 Peerless Products 公司及其子公司合并现金流量表工作底稿

项 目	20X2 年 1 月 1 日余额	借 方	贷 方	20X2 年 12 月 31 日余额
现 金	269 000	7 000 (*a*)		276 000
应收账款	125 000	105 000 (*b*)		230 000
存 货	175 000	95 000 (*c*)		270 000
土 地	223 000		40 000 (*d*)	183 000
建筑物和设备	1 448 000	100 000 (*e*)		1 548 000
商 誉	7 500			7 500
	2 247 500			2 514 500
累计折旧	774 800		74 800 (*f*)	849 600
应付账款	200 000		30 000 (*g*)	230 000
应付债券	300 000			300 000
普通股股本	500 000			500 000
留存收益	408 700	60 000 (*h*)	215 200 (*i*)	563 900
少数股东权益	64 000	8 000 (*j*)	15 000 (*k*)	71 000
	2 247 500	375 000	375 000	2 514 500
经营活动产生的现金流量：				
净利润		215 200 (*i*)		
折旧费用		74 800 (*f*)		
归属于少数股东的收益		15 000 (*k*)		
出售土地收益			30 000 (*d*)	
应收账款增加额			105 000 (*b*)	
存货增加额			95 000 (*c*)	
应付账款增加额		30 000 (*g*)		
投资活动产生的现金流量：				
购买设备			100 000 (*e*)	
出售土地		70 000 (*d*)		
筹资活动产生的现金流量：				
向母公司股东分配股利			60 000 (*h*)	
向少数股东分配股利			8 000 (*j*)	
现金增加额			7 000 (*a*)	
		405 000	405 000	

(*a*) 现金余额的增加。
(*b*) 应收账款的增加。
(*c*) 存货的增加。
(*d*) 出售土地。
(*e*) 建筑物和设备的购置。
(*f*) 20X2 年度的折旧费用。
(*g*) 应付账款的增加额。
(*h*) 支付给 Peerless 公司的股利 60 000 美元。
(*i*) 合并净利润 215 200 美元。
(*j*) Special Foods 公司支付给少数股东的股利（\$40 000 × 0.20）。
(*k*) 归属于少数股东的收益（\$75 000 × 0.20）。

图表 10-2
截止到 20X2 年 12 月 31 日，Peerless Products 公司及其子公司合并现金流量表

Peerless Products公司及其子公司 合并现金流量表 截止于20X2年12月31日		
经营活动产生的现金流量：		
合并净利润	$ 215 200	
包含在净利润中的非现金费用、收入、损失和收益：		
折旧费用	74 800	
归属于少数股东的收益	15 000	
出售土地收益	(30 000)	
应收账款增加额	(105 000)	
存货增加	(95 000)	
应付账款增加额	30 000	
经营活动现金流量净额		$105 000
投资活动产生的现金流量：		
购买设备	$(100 000)	
出售土地	70 000	
投资活动现金流量净额		(30 000)
筹资活动产生的现金流量：		
股利支付：		
向母公司股东分配股利	$ (60 000)	
向少数股东分配股利	(8 000)	
筹资活动现金流量净额		(68 000)
现金净增加额		$ 7 000
年初现金余额		269 000
年末现金余额		$276 000

入（$720 000）减去应收账款的增加额（$105 000）。已付账款等于销售成本（$340 000），加上其他费用（$105 000），加上库存的增加额（$95 000），再减去应付账款的增加额（$30 000）。除了在直接法下需编制单独的净利润和经营现金流量的调节表外，现金流量表的其余部分用两种方法编制没有任何差异。

期中合并

当一家公司购买另一家公司的普通股股票时，只有股票转让完成后被购买的子公司才会被视为合并主体中的一部分。因此，当子公司被购买的时点在会计期间内而不是在期初或期末时，母公司只能将持有其股票以后期间内的子公司经营成果纳入年度合并报表。

会计期间内被购买的子公司的经营成果列入合并损益表有如下两种方式。

1. 将子公司会计期间内全部收入和费用列入合并损益表中，视同期初就完成了

图表 10-3 20X2 年度 Peerless Products 公司及其子公司合并现金流量表工作底稿——直接法

	20X2 年 1 月 1 日			20X2 年 12 月 31 日
项 目	余额	借 方	贷 方	余额
现 金	269 000	7 000 (*a*)		276 000
应收账款	125 000	105 000 (*b*)		230 000
存 货	175 000	95 000 (*c*)		270 000
土 地	223 000		40 000 (*d*)	183 000
建筑物和设备	1 448 000	100 000 (*e*)		1 548 000
商 誉	7 500			7 500
	2 247 500			2 514 500
累计折旧	774 800		74 800 (*f*)	849 600
应付账款	200 000		30 000 (*c*)	230 000
应付债券	300 000			300 000
普通股股本	500 000			500 000
留存收益	408 700	60 000 (*g*)	215 200 (*h*)	563 900
少数股东权益	64 000	8 000 (*i*)	15 000 (*j*)	71 000
	2 247 500	375 000	375 000	2 514 500
销售收入	720 000		720 000 (*b*)	
出售土地收益	30 000		30 000 (*d*)	
	750 000			
销售成本	340 000	340 000 (*c*)		
折旧费用	74 800	74 800 (*f*)		
其他费用	105 000	105 000 (*c*)		
归属于少数股东的收益	15 000	15 000 (*j*)		
	534 800			
净利润	215 200	215 200 (*h*)		
		750 000	750 000	
经营活动产生的现金流量：				
收到客户支付的现金		6155 000 (*b*)		
支付给供应商的现金			510 000 (*c*)	
投资活动产生的现金流量：				
购买设备			100 000 (*e*)	
出售土地		70 000 (*d*)		
筹资活动产生的现金流量：				
向母公司股东分配股利			60 000 (*g*)	
向少数股东分配股利			8 000 (*i*)	
现金增加额			7 000 (*a*)	
		685 000	685 000	

(*a*) 现金余额的增加。
(*b*) 收到的应收账款。
(*c*) 支付给供应商的应付账款。
(*d*) 出售土地。
(*e*) 购买设备。
(*f*) 20X2 年度的折旧费用。
(*g*) 支付给 Peerless 公司的股利 60 000 美元。
(*h*) 合并净利润 215 200 美元。
(*i*) Special Foods 公司支付给少数股东的股利（$40 000 × 0.20）。
(*j*) 归属于少数股东的收益（$75 000 × 0.20）。

合并，并在合并损益表的底部扣除并购前母公司享有的收益份额。

2. 只将子公司在合并日后的收入和费用列入合并损益表。

虽然财务会计准则委员会提出要求采用第二种方式，但美国会计程序委员会第 51 号研究公报（ARB 51）是两种方式都认可的。但是，ARB 51 更倾向于建议采用第一种方式，因为它更好地表明了当前经济实体的活动水平，并且更易于与未来期间比较。实务中普遍采用这种方式，本章有示例说明。

为更好地理解期中合并，假设 20X1 年 7 月 1 日 Peerless Products 公司购入 Special Foods 公司 80%的普通股股票，账面价值为 246 400 美元。

Special Foods 公司 20X1 年报告的利润和股息如下：

	被并购前 （1 月 1 日~6 月 30 日）	被并购后 （7 月 1 日~12 月 31 日）
净利润	$20 000	$30 000
股利	12 000	18 000

20X1 年 7 月 1 日，Special Foods 公司被 Peerless 公司收购的账面价值计算如下：

20X1 年 1 月 1 日 Special Foods 公司的账面价值：	
普通股股本	$200 000
留存收益	100 000
	$300 000
净利润，20X1 年 1 月 1 日~6 月 30 日	20 000
股息，20X1 年 1 月 1 日~6 月 30 日	(12 000)
20X1 年 7 月 1 日 Special Foods 公司的账面价值	$308 000
Peerless 公司应享有的所有者权益	× 0.80
20X1 年 7 月 1 日 Peerless 公司收购股份的账面价值	$246 400

20X1 年 7 月 1 日所有权结构图如下：

P	投资成本		$246 400
	X1年7月1日的账面价值		
7/1/X1 80% ↓	普通股股本——Special Foods	$200 000	
	留存收益——Special Foods	108 000	
		$308 000	
S ← NCI	Peerless公司享有的份额	× 0.80	(246 400)
20%	股权投资差额		$ -0-

母公司分录

Peerless 公司购买 Special Foods 公司股票的会计分录如下：

20X1 年 7 月 1 日

(1) 借：股权投资——Special Foods	246 400	
贷：现金		246 400
记录购买 Special Foods 公司的股票。		

Peerless 公司按权益法核算应享有的 20X1 年下半年 Special Foods 公司的利润和股息的分录如下：

(2) 借：现金	14 400	
贷：股权投资——Special Foods		14 400
确认从 Special Foods 公司分得的股息： $18 000 × 0.80		
(3) 借：股权投资——Special Foods	24 000	
贷：投资收益——子公司		24 000
确认权益法下的投资收益： $30 000 × 0.80		

合并工作底稿

图表 10–4 的合并工作底稿反映了 20X1 年对 Special Foods 公司的期中合并。Special Foods 公司 20X1 年试算平衡表和前面章节图表 5–5 中使用的相同。Peerless 公司的试算平衡表和图表 5–5 一致，除了 Peerless 公司现金数额反映了期中购买，与 Peerless 公司确认的应享有 Special Foods 公司的利润一样。

20X1 年 12 月 31 日编制的合并抵销分录如下：

E(4)	借：投资收益——子公司	24 000	
	贷：应收股利		14 400
	股权投资——Special Foods		9 600
	抵销来自子公司的投资收益。		
E(5)	借：少数股东收益	10 000	
	贷：应收股利		6 000
	少数股东权益		4 000
	分配归属于少数股东的收益。		
E(6)	借：普通股股本——Special Foods	200 000	
	1 月 1 日的留存收益	100 000	
	合并前子公司的收益	16 000	
	贷：应收股利		9 600
	股权投资—— Special Foods		246 400
	少数股东权益		60 000
	抵销股权投资期初余额： $16 000 = $20 000 × 0.80 $9 600 = $12 000 × 0.80		

分录 E(4) 抵销了 Peerless 公司在合并日后确认的 Special Foods 公司的利润（$30 000 × 0.80）、Special Foods 公司宣告分配合并日之后归属于 Peerless 公司的股

图表 10-4 20X1 年 12 月 31 日，权益法下合并财务报表工作底稿，合并当年，以账面价值购买 80% 的股权

项 目	Peerless Products	Special Foods	抵销分录 借 方	抵销分录 贷 方	合并金额
销售收入	40 000	200 000			600 000
来自子公司的投资收益	24 000		(4) 24 000		
贷方合计	424 000	200 000			600 000
销售成本	170 000	115 000			285 000
折旧和摊销	50 000	20 000			70 000
其他费用	40 000	15 000			55 000
借方合计	(260 000)	(150 000)			(410 000)
					190 000
合并前子公司的收益			(6) 16 000		(16 000)
归属于少数股东的收益			(5) 10 000		(10 000)
净利润，结转至下方	164 000	50 000	50 000		164 000
1 月 1 日的留存收益	300 000	100 000	(6) 100 000		300 000
净利润，自上方结转	164 000	50 000	50 000		164 000
	464 000	150 000			464 000
宣告分配的股利	(60 000)	(30 000)		(4) 14 400	
				(5) 6 000	
				(6) 9 600	(60 000)
12 月 31 日的留存收益，结转至下方	404 000	120 000	150 000	30 000	404 000
现 金	248 000	75 000			323 000
应收账款	75 000	50 000			125 000
存 货	100 000	75 000			175 000
土 地	175 000	40 000			215 000
建筑物和设备	800 000	600 000			1 400 000
对 Special Foods 公司的股权投资	256 000			(4) 9 600	
				(6) 246 400	
借方合计	1 654 000	840 000			2 238 000
累计折旧	450 000	320 000			770 000
应付账款	100 000	100 000			200 000
应付债券	200 000	100 000			300 000
普通股股本	500 000	200 000	(6) 200 000		500 000
留存收益，自上方结转	404 000	120 000	150 000	300 000	404 000
少数股东权益				(5) 4 000	
				(6) 60 000	64 000
贷方合计	1 654 000	840 000	350 000	350 000	2 238 000

抵销分录：

(4) 抵销来自子公司的投资收益。

(5) 分配归属于少数股东的收益。

(6) 抵销股权投资期初余额。

息（$18 000 × 0.80），以及合并日后 Peerless 公司股权投资账户的变动。分录 E(5) 是按应享有 Special Foods 公司利润的份额分配少数股东的收益，抵销 Special Foods 公司 20X1 年宣告分配给少数股东的股利，然后加上少数股东权益本年的变动额。分配的少数股东收益金额不会受到合并发生在年初或是在年中的影响。

分录 E(6) 抵销了合并日 Peerless 公司的投资账户余额。同时也抵销了 20X1年 Special Foods 公司股东权益期初余额，并确认了少数股东权益的期初余额。需要注意的是，计算有关少数股东权益要考虑 2OX1 年全年的影响，但涉及控股股东的处理只考虑合并日后的影响。

分录 E(6) 还抵销了 20X1 年 7 月 1 日 Special Foods 公司被 Peerless 公司合并前宣告的股息。子公司宣告分配 20X1 年全部的 300 000 美元股息必须予以抵销，因为这并不是合并主体支付的股息。分录 E(4) 抵销了 20X1 年 7 月 1 日至 12 月 31 日之间支付给母公司的 14 400 美元股息。分录 E(5) 抵销了 6 000 美元，这是支付给没有转让股票给母公司股东的，这些股东被视为当年的少数股东。分录 E(6) 抵销了剩余的 9 600 美元子公司股息，这是 20X1 年 1 月 1 日至 7 月 1 日支付给在 20X1 年 7 月 1 日出让股权给 Peerless 公司的 Special Foods 公司原股东的。

分录 E(6) 还确认了**并购前子公司利润**（preacquisition subsidiary income）16 000 美元。这代表了 20X1 年 1 月 1 日至 7 月 1 日之间按照权责发生制归属于 Special Foods 公司前任股东的利润。合并主体不应确认该项利润，因为它代表的是 Special Foods 公司被合并前的损益。因为 Special Foods 公司 20X1 年全年所有的收入和费用都已包括在合并损益表中，所以并购前（20X1 年 7 月 1 日前）子公司的净利润必须从合并净利润中扣除。

期中合并的合并损益表是在假设合并发生在年初的条件下编制的，控股股东按比例从 Special Foods 公司获得的并购前的利润应该从合并利润中扣除，归属于少数股东的收益在合并损益表的底部列示：

Peerless Products 公司及其子公司

合并损益表

截止于 20X2 年 12 月 31 日

销售收入		$600 000
销售成本		(285 000)
毛　利		$315 000
费用：		
折旧和摊销	$70 000	
其他费用	55 000	
费用合计		(125 000)
		$190 000
并购前子公司利润		(16 000)
归属于少数股东的利润		(10 000)
合并净利润		$164 000

在这种方法下，控股股东的收益是相同的，就如同 Special Foods 公司的账簿在合并日前已结转，与此同时，在合并日之后开始新的财政年度。如果账簿已结

转，那么，Special Foods 公司并购前的收益和股息将全部纳入留存收益中。由此产生的留存收益账户的期中余额作为期初投资余额予以抵销。同一般的投资账户期初余额抵销分录一样，子公司留存收益的期初（本案例则为合并日）余额应予以抵销。

合并所得税问题

母公司及其子公司可以提交一份**合并所得税纳税申报表**（consolidated income tax return），或者母子公司也可以选择单独申报。对于一个子公司来讲，要有资格合并报税，条件是至少有 80%的股票由母公司或另一家纳入合并报税的公司持有。

合并申报的一个主要优点是能够用一家公司的利润来抵减另一家公司的损失。此外，股利及其他关联公司之间的转让免予征税。因此，企业集团内部交易形成的利润应缴纳的税收可以推迟到与非关联公司交易实现利润时缴纳。单独申报时，不论从合并角度看是否真正实现利润，销售公司与关联公司交易确认的利润都需要缴纳所得税。合并纳税申报可能会使合并主体充分使用某些项目，如外国税收和慈善捐款的抵免额度。

合并所得税申报带有一定的局限性。一旦确定了合并所得税申报，该公司未来就不能单独进行纳税申报，除非得到税务署的批准。子公司的纳税年度必须与母公司的纳税年度一致。此外，当纳入合并的公司很多，并且公司之间存在复杂的持股关系时，填报合并纳税申报表将会变得非常困难。

权益法下投资的所得税问题已经在第 2 章讨论过。两个与合并财务报告有关的所得税问题将在本章中讨论：

1. 从一个合并纳税申报主体向个别公司分配的所得税数额。
2. 企业集团内部的未实现利润抵销对合并纳税的影响。

合并纳税申报下所得税费用的分配

合并纳税申报就好比所含的公司实际上是一个单一的法律实体。所有企业集团内部转让的商品、劳务以及公司间的股息都会予以抵销，合并纳税申报表上只有一个所得税数额。

合并公司有时需要给少数股东和债权人提供单独的财务报表。由于合并纳税申报时合并主体只会确认一个所得税数额，而所得税费用必须以某种方式分配给合并申报范围内的每一家公司。分配的方式对每家公司和合并主体的损益表都会产生影响。如果对一家非全资子公司而言，分配所得税费用就会相应成比例地减少分配给母公司的利润和少数股东的收益。因此，如果把大部分的所得税费用分配给非全资子公司，将导致少数股东收益减少以及合并净利润增加。

虽然针对合并纳税主体内各公司所得税费用的分配没有权威性的报告指导，但一个合理的办法是按照税前利润的贡献来确定分配的合并所得税费用基础。举个例子来讲，假设 Peerless 公司以账面价值购得 Special Foods 公司 80%的股权，两家公司选择 20X1 年进行合并纳税申报。Peerless 公司税前营业利润 140 000 美元，不包括 Special Foods 公司的利润。Special Foods 公司报告的税前利润为 50 000 美元。如果企业所得税率是 40%，则合并所得税为 76 000 美元（$190 000 × 0.40）。所得税费用中的 56 000 美元分配给 Peerless 公司，20 000 美元分配给 Special Foods 公司，计算过程如下：

Peerless Products 公司：（$140 000/$190 000）× $76 000 =	$56 000
Special Foods 公司：（$50 000/$190 000）× $76 000 =	$20 000
合并所得税费用	$76 000

分配给少数股东的净利润计算如下：

Special Foods 公司的税前利润：	$150 000
分配给 Special Foods 公司的所得税费用：	(20 000)
Special Foods 公司的净利润	$ 30 000
少数股东的比例份额	× 0.20
分配给少数股东的净利润	$ 6 000

20X1 年度合并损益表列示了下列金额：

合并经营利润	$190 000
减：所得税费用	(76 000)
可供全体股东分配的净利润	$114 000
减：分配给少数股东的净利润	(6 000)
合并净利润	$108 000

当附属公司有不同的税收特征时，更倾向于考虑采用其他分配基础，比如说只有一家公司有资格享受特殊免税或税收抵免额度。

企业集团内部未实现利润抵销的税收影响

企业集团内部未实现利润抵销对所得税的影响取决于合并主体内公司采用合并报纳申报税还是单独纳税申报的方式。

合并纳税申报下企业集团未实现利润的税收影响

企业进行合并纳税时，企业集团内部交易在计算合并净收益和应税所得时均应进行抵销。只有合并主体外的交易可被确认为应税利润和财务报告利润。因为应税利润与财务报告利润在同期确认，所以不会产生**暂时性差异**（temporary differences），从而在编制合并财务报表时不再需要确认递延所得税。

单独申报纳税时企业集团内部未实现利润的税收影响

合并主体内的各个公司可进行单独申报纳税，也就是说公司针对企业集团内部的销售利润分别进行报税。单独报税的关键是要站在单个公司的角度进行考虑，而不用从合并主体的角度考虑集团内部交易的利润是否实现。因此，在集团内部交易发生时，该集团内部交易的利润已经进行了纳税申报，而不用等到销售给非关联公司时再进行确认。但是基于合并财务报表目的考虑，未实现的集团内部交易的利润必须进行抵销。虽然个别公司可能针对未实现的内部交易的利润纳税，但因为在编制合并财务报表时未实现的企业集团内部交易的利润已经抵销，所以所得税费用也必须抵销。由于所得税费用确认的时间不同就产生了**递延所得税**（deferred income tax）。

举例说明：假设 Special Foods 公司以 28 000 美元的价格向 Peerless 公司销售成本为 23 000 美元的产品，并且在年底之前没有再售出。在编制合并报表时抵销分录如下：

E(7)	借：销售收入	28 000	
	贷：销售成本		23 000
	存货		5 000
	抵销企业集团内部存货逆销的销售收入。		

抵销分录 E(7) 导致股东享有 Special Foods 公司的利润减少了 5 000 美元。假如 Special Foods 公司进行单独报税，在编制合并财务报表时应调整所得税费用账户。假定所得税率为 40%，通过抵销分录 E(8) 调整因报告利润减少而导致合并主体所得税费用减少 2 000 美元（$5 000 × 0.40）：

E(8)	借：递延所得税资产	2 000	
	贷：所得税费用		2 000
	抵销未实现企业集团内部交易利润所得税费用。		

在抵销分录 E(8) 中递延所得税资产的借方反映了所得税影响的暂时性差异，即在合并损益表中报告的利润与在合并主体中单独进行申报的公司报告利润之间的差异。与其他暂时性差异的处理方法一样，在合并资产负债表中，一般将该项所得税影响作为一项资产确认。如果企业集团内部的利润预计可在下一年度的合并损益表中确认，则该项递延所得税资产可分类为流动资产。

单独纳税申报下未实现的企业集团内部利润的所得税影响示例

为了举例说明 Peerless 公司和 Special Foods 公司进行单独申报时所得税的处理方法，假设如下：

1. Peerless 公司以账面价值购入 Special Foods 公司 80%的普通股股份。
2. 在 20X1 年，Special Foods 公司以 23 000 美元的价格购入存货，并以 28 000 美元的价格销售给 Peerless 公司。Peerless 公司在 20X1 年年底继续持有该项存货。
3. 假设 Peerless 公司和 Special Foods 公司实际所得税税率（联邦所得税和州立所得税）均是 40%。

尽管 Special Foods 公司的试算平衡表中包含税前利润 50 000 美元和所得税费

用 20 000 美元（$50 000 × 0.40），但是合并净利润和归属于少数股东的利润均是以已实现的 27 000 美元净利润为基础的，计算过程如下。

Special Foods 公司的净利润	$30 000
加回所得税费用	20 000
Special Foods 公司的税前利润	$50 000
逆销交易产生的未实现利润	(5 000)
Special Foods 公司实现的税前利润	$45 000
已实现利润的所得税（40%）	(18 000)
Special Foods 公司已实现的净利润	$27 000
Special Foods 公司分配已实现的净利润：	
归属于控股股东的收益（$27 000 × 0.80）	$21 600
归属于少数股东的收益（$27 000 × 0.20）	5 400
Special Foods 公司实现的净利润	$27 000

假设 Peerless 公司对 Special Foods 公司的投资采用基本权益法，20X1 年 12 月 31 日在编制合并报表工作底稿时，抵销会计分录如下：

E(9)	借：投资收益——子公司	24 000	
	贷：应收股利		24 000
	抵销来自子公司的投资收益：		
	$30 000 × 0.80		
E(10)	借：归属于少数股东的利润	5 400	
	少数股东权益	600	
	贷：应收股利		6 000
	分配归属于少数股东的利润：		
	$5 400 = $27 000 × 0.20		
	$6 000 = $6 000 - $5 400		
	$6 000 = $30 000 × 0.20		
E(11)	借：普通股股本——Special Foods	200 000	
	1 月 1 日的留存收益	100 000	
	贷：股权投资—— Special Foods		240 000
	少数股东权益		60 000
	抵销股权投资的期初余额。		
E(12)	借：销售收入	28 000	
	贷：销售成本		23 000
	存货		5 000
	抵销企业集团内部存货的逆销交易。		

E(13)	借：递延所得税资产	2 000	
	贷：所得税费用		2 000
	抵销企业集团内部交易的未实现利润的所得税费用： $5 000 × 0.40		

抵销分录 E(9)、E(10) 和 E(11) 是抵销分派股利、期初母公司投资子公司的股东权益账户、母公司确认子公司的利润和确认少数股东权益的常规分录。正如抵销分录 E（9）所示，Special Foods 公司将 20X1 年报告的净利润全部分派股利。因此，投资账户的金额仍为原始成本。因为 Special Foods 公司已实现的净利润 27 000 美元少于应支付的股利 30 000 美元，抵销分录 E(10) 中含有少数股东权益的借方，表明在此期间少数股东权益在减少。抵销分录 E(12) 和 E(13) 抵销了内部交易的影响，确认了所得税暂时性差异，通过剔除未实现企业集团内部交易的利润的所得税影响，导致合并净利润的减少。

在合并资产负债表和计算合并所得税费用中还包含另外一个暂时性差异。除了未实现利润产生的暂时性差异之外，在子公司的净利润和应收股利中也经常会产生暂时性差异。Peerless 公司支付所得税的期间是基于其从 Special Foods 公司获得股利的时期，但是财务报告的合并净利润中已包含了其享有 Special Foods 公司相应份额的该部分利润。在合并损益表中报告的利润额与在单独报税时的利润之间产生了暂时性差异，通过递延所得税来确认该项差异。在本例中，Special Foods 公司分派其所有的利润为股利，暂时性差异仅与未实现企业集团内部交易的利润相关。

单独纳税申报下后续利润实现的所得税影响

当未实现的企业集团内部交易的利润在下一个会计期间实现时，暂时性差异产生的所得税影响必须重新考虑。

如果不考虑所得税，在编制 20X2 年 12 月 31 日合并报表时需使用抵销分录 E(14)。假设 Special Foods 公司 20X2 年 1 月 1 日账面上有 5 000 美元未实现的企业集团内部交易利润，该批存货在 20X2 年已售出：

E(14)	借：1 月 1 日的留存收益	4 000	
	少数股东权益	1 000	
	贷：销售成本		5 000
	抵销期初存货中未实现的内部交易利润。		

另外，假设考虑所得税税率 40%的影响，抵销分录 E(15) 将取代 E(14)：

E(15)	借：1 月 1 日的留存收益	2 400	
	少数股东权益	600	
	所得税费用	2 000	
	贷：销售成本		5 000
	抵销期初存货中未实现的内部交易利润： $2 400 = （$5 000–$2 000）× 0.80 $600 = （$5 000–$2 000）× 0.20 $2 000 = $5 000 × 0.40		

本案例中，在多数股权和少数股权之间进行分摊的未实现的企业集团内部交易利润是 3 000 美元而不是 5 000 美元。尽管在 Special Foods 公司单独报税时申报了 5 000 美元的企业集团内部交易利润，并且在 20X1 年支付了 2 000 美元的所得税，但在 20X2 年出于财务报告的目而确认的所得税费用为 2 000 美元。在同一年抵销分录 E(15) 从合并的角度考虑，在合并损益表中确认了所得税费用。在 20X2 年年底，递延所得税资产账户的工作底稿不用重新调整。因为递延所得税资产仅在 20X1 年年底的工作底稿中列示，并没有在任何一家公司的账簿上确认，同样也不会出现在 20X2 年的账簿上。

合并每股收益

通常，**合并每股收益**（consolidated earnings per share）的计算同单一公司每股收益的计算一样。合并后的基本每股收益等于归属于母公司普通股股东的净利润（减去优先股股利）除以当期发行在外的母公司普通股的加权平均数。

稀释合并每股收益的计算比较复杂。由于基本假设不同，子公司对稀释每股收益的贡献可能会与其对合并净利润的贡献不同。在合并主体内所有者的持股比例和普通股股东享有子公司的利润可能有所不同。在计算每股收益时，母公司的持股比例会随着子公司权益的变动而改变，具体包括：子公司发行可转换公司债券、发行视为普通股的优先股、可行权的股票期权和认股权证。除此之外，在计算每股收益时，归属于子公司普通股股东的净利润也会受到其可转换公司债券和视为普通股的优先股的影响。如果已经减去利息费用和优先股股利，那么，当把债券看作普通股并计算普通股股东应享有的利润时，必须将利息费用和优先股股利加回。

稀释合并每股收益的计算

在计算稀释合并每股收益时通常以合并净利润为出发点，然后根据母子公司稀释性债券的影响进行调整。下面的公式用来计算稀释合并每股收益：

$$\text{稀释每股收益}=\frac{\begin{matrix}\text{合并}\\\text{净利润}\end{matrix}\pm\begin{matrix}\text{对母公司}\\\text{证券的调整}\end{matrix}-\left(\begin{matrix}\text{母公司}\\\text{持股比例}\end{matrix}\times\begin{matrix}\text{归属于}\\\text{子公司普通股}\\\text{股东的净利润}\end{matrix}\right)+\left(\begin{matrix}\text{母公司}\\\text{持有的}\\\text{股数}\end{matrix}\times\begin{matrix}\text{子公司}\\\text{稀释每股}\\\text{收益}\end{matrix}\right)}{\begin{matrix}\text{加权平均的母公司}\\\text{发行在外的股数}\end{matrix}+\begin{matrix}\text{如果稀释性证券被转换}\\\text{或被行权，母公司发行的股数}\end{matrix}}$$

这个公式表明，在计算稀释合并每股收益时需对合并净利润和发行在外的母公司的普通股股数进行调整。一般而言，如果母公司的可转换或可行权的债券具有稀释性，则应视同母公司发行在外的普通股。当可转换债券被作为普通股时，增加的股数应调加分母，税后利息应调加分子。优先股股利应从分子上减去，被视为普通股的优先股股利不需从分子上减去。

在分子中另外两个与子公司利润相关的调整因素在计算稀释每股收益时应加以考虑。首先，母公司普通股股东享有子公司的利润应被扣除，因此应采用调整后的利润总额。从合并净利润中应扣减的数额等于母公司的持股比例乘以扣除优先股股利的子公司利润。子公司对稀释合并每股收益的贡献由母公司和其他联属公司持有的子公司的股数而决定（该股数包括已行权和已转换的股数）。这样，在计算稀释每股收益时就考虑了子公司稀释性债券的影响。

有时候，子公司可获准通过供股、发行认股权证以及股票期权购买母公司的普通股，也可以发行可转换成母公司普通股股票的可转换债券。这种供股、认股权证和子公司的股票期权都可视同是母公司发行的。

子公司的债券和可转换为母公司普通股的优先股的处理方式略有不同。如果债券是可转换的，则由于利息费用的减少、所得税和优先股股利的影响，会导致归属于子公司普通股股东的利润增加。母公司收益增长的比例通过子公司的每股收益已经包含在稀释合并每股收益的计算过程中。在计算稀释合并每股收益时，在分母中已经考虑了母公司享有的可转换债券的影响。

合并每股收益计算示例

举例说明 Peerless 公司和 Special Foods 公司稀释合并每股收益的计算过程，假设条件如下：

1. Peerless 公司 20X0 年 12 月 31 日以账面价值购买 Special Foods 公司 80%的股份。
2. Peerless 公司和 Special Foods 公司的实际所得税税率均为 40%，并申请合并纳税。
3. Special Foods 公司 20X1 年税前利润为 50 000 美元，分配的合并所得税费用为 20 000 美元，净利润为 30 000 美元。
4. 20X1 年的合并净利润为 108 000 美元，计算过程如下：

Peerless 公司独自经营的利润	$140 000
Special Foods 公司的税前利润	50 000
合并主体税前利润总额	$190 000
合并所得税（税率：40%）	(76 000)
合并主体税后净利润总额	$114 000
减：归属于少数股东的净利润（$30 000 × 0.20）	(6 000)
合并净利润	$108 000

5. Peerless 公司的资本结构包含普通股 100 000 股，每股面值 5 美元；可转换优先股 10 000 股，每股面值 10 美元，股息率为 10%，优先股可转换为 25 000 股普通股。
6. Special Foods 公司有 20 000 股每股面值 10 美元的普通股和 100 000 美元股息率为 6%的发行在外的可转换债券。这些债券可转换为 4 000 股 Special Foods 公司的普通股。

7. 20X1 年 1 月 1 日，Special Foods 公司授予高层管理人员 9 000 股 Peerless 公司的普通股股票期权，该期权可以每股 26 美元在未来 5 年行权。20X1 年，股票期权未被行权。20X1 年 Peerless 公司的普通股股票的市场平均价格为每股 29 美元。

Special Foods 公司的每股收益

在计算合并每股收益之前，必须首先计算每个子公司的每股收益。由于 Special Foods 公司有稀释性发行在外的可转换债券，从而导致其基本每股收益和稀释每股收益不同。

20Xl 年 Special Foods 公司的基本和稀释每股收益的计算过程如下：

	基本每股收益	稀释每股收益
Special Foods 公司的净利润	\$30 000	\$30 000
可债券转换（假定已转换）的利息费用的影响，税后净额		
（\$100 000 × 0.60）×（1 − 0.40）		3 600
归属于普通股的净利润	\$30 000	\$33 600
20X1 年度加权平均的发行在外的普通股股数	20 000	20 000
可转换债券（假定已转换）导致的增加股数		4 000
加权平均股数和股数等价数量	20 000	24 000
每股收益：		
\$30 000/20 000 股	\$ 1.50	
\$33 600/24 000 股		\$ 1.40

假定的可转换债券导致 Special Foods 公司的稀释每股收益从 1.50 美元降至 1.40 美元。

合并每股收益

20X1 年基于发行在外的平均普通股股数的合并每股收益为 0.98 美元，假设全部稀释的情况下为 0.84 美元。计算过程见图表 10–5，该稀释的每股收益的计算基于前面的计算公式。

对于稀释的每股收益，Peerless 公司享有 Special Foods 公司的净利润的份额 24 000 美元（\$30 000 × 0.80），导致合并净利润减至 108 000 美元。Special Foods 公司对稀释的每股收益的贡献又被转回。在计算稀释每股收益时，净利润又加回 22 400 美元（\$1.40 × 16 000 股）。如果 Peerless 公司购买了 Special Foods 公司的一部分可转换债券，在计算稀释每股收益的可转回金额时，应考虑 Peerless 公司持有的可转换的股数等价数。分子中转回的子公司的利润也可以通过已修订的所有权比例乘以已修订的利润计算。Special Foods 公司在计算稀释每股收益时，假定的可转换债券导致归属于普通股股东的利润增至 33 600 美元（\$30 000+\$3 600），发行在外的普通股股数增加了 4 000 股，从而导致修订的所有权比例降至 66.67%（16000 股÷24 000 股）。采用这种方式计算时，收益的贡献金额为 22 400 美元（\$33 600 × 66.67%）。

图表 10-5
20X1 年度 Peerless Products 公司及其子公司每股收益的计算

	基本每股收益	稀释每股收益
分　子		
合并净利润	$108 000	$108 000
减：Special Foods 公司的净利润属于 Peerless 公司的份额（$30 000 × 0.80）		(24 000)
加：按照每股收益计算的 Special Foods 公司净利润属于 Peerless 公司的份额（$1.40 × 16 000 股）		22 400
减：优先股股利	(10 000)	
合　计	$ 98 000	$106 400
分　母		
加权平均的发行在外的股数	100 000	100 000
假定已行权的股票期权[a]		931
假定已转换的优先股股权		25 000
合　计	100 000	125 931
每股收益		
$98 000 / 100 000 股	$0.98	
$106 400 / 125 931 股		$0.84

[a] 假定已行权的股票期权的库藏股法：

已发行的股数		9 000
回购的股数：		
股票发行收入	$234 000（9 000 股 × $26）	
每股回购价格	÷　$29	
回购股数		(8 069)
发行在外股数的增加额		931

在计算基本每股收益时，Peerless 公司的优先股仍被视为优先股股票，并且优先股股利在确定分子中归属于普通股股东的利润时被扣除。在计算稀释每股收益时，优先股被视为发行在外的普通股，原因在于该优先股是可转换的并具有稀释性。因此，在分子中没有扣除优先股股利，并且在分母中增加 25 000 股普通股。

9 000 股母公司的股票期权可以在任何时点行权，所以，在计算稀释每股收益时必须予以考虑。正如在图表 10-5 中采用库藏股法计算稀释每股收益所示，应在分母中增加 931 股普通股。

关键概念总结

除了合并资产负债表、合并损益表和合并留存收益表外，一套完整的合并财务报表还应包括合并现金流量表。合并现金流量表的编制以其他三张报表为依据，与单一公司现金流量表的编制方式基本一致，但需要一些额外的调整。例如，归属于少数股东的利润降低了合并净利润但并没有实际现金的流出，因此，在计算由经营活动产生的现金流量时必须加回。同时，尽管分配给少数股东的股利并不作为合并主体的股利分配，但由于该事项导致实际的现金流出，所以将其作为筹资活动列报。

当在期中购买子公司时，必须确保合并程序中子公司赚取的合并前的利润没有包含在合并主体的合并净利润中。在实务中，通常采用的方法是包含子公司全年的收入和费用，然后再扣除合并前的子公司利润。

在合并过程中产生了与所得税相关的两个主要的财务报告问题。第一个问题是，在合并纳税申报下如何在各个子公司之间进行所得税分配。其中一种方法是，基于各个子公司对合并主体的收益贡献比例进行分配。这个问题非常重要，原因在于这种分配方法影响到个别公司的财务报表和在合并报表中归属于少数股东的收益。第二个问题是企业集团内部交易的所得税影响。针对单独报税的合并公司而言，如果合并主体确认相关的交易，则所得税费用应在合并损益表中予以确认，而个别公司不需单独报告。如果在合并损益表中含有集团内部交易的收益或者损失，那么，因暂时性差异而导致的递延所得税应予以确认。

合并每股收益的计算大体上与单一公司的每股收益计算是一样的。基本每股收益的计算的分子是基于母公司普通股股东享有的利润，分母是当期发行在外的归属于母公司的加权平均普通股股数。稀释的合并每股收益假设母公司和子公司可稀释的债券是可以转换的。在计算每股收益时，分子中合并净利润的特殊调整项目需要反映子公司的利润变化，从而反映假定的可转换债券的影响。

第 11 章

跨国公司会计：外币交易和金融工具

无论规模大小，许多公司都通过国际市场来获取商品的供给以及产品和劳务的销售。商业报刊每天都会发布一些关于进出口活动对美国经济的影响，以及世界主要国家间大量资本流动的消息，同时，还报告一些世界主要货币的汇率变化，比如“今天美元兑日元贬值”。本章和第 12 章将介绍与跨国公司经营相关的会计问题。

跨国经营的公司同样会面临一般的经营风险，如外国市场对本企业产品需求的不足、工人罢工，以及为外国客户提供产品的运输滞后等。另外，美国企业还可能承担因外币交易产生的外币风险。例如，假如一家美国企业从瑞士制造商赊购一台机器，瑞士公司可能会要求使用瑞士法郎结算，这就意味着美国公司最终必须通过外币经纪商或银行将美元兑换成瑞士法郎进行支付。在这个过程中，美国公司将获得由于美元对瑞士法郎价值的波动而产生的外币收益，或承担产生的损失。

外汇交易市场专题是国际商务课程的重点和难点问题之一。它提供了国际商务框架，并且影响国际商务活动的形式和内容。从事国际交易的跨国企业必须在结算货币上达成一致。影响这项决定的因素包括对外币的熟悉程度、汇率变化带来的潜在收益或损失、民族主义情绪和实用性。

跨国企业因从事进出口贸易，从而导致各种货币交易。全球有将近 150 种不同的货币，但大部分国际贸易采用 6 种主要的货币结算，这 6 种主要货币在很长时期里显示了其稳定性和公认性，包括美元、英镑、加元、日元、瑞士法郎和欧元。

欧元（记作€）是 1999 年欧盟成员国产生的一种相对较新的货币，希望其能成为一种通用货币。到 2002 年，欧元的纸币和硬币已广泛用于日常贸易。欧盟是由欧洲大陆民主成员国家形成的一个组织，该组织经过几年发展，到 2006 年已经拥有 25 个成员国，包括：比利时、法国、德国、意大利、卢森堡、荷兰、丹麦、爱尔兰、英国、希腊、葡萄牙、西班牙、奥地利、芬兰、瑞典、塞浦路斯、捷克、爱沙尼亚、匈牙利、拉脱维亚、立陶宛、马耳他、波兰、斯洛伐克和斯洛文尼亚。保加利亚和罗马尼亚有望在 2007 年加入欧盟。另外，克罗地亚、土耳其和马其顿也已经申请加入。欧盟是一支能与美国相匹敌的重要经济力量，欧元也和美元一样成为从事国际商务的企业的通用货币。

欧盟是区域性组织之一，这些区域性组织正日趋重要。另外两个主要的区域性组织在北美洲和亚洲。在与区域性组织外的贸易伙伴的往来缓慢增长的同时，每个区域性组织内部的交易都在快速增长。“北美自由贸易协定”（The North American Free Trade Agreement，NAFTA）是由美国国会1993年批准成立的，由加拿大、美国和墨西哥三国创建，拥有超过4.2亿人口的自由贸易区。经过发展，该协定允许三国之间的贸易免除关税。东亚经济合作组织（The East Asia Economic Group，EAEG）是由泛太平洋的国家组成的超过6亿人口的经济组织，其组织成员国间的协议致力于规范亚太地区的贸易协定，而不是像一些欧盟成员国之间的协议所关注的是产品质量的标准化。

货币名称和符号常常反映一个国家的民族主义情绪和历史。例如，美元的名称起源于德语单词“*Taler*”的变化，它是1518年铸造的、后来成为欧洲和新大陆首枚银铸币的名称。一些历史学家认为美元符号（$）是由大写字母*U*与*S*叠加衍生而来。今天众所周知的绿色背面的美元是在南北战争期间1862年第一次印刷的，现在由分散在全美国的12个联邦储备银行印刷。实际上美元已能够在当今世界的每一个角落里找到，因为它已经成为应用最广泛的贸易货币。

会计问题

会计人员必须能够记录和报告涉及美元和外币兑换的事项。美国公司的**外币交易**（foreign currency transaction）包括销售、采购和其他交易引起的外币转换，或是以外币记录并以特定外币结算的应收或应付款项的折算。因为几乎所有美国公司的财务报表都采用美元作为报表编制的报告货币，因此用其他货币进行的交易需要在记入美国公司账簿和财务报表前用它等值的美元重新表述。将外币交易以其等值的美元重述的过程称之为折算。

另外，许多大型美国企业从事跨国经营，像境外的分公司或分支机构。例如，一家美国汽车制造商可能在加拿大、墨西哥、西班牙和英国拥有制造分厂，这些境外分（子）公司采用所在国当地的货币编制财务报表，如墨西哥的子公司用比索报告其经营成果。这些子公司财务报表中的外币金额必须折算，也就是用等值的美元重新表述，即在与美国母公司编制合并财务报表之前使用美元作为其报表的货币计量单位。

本章介绍记录和报告外币交易的会计程序，第12章介绍境外实体与美国母公司汇总或合并中的程序。**财务会计准则委员会**1981年发表的**第52号公告**——“外币折算”作为以外币进行交易、要求以外币支付或收款形成的应收账款和应付账款计量的基本指南。**财务会计准则委员会**1998年发表的**第133号公告**——“衍生工具和套期活动会计”作为金融工具、特指因套期目的衍生的特殊项目的核算指南。

外汇汇率

1972 年前，大部分主要货币以靠固定的每盎斯黄金的国际价值为标准计价的，然而在 1972 年，大部分国家签署协议同意本国货币价值在供求基础上“浮动”，结果导致不同货币间的**外汇汇率**（foreign currency exchange rate），它由作为代理机构为个人或国家处理外币业务的经纪人每天制定。一些国家仍然保持官方固定的外汇汇率，并且为汇出该国的股利制订固定的汇率。这些官方汇率随时都会变化，在境外经营的公司应该和外国政府接触，确保公司遵从该国外币兑换的限制。

汇率的决定机制

一个国家的货币像其他商品一样，汇率变动是因为一系列经济因素影响了该国货币的供求关系。例如，如果一个国家正经历高通货膨胀，则其货币的购买力水平会下降。这种货币价值的减少也反映了该国货币相对其他国家货币价值的降低。导致汇率波动的其他因素包括一个国家的支付平衡、该国的利率变化和投资水平、稳定性和监管作用。例如，美国相对英国有更高的平均利率，那么国际投资集团将可能寻求去美国投资，因而增加了美元相对英镑的需求，需求的增长也引起美元相对英镑的价值升高。汇率每天决定并通过多种渠道发布，包括《华尔街日报》。图表 11–1 有选择地介绍了一个每日由商业报刊发布的外汇汇率的典型例子。

直接汇率和间接汇率

如图表 11–1 所示，一种货币相对另一种货币的价值可以用两种不同的方式表示：直接或者间接。

直接汇率

直接汇率（DER）是指以**当地货币单位**（local currency unit）换取一个**外币单位**（foreign currency unit）的数量。从美国企业的观点看，直接汇率可以理解为多少美元值一个外币单位。直接汇率的比率表示如下，用当地货币美元作分子：

$$\text{直接汇率} = \frac{\text{等值的美元}}{1\ \text{外币单位}}$$

直接汇率更多地用于境外经营和交易的核算，因为外币账户必须折算成等值的美元价值。例如，如果 1.2 美元能兑换 1 欧元，那么美元相对于欧元的直接汇率是 1.2 美元，表示如下：

$$\frac{\$1.20}{€\ 1} = \$1.20$$

图表 11–1 2006 年 6 月主要国际货币的汇率

国家（地区）	货币	直接汇率（等值的美元）	间接汇率（1 美元对应的外币数额）
阿根廷	比索	0.3243	3.0835
澳大利亚	元	0.7431	1.346
巴林	第纳尔	2.6525	0.377
巴西	里亚尔	0.4409	2.2679
加拿大	元	0.8918	1.1213
1 个月的远期汇率		0.8914	1.1218
3 个月的远期汇率		0.8933	1.1194
6 个月的远期汇率		0.8954	1.1168
智利	比索	0.0018	555.56
中国	人民币元	0.1247	8.0192
哥伦比亚	比索	0.0004	2 500
捷克共和国	克朗	0.0448	22.3214
丹麦	丹麦克朗	0.1694	5.9031
厄瓜多尔	美元	1	1
埃及	镑	0.1733	5.77
中国香港	元	0.1288	7.764
印度	卢比	0.0218	45.8716
印度尼西亚	卢比	0.0001	10000
以色列	谢凯尔	0.223	4.4843
日本	日元	0.0087	114.9425
1 个月的远期汇率		0.0088	113.6364
3 个月的远期汇率		0.0089	112.3596
6 个月的远期汇率		0.009	111.1111
马来西亚	林吉特	0.2727	3.667
墨西哥	比索	0.0875	11.4286
菲律宾	比索	0.0188	53.1915
俄罗斯	卢布	0.0371	26.9542
韩国	圆	0.001	1 000
瑞典	瑞典克朗	0.1369	7.3046
瑞士	法郎	0.8101	1.2344
1 个月的远期汇率		0.819	1.221
3 个月的远期汇率		0.8216	1.2171
6 个月的远期汇率		0.827	1.2092
中国台湾	元	0.0308	32.4675
泰国	泰铢	0.026	38.4615
英国	英镑	1.84	0.5435
1 个月的远期汇率		1.8425	0.5427
3 个月的远期汇率		1.8448	0.542
6 个月的远期汇率		1.8481	0.5411
委内瑞拉	博利瓦	0.0005	2 000
特别提款权		1.4839	0.6739
欧盟		1.2639	0.7912

间接汇率

间接汇率（IER）是直接汇率的倒数，从美国公司的观点看，间接汇率是：

$$\text{间接汇率}=\frac{1\text{外币单位}}{\text{等值的美元}}$$

以欧元为例，间接汇率是：

$$\frac{€\,1}{\$1.20}=€\,0.8333$$

另一种表达方式如下：

$$\text{间接汇率}=\frac{\text{等值的外币单位}}{\$1}=\frac{€\,0.8333}{\$1}$$

因而，€ 0.8333=$1 的间接汇率表示 1 美元能取得多少外币单位。商业报纸和出国旅游的人们经常使用间接汇率。

需要指出的是，直接和间接汇率相反的关系，都反映了两种货币间同样的经济关系。例如，如果给出了间接汇率，通过将间接汇率简单地倒过来就能计算出直接汇率。如果给出间接汇率是 0.8333 欧元（€ 0.8333/$1），直接汇率就能计算如下：（$1/0.8333）= $1.20。如果给出直接汇率$1.2，间接汇率也能通过€ 1/ $1.20 = 0. 8333 求得。另外，分子上的货币可以确认汇率的方向。在实务中，经纪人的佣金或对两种货币需求的不同，可能会导致细小差别存在于这种反向关系中。

一些人按照美国的方式确认直接汇率，指的是它以美元为基础，代表一种出自美国人观点的汇率。间接汇率有时候被看作按欧洲人的观点出发，以欧洲的方式列示的直接汇率。也就是说，汇率表示每一单位美元对应的欧洲当地货币单位的数量。牢记汇率区别的一个方法是注意：直接汇率或美国方式中美元是分子(外币单位是分母)，间接汇率或欧洲方式中外币单位是分子（美元是分母)。在汇率的比率中，标价货币是分子，基准货币是分母，分子是识别汇率的关键。

汇率变化

所有汇率变化指的是一种货币相对另外一种货币的升值或贬值。例如，美元的汇率相对欧元变化如下：

	2005 年 1 月	2005 年 7 月	2006 年 1 月	2006 年 7 月
直接汇率（€ 1 等值的美元）	$1.35	$1.20	$1.18	$1.28
间接汇率（$1 等值的欧元）	€ 0.74	€ 0.83	€ 0.85	€ 0.78

美元升值——直接汇率降低

在 2005 年 1 月 1 日至 7 月 1 日间，直接汇率从$1.35=€ 1 降到了$1.20=€ 1，

意味着可以用较少的美元取得1欧元，换句话说，1月1日1欧元值1.35美元，到7月1日降到了1.2美元，也就是说美元价值相对欧元有所上升，这称为美元相对欧元走强。反过来看看间接汇率，1月1日1美元可以兑换0.74欧元，但7月1日可兑换0.83欧元，因而，美元对欧元的相对价值在7月1日比1月1日高。

美元增值可以这样认为：

- 可以用较少的美元去兑换一个外币单位。
- 1美元可以兑换更多的外币。

由于美元升值，对美国消费者来说，7月1日从欧洲进口商品要比1月1日更便宜。例如，假设欧洲制造商以25 000欧元出售一台德国制造的汽车，计算1月1日与25 000欧元等值的美元可以用如下等式：

等值美元 = 外币单位 × 直接汇率

$33 750 = € 25 000 × $1.35

在1月1日至7月1日间，由于美元相对欧元升值，直接汇率降低。在7月1日，与25 000欧元等值的美元是：

等值美元 = 外币单位 × 直接汇率

$30 000 = € 25 000 × $1.20

虽然美元走强对美国公司从其他国家采购商品有利，但反过来也影响美国公司在其他国家销售产品。美元走强后，对欧洲客户而言，美国出口到欧洲的商品更贵。例如，假设一家美国制造商以10 000美元的价格出售一台美国产的机器，计算1月1日与10 000美元等值的外币（欧元）要用到如下等式：

等值外币 = 美元单位 × 间接汇率

€ 7 400 = $10 000 × € 0.74

在7月1日美元走强后，这台机器将花费欧洲客户8 300欧元，如下所示：

等值外币 = 美元单位 × 间接汇率

€ 8 300 = $10 000 × € 0.83

成本的大幅度上升会导致欧洲客户决定不从美国公司购买该机器，因而，外汇汇率的变化将使美国公司的国际化销售受到严重影响。

美元走弱——直接汇率提高

在2005年7月1日至2006年7月1日间，直接汇率从$1.20=€ 1上升到$1.28=€ 1，意味着要用更多的美元获得1欧元。2005年7月1日，1欧元等值1.2美元，但2006年7月1日升到了1.28美元，也就是说美元价值相对欧元有所下降，这称为美元相对欧元走弱。换个方式看待这个变化，间接汇率降低了，表明2006年7月1日相比2005年7月1日，1美元只能兑换为数更少的欧元。在2005

图表 11-2
货币汇率间的关系

	2005 年 1 月	2005 年 7 月	2006 年 7 月
直接汇率（欧元兑美元）	$1.35	$1.20	$1.28
间接汇率（美元兑欧元）	€ 0.74	€ 0.83	€ 0.78

在 2005 年 1 月 1 日到 2005 年 7 月 1 日间，美元升值：
- 直接汇率降低
  - 美元升值（取得 1 欧元只需要较少的美元）
- 间接汇率提高
  - 欧元贬值（需要更多的欧元以获得 1 美元）
- 一般能进口更多数量的商品到美国
  - 进口国外商品到美国会减少美元支出（1 美元能购买更多商品）
- 从美国出口的商品一般会减少数量
  - 美国制造的出口品更昂贵（需要更多的欧元来购买同样的商品）

在 2005 年 7 月 1 日至 2006 年 7 月 1 日间，美元贬值：
- 直接汇率提高
  - 美元贬值（取得 1 欧元需要更多的美元）
- 间接汇率降低
  - 欧元升值（取得 1 美元需要更少的欧元）
- 一般只能进口较少的商品到美国
  - 国外商品进口到美国会增加更多美元支出
- 从美国出口的商品一般会增加数量
  - 用欧元进口美国制造的商品更便宜

年 7 月 1 日，1 美元可以兑换 0.83 欧元，但是到 2006 年 7 月 1 日就只能兑换 0.78 欧元了，表明美元的相对价值在 2005 年 7 月 1 日至 2006 年 7 月 1 日间有所降低。

美元贬值可以这样认为：

- 需要用更多的美元去兑换一个外币单位。
- 1 美元只能兑换更少的外币。

外币、进口和出口的关系见图表 11-2。

在 20 世纪 70 年代后期，由于包括美国严重通货膨胀在内的诸多因素引起美元相对其他主要货币持续走弱，所以这种疲软可以帮助美国平衡贸易逆差，它可以减少较贵的进口商品数量，同时使美国产的商品比其他国家更便宜。在 20 世纪 80 年代上半期，美元相对其他国家货币持续走强，不仅仅是因为美国经济发展强劲，生产效率提高，高利率也吸引大量投资进入美国资本市场。坚挺的美元导致进口商更便宜，并使美国商品在国际市场上的价格更高，增大了贸易赤字。1986 年一直到 20 世纪 90 年代早期，美元相对主要国际货币再次走低。在 20 世纪 90 年代后期，美元又因为美国经济反弹再次走强，但是到 21 世纪初，因为大量的贸易赤字和美国经济衰退，美元再次走低。

国际上这种美元价值的变化影响消费者购买进口商品。弱势的美元意味着进口更昂贵，而强势的美元意味着进口变得便宜。美国政府允许美元疲软的一个原因是减少贸易逆差。美国出口商能较为容易地向海外销售更多的商品，从而提高其盈利能力。进口会由于外国商品相对较高的价格而减少，从而扩大美国国内对本国产品的需求。如果美元过于走低，海外投资者对以美元定价的资产的需求会降低，如美国股票和债券。降低的投资需求会要求增加债券利率以抵销海外投资者因为美元贬值而降低的债券回报。利率的提高会减少美国国内经济的投资额，最后美元贬值使出国旅游因为美元购买力降低而变得更昂贵。因而，美国政府对美元的价值管理是采取平衡的办法，以满足美国企业和美国消费者共同的需求。

即期汇率与现行汇率

财务会计准则委员会第 52 号准则是关于在跨国交易的货币计量中即期汇率和现行汇率的使用规范。**即期汇率**（spot rate），是指立即交割的货币汇率。**现行汇率**（current rate）则简单地定义为企业资产负债表日的即期汇率。

远期汇率

第三种汇率是未来或者远期的货币兑换汇率。图表 11–1 显示了这些主要国际货币 1 个月、3 个月和 6 个月的远期汇率。活跃的**远期汇率合约**（forward exchange contract）交易市场使得企业可以收到或交付主要的国际货币。既定日期的远期汇率与当天的即期汇率不同。货币相对的期望价值是建立在远期汇率基础上的。远期汇率与即期汇率在既定日期的差额称之为**价差**（spread），它提供关于货币升值或贬值的信息。例如，假设法国法郎的即期汇率是 0.1486 美元、30 天的远期汇率是 0.1387 美元，价差是两个值的差额，即 0.0099 美元。由于远期汇率低于即期汇率，可以预见在未来 30 天内美元相对法郎会升值。实际的即期汇率在 30 天合约到期后有可能高于或低于远期汇率。通过订立远期汇率合约，该美国公司可能会放弃取得较好汇率的机会，但同时也避免了汇率损失的可能性，从而降低了该公司的汇率风险。

例如，一家美国公司有一笔 30 天到期的英镑负债，实际上，该公司可以同外汇交易商签订一个合约到期日远期汇率确定的一个月的远期合约，而不是等到 30 天后再购买英镑，从而避免美元相对英镑贬值的风险。美国有将近 2 000 家外汇经营机构，其中约 200 家是做市商，包括花旗银行、大通银行、美洲银行等大银行，都从事大量的外汇交易。买方可以在 30 天后按照合约确定的固定价格从外汇交易经纪商处获取英镑。

本章的下一节将介绍有关远期外汇合约和进出口贸易的会计问题。

外币交易

如前面所定义的，外币交易是以企业记账本位币之外的货币进行的经济活动，包括以下交易。

1. 购买或销售以外币计价的产品或劳务（进口或出口）。
2. 借入或借出外币资金。
3. 购买或销售远期交易合约。
4. 买卖外币。

外币交易中的一方必须将拥有的货币兑换成另一国的货币。一些人通过使用简写字母 FX 代指外币交易，本书使用字母较多的、更通用的名称，就是*外币兑换*(foreign exchange)。

出于编制财务报表的目的，以外币进行的交易必须折算成公司采用的记账本位币。另外，在每个资产负债表日——中报和年报，用外币而不是企业报告货币记录的账户余额，必须加以调整以反映从上个资产负债表日或当期外币交易的发生之日起至报表日期间外汇汇率的变化。这种调整就是在资产负债表日对以外币表示的账户以其等值的美元进行重述。以等值美元进行调整，反映了企业因外汇汇率变化引起的**外币交易的收益或损失**（foreign currency transaction gain or loss）。例如，假设一家美国公司在 20X1 年 1 月 1 日从银行兑换 5 000 欧元以备将来向德国公司采购之需，当天直接汇率是 1.2 美元兑换 1 欧元，因而该公司需向银行支付 6 000 美元以取得 5 000 欧元。

等值的美元 = 外币单位 × 直接汇率

$6 000 = € 5 000 × $1.20

货币兑换的会计分录如下：

20X1 年1月 1 日

(1) 借：外币单位（欧元）	6 000	
贷：现金		6 000

在借方科目后用括号(€）表示该资产是欧元，但出于会计核算的目的，用其等值的美元来记录和报告。要求折算成等值美元是为了将外币单位金额与公司所有其他用美元报告的账户相加。

在 20X1 年 7 月 1 日，汇率是 1.100 美元兑换 1 欧元，如下图所示：

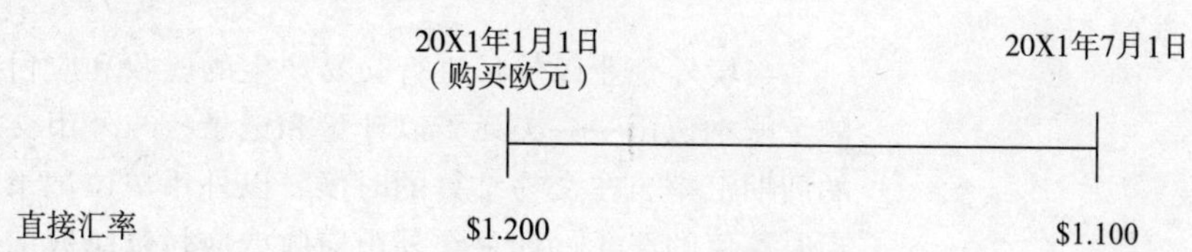

直接汇率降低，反映美元升值。在 7 月 1 日，只需用比 1 月 1 日较少的美元就可兑换 1 欧元。如果美元升值，则欧元就贬值。在欧元相对美元贬值期间持有欧元，公司就会遭受汇兑损失，损失如下。

1 月 1 日与 5 000 等值的美元：	
€ 5 000 × $1.200	$6 000
7 月 1 日与 5 000 等值的美元：	
€ 5 000 × $1.100	5 500
汇兑损失	$ 500

如果美国公司在 7 月 1 日编制财务报表，需要做如下调整分录：

20X1 年 7 月 1 日		
(2) 借：外币交易损失	500	
贷：外币单位（欧元）		500

外币交易损失是外币交易的结果，包含在当期的损益表中，一般作为“其他收益或损失”项目单独列报。许多会计师使用“汇兑损失”代替“外币交易损失”这么长的账户名称。在本书中，这个较长的、描述更清晰的账户名称更能充分说明这种损失的来源。“外币单位”这个科目在资产负债表中列示 5 500 美元，表示资产负债表日与外币等值的美元价值。

在上述例子中，美国公司以美元作为其主要财务和经营活动的基本货币，也就是说，以美元作为其**功能货币**（functional currency)(记账本位币)。同时，美国公司编制财务报表时使用美元作为其**报告货币**（reporting currency)。任何以美元之外的其他货币进行的交易都需要转换成与美元等值的价值。一般来说，公司主要的现金交易都采用公司经营所在国家的**当地货币**（local currency)。美元是几乎所有美国公司的记账本位币。一个在德国经营的公司可能使用欧元作为其记账本位币。在本章中，*假设当地货币为公司的记账本位币和报告货币*。一般情况之外的少数特殊情况将在本书第 12 章讨论。

本章后面部分将介绍不同外币交易类型的实例。需要注意的是，使用不同的汇率计量已选择的外币交易取决于很多因素，如对外币交易进行管理的因素、交易的特点和交易的时点。

外币进出口交易

与境外企业以外币进行交易产生的应收和应付款项必须由美国企业以其自身的记账本位币——美元予以计量和记录。与外币交易支付相关的汇率采用结算日的即期汇率。在交易结算的时候，以外币单位记录的应收或应付款项必须调整为当时等值的美元。如果在外币应收或应付款结算前编制财务报表，其账户余额必须采用资产负债表日的现行汇率调整为资产负债表日等值的美元。

假设公司没有使用远期交易合约，则以外币进行的进出口交易的会计核算主要表现如下：

1. *交易日*。采用交易日当天的即期汇率记录采购或销售业务等值的美元。
2. *资产负债表日*。在期末以现行直接汇率计价，将应收或应付余额调整为等值美元金额。确认交易日和资产负债表日之间因汇率变化产生的汇兑损益。

3. *结算日*。首先对资产负债表日（或交易日，如果交易发生在资产负债表日后）和结算日间的任何汇率变动调整外币应收或应付款项，记录产生的汇兑损益，再记录外币应收或应付款项的结算。

因为财务会计准则委员会采用的是*两笔交易观点*，这种观点将某一项目的采购或销售业务与外币承诺视为分别的交易，因而要求有以上调整过程。通过对外币交易采用两笔交易观点，会计准则委员会建立了一般规则——由于外币资产或负债的再计价产生的汇兑差额必须在汇率变动当期确认计入损益表。个别不同于该一般原则的例外是允许的，将在本章后面部分讨论。

境外采购交易实例

图表 11–3 例示了企业以当地货币或外币计量和记录从国外供应商采购货物的日记账。在图表 11–3 的左边，交易以美国公司的记录和报告货币（美元）进行；在右边，交易以日元进行。只有在美国公司以外币进行交易时才会产生外币汇兑

图表 11–3　美国公司对以美元和外币进行的境外采购交易日记账比较

以美元交易			以日元交易		
20X1 年 10 月 1 日（购买日）					
借：存货	14 000		借：存货	14 000	
贷：应付账款		14 000	贷：应付账款（日元）		14 000
			$14 000 = ¥2 000 000 × $0.007（即期汇率）		
20X1 年 12 月 31 日（资产负债表日）					
没有分录			借：外币汇兑损失	2 000	
			贷：应付账款（日元）		2 000
			将外币应付账款调整为当日等值的美元并确认汇兑损失：		
			$16 000 = ¥2 000 000 × $0.008（12 月 31 日即期汇率）		
			−14 000 = ¥2 000 000 × $0.007（10 月 1 日即期汇率）		
			$ 2 000 = ¥2 000 000 ×（$0.008 − $0.007）		
20X2 年 4 月 1 日（结算日）					
			借：应付账款（日元）	800	
			贷：外币汇兑收益		800
			将外币应付账款调整为当日等值的美元并确认汇兑收益：		
			$15 200 = ¥2 000 000 × $0.0076（4 月 1 日即期汇率）		
			−16 000 = ¥2 000 000 × $0.008（12 月 31 日即期汇率）		
			$ 800 = ¥2 000 000 ×（$0.0076 − $0.008）		
			借：外币单位（日元）	15 200	
			贷：现金		15 200
			兑换外币单位以支付债务：		
			$15 200 = ¥2 000 000 × $0.0076（4 月 1 日即期汇率）		
借：应付账款	14 000		借：应付账款（日元）	15 200	
贷：现金		14 000	贷：外币单位（日元）		15 200

损益。如果该涉外交易使用美元，就不存在特殊的会计核算问题，也不需要调整货币汇率。

案例说明：

1. 20X1 年 10 月 1 日，Peerless Products（美国公司）以 14 000 美元即 200 万日元从 Tokyo Industries （日本公司）采购货物。
2. Peerless Products 公司在 20X1 年 12 月 31 日编制其年度财务报表。
3. 在 20X2 年 4 月 1 日支付应付账款。

与 1 日元等值的美元直接即期汇率如下：

日　期	直接汇率
20X1 年 10 月 1 日（交易日）	$0.0070
20X1 年 12 月 31 日（资产负债表日）	$0.0080
20X2 年 4 月 1 日（结算日）	$0.0076

下面这条时间轴可以帮助划分日期和经济事件的关系：

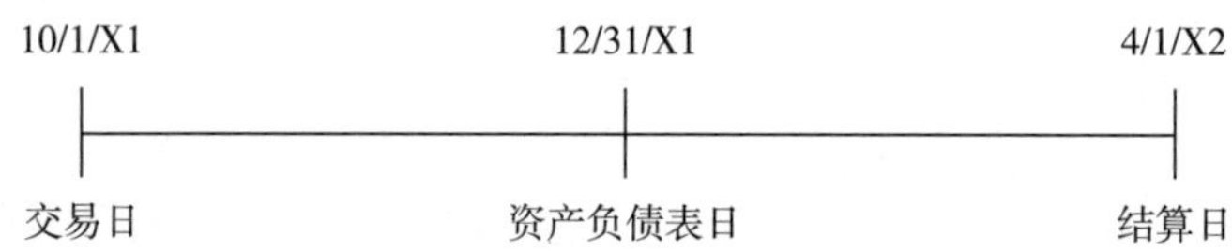

与日元交易相关的账户在账户名称后面用括号（¥）注明日元。通过学习这个例子，应该特别关注以外币计价的资产和负债，以及因汇率变化所调整的的当期等值美元价值。

例示要点说明

如果采购合同以美元签订，外方（Tokyo Industries）就承担了外币汇兑风险。如果交易采用日元，则美国公司（Peerless Products）将面对外币汇兑损益风险。以外币单位计价的相关负债科目必须以即期汇率计量，任何外币交易损益必须在当期确认。采购合同应指定交易双方共同同意采用的币种。

20X1 年 10 月 1 日，Peerless Products 公司在账面记录该采购交易，当天与 200 万日元等值的是 14 000 美元（¥2 000 000 × $0.0070）。

20X1 年 12 月 31 日的资产负债表日，以外币单位计量的应付账款必须调整为其等值的美元。从购买日起直接汇率提高了，也就是美元相对日元贬值了，因而在 20X1 年 12 月 31 日，需要 16 000 美元才能兑换 200 万日元（¥2 000 000× $0.0080），而在 20X1 年 10 月 1 日，只需要 14 000 美元就可以兑换 200 万日元（¥2 000 000 × $0.0070）。如果交易采用日元作为外币单位，则这种汇率的提高要求确认 2 000 美元的外币交易损失。如果交易以美元计价，则不需要确认损失的分录，因为 Peerless Products 公司确认的是 14 000 美元的负债，因而不需要考虑汇率的变化。

应付账款的支付日是 20X2 年 4 月 1 日。如果应付账款以美元计价，则不需要调整。为偿付应付账款，只需支付 14 000 美元即可。然而，以外币单位计价的资产和负债必须重新调整为其当时等值的美元价值。20X1 年 12 月 31 日至 20X2 年 4 月 1 日期间，美元升值，直接汇率降低。换句话说，在 20X2 年 4 月 1 日只需要用比 20X1 年 12 月 31 日更少的美元就可以兑换 200 万日元。应将应付账款调整为当时的美元价值，在资产负债表日因汇率变化产生的外币兑换收益为 800 美元［¥2 000 000 ×（0.0076 − 0.0080）］。Peerless 公司按即期汇率支付给外币交易经纪商 15 200 美元（¥2 000 000 × $0.0076）就可兑换 200 万日元。最后，Peerless 公司支付给 Tokyo Industries 公司 200 万日元清偿了日元债务。

通过 T 字账户更容易理解重新计价的处理过程。图表 11–3 是 T 字账户的会计分录：

应付账款（¥）			
		20X1	
		10 月 1 日	14 000（¥2 000 000 × $.0070）
		12 月 31 日	2 000［¥2 000 000 ×（$.0080 − $.0070）］
		12 月 31 日	16 000 余额（¥2 000 000 × $.0080）
20X2			
4 月 1 日			
［¥2 000 000 ×（$.0076–$.0080）］	800		
4 月 1 日，支付			
（¥2 000 000 × $.0076）	15 200		
		4 月 2 日	−0− 余额

某些会计师将重新计价和支付的分录合为一个分录。在这种变通的处理中，在支付日 20X2 年 4 月 1 日编制的分录与图表 11–3 所示的分录一样：

20X2 年 4 月 1 日

	借方	贷方
(3) 借：外币单位（日元）	15 200	
贷：现金		15 200
记录取得外币。		
(4) 借：应付账款(日元)	16 000	
贷：外币汇兑收益		800
外币单位（日元）		15 200

支付外币应付账款，确认从 20X1年 12 月 31 日至 20X2 年 4 月 1 日期间汇率变化的收益。

采用上述一笔交易观点和在图表 11–3 中采用的两笔交易观点最后形成的账户余额是相同的。

总而言之，如果交易以美元计价，Peerless Products 公司就不会遇到外币交易的问题，而 Tokyo Industries 公司将会承受外币交易风险。如果交易以日元计价，相反 Peerless Products 公司就会有外币交易风险。以外币单位计量的资产和负债必须以其等值的美元计量，并且外币兑换收益或损失必须在当期损益表中确认。

采用外汇远期交易金融工具管理国际货币风险

公司需要管理商业风险，衍生工具是管理风险的一种重要手段。从事国际经营的公司不仅面临一般的商业风险，还面临由于外汇汇率变化引起的额外风险，因而跨国公司（MNEs）经常使用包括外币远期交易合约、外币期权和外币期货在内的衍生工具去管理与外币交易相关的风险。

衍生品和套期活动的会计核算遵照三个准则。财务会计准则委员会第 133 号准则——“衍生工具与套期活动的确认与计量”（FASB No.133），规范了衍生品的定义，并建立了像资产负债表上的其他资产或负债一样的确认衍生品的基本确认原则，以及按金融工具的公允价值计量的计量原则。财务会计准则委员会第 138 号准则——“特定衍生工具和特定套期活动的确认与计量”（FASB No. 138），提供了与跨国公司会计处理相关的的诸多重要修订。财务会计准则委员会第 149 号准则——“对 133 号准则在衍生工具和套期活动的补充”（FASB No. 149）考虑了一些实施中的具体问题。

金融工具（financial instrument）指现金、权益工具以及合同，该合同在形成某一主体交付现金或其他金融工具合同义务的同时，形成另一主体收取现金或其他金融工具的合同权利。例如现金、股票、应付票据和应收票据等金融合同。

衍生产品（derivative）指金融工具或其他一些合同，该合同的价值随着其他变量的变动而变动。例如外汇远期交易合同，其价值随合同期内外汇汇率的变动而变动。需要注意的是，不是所有的金融工具都是衍生工具。

衍生工具具体的定义是金融工具或具有以下特征的合同：

1. 金融工具必须包括一个或多个标的和一个或多个名义数额，以下详细说明金融工具的条件。
   a. **标的**（underlying）是指任何可观测的或能够客观验证的财务或实物变量。汇率、商品价格、价格或比率指数、冬天温暖的天数或其他变量，包括某一事件发生或不可能发生，如合同的计划支付条款就是一个标的的例子。
   b. **名义金额**（notional amount）是货币单位、股票、蒲式耳、磅或其他金融工具中特指的单位。
2. 金融工具或其他合同没有要求初始净投资，或者与对市场因素变动有类似反应的其他类型合同相比，只需较小金额的初始净投资。许多衍生金融工具不要求初始净投资，或只是对合同的时间价值要求有较少的净投资（在本章后面部分讨论）。
3. 合约条款：（*a*）要求或允许以净额结算；（*b*）假定进行资产交割，且资产接收方的经济状况并不会因净额交割而产生实质性的不同；（*c*）允许合同在市场内或合约外的其他机制下进行净额结算。例如，一个远期合约要求交割一定数量的股票。但是由于期权市场的存在，使得售出合约或者签订对冲合约成为可能。

金融工具有时是嵌入式的衍生工具，即该衍生品必须与其主合约分离或分为两部分。例如，公司发行的债券包括固定的利息支付，以及在商品未来价格（如原油价格）基础上的可能的额外费用支付。在这种情况下，未来的或有付款就是一项衍生品。再比如，某些债务协议，本金已确定，但利率以美元的伦敦银行同业拆借利率（LIBOR）为基础，但这个利率是可变的，在这种情况下，利息就是一项衍生品，因为其价值是由市场衍生而来，并且可变。

以套期为目的的衍生工具

衍生工具可以以套期（对冲）或降低风险为目标。有些公司取得一些不是以套期为目的而是以投机为目的的金融工具，比如，公司签订没有任何对冲条款的远期交易合约，在这种情况下，由此产生的收益或损失应记入当期损益。

财务会计准则委员会第 133 号准则（FASB No. 133）提供了将衍生产品划分为套期工具的具体要求。套期会计抵销了被套期项目上的收益（损失）与套期工具的损失（收益）。套期工具可运用于（1）由外汇汇率变化引起的外币交易风险；（2）利率风险，特别是对那些有尚未付清而利率可变的债务工具的公司而言；（3）由期货商品价格与即期价格有较大差异产生的商品风险。

作为套期工具的衍生金融工具必须满足以下两项标准：

1. 必须在开始指定套期项目时提供充分有效的文件，包括套期目标、套期策略、套期工具和被套期项目，以及如何持续地对套期的有效性进行评价。
2. 套期必须在全部套期期限内高度有效。有效性的测试是通过评估套期工具公允价值的变化抵销被套期项目价值变化的能力。这种有效性的测试必须在套期开始、套期后的每 3 个月以及每次编报财务报表时进行。当衍生金融工具有能力将公允价值变化或被套期项目现金流变化抵销在被套期项目价值变化的 80%~125%范围内时，该套期即为有效的套期。

依据财务会计准则委员会第 133 号准则和第138 号准则的相关规定，满足套期要求、由公司管层理指定的套期工具如下：

1. **公允价值套期**（fair value hedge）指对已确认的资产和负债（如可供出售的投资）或未确认的确定承诺（如有约束力的存货买卖协议）潜在的公允价值变动风险进行的套期。被套期资产或负债和套期工具上的净收益或损失需在当期损益表中予以确认。
2. **现金流量套期**（cash flow hedge）是指对一项确认的资产或负债（如可变利息债务的未来利息支付）或一笔预期的现金交易（如预期的购买或出售交易）所引起的公司现金流量变动（包括现金的流入或流出）风险进行套期。预期现金交易是指预计可能发生但没有任何确定承诺的交易，因而预期的交易对未来的收益没有现时的权利，对未来的义务也没有现时的负债。财务会计准则委员会第 133 号准则规定衍生金融工具的计价必须以其现时的市场公允价值计量。对于现金流量套期，衍生金融工具市场公允价值的变动应该分为有效部分和无效部分。套期工具有效部分的净收益或损失应该作为其他综合收益在报告中列示，而无效部分的收益或损失应在当期损益表中报告。

有效部分是指套期工具的收益（或损失）能抵销被套期项目的损失（或收益）的一部分。衍生金融工具这部分市场公允价值的变动与标的本身的价值变动相联系。套期工具任何剩余的收益（或损失）被称为无效部分，衍生金融工具这部分市场公允价值的变动与衍生金融工具的时间价值相联系，并在衍生金融工具的到期日减至零。

3. **外汇套期保值**（foreign currency hedge）是指被套期项目是外汇的套期。需要注意的是，采用外汇套期被套期的增量风险是公允价值的变动，或由于外汇汇率变动引起的现金流量变动。以下是几种企业常用的对外汇风险的套期：

   a. 外币交易的确定承诺的*公允价值套期*，如与境外制造商签订的有约束力的且应付款项到期以外币支付的设备采购协议，或者已确认的以外币计价的资产或负债（包括可供出售证券）。如同上述内容（1）不涉及外币承诺的确定承诺的套期会计一样，外汇套期衍生金融工具的收益或损失以及外汇被套期项目的抵销损失或收益，应在当期损益表中予以确认。

   b. 预期外币交易的*现金流量套期*，如可能的未来外币销售、与确认的资产或负债相关的预期的与功能货币等值的现金流量，以及预期的企业集团内部交易。如同上述内容（2）不涉及外币交易承诺的预期交易套期会计处理一样，外汇套期衍生金融工具收益或损失的有效部分作为其他综合收益的一部分，收益或损失的无效部分确认为当期收益。

   现金流量套期运用在当被套期项目的功能货币等值的现金流量全部变化因套期的影响而消除时。在衍生金融工具仅仅基于汇率变动的条件下现金流量不能被套期，例如对于可变汇率的外币资产或负债，因为用具体的套期，不能涵盖某些现金流量的变化。然而，外币远期合约能作为外币资产或负债进行套期，因为其在外币单位数量这一条款上是固定的。

   c. 境外经营净投资套期。衍生金融工具指定为这种外汇风险套期，将收益或损失作为累计折算调整部分在其他综合收益中列示，将在第 12 章讨论。

远期交易合约

截止于 2005 年 10 月的报告年度，纽约联邦储备委员会下属外汇交易委员会报告，平均每天的外汇工具数量为 4 400 亿美元，平均每天记录的买卖双方直接交易的（场外交易）外汇期权为 370 亿美元。[1]芝加哥商品交易所（CME）是世界上最大的、最多样化管理的外汇交易市场。CME 是一家将买家和卖家集中在其 CME 全球电子交易平台和交易大厅的国际市场。2005 年，8 400 万笔价值 10.2 万亿美元的外汇交易合约在 CME 交易。[2] 2006 年 5 月，CME 外汇交易达到了平均每天 50.1 万份合约量，比年初增长 69%；电子外汇交易创下了每天 45.1 万份合约量的月记录，比上年增长 90%。[3]

---

[1] http://www.newyorkfed.org/fxc012306.pdf, accessed July 11, 2006.

[2] http://cme.mediaroom.com/file.php/60/FXfacq206.pdf, accessed July 11, 2006.

[3] http://www.cme.com/about/press/cn/06-76MayVolume18770.html, accessed July, 2006.

国际化经营的公司经常会与外汇交易经纪人签订在未来某一日期、以某一汇率进行不同货币交易的远期交易合约。远期交易合约从外汇经纪人手中取得，这种合约一般是为某一种主要的国际货币而订立。该合约可以在几乎未来 12 个月内的任何时间有效，但是大部分还是在相对较短的时间内有效，一般是 30~180 天。远期交易合约可以在未来某一日期（到期日）收到外币或支付外币。远期交易汇率与即期汇率不同，因为相对于即期交易汇率，决定远期汇率时涉及到不同的经济因素。对于套期保值交易，如果远期汇率大于即期汇率，远期和即期汇率的差额将会以溢价体现在远期交易合约中，也就是说，外汇在远期市场上将会溢价出售。如果远期汇率比即期汇率低，差额将以折价体现在远期交易合约中，也就是说，外币在远期市场上将会折价出售。

财务会计准则委员会第 133 号准则建立了远期交易合约采用公允价值计量的基本原则。公允价值的变动在账户中确认，但对变动的具体计量取决于套期的目的。对于远期交易合约，其计量的基本原则是采用远期交易汇率计量远期合约。

跨国企业经常使用外币远期合约的衍生金融工具，这种合约可能成为套期金融工具，或者因为不能完全满足套期的全部要求而不能成为套期金融工具。本章接下来将讨论的几个案例说明如下几点：

案例 1：该案例介绍了外汇远期合约最普遍的用法，它用于管理由外币应付账款或应收账款产生的外汇风险。值得注意的是，公司已经签订了外汇远期合约，但是由于合约不符合套期工具的要求，或者公司没有将远期合约指定为套期金融工具，因此，该项远期合约不是指定的套期工具，但即使如此，该项合约也可以最大限度地（即使不是全部）抵销外汇风险。远期合约采用远期汇率计价，远期合约的市场价值变动在当期损益表中予以确认。外币应付账款或应收账款依据 FASB 第 52 号准则采用即期汇率进行重新计量。

案例 2：该案例介绍外币交易中未确认的确定承诺的会计处理，它被视作公允价值套期处理。确定承诺的存在是因为未来交易的有约束力的协议，它满足了确定承诺的全部要求。这种套期是针对外汇汇率变化引起确定承诺可能的公允价值变动的套期（例如存货采购或设备购置）。

案例 3：该案例介绍预期外币交易的会计处理，它被视作对未来现金流量可能变化的现金流量套期处理。预期交易是一项可能但不确定的承诺，因而交易还没有发生或者不确定，公司预期可能发生未来的外币交易。由于外汇套期保值是针对外汇汇率变化的影响，用于预测可能的未来外币现金流量，因此将它视作现金流量套期处理。财务会计准则委员会第 138 号公告允许在采购或销售交易发生后，直到由此产生的外币应付账款或应收账款结算这一期间做持续的现金流量套期。此外，如果此时公司对已预测的交易签了有约束力的协议，则现金流量套期就将变为公允价值套期，但是，任何到这一日期为止因现金流量套期而确认的其他综合收益，直到收益最终实现将不会再被分类。

案例 4：该案例介绍了利用外汇远期合约在外币市场进行投机的会计处理。这些交易不是套期保值交易。外汇远期合约将在剩余合约期内采用远期汇率定期以其公允价值重新计量。因重估而产生的收益或损失应在当期损益表中予以确认。

某公司采用外汇合约的可能时点的时间轴如下。需要指出的是，公司可以在每个事件时点到外币应付款或应收款的最终结算期间只使用一个外汇远期合约，或者在已给出的时间跨度里使用一个以上的外汇远期合约。例如，某公司可以在预测未来交易到签订有约束力的协议期间使用一个远期合约，或在预测日和最终结算的整个期间只持续使用一个远期合约。

预测预期的未来交易。签订指定的外汇远期合约。	签订有约束力的交易协议。签订指定的外汇远期合约。	通过交易接收商品或劳务。签订不指定的外汇远期合约。	结算外币应付或应收款。
现金流量 可能的未来外币现金流量的现金流量套期。	由于可能的汇率变动产生的商品或劳务价值变动的公允价值套期。	签订外汇远期合约管理头寸的风险。	结算外币应付或应收款。
（案例3）	（案例2）	（案例1）	

由于套期的会计处理是建立在每种套期的目的之上，所以，外汇远期合约也由此形成。

以下 4 个案例描述了远期交易合约主要运用的会计处理方法。

案例 1：管理外币净资产或负债的风险——不是指定的套期工具

某公司拥有的以外币计价的应收账款或其他资产大于其拥有的同种外币负债，由于其*敞口净资产的头寸*就产生了外汇风险。同样，公司拥有的外币负债超过同种外币的资产，公司就面临*敞口净负债的头寸*风险。

最常见的远期交易合约是用于**管理所有的外币头寸敞口，既包括净资产也包括净负债敞口**（managing an exposed foreign currency positiin, either a net asset or a net liability position）。签订外汇远期合约可以用外汇应付款来平衡同币种的外汇应收款，因而抵销汇率变动的风险。例如，一家美国公司从瑞士公司购买商品可以用瑞士法郎支付，如果交易以瑞士法郎进行，美国公司就面临美元与瑞士法郎汇率变化的影响。为保护公司免受瑞士法郎价值变动的影响，美国公司可以通过签订远期交易合约在付款日买入法郎，然后美国公司就可以用这些法郎去支付这笔外币采购交易形成的外币付款承诺。

另外，这家美国公司也可以将外币应收款通过远期交易合约进行管理。在这种情况下，美国公司可以签订合约在未来某一日期给远期交易经纪人支付外币单位以兑换美元。

财务会计准则委员会第 133 号公告的一般原则指出，用于计量远期交易合约公允价值的相关汇率是每个估值日的*远期汇率*。值得注意的是，FASB 第 52 号公告规定汇兑交易形成的外币应收账款或应付账款以估值日的即期汇率计量。远期合约必须按远期合约的公允价值的变化进行调整。因为采用两种不同的外汇汇率——即期汇率和远期汇率，收益和损失之间必然存在一个差额，这一差额不会很大，但仍会导致收益的波动。

远期合约未来现金流量的时间价值

FASB 第 133 号公告还要求，如果利息影响重大，应予以确认。因而当利息的影响重大时，企业应该采用预期未来净现金流量的现值来计量远期合约。通过使用现值计量，企业明确地确认了货币的时间价值。下面的例子重点体现套期会计的要点，假定利息的影响并不重大。

管理全部净负债头寸敞口的示例

下面例子例示了用远期交易合约管理外币头寸敞口的会计处理。该例子有如下假设：

1. 20X1 年10 月 1 日，Peerless Products 公司从 Tokyo Industries 公司赊购价值 200 万日元的商品。
2. 这笔交易用日元结算，Peerless Products 公司通过远期交易合约从外汇交易经纪人买入 200 万日元，以抵销其外币负债的敞口。
3. 远期交易合约的期限等于 Tokyo Indsutries 公司给予的 6 个月的赊销期。
4. 12 月 31 日是 Peerless Products 公司年度结算日期，这笔应付款在 20X2 年 4 月 1 日结算。

相关直接汇率如下：

	与 1 日元等值的美元	
日期	**即期汇率**	**远期汇率**
20X1 年 10 月 1 日（交易日）	\$0.0070	\$0.0075（180 天）
20X1 年 12 月 31 日（资产负债表日）	0.0080	0.0077（90 天）
20X2 年 4 月 1 日（结算日）	0.0076	

上述交易以时间轴列示如下：

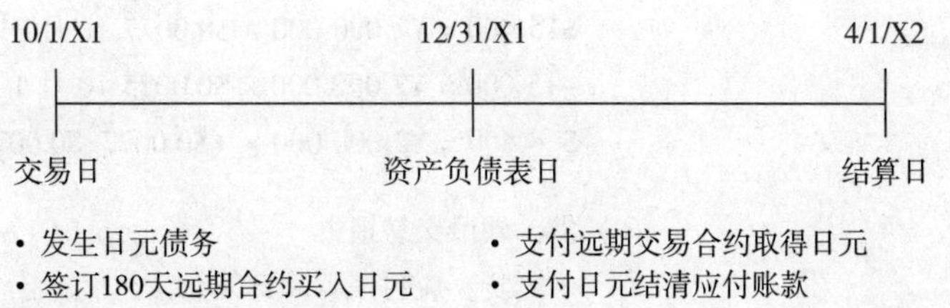

以下分录记录了该示例的交易事项。

20X1 年 10 月 1 日

(5) 借：存货	14 000	
贷：应付账款（日元）		14 000

赊购存货：

\$14 000 = ¥2 000 000 × \$0.0070　10 月 1 日的即期汇率

图表 11-4
管理净负债敞口的 T 字账户

应收交易经纪人外币（日元）			
(6)	15 000		
(7)	400		
12/31 余额	15 400	(9)	200
		(12)	15 200
4/1 余额	–0–		

应付账款（日元）			
		(5)	14 000
		(8)	2 000
(10)	800	12/31 余额	16 000
(13)	15 200		
		4/1 余额	–0–

外币单位（日元）			
(12)	15 200	(13)	15 200
4/1 余额	–0–		

应付交易经纪人美元（美元）			
		(6)	15 000
(11)	15 000	12/31 余额	15 000
		4/1 余额	–0–

(6) 借：应收交易经纪人外币（日元）	15 000	
贷：应付交易经纪人美元		15 000

远期合约买入 200 万日元：

$15 000 = ¥2 000 000 × $0.0075 远期汇率

这些分录记录了以日元赊购存货、签订期限为 6 个月以及用 15 000 美元兑换 200 万日元的远期合约（¥2 000 000 × $0.0075 远期汇率）。支付给交易经纪人的应付款金额是美元，然而从经纪人买入的是日元。该交易的分录、资产负债表日的调整分录、支付远期合约和支付应付账款的分录都会过账到图表 11-4 的 T 字账户。

20X1 年 12 月 31 日 Peerless Products 公司的会计年度期末的调整分录如下：

(7) 借：外币应收款（日元）——交易经纪人	400	
贷：外币交易收益		400

依据 FASB 第 133 号公告，用远期汇率将日元应收款金额调整为当期等值美元：

$15 400 = ¥2 000 000 × $0.0077 12 月 31 日，90 天的远期汇率

–15 000 = ¥2 000 000 × $0.0075 10 月 1 日，80 天的远期汇率

$ 400 = ¥2 000 000 ×（$0.0077–$0.0075）

(8) 借：外币交易损失	2 000	
贷：应付账款（日元）		2 000

依据 FASB 第 52 号公告，用即期汇率将日元应收款金额调整为当期等值美元：

$16 000 = ¥2 000 000 × $0.0080 12 月 31 日，即期汇率

–14 000 = ¥2 000 000 × $0.0070 10 月 1 日，即期汇率

$ 2 000 = ¥2 000 000 ×（$0.0080– $0.0070）

需要说明的是，全部外币应付账款采用即期汇率计价，这是 FASB 第 52 号公告规定的计量要求。远期交易合约在远期合约剩余期限内采用远期汇率计价，这是 FASB 第 133 号公告要求的计量基础。20X1 年 10 月 1 日外币交易发生日到 20X1 年 12 月 31 日资产负债表日期间，即期直接汇率提高了。如前面所述，由于

在年末兑换 1 日元（¥1=$0.0080）比采购交易的初始日需要更多的美元（¥1=$0.0070），这意味着美元相对日元贬值，美国公司承担的日元债务导致了汇兑损失。外币账户在 20X1 年 10 月 1 日和 20X1 年 12 月 31 日的等值美元如下：

科　目	外币账户的等值美元 20X1 年 10 月 1 日（交易日）	20X1 年 12 月 31 日 资产负债表日	外币汇兑收益（损失）
应收外币款（日元）——			
交易经纪人	$15 000（*a*）	$15 400（*b*）	$400
应付账款（日元）	14 000（*c*）	16 000（*d*）	(2 000)

（*a*）¥2 000 000 × $0.0075，10 月 1 日，180 天的远期汇率

（*b*）¥2 000 000 × $0.0077，12 月 31 日，90 天的远期汇率

（*c*）¥2 000 000 × $0.0070，10 月 1 日的即期汇率

（*d*）¥2 000 000 × $0.0080，12 月 31 日的即期汇率

10 月 1 日，应收交易经纪人外币的等值美元是 15 000 美元，由于远期交易汇率的日元相对美元升值（美元相对日元贬值），20X1 年 12 月 31 日外币应收款的等值美元增加到 15 400 美元，由此产生了 400 美元外汇汇兑收益。对美国公司而言，负债的等值美元增至 16 000 美元，导致 2 000 美元外汇汇兑损失。由于对远期合约和敞口负债的不同计价要求，应付账款（日元）的汇兑收益不必由外币应收款（日元）完全抵销。

20X2 年 4 月 1 日结算日的相应分录如下：

	借	贷
(9) 借：外币交易损失	200	
贷：应收外币（日元）——交易经纪人		200

在结算日以即期汇率调整外币应收款：

$15 200 = ¥2 000 000 × $0.0076　20X2 年 4 月 1 日的即期汇率

–15 400 = ¥2 000 000 × $0.0077　20X1 年 12 月 31 日，90 天的远期汇率

$　200 = ¥2 000 000 ×（$0.0076 – $0.0077）

	借	贷
(10) 借：应付账款（日元）	800	
贷：外币交易收益		800

在结算日将日元应付款调整为即期汇率：

¥2 000 000 ×（$0.0076 – $0.0080）

	借	贷
(11) 借：应付美元（美元）——交易经纪人	15 000	
贷：现金		15 000

按远期合约规定支付美元给交易经纪人。

	借	贷
(12) 借：外币单位（日元）	15 200	
贷：应收外币（日元）——交易经纪人		15 200

从交易经纪人买入 200 万日元，以 20X2 年 4 月 1 日的即期汇率计价：

$15 200 = ¥2 000 000 × $0.0076

(13) 借：应付账款（日元） 15 200

贷：外币单位（日元） 15 200

付 200 万日元给 Tokyo Industries 公司，以清偿日元债务。

直接即期汇率从资产负债表日的 0.008 美元跌到结算日 20X2 年 4 月 1 日的 0.0076 美元，表明美元相对日元升值。相比资产负债表日，在结算日只需要较少的美元就可兑换相同数额的日元。远期交易合约在 20X2 年 4 月 1 日到期，并以现行的即期汇率计价。20X1 年 12 月 31 日 90 天到期的远期汇率与远期汇率到期日的即期汇率差异导致了 200 美元的损失。20X1 年 12 月 31 日和 20X2 年 4 月 1 日相关外币账户的等值美元如下：

科 目	外币账户的等值美元		外币汇兑收益（损失）
	20X1 年 12 月 31 日（资产负债表日）	20X2 年 4 月 1 日（结算日）	
应收外币款（日元）——交易经纪人	\$15 400（*a*）	\$15 200（*b*）	\$(200)
应付账款（日元）	16 000（*c*）	15 200（*d*）	800

(a) ¥2 000 000 × \$0.0077，12 月 31 日，90 天的远期汇率

(b) ¥2 000 000 × \$0.0076，20X2 年 4 月 1 日的即期汇率

(c) ¥2 000 000 × \$0.0080，12 月 31 日，即期汇率

(d) ¥2 000 000 × \$0.0076，20X2 年 4 月 1 日的即期汇率

20X1 年 12 月 31 日，应收经纪人外币的等值美元是 15 400 美元，由于日元相对美元跌价，20X2 年 4 月 1 日的外币应收款的等值美元价值较低，产生了 200 美元的汇兑损失。20X1 年 12 月 31 日外币应付款的等值美元是 16 000 美元，但由于自 20X1 年 12 月 31 日到 20X2 年 4 月 1 日期间日元跌价（美元升值），20X2 年 4 月 1 日应付款的等值美元降到 15 200 美元，这就形成了此期间 800 美元的外币汇兑收益。

需要注意的是，两年总的外币汇兑净损失是 1 000 美元［20X1 年：\$(2 000) + \$400；20X2 年：\$800–\$（200）］，这是 20X1 年 10 月 1 日远期合约溢价在考虑了收益流的情况下产生的影响。这笔溢价就是远期汇率（\$0.0075）和即期汇率（\$0.0070）在远期合约签订之日时的差额。20X2 年 4 月 1 日合约到期日，外币账户也采用即期汇率计价，因而 200 万日元 ×（\$0.0070–\$0.0075）就是远期合约在这段合约期间对收益的净影响。两个外币账户起初采用不同汇率计价，但最后在远期合约到期时都采用了相同的即期汇率。

远期交易合约抵销外币负债头寸。20X2 年 4 月 1 日，Peerless Products 公司按远期合约价格支付 15 000 美元从交易经纪人手中兑换 200 万日元，然后用于清付欠 Tokyo Industries 公司的应付款。在支付后，图表 11–4 中所有账户的余额减为零。

如果 Peerless Products 公司有一笔外币应收款，也可以通过取得远期交易合约将外币交给交易经纪人以管理其净资产头寸敞口。在此情况下，用外币支付交易经纪人的远期外币应付款。在 Peerless 公司将从客户手中收到的外币单位支付给经纪人时，远期交易合约即可结算。然后外汇按远期交易合约确定的汇率兑换成美

元。以外币单位计量的资产和负债必须采用以进口实例同样的方式将其以等值美元重新计量。回忆一下，出于计量的目的，财务会计准则委员会第 133 号公告要求远期合约采用远期交易汇率，而财务会计准则委员会第 52 号公告要求按即期汇率对外币交易产生的净资产或负债账户计量。

在资产负债表中列报远期交易合约净值

FASB 第 133 号公告要求在财务状况报表（资产负债表）中以净公允价值确认所有的衍生金融工具，也就是说资产负债表反映应收交易经纪人的远期合约抵销应付交易经纪人的美元后的净值。某些公司仅用备查账的形式核算远期外汇合约，原因是将其简单地看作一种货币兑换成另一种货币的合约，标的的外币单位应收或应付款的敞口仍然存在。例如，在分录（5）和（6）记录了该交易事项后，20X1 年 10 月 1 日编制的正式资产负债表列报了以下净额：

资　产		负　债	
存货	$14 000	应付账款（日元）	$14 000

在以净值报告远期交易合约的方式下，远期交易合约价值变动产生的收益或损失必须在资产负债表中记录和报告。在分录（7）和（8）过账后，20X1 年 12 月 31 日编制的资产负债表包括以下内容：

资　产		负债和权益	
远期交易合约（日元）	$400	应付账款（日元）	$16 000
（以公允价值净值）		留存收益（交易净损失）	(1 600)

注意，在净值列报的方式下，远期交易合约是以净公允价值计价。日元应付账款产生的 2 000 美元外币交易损失被 400 美元远期日元应收款的外币交易收益部分抵销。

在分录（10）之后、远期交易合约和应付账款结算前，20X2 年 4 月 1 日编制的资产负债表反映的净值为：

资　产		负债和权益	
远期交易合约（日元）	$200	应付账款（日元）	$15 200
（以公允价值净值）		留存收益（溢价金额）	(1 000)

远期交易合约通过按远期交易合约最初确定的汇率支付交易经纪人 15 000 美元，以买入现值 15 200 美元的 200 万日元而结清，并对远期交易合约的 200 美元净值结账。

尽管要求在资产负债表中以净值方式列报衍生远期外汇合约，不过我们相信在远期外汇合约科目两边的记录保持了每边交易的完整记录。

案例 2：未确认外汇确定承诺的套期——外汇公允价值套期

某公司在一笔买卖交易发生前可能面对外汇风险。例如，某公司签订一份在未来从某国外公司采购商品并用外币支付的不可撤销订单，在当前已确定未来采购的采购价格后，尽管采购业务尚未发生，但公司已经接受了一项可识别的外汇承诺，也就是采购合约仍在执行（未确认）。虽然公司只到商品发送后才承担负债义务，但当前已面对交易日（商品发货日）之前汇率变动的风险。

FASB 第 133 号公告规定了使用远期交易合约对**未确认外汇确定承诺套期**（hedging unrecognized foreign currency firm commitments）的会计处理要求。公司可以将承诺划分成金融工具（支付日元的义务）和非金融资产（收到存货的权利）两个方面。远期合约是对已套期外汇风险确定承诺的公允价值变动的套期保值，确定承诺的套期源于公允价值套期的会计处理，远期合约将以其公允价值计量。

有趣的是对预期交易套期（现金流量套期）和未确认外汇确定承诺套期（公允价值套期）采取两种不同的会计处理。预期交易是预订而不是保证，因为是预订，预期交易可能真实发生，但是预期交易套期被看做是现金流量套期，套期的公允价值变动的有效套期部分确认为其他综合收益。另一方面，确定承诺是一项与非相关方的协议，它有约束力并且经常具有法律强制力。该协议具有以下特点：

1. 协议规定了所有重要条款，如数量、固定价格和交易日期。价格可以以企业功能币或一种外币标定。
2. 协议必须包含充分罚款额度的条款以确保协议执行的可能性。

如果协议已经将以上所列特点在协议各方间约定了，预期交易就会成为确定承诺。在签订确定承诺协议后，任何预期交易的现金流量套期都会变为公允价值套期。然而，现金流量套期下其他综合收益里的金额不再重新归类为收益，直到初始预期交易对收益产生了影响。

FASB 第 133 号公告为企业管理层提供选择评价套期有效性的基础。管理层可以选择远期交易汇率、即期汇率或内在价值以评价套期的有效性。本章例题中采用远期汇率，这与 FASB 第 133 号公告规定的计量远期交易合约的一般原则相一致。远期交易合约公允价值变动在合约剩余期限内采用远期汇率计量，如果利息的影响重大，远期交易汇率变动就不能充分体现货币的时间价值。在以下示例中将介绍可辨认外汇承诺套期的分录。

未确认外汇确定承诺套期示例

为举例之需，本章所有示例中 Peerless Producst 公司与 Tokyo Industries 公司间的进口交易都采用以下信息：

1. 20X1 年 8 月 1 日，Peerless Products 公司与 Tokyo Industries 公司签订采购特殊订单商品的合约。Tokyo Industries 公司负责生产并将于 60 天后（20X1 年 10 月 1 日）发货。合约价格为 200 万日元，将在发货后 180 天即 20X2 年 4 月 1 日支付。
2. 8 月 1 日，Peerless Products 公司通过远期交易合约对其外币应付债务进行套期，该合约规定在 240 天后（发货期 60 天加上赊销期 180 天）收到 200 万日元。240 天的远期合约汇率是 1 日元兑换 0.0073 美元。240 天的远期交易合约有双重目的：首先，从 20X1 年 8 月 1 日到 20X1 年 10 月 1 日的 60 天内，远期交易合约是对可辨认外汇承诺的套期；其次，从 20X1 年 10 月 1 日到 20X2 年 4 月 1 日的 180 天内，远期交易合约是对外币净负债头寸敞口的套期。

本例中的相关汇率如下：

日　期	1 日元等值的美元	
	即期汇率	远期外汇汇率
20X1 年 8 月 1 日	$0.0065	$0.0073（240 天）
20X1 年 10 月 1 日	0.0070	0.0075（180 天）

该交易的时间轴如下：

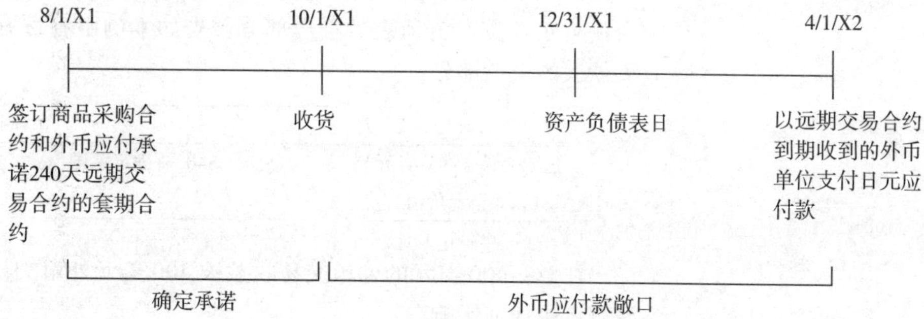

20X1 年 8 月 1 日，公司确定其承诺的价值用日元支付采用远期汇率计算的应付账款。但由于汇兑交易还没有发生，因此 8 月 1 日应付账款没有记录，这笔应付款只是登记了备查账。远期交易合约必须以公允价值计量。在公司签订远期交易合约时，合约还没有公允价值净值，因为在合约中 14 600 美元的外币应收款等于 14 600 美元的应付款。该远期合约后来的公允价值变动采用远期汇率计量，如果利息的影响重大，就不能充分体现货币的时间价值。为举例之需，假设利息没有重大影响，并且套期的有效性评价以远期汇率变动为参考。

20X1 年 8 月 1 日

(14) 借：应收交易经纪人外币（日元）	14 600	
贷：应付交易经纪人美元（美元）		14 600

签订 240 天后收到 200 万日元的远期交易合约：

$14 000 = ¥2 000 000 × $0.0073　8 月 1 日，240 天的远期汇率

20X1 年 10 月 1 日，远期交易合约根据 FASB 第 133 号公告按其公允价值再计价。日元应付账款在收到存货时记录。

20X1 年 10 月 1 日

(15) 借：应收交易经纪人外币（日元）	400	
贷：外币汇兑收益		400

用当天的远期汇率将远期合约调整为公允价值并确认收益。

$15 000 = ¥2 000 000 × $0.0075　10 月 1 日，180 天远期汇率
–14 600 = ¥2 000 000 × $0.0073　8 月 1 日，240 天远期汇率
$　400 = ¥2 000 000 × $（$0.0075–$0.0073）

(16) 借：外币汇兑损失	400	
贷：确定承诺		400

记录确定承诺上的金融工具损失：
$15 000 = ¥2 000 000 × $0.0075　10 月 1 日，180 天远期汇率
–14 600 = ¥2 000 000 × $0.0073　8 月 1 日，240 天远期汇率
$　400 = ¥2 000 000 × $（$0.0075 – $0.0073）

确定承诺科目是一个反映未确认的确定承诺的过渡科目。如果是借方余额，余额列示在资产负债表的资产部分；当如本例中有贷方余额时，余额列示在资产负债表的负债部分：

资　产		负债和所有者权益	
远期交易合约（日元） （以净公允价值）	$400	确定承诺	$400

注意：400 美元的外币交易收益被 400 美元外币交易损失完全抵销，对净收益没有产生任何影响。

另一个分录记录收到存货，并用日元确认应付账款。注意，过渡科目“确定承诺”已经按存货采购价格结账。应付账款科目依据 FASB 第 52 号公告以即期汇率计量。

(17) 借：存货	13 600	
确定承诺	400	
贷：应付账款（日元）		14 000

按即期汇率记录应付账款，并记录存货采购：
$14 000 = ¥2 000 000 × $0.0070　10 月 1 日的即期汇率

示例要点分析

20X1 年 8 月 1 日，分录记录了远期合约的签订，远期合约用于对不可撤消的采购协议形成的不确定外币承诺进行套期。在分录（15）和（16）中，远期合约和外币应付账款承诺的套期标的都以现行价值重新计量，远期交易合约 400 美元的收益抵销了外币应付账款承诺产生的 400 美元损失。分录（17）记录了以现行即期汇率计量的日元应付账款和由分录（16）中确认的 400 美元确定承诺方面的金融工具损失产生的 400 美元存货净值。

图表 11–5　分录比较：未确认确定承诺的套期

远期交易合约（采用远期汇率）			未确认确定承诺的套期（采用远期汇率）		
20X1 年 8 月 1 日，以远期汇率确认远期交易合约的价值。					
(14) 借：外币应收款（日元）	14 600				
贷：应付交易经纪人美元		14 600			
20X1 年 10 月 1 日，用远期汇率对外币应收款和确认承诺套期再计价。					
(15) 借：外币应收款（日元）	400		(16) 借：外币交易损失	400	
贷：外币交易收益		400	贷：确定承诺		400
			外币应付款敞口的经济管理（采用即期汇率）		
20X1 年 10 月 1 日，收到存货，终止确定承诺，并确认外币应付款。					
			(17) 借：存货	13 600	
			确定承诺	400	
			贷：应付账款（日元）		14 000
20X1 年 12 月 31 日，采用远期汇率对远期合约再计价，日元应付账款采用即期汇率。					
(7) 借：外币应收款（日元）	400		(8) 借：外币交易损失	2 000	
贷：外币交易收益		400	贷：应付账款（日元）		2 000
20X2 年 4 月 1 日，在远期合约终止日再计价为即期汇率，日元应付账款再计价为即期汇率。					
(9) 借：外币交易损失	200		(10) 借：应付账款（日元）	800	
贷：外币应收款（日元）		200	贷：外币交易收益		800
20X2 年 4 月 1 日，支付 14 600 美元给交易经纪人，收到日元。用这笔日元支付应付账款。					
(11) 借：应付交易经纪人美元	14 600				
贷：现金		14 600			
(12) 借：外币单位（日元）	15 200		(13) 借：外币应付款（日元）	15 200	
贷：外币应收款（日元）		15 200	贷：外币单位（日元）		15 200

此时，公司所面临的净负债风险，已经通过远期交易合约进行套期，相关的会计处理按照前面案例 1 介绍的外币负债敞口的会计处理进行。图表 11–5 列出了远期交易合约和未确认确定承诺一一对应的会计分录比较，它们都是采用远期汇率计价。外币应付账款敞口在公司收到存货时确认并采用即期汇率计价。

案例 3：预测外币交易的套期——外币现金流量套期

值得注意的是，作为现金流量套期的预测交易套期与作为公允价值套期的可辨认的外币承诺在会计处理上是不同的。预测交易是预期的交易，不能保证一定发生。预测交易可能会像预期的一样实实在在发生，而预测交易套期则按现金流量套期进行会计处理，且套期工具公允价值变动的有效部分确认为其他综合收益。这种套期是针对外汇汇率变化所产生可能的未来现金流量的变化。如果各方签订了有约束力的协议，预测交易则可能成为一种确定承诺。在 FASB 第 138 号公告之前，如果合约的目的是为了抵销预测的现金流量变化，则企业可以将远期外汇合约指定为现金流量套期，包括预测的采购或销售交易。现金流量套期的公允价值变动将被确认为其他综合收益的一部分。当预测交易成为一种确定承诺，远期合约将被重新指定为公允价值套期，远期合约的公允价值变动则被确认为损益。在现金流量套期下已记入其他综合收益的任何金额都不能重分类为收益，除非初始预测的交易对收益产生了影响。如果预测的外币交易没有发生并且在未来也不会发生，则已记入其他综合收益的金额可以重分类为收益。远期汇率用于远期合约的计价，即期汇率用于因交易产生的应收或应付账款的计价。

FASB 第 138 号公告允许企业管理层有选择权，即在合约初始签订至应付或应收款项最终结算期间，可将远期合约指定为现金流量套期，而不是要求在预测交易已成为确定承诺时再将远期合约重新指定为公允价值套期。远期合约的价值变化采用远期汇率计量，相应地，应付账款或应收账款的变化采用即期汇率计量。然而 FASB 第 138 号公告要求，因远期合约重新估值产生的其他综合收益应与应收账款或应付账款的汇兑收益或损失抵销。其他综合收益的剩余部分只有在收益最终实现后才可转为收益。值得注意的是，远期合约必须满足 FASB 第 133 号公告对套期工具的要求，包括指定套期和有效性测试。

FASB 第 138 号公告允许企业管理层在远期合约是预测交易时将其指定为现金流量套期，然后在合约剩余期内再指定为公允价值套期，或者在从初始交易预测起至应收或应付款项最终结算的整个期间，将远期合约指定为现金流量套期。然而，大部分公司定期地对其外币应收和应付款进行套期，并且很可能将远期合约确认为持续的现金流量套期，以充分抵销远期合约公允价值变动产生的收益或损失。

以下例子是在案例 2 的资料基础上增加了以下假设：预计在 8 月份采购存货，但并没有为该采购交易签订有约束力的协议。Peerless Products 公司签订了 240 天的远期合约并指定为针对从预计交易产生的未来现金流量的套期，包括采购形成的外币应付账款。图表 11–6 列出了该案例的分录，假定在预测交易的时候将套期关系指定为现金流量套期，然后在交易发生、存货被采购时再指定为公允价值套期。图表 11–6 通过引入说明案例 1 未变化的分录列出了该案例的分录，并且在那些会发生变化分录的分录序号后面做了个 *C* 的标记。注意 10 月 1 日的分录将远期合约价值变化的结果记作其他综合收益的一部分。

图表 11–7 列出了该案例假设，从 8 月份开始到 4 月份最终结算期间套期关系始终指定为现金流量套期的分录。图表 11–7 通过引入说明案例 1 未变化的分录列出了该案例的分录，并且在那些会发生变化分录的分录序号后面做了个 *C* 的标记。注意，远期合约在此作为现金流量套期与在案例 2 中作为公允价值套期在会计处理上的主要区别是：（1）远期合约重新计量的有效部分记作其他综合收益；（2）在预测交易下不存在确定承诺；（3）10 月 1 日不要求对远期合约应收款项重新计量，并且存货由即期汇率计算的等值美元记录其成本；（4）通过抵销其他综合收益，与外币应付款敞口确认的外币交易收益或损失进行充分的配比；（5）在 20X2 年 4 月 1 日外币应付款项支付后，其他综合收益的 600 美元余额在存货销售的时候最终重分类为商品销售成本，这是与现金流量套期相关的收益实现过程的终点。

图表 11-6 当预测交易成为真实交易时，将现金流量套期再指定为公允价值套期的会计分录

远期合约的分录（采用远期汇率）			外币应付账款的分录（采用即期汇率）		
20X1 年 8 月 1 日，取得以远期汇率计价的远期交易合约。					
(14) 借：外币应收款（日元）	14 600				
贷：应付交易经纪人美元		14 600			
20X1 年 10 月 1 日，收到作为预测交易的采购存货，并以即期汇率确认外币应付账款。将套期关系从现金流量套期变为公允价值套期，将远期合约变为当日的公允价值。					
(15C) 借：外币应收账款（日元）	400		(17C) 借：存货	14 000	
贷：其他综合收益		400	贷：应付账款（日元）		14 000
¥2 000 000 × ($0.0075-$0.0073)					
20X1 年 12 月 31 日，采用自 10 月 1 日起的远期汇率变动对远期合约按年末公允价值再计价，并且在净收益中确认收益或损失。采用即期汇率对日元应付账款再计量。					
(7) 借：外币应收款（日元）	400		(8) 借：外币交易损失（日元）	2 000	
贷：外币交易收益		400	贷：应付账款（日元）		2 000
¥2 000 000 × ($0.0077-$0.0075)					
20X2 年 4 月 1 日，在合约到期日采用即期汇率对远期合约和日元应付账款再计价。用应付款项的交易收益抵销其他综合收益。					
(9) 借：外币交易损失	200		(10) 借：应付账款（日元）	800	
贷：外币应收账款（日元）		200	贷：外币交易收益		800
¥2 000 000 × ($0.0076-$0.0077)					
20X2 年 4 月 1 日，支付 14 600 美元给交易经纪人以换取日元。用日元支付应付账款。					
(11) 借：应付交易经纪人美元	14 600		(13) 借：应付账款（日元）	15 200	
贷：现金		14 600	贷：外币单位（日元）		15 200
(12) 借：外币单位（日元）	15 200				
贷：外币应收款		15 200			
假设销售存货和远期合约产生的其他综合收益的收益过程结束。					
(C) 借：销售成本	600		借：销售成本	14 000	
贷：其他综合收益		600	贷：存货		14 000

案例 4：外汇市场的投机

一个实体可以像投机任何其他商品一样进行外汇投机。例如，一家美国公司预期美元相对瑞士法郎会升值，也就是说直接汇率会降低。在这种情况下，美国公司可能**通过远期交易合约以进行投机**（speculate with a forward exchange contract）——出售未来交割的瑞士法郎，期望在交割日能够以较低的价格买入瑞士法郎。

这种外汇投机行为的经济实质是使期望获取利润的投资者面临汇兑风险。用来计量与外汇投机合约相关账户的汇率是远期合约持续期的远期汇率。远期合约投机收益或损失的计算由合约签订日的远期汇率（或前一计价日期）和合约存续期内实际采用的远期汇率之差决定。远期汇率被用来计量远期合约。

图表 11–7 预测交易现金流量套期的会计分录

远期合约的分录（采用远期汇率）			外币应付账款的分录（采用即期汇率）		
20X1 年 8 月 1 日，取得以远期汇率计价的远期交易合约。					
(14) 借：应收外币（日元）	14 600				
贷：应付交易经纪人美元		14 600			
20X1 年 10 月 1 日，收到作为预测交易的采购存货，并以即期汇率确认外币应付账款。					
(当日无需对外币应收账款重新计量)			(17C) 借：存货	14 000	
			贷：应付账款（日元）		14 000
20X1 年 12 月 31 日，重新计量因自 8 月 1 日起远期汇率变动而导致的年末远期合约的公允价值，并将价值变动的有效部分确认为其他综合收益。用即期汇率对日元应付账款重新计量。然后根据 FASB 第 133 号公告，从其他综合收益中再划出一部分等额抵销按 FASB 第 52 号公告以即期汇率计量应付外币科目而确认的外币交易损失。					
(7C) 借：应收外币（日元）	800		(8) 借：外币交易损失	2 000	
贷：其他综合收益		800	贷：应付账款（日元）		2 000
(¥2 000 000 × ($0.0077–$0.0073))					
(C) 借：其他综合收益	2 000				
贷：外币交易收益		2 000			
抵销应付账款上的汇兑损失。					
20X2 年 4 月 1 日，在远期合约到期日采用即期汇率对其和日元应付账款重新计量。以应付款项的交易收益抵销其他综合收益。					
9 (C) 借：其他综合收益	200		(10) 借：应付账款（日元）	800	
贷：应收外币（日元）		200	贷：外币交易损失		800
(C) 借：外币交易损失	800				
贷：其他综合收益		800			
抵销应付账款的汇兑收益。					
20X2 年 4 月 1 日，支付 14 600 美元给交易经纪人以换取日元。用日元支付应付账款。					
(11) 借：应付交易经纪人美元	14 600		(13) 借：应付账款（日元）	15 200	
贷：现金		14 600	贷：外币单位（日元）		15 200
(12) 借：外币单位（日元）	15 200				
贷：外币应收款		15 200			
假设销售存货和远期合约产生的其他综合收益的收益过程结束。					
(C) 借：销售成本	600		借：销售成本	14 000	
贷：其他综合收益		600	贷：存货		14 000

采用远期合约投机示例

以下例子说明了一家美国公司采用远期交易合约投机瑞士法郎的会计处理，该公司没有瑞士法郎的应收、应付或承诺事项。

1. 20X1 年 10 月 1 日，Peerless Products 公司签订了一份 180 天的远期交易合约以远期汇率$0.74 = SFr 1 交割 4 000 瑞士法郎，当日即期汇率是$0.73 = SFr 1。因而，该远期合约将支付 4 000 瑞士法郎以收到 2 960 美元（4 000 瑞士法郎× $0.74）。

2. 20X1 年 12 月 31 日资产负债表日，90 天远期合约的远期汇率是\$0.78=SFr1，兑换法郎的即期汇率是\$0.75 = SFr 1。
3. 20X2 年 4 月 1 日，公司在公开市场上买入 4 000 瑞士法郎并将其支付给交易经纪人，按确定的远期合约价格收到 2 960 美元。当日，即期汇率是\$0.77 = SFr 1。

以下是本例中的直接汇率一览表：

日期	1 法郎等值的美元	
	即期汇率	远期汇率
20X1 年 10 月 1 日	\$0.73	\$0.74（180 天）
20X1 年 12 月 31 日	0.75	0.78（90 天）
20X2 年 4 月 1 日	0.77	

经济事项的时间轴如下：

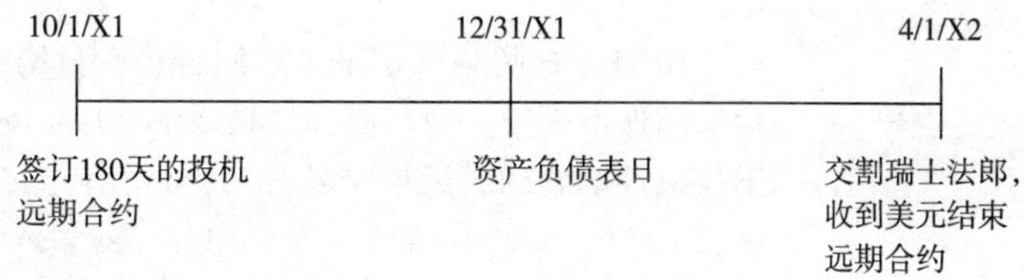

上述交易事项的会计分录如下：

20X1 年 10 月 1 日

(18) 借：应收交易经纪人美元　　2 960

　　贷：应付交易经纪人外币（瑞士法郎）　　2 960

签订投机的远期交易合约：

180 天的远期，\$2 960 = SFr 4 000 × \$0.74

20X1 年 12 月 31 日

(19) 借：外币交易损失　　160

　　贷：应付交易经纪人外币（瑞士法郎）　　160

确认由于初始的 180 天远期汇率与至到期日还剩余 90 天的远期汇率之差产生的远期合约投机损失：

\$160 = SFr 4 000×（\$0.78 – \$0.74）

20X2 年 4 月 1 日

(20) 借：应付交易经纪人外币（瑞士法郎）　　40

　　贷：外币交易收益　　40

在远期合约到期日将应付外币以即期汇率重新计量：

\$40 = SFr 4 000 ×（\$0.78 – \$0.77）

(21) 借：外币单位（瑞士法郎） 3 080
　　贷：现金 3 080
在即期汇率是$0.77=SFr 1 时从开放市场上买入外币单位（瑞士法郎）：
$3 080 = SFr 4 000 × $0.77 即期汇率

(22) 借：应付交易经纪人外币（瑞士法郎） 3 080
　　贷：外币单位（瑞士法郎） 3 080
在远期合约结算时交割外币单位给交易经纪人：
$3 080 = SFr 4 000 × $0.77 即期汇率

(23) 借：现金 2 960
　　贷：应收交易经纪人美元 2 960
按合约从交易经纪人处收到美元。

示例要点说明

10 月 1 日的分录记录了远期合约应付给交易经纪人 4 000 瑞士法郎。该项支付采用外币进行，但是必须转换成 Peerless Products 公司作为报告货币的美元。对于投机性的合约，远期交易合约科目在合约存续期内采用远期汇率以公允价值计量。

12 月 31 日的分录将应付外币款金额调整为其资产负债表日适当的余额。将这笔应付款项——应支付交易经纪人的外币，调整为自 20X1 年 10 月 1 日远期汇率提高后的金额。汇兑损失列入损益表，一般列在“其他收益（损失）”项下。

4 月 1 日的第一笔分录（20），将应付外币采用即期汇率计量为其当前等值的美元价值，并确认投机收益。分录（21）列示了在公开市场上以即期汇率$0.77= SFr 1 取得 4 000 法郎。这些法郎将给交易经纪人，以支付应付外币款。当天接下来的两笔分录（22）和（23），通过交割给交易经纪人 4 000 法郎，并按 20X1 年 10 月 1 日签订的合约收到 2 960 美元以确认远期合约的结算。40 美元的汇兑收益是按远期汇率计量 12 月 31 日外币合约的价值与按即期汇率计量 4 月 1 日外币单位的价值之差产生的。

值得注意的是，该公司投机造成损失是因为美元实际上相对瑞士法郎贬值所致。投机性远期合约的净损失为 120 美元，这是 20X1 年确认的 160 美元损失和 20X2 年确认的 40 美元收益的差额。

虽然这个例子列示的是通过远期交易合约交割外币单位，但企业也可以安排用远期合约收取外币单位。在这种情况下，10 月 1 日的分录应该如下：

20X1 年 10 月 1 日
(24) 借：应收交易经纪人外币款（瑞士法郎） 2 960
　　贷：应付交易经纪人美元 2 960
为未来收到外币单位签订远期交易合约：
$2 960 = SFr 4 000 × $0.74

其余的会计处理与远期交割合约相似，除了在 12 月 31 日公司记录交易收益时略有区别，因为应收外币款现在相对美元升值了。

汇兑矩阵

汇率变化和导致的汇兑收益与损失的关系见图表 11-8。譬如某公司有外币应收账款，如果直接汇率提高，则净货币资产头寸的敞口将产生汇兑收益，反之，如果汇率降低则是确认汇兑损失。如果公司以外币负债抵销外币资产，则公司保护了自身不受汇率变动的影响，因为任何收益都被等额的汇兑损失抵销了。

其他问题

衡量套期有效性的注意事项

FASB 第 133 号公告规定，在每项套期交易之初，企业必须规定其用于衡量套期有效性的方法。有效性指的是现金流量公允价值变动或被套期保值风险的公允价值变动能被近乎完全抵销，范围在 80%~125%之间。至少每 3 个月或当公司报告财务报表或收益时，必须衡量套期的有效性。公司可以选择多个不同的方法来衡量套期有效性。本章例子中采用远期汇率的变动的方法来衡量套期有效性，公司也可采用即期价格变动或内含价值变动的方法。**衍生工具的内在价值**（intrinsic value of a derivative）是与标的物价值变动相关的价值。**衍生工具的时间价值**(time value of a derivative）与持有衍生工具一段时间的机会成本相关。时间价值终止于衍生工具期满，价值在衍生工具到期日降为零。如果公司采用即期价格衡量套期的有效性，则即期价格和远期价格的任何差异都将从衡量套期有效性中排除，被计入当期损益。

图表 11-8　汇兑矩阵

	直接汇率变化	
外币单位计量的交易或科目	汇率升高 （美元贬值）	汇率降低 （美元升值）
净货币资产头寸，例如： （1）外币单位 （2）应收账款 （3）应收交易经纪人外币	汇兑收益	汇兑损失
净货币负债头寸，例如： （1）应付账款 （2）应付债券 （3）应付交易经纪人外币	汇兑损失	汇兑收益

汇兑收益（损失）的跨期间所得税分摊

因税收会计和公认会计准则（GAAP）的计税基础不同而产生的汇兑收益或损失的暂时性差异，须进行跨期间所得税分配。一般而言，按权责发生制确认变化期内汇率变动产生的影响，与按税收目的确认外币项目实际换算期间的汇兑收益不同。暂时性差异的确认应以 FASB 第 109 号公告“所得税会计”为依据。

境外实体净投资的套期保值

在前面讨论的以远期交易合约作为套期工具的例子中，以外币计价的交易所产生的汇率风险可能被抵销。应用相同的概念，美国公司将境外实体的净投资视为有汇率风险的一项长期承诺。许多资产负债表管理工具都可被美国公司用作对其境外子公司净投资的套期工具。管理层可以采用远期交易合约、其他外币承诺或者特定的企业集团内部融资安排（包括了企业集团内部交易）。例如，某美国母公司可以借款 10 000 英镑作为其英国子公司净资产头寸等值的套期。美元与英镑间任何汇率波动的影响都将被英国子公司的投资和应付贷款所抵销。

FASB 第 133 号公告规定，对于指定为国际经营中净投资外币敞口套期关系的衍生金融工具，公允价值变动部分等值于外币交易收益或损失，应该将其确认为其他综合收益。那部分由境外经营净投资套期产生的其他综合收益将成为累计其他综合收益累计折算调整的部分。第 12 章将介绍其他综合收益的折算调整部分和累计其他综合收益。

关键概念总结

几乎所有公司都有外汇交易。基本规定是外币单位计价的交易产生的账户必须按其等值的美元价值计量与报告。远期交易合约一般采用远期汇率确定当期公允价值。这些账户的价值必须经过调整以确认汇率变化对其的影响。对于公允价值套期，收益或损失计入当期权益。对于现金流量套期，收益或损失则被计入当期的其他综合收益。

附录 11A 采用货币时间价值对远期交易合约计价的示例

本例以本章所述可确认但尚未确认的外币承诺为例，说明远期交易合约和远期交易合约套期工具的现值。

1. 20X1 年 8 月 1 日，Peerless Products 公司签订从 Tokyo Industries 公司采购特殊订单的商品合约。商品的生产与运输将在 60 天内（20X1 年 10 月 1 日）完成。合约价格 200 万日元将在发货后的 180 天即 20X2 年 4 月 1 日支付。
2. 20X1 年 8 月 1 日，Peerless Products 公司采用在 240 天后收到 200 万日元的远

期交易合约对其外币应付承诺进行套期（到发货期的 60 天加上 180 天的赊销信用期）。240 天远期合约的未来汇率是 0.0073 美元兑 1 日元。该 240 天远期合约的目的是双重的：首先，从 20X1 年 8 月 1 日到 20X1 年 10 月 1 日的 60 天，远期合约是一项可确认的外币承诺的套期；其次，从 20X1 年 10 月 1 日至 20X2 年 4 月 1 日的 180 天，则是一项对外币净负债头寸敞口的套期。

3. Peerless Products 公司采用 10%的折现率对远期交易合约产生的预计未来现金流折现。
4. Peerless Products 公司在远期汇率变动的基础上，对可确认但尚未确认的公司责任套期保值的有效性进行评价。

本例中的相关汇率如下：

	1 日元等值的美元	
日期	**即期汇率**	**远期汇率**
20X1 年 8 月 1 日	$0.0065	$0.0073（240 天）
20X1 年 10 月 1 日	0.0070	0.0075（180 天）
20X1 年 12 月 31 日（资产负债表日）	0.0080	0.0077（90 天）
20X2 年 4 月 1 日（结算日）	0.0076	

交易的时间轴如下：

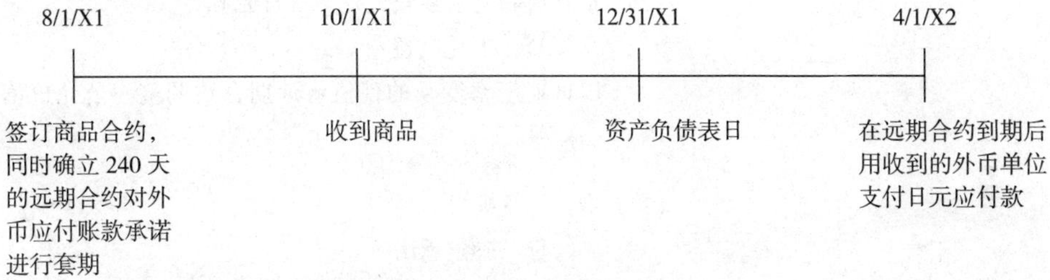

套期有效性的计算按照 FASB 第 133 号公告的一般要求采用远期汇率的变动和公司在采用远期汇率评价套期有效性的特别规定来进行。

	公允价值的变动		
	远期合约在远期汇率变动基础上的收益（损失）	**确定承诺在远期汇率变动基础上的收益（损失）**	**本期的有效率**
20X1 年 10 月 1 日	$380（*a*）	$(380)	1.00
20X1 年 12 月 31 日	400（*b*）	因为确定承诺在 20X1 年 10 月 1 日已结束，不能再用以进行套期	
20X2 年 4 月 1 日	180（*c*）		

（*a*）380 美元等于累计未折现的远期汇率变动收益 400 美元，即［($0.0075−$0.0073) × ¥2 000 000］，然后按 10%的年利率对 20X1 年 10 月 1 日到 20X2 年 4 月 1 日的 6 个月进行折现，得到远期合约到期日的净现值（400 美元，5%的折现率）为 380.95 美元，舍零取整约等于 380 美元。

（*b*）400 美元等于自从签订远期合约后累计未折现的远期汇率变动收益 800 美元，即［($0.0077−$0.0073) × ¥2 000 000］，然后按 10%的年利率对 20X1 年 12 月 31 日到 20X2 年 4 月 1 日的 3 个月进行折现，得到远期合约到期日的净现值（800 美元，2.5%的折现率）为 780.49 美元，舍零取整约等于 780

美元；再减去前面（*a*）确认的 20X1 年 10 月 1 日报告的 380 美元，得 400 美元。

（*c*）–180 美元等于从签订远期合约的 20X1 年 8 月 1 日到远期合约到期日 20X2 年 4 月 1 日的即期汇率的累计远期汇率变动收益 600 美元［(\$.0076–\$.0073) × ¥2 000 000］，再减去前面（*a*）和（*b*）已确认的 780 美元收益，产生了本期的 180 美元损失。

20X1 年 8 月 1 日的下列分录中的金额不是现值，因为该分录是一个备查分录，并且利息因素会通过远期合约的公允价值变动形成收益。注意，在签订远期合约的当天，由于相互间应收和应付相等，所以远期合约公允价值的净值为零。

20X1 年8 月 1 日

		借	贷
(25)	借：应收交易经纪人外币款（日元）	14 600	
	贷：应付交易经纪人美元		14 600

签订在 240 天后收到 200 万日元的远期合约：

\$14 600 = ¥2 000 000 × \$0.0073　8 月 1 日，240 天远期汇率

20X1 年 10 月 1 日，远期交易合约会按其公允价值再计价，通过预期未来远期合约净现金流的现值确认货币的时间价值，“确定承诺”这个过渡负债科目也同时记录。净现值很容易通过电子表格如 Excel 的净现值（NPV）功能计算出来。

20X1 年 10 月 1 日

		借	贷
(26)	借：应收交易经纪人外币（日元）	380	
	贷：汇兑收益		380

以远期汇率变动的现值将远期合约调整为公允价值净值［套期有效性例子中的（*a*）项］。

		借	贷
(27)	借：汇兑损失	380	
	贷：确定承诺		380

以远期汇率变动的现值记录确定承诺的金融工具损失。［本例与（*a*）项有相同的金额，因为确定承诺套期的有效性采用远期汇率的变动来评价。］

20X1 年 10 月 1 日，远期合约折现后的公允价值净值为 380 美元。

下面这个分录记录收到存货，并确认日元应付账款。注意，“确定承诺”这个过渡科目以存货买价关账。

		借	贷
(28)	借：存货	13 620	
	确定承诺	380	
	贷：应付账款（日元）		14 000

以即期汇率记录应付账款和存货采购，关闭过渡负债科目：

\$14 000 = ¥2 000 000 × \$0.0070（10 月 1 日的即期汇率）

在 20X1 年 12 月 31 日 Peerless 公司的会计年度期末，所需的调整分录是：

(29) 借：应收交易经纪人外币（日元）	400	
贷：汇兑收益		400

采用远期汇率变动的现值将远期合约调整为公允价值净值［套期有效性例子中的（*b*）项］。

(30) 借：汇兑损失	2 000	
贷：应付账款（日元）		2 000

将日元应付账款调整为当时等值的美元价值，\$2 000 = ¥2 000 000 ×（\$0.0080−\$0.0070）。由于再计价中没有考虑利息因素，因而不用计算现值。

20X1 年 12 月 31 日，远期合约折现后的公允价值净值为 780 美元。

在支付日 20X2 年 4 月 1 日，要求的第一笔分录是：

(31) 借：汇兑损失	180	
贷：应收交易经纪人外币（日元）		180

由于远期汇率的变动将远期合约调整为支付日的即期汇率：［套期有效性例子中的（*c*）项］。

\$0.0076 远期合约到期日 20X2 年 4 月 1 日的即期汇率

−0.0073 远期合约开始日 20X1 年 8 月 1 日的远期汇率

\$0.0003 × ¥2 000 000 = \$600 从 20X1 年 8 月 1 日起的累计变动

−780 以前确认的收益

\$(180）本期减少额（损失）

注意，这个时点该远期合约上的汇兑净收益是 600 美元。这是远期合约的时间价值（远期合约 1 600 美元的期权费，由 0.0073 美元的远期汇率减去 20X1 年 8 月 1 日远期合约签订时的即期汇率 0.0065 美元所产生，该期权费用在合约到期后计入收益）与远期合约内在价值（20X1 年 8 月 1 日的即期汇率 0.0065 美元和 20X2 年 4 月 1 日远期合约到期日的即期汇率 0.0076 美元产生的差额 2 200 美元）的差异。另一种计算远期合约在合约期的净收益的方法是比较远期合约签订日的远期汇率（0.0073 美元）与合约到期日的即期汇率（0.0076 美元）。净收益是 600 美元［¥2 000 000 ×（\$0.0073−\$0.0076)］。

20X2 年 4 月 1 日的以下分录记录了远期合约到期并且支付了 200 万日元的应付账款。

(32) 借：应付账款（日元）	800	
贷：汇兑收益		800

在支付日将日元应付账款调整为即期汇率。不考虑利息因素。

\$800 = ¥2 000 000 ×（\$0.0076 − \$0.0080)

(33) 借：应付交易经纪人美元	14 600	
贷：现金		14 600

按远期合约规定支付给货币经纪人美元。

(34) 借：外币单位（日元） 15 200
　　贷：应收交易经纪人外币（日元） 15 200

从交易经纪人处收到 200 万日元，按 20X2 年 4 月 1 日的即期汇率计价：
$15 200 = ¥2 000 000 × $0.0076

(35) 借：应付账款（日元） 15 200
　　贷：外币单位（日元） 15 200

支付 200 万日元给 Tokyo Industries 公司以清算日元负债。

附录 11B 跨国公司对其他金融工具的运用

本章详细介绍了远期外汇合约的会计处理。这种远期汇率合约用于资产或负债头寸风险敞口套期、外币承诺套期，或用于投机目的。许多跨国公司一般还运用除了远期合约外的其他金融工具管理与国际业务相关的风险。金融工具的定义一般是指现金、股票或合同——承担合约义务用以支付或收到另一企业的现金或另一项金融工具。金融工具包括应收或应付账款、债券、股权、外币远期合约、期货合约、期权和金融互换。衍生金融工具是指金融工具的价值从其他项目衍生出来，如一项合约的价值以股票价值指数或期货合约指数计量，这些价值都是由正在发生的和预期的经济事项决定的。跨国公司最常用的其他衍生金融工具有期货、期权和互换。

会计准则的制定者承担了重大而艰巨的任务以达成在金融工具核算、报告和披露上的一致。FASB 在 1986 年首次将金融工具项目提上工作日程，并开始持续的工作。在这个过程中，先后发布了 FASB 第 105 号公告——“对具有资产负债表外风险金融工具的信息披露”、FASB 第 107 号公告——“金融工具公允价值的披露”和 FASB 第 119 号公告——“衍生金融工具和金融工具公允价值的披露”。1998 年，FASB 发布了第 133 号公告——“衍生金融工具和套期活动的会计处理”。FASB 第 133 号公告取代了已经发布的 FASB 第 80 号公告——“期货合约会计”、FASB 第 105 号公告和 FASB 第 119 号公告。1999 年，FASB 发布了第 137 号公告，将 FASB 第 133 号公告的执行日期推迟到 2000 年 6 月 15 日，晚了一年，但并未改变任何 FASB 第 133 号公告规定的内容。

FASB 第 133 号公告以标准的逻辑性为基础规定了 4 个主要决议：（1）衍生金融工具属于资产或负债，应该在财务报表中列报；（2）公允价值计量金融工具是最贴切的，而且是唯一贴切计量衍生产品的指标，并且调整为套期项目的面值应该反映当套期价值受影响时抵销的公允价值变动；（3）只有属于资产或负债的项目才应该在财务报表中列报；（4）对指定为被套期项目的特殊会计处理只适用于符合条件的交易，符合条件的一个方面是指对抵销公允价值或现金流变动的评估。因此，FASB 第 133 号公告对公允价值有一个总的规定，要求确认公允价值变动的收益或损失，并且限制套期会计的运用。它将公允价值定义为自愿的双方进行的现时交易所买入（承担）或出售（支付）某项资产（负债）的金额。市场价格的报价一般是公允价值的最好证据。另外，FASB 第 133 号公告对 FASB 第 107

号公告进行了修订，包括对所有金融工具信用风险集中性的披露规定，并鼓励披露关于所有金融工具市场风险的信息。信用风险是指如果合约的一方陷入企业经营失败后可能发生的损失。市场风险是指市场价格的未来变动可能减损金融工具的价值而可能形成的损失。

FASB 第 138 号公告——“特定衍生工具和特定套期活动会计：FASB 第 133 号公告的一项修正”，发布在 2000 年，作为对实施人和财务报表编报人日益增长的技术层面担心的回应，对 FASB 第 133 号公告中的四处细微内容进行了修订：（1）拓宽了除一般购买和出售业务之外的应用范围，少数一些要求非金融资产交割的合约也可以考虑作为衍生工具；（2）重新定义了利率风险，允许将标杆的无风险利率作为套期风险；（3）允许将对外币资产或负债的套期确认为现金流量套期或公允价值套期，但仍要求按 FASB 第 52 号公告的规定对外币资产或负债计价；（4）拓宽了用公司内部衍生品套期的能力。

FASB 第 149 号公告——“对 133 号公告关于衍生工具和套期活动的修订”于 2003 年发布，它给出了一系列对实施中出现的与衍生品定义相关问题的修改。FASB 第 149 号公告虽阐明了许多定义问题，但没有改变 FASB 第 133 号公告已列出的基本概念。

本附录通过对期货、期权和互换的简要综述对本章内容进行了补充。首先给出了简要的定义和描述，其次给出了对期货合约套期、期权合约套期和利率互换会计处理的许多事例，最后对现在应用的披露要求进行了描述。对利用这些工具的各种事项具体技巧和风险划分的讨论超出了高级财务会计教材的范围。

定义和描述

衍生金融工具是一种价值以其他事物（标的）为基础或“衍生自”其他事物（标的）的工具。标的物可以是另一种金融工具的价值、一种商品、一个指数、一项资产或某一债务工具。由于衍生金融工具的价值与标的物相联系，使之成为一种对抵销被套期项目价值变动有用的套期工具。衍生金融工具包括期货、远期合约、互换和期权合约，以及上限利率和固定利率贷款承诺。

远期合约和期货合约

远期合约是买卖双方要求在某一指定的未来日期以合约日确定的价格（执行价格）交割一些商品的协议。如本章已介绍的一样，外币远期合约一般是与外汇经纪人确立的远期合约，合约通过公司与经纪人在合约期限的到期日兑换货币来履行。外币标的物市场价格的变动由持有远期合约的公司确认。由于在合约签订时双方都不需要支付和收到任何东西，因此远期合约的公允价值净值为零。合约从这个时候开始执行。在远期合约期限内，公允价值净值变动以对剩余期限新确立的合约与原始远期合约间的差异为基础。在到期日，远期合约的公允价值净值是即期价格和初始远期汇率的差额。

除了期货有标准化的合约条款外，期货与远期合约十分相似，交易人每个交易日都必须实现损失或收益。期货是买卖双方在未来特定某日买卖某物的合约，也就是所称的到期日。合约在期货交易市场进行交易，如芝加哥期货交易所（CBOT）或芝加哥商品交易所（CME）。期货合约是若干商品的活跃交易，包括粮食、油籽、家畜和肉类、食品和纺织品以及金属和能源。甚至有可能以外币进行期货合约交易。进行期货交易的公司一般要求在由经纪公司或清算所管理的保证金账户存入资金，期货合约的收益（损失）在公司的保证金账户增加（扣减）。保证金账户根据合约价值变动每天结算。保证金账户维持合约金额的一定百分比（一般是 2%~5%）。大部分投资者不愿意为期权项目对期货合约进行实际的交易，期货合约是一种单纯的沿着期权项目的价值曲线行进的投资载体，采用平仓的方式清算期货合约。如果某公司是一项期货合约的买入方，一般称为“长仓”市位；如果公司约定要以期货合约出手，则称为“短仓”。由于期货交易的独立性，期货合约有时被称为流动的远期合约。期货合约与外币远期合约的会计处理极其相似。

不管是期货还是远期合约都是一种在特定时间点交割特定量的义务。在合适的环境下有潜在的收益，同样在不合适的环境下也有潜在的损失。如同第 11 章已经介绍的一样，无论是收益还是损失都可以通过外币远期合约达到最小化。由于远期合约的期限和金额能够量身定制，所以远期合约一般被用作外币交易的套期。期货合约是标准化的期限和金额，但由于其在期货交易界被广泛接受，因此更容易使用。

期权合约

买卖双方的期权合约，给买方（期权持有人）权利但没有义务在未来某日以约定的价格、在期权合约交易的时候从期权出手人（期权签发人）买入或卖出某物。期权可用作许多不同商品的交易，如粮食、食品和纺织品、石油、家畜、金属、利率和各种外币。期权买方支付给卖方一定量的货币，一般将这种权利称作“期权费”。买入某物的期权称为“买权”，出售某物的期权称为“卖权”。期权在类似股市的有组织的市场内交易。期权在芝加哥期权交易所（CBOE）、费城证券交易所（PHLX）、全美证券交易所（AMEX）和太平洋证券交易所（PSE）等处交易。

一项期权合约使买方在未来以期权的名义成本控制大量股份或其他项目。期权的这种未来控制能力就是期权的时间价值。在期权的期限内，时间价值在期权到期日降至零。期权时间价值的变动始终被计入当期收益。出售权利的一方是签发人，买入权利的一方为持有者。期权持有者对期权有选择行权或不行权的权利。如果行权会导致损失，则期权持有者将不行权并继续持有期权。然而，由于期权持有者会行权，因此期权签发人是风险的主体，迫使在不利于签发人的时候交割。期权的内在价值与套期项目的标的价值直接相关。公允价值套期的内在价值变动被计入当期收益。现金流量套期的内在价值有效部分的变动计入其他综合收益。作为套期的期权例子将在后面介绍。

期权以执行价格出售，这是持有者选择买或卖时的价格。如果某投资者持有以每股 5 美元的价格从签发人手中购买一股 Peerless Products 公司股票的买权，那么这个持有者会在市场股价超过执行价格的时候行权。如果市场价格是每股 6 美元，持有者通过行权以每股 5 美元的价格购买股票会节省 1 美元。如果持有者希望将节省变为现金盈利，投资者会出售以 5 美元买入、市价为 6 美元的该股股票，此外，期权的持有者可以直接出售期权以获取 1 美元的内在价值。当市场价格高于执行价格时，买入期权是"实值期权"；当市场价格低于执行价格时，买入期权则是"虚值期权"。

如果投资者是卖权持有者，要以每股 5 美元将期权出售给签发人，那么持有者会在股票价格低于执行价格时行权。如果市场价格是每股 4 美元，持有者在每股 5 美元时对卖权行权就能赚 1 美元，而不是在公开市场上以每股 4 美元出售股票。当市场价格低于期权价格时，卖出期权是"实值期权"。

以 Peerless Products 公司的股票为例，标的物当前的市场价格和期权的执行价格的关系概括如下：

期权	当前市场价格等于期权执行价格（$5 = $5）	当前市场价格高于期权执行价格（$6 > $5）	当前市场价格低于期权执行价格（$4 < $5）
买权（买）	平值	实值	虚值
卖权（卖）	平值	虚值	实值

期权一般是以支付期权项目当前价值的很小比例（如 1%~7%）为费用买入的。期权的条款约定期权可以在期权期限内的任一时间行权，或只在期权到期日行权。由于卖权不需要执行，所以卖权的最小价值是零。因而，卖权永远不可能出现负价值，卖权持有人的最大损失只是最初为期权支付的期权费。

图 11–9 是远期合约、期货和期权主要特点的总结。

图 11–9

远期合约、期货、期权的特点

衍生品的类型	特　点
远期合约	• 合约通过中间人进行，一般是一家银行 • 可能量身定做，满足合约签订公司的条款和要求 • 一般不要求保证金存款 • 必须以标的物的未来交割或现金支付来完成合约
期　货	• 是一种交换和取得通过交易经纪人完成的贸易 • 不能定制，在特定日期以特定数额交易 • 一般公司要求以少量存款开立保证金账户，这样未来价值的每天变化可以过账到该账户 • 一般在到期之前以现金净额结算，而不是以标的物的未来交割来完成
期　权	• 多样化交易的贸易 • 获取大量多样性的商品和主要外币 • 以两种形式发行，卖权（卖）或买权（买） • 期权费（费用）由期权持有者为这种权利而支付给签发人（对方） • 如果标的物市场价格按持有者期望的方向变化，则持有者的最大损失以支付的期权费为限，但潜在的利润几乎无限 • 如果标的物市场价格以与期望相反的方向变动，则承保人（另一方或签发人）以最大潜力地赚取期权费用为限，但损失几乎无限

互 换

*互换*是双方在一定期限内交易现金流的计划。互换可以指定为互换货币、利率或商品。公司最常用的两种金融互换是货币互换和利率互换。货币互换的例子如 Peerless Products 公司在英国销售商品而收到英镑，另外一家位于英国伦敦的公司在美国销售商品并收到美元。例如，如果 Peerless Prodcuts（一家美国公司）同意将其在英国经营获取的周期性的英镑现金流转递给对方的英国公司，伦敦公司在美国的美元销售也会转递给 Peerless Products 这家美国公司，则货币互换就会发生。在每一期末，两家公司同意将互换的名义金额在期末的差额结清，这样，货币互换的双方就能避免本地货币之外的交易，从而避免外币交易成本。

另一个互换的例子是利率互换，即双方同意交换在一固定金额本金（也称为"名义金额"）上的利息支付。一般来讲，互换是一种可变（浮动）利率利息与固定利率利息的交换。例如，Peerless Products 公司发行浮动利率债券，但希望固定其利率，因为它认为浮动利率预期将上升，这样 Peerless Products 公司就可以与拥有固定利率债券，但因预期利率会下降而需要浮动利率的另外一家公司签订合约。合约一般包括进行净额结算支付并收取名义费用的金融中介。有时对方是经纪人，也可以是一家银行或一家投资银行公司，它们形成互换和其他利率衍生品的市场。双方的名义金额（本金）规定为一致，Peerless Products 公司固定其名义金额上的利率，同时对方获得其想要的浮动利率。注意，债务不能被清偿且任何为计划互换而支付的费用，将作为债务发行成本在债务期限内摊销。每家公司仍然对给债权人的实际利息支付负责。互换仅仅是对两种不同利率产生差额定期净支付的一种协议，并且只在协议进行利率互换的两家公司间进行。固定利率对浮动利率的简单互换有时也称为*简单纯互换*或*一般互换*。利率互换将在后面介绍。

三种主要类型套期的会计处理概要见图 11-10。在学习下面的例子之前复习该图。

图表 11-10 三种套期的概要

套期类型	基本标准	确认和计量
公允价值套期	一项衍生金融工具资产或负债公允价值变动敞口的套期，或一项未确认的确定承诺。	套期工具的收益或损失以及与套期项目相关的损失或收益，应计入当期收益。
现金流量套期	将衍生金融工具敞口作为一项确认的资产或负债或者是一项预期的交易预计未来现金流量变动的套期。这种变动是由特殊的风险引起的。	有效套期部分的收益或损失（比如内在价值）作为其他综合收益的一部分被递延和列报。衍生品的任何收益或损失即没有被作为套期的预期交易现金流量损失和收益抵销的部分(指无效部分，包括期权的时间价值)，确认为当期收益。
外币套期	一种对以下外币敞口的套期： 1. 未确认的确定承诺 2. 可供出售证券 3. 预期交易 4. 境外经营净投资	套期种类不同产生的不同确认和计量： 1. 是一种外币公允价值套期 2. 是一种外币公允价值套期 3. 是一种外币现金流量套期 4. 对境外经营净投资套期的衍生金融工具的有效部分收益或损失，作为其他综合收益折算调整部分列报。

利用期权对预期存货采购套期的示例：现金流量套期

假定 Peerless Products 公司计划在 90 天后采购 30 000 蒲式耳小麦，当前价值是 75 000 美元（30 000 蒲式耳×$2.50 每蒲式耳的即期价格），同时假定 Peerless Products 公司想锁定预期未来采购的价值。

Peerless Products 公司买入小麦期货的买权，以针对预期采购存货的价格变动进行套期保值。如果小麦价格上涨，买入买权的利润就能抵销 Peerless Products 公司为小麦支付更高价格的损失。如果小麦价格下跌，Peerless Prodcuts 公司就会损失对该买权支付的期权费用，但却能以较低价格买入小麦。

20X1 年 11 月 1 日，Peerless Products 公司买入 20X2 年 2 月 1 日（未来 90 天）价格为 2.5 美元的买权。Peerless Products 公司支付了每蒲式耳 0.05 美元的期权费，总计支出 1 500 美元（30 000 蒲式耳 × $0.05）。买权的名义金额是 30 000 蒲式耳小麦。Peerless Products 公司确定该衍生品符合现金流量套期会计的要求。由于该期权是对预期或计划的未来交易所涉及的现金流进行的套期，因此它属于现金流量套期。注意，本例给定全部 1 500 美元作为期权的时间价值，换句话说，它设定未来价格等于当前市场价格。这种类型的合约有时称为“平值”，意思是以当前市场价格确定标的物的未来价格。因而，在签订合约时的价值只看作预期的时间价值，商品的实际未来价格将不同于当前市场价格。

本套期概括如下：

套期工具	小麦期货的买权
套期项目	预期的小麦采购
套期类型	现金流量套期
标的	每蒲式耳小麦的价格
名义金额	30 000 蒲式耳的小麦
套期初始时的时间价值	$1 500，平值
买权的计价	公允价值
如果标的物价值增加	买权价值增加
如果标的物价值减少	买权价值减少

套期的收益或损失：

有效部分	计入其他综合收益，与套期的内在价值变动相关
无效部分	计入当期收益，与套期的时间价值相关

记录买入买权的分录如下：

20X1 年 11 月 1 日

(36) 借：买入买权	1 500	
贷：现金		1 500

记录以每蒲式耳 2.5 美元购入 30 000 蒲式耳、90 天期的买权。买权以现金购入，因而 1 500 美元是完全的时间价值。

本例的公允市场信息如下：

公允价值计算			
	20X1 年 11 月 1 日	20X1 年 12 月 31 日	20X2 年 2 月 1 日
1 蒲式耳的小麦	$ 2.50	$ 2.60	$ 2.58
总共 30 000 蒲式耳			
买权：			
期权市值（来自市场信息）	$1 500	$3 700	$2 400
减：内在价值：			
[蒲式耳量 ×（市场价–行权价）]			
[30 000 蒲式耳 ×（$2.50–$2.50）]	–0–		
[30 000 蒲式耳 ×（$2.60–$2.50）]		(3 000)	
[30 000 蒲式耳 ×（$2.58–$2.50）]			(2 400)
时间价值余额	$1 500	$ 700	$ –0–

注意，对于一项现金流量套期，内在价值的变动（有效部分）确认为其他综合收益，时间价值的变动（无效部分）确认为当期收益。

20X1 年 12 月 31 日，小麦价格涨到每蒲式耳 2.6 美元。内在价值是由于标的物市场价值变动引起的期权价值变动。对于现金流量套期来讲，衍生产品的内在价值变动记入其他综合收益。12 月 31 日，期权的内在价值是 3 000 美元（30 000 蒲式耳 × $0.10 涨价）

FASB 第 133 号公告要求套期工具在每个资产负债表日都要按公允价值重新计价。期权价值变动有两个因素：内在价值的变动和时间价值的减少。一项期权在有效期内的时间价值减少，并在期权到期日减至零。20X1 年 12 月 31 日，期权的公允市价是 3 700 美元，意味着期权的剩余时间价值由市场确定为 700 美元（3 700 美元公允价值减去 3 000 美元内在价值）。FASB 第 133 公告规定，衍生品的时间价值减少部分——800 美元（1 500 美元初始金额减去 700 美元余额）被确认为当期权益的一部分。分录（37）记录了在资产负债表日以其公允价值计价形成的期权价值变动。

20X1 年 12 月 31 日

	借	贷
(37) 借：买入买权	2 200	
套期活动损失	800	
贷：其他综合收益		3 000

按公允市价对期权重新计价，确认时间价值的减少和内在价值的上升：

$2 200 = $3 700 期权的当前公允价值 – 11 月 1 日的余额$1 500

$800 =（$1 500 – $700 剩余部分）期权时间价值的减少

$3 000 = 30 000 蒲式耳 × $0.10 内在价值的上升

注意，内在价值的增加记录在其他综合收益，由预计的存货交易完成决定。“其他综合收益”科目用来“储藏”现金流量套期产生的收益或损失，直到套期交易影响权益后再重新分类计入权益。

20X2 年 2 月 1 日，在 90 天的期末，小麦的价格是每蒲式耳 2.58 美元。买权内在价值的减少记录如下：

20X2 年 2 月 1 日

(38) 借：其他综合收益	600	
贷：买入买权		600

计入其他综合收益，递延买入买权损失的收益确认：

$600 = 30 000 蒲式耳 ×（$2.58 – $2.60）

由于期权到期，下一笔分录（39）确认了到期日买权时间价值的剩余金额 700 美元。FASB 第 133 号公告规定，衍生金融工具的时间价值变动部分计入当期收益。

20X2年 2 月 1 日

(39) 借：套期活动损失	700	
贷：买入买权		700

由于买权到期，确认买入的买权在到期日剩余时间价值 700 美元的损失。

Peerless Products 公司现在决定卖掉内在价值为 2 400 美元［30 000 蒲式耳 ×（$2.58 – $2.50 买入价）］的合约。另外，Peerless Products 公司以每蒲式耳 2.58 美元的当日市场价格买入 30 000 蒲式耳小麦。下一笔分录记录了以当前市场价格买入的买权。

20X2 年 2 月1 日

(40) 借：现金	2 400	
贷：买入买权		2 400

记录卖出买权。

Peerless Products 公司现在以每蒲式耳 2.58 美元的市场价格购入 30 000 蒲式耳小麦。

20X2年 2 月 1 日

(41) 借：小麦存货	77 400	
贷：现金		77 400

最后，Peerless Products 公司以 10 万美元出售了这批小麦，并记录销售收入和对买入买权形成的其他综合收益进行的再分类。注意，其他综合收益只有在标的物形成收入流的时候才被再分类为收益。

(42) 借：现金	100 000	
贷：销售收入		100 000

记录销售 30 000 蒲式耳小麦。

(43) 借：销售成本	77 400	
贷：小麦存货		77 400

确认小麦的销售成本。

(44) 借：其他综合收益——再分类 2 400

贷：销售成本 2 400

将现金流量套期产生的其他综合收益再分类为权益。

商品销售成本的降低增加了本期的净利润。将其他综合收益确认为权益是以小麦销售这一过程实现的。该套期是成功的，Peerless Products 公司获得了 2 400 美元收入，再减去其支付买权时间价值的 1 500 美元。

用期权合约对可供出售证券套期的示例：公允价值套期

假定在 20X1 年 1 月 1 日 Peerless Products 公司以每股 25 美元的价格买入 100 股 Special Foods 公司的股票。由于公司近期不打算将其出售，因此将其分类为可供出售证券。为避免受投资价值下降的影响，20X1 年 12 月 31 日，公司以 300 美元期权费买入一项平值卖权（期权价格是当前市场价），这项卖权使公司拥有以每股 30 美元的价格卖出 100 股 Special Foods 公司股票的权利，而不是义务。期权的到期日是 20X3 年 12 月 31 日。该项投资和期权的公允价值如下：

公允价值计算

	12 月 31 日		
	20X1 年	20X2 年	20X3 年
Special Foods 公司股票：			
每股	$ 30	$ 29	$ 26
合计（100 股）	3 000	2 900	2 600
卖权：			
市场价值（a）	$ 300	$ 340	$ 400
减：内在价值（b）	(–0–)	(100)	(400)
时间价值（c）	$ 300	$ 240	$ –0–

(*a*) 市场价值从当前市场价格取得。有多种期权定价模式可以对这些期权的价值进行估值，如布莱克–舒尔茨模式。

(*b*) 内在价值是当前市场价格与期权价格乘以股票数量的差额。它能够在期权生命期限内的任一时间简单求出，比如 20X2 年 12 月 31 日的内在价值是（$30 期权价格–$29 当前市场价格）×100 股。

(*c*) 期权的时间价值反映预计未来现金流折现和一部分标的资产价格的预期波动的结果。简单计算该值的方法是期权市场价值和其内在价值的差额。

注意，20X1 年 12 月 31 日的时间价值是全部的期权价格，因为期权是以当前市场价格买入的。由于在到期日时点上不存在时间因素，且期权的市场价格仅以其内在价值为基础，因此时间价值在期权末期减至零。Peerless Products 公司在 20X3 年 12 月 31 日期权正好到期前行权，将 Special Foods 公司股票交割给期权签发人。

Peerless Products 公司以期权内在价值为基础决定套期的有效性。这是一种决定期权使用有效性的可接受的方法，因为期权的最终价值在本例中是以标的资产的价格即 Special Foods 公司股票的价格为基础。

套期有效性分析			
日期	期权内在价值的变动（收益）损失	Special Foods 公司股票价值变动（收益）损失	当期有效率
20 X2 年 12 月 31 日	$(100)	$100	1.00
20 X3 年 12 月 31 日	$(300)	$300	1.00

该套期概要如下：

套期工具	Special Foods 公司股票的卖权
套期项目	100 股 Special Foods 公司股票
套期类型	公允价值套期
标的	Special Foods 公司食品股票的价格
名义金额	100 股 Special Foods 公司股票
套期初始时的时间价值	$300，平值
卖权的计价	公允价值
如果标的物价值增加	卖权价值减少
如果标的物价值减少	卖权价值增加

套期的收益或损失：

有效部分	计入当期收益，与套期的内在价值变动相关
无效部分	计入当期收益，与套期的时间价值相关

本例的分录如下：

20Xl 年 1 月 1 日

(45) 借：可供出售证券	2 500	
贷：现金		2 500

以每股 25 美元的价格取得 100 股 Special Foods 公司的股票。

20X1 年 12 月 31 日

(46) 借：可供出售证券	500	
贷：其他综合收益		500

对每股 30 美元的 Special Foods 公司股票采取盯市的方式，并按 FASB 第 115 号公告确认其他综合收入：

$500 = ($30 - $25) × 100 股

(47) 借：卖权	300	
贷：现金		300

以平值买入卖权，以 30 美元的价格卖出 100 股 Special Foods 公司的股票。

这 300 美元就是期权的时间价值。

注意，FASB 第 133号公告对 FASB 第 115 号公告进行了补充，并规定指定将套期项目的可供出售证券的收益或损失确认为当期收益。在分录（46）中，可供出售证券的盯市价值按 FASB 第 115 号公告确认为其他综合收益。在分录（48）中能看到，一旦可供出售证券以公允价值套期进行套期保值，盯市产生的收益或损失须计入当期收益。

(48) 借：套期活动损失　　100
　　贷：可供出售证券　　100
　按 FASB 第 133 号公告记录 Special Foods 公司的股票的公允价值下降：
　$100 = ($30–$29) × 100 股

FASB 第 133 号公告规定，公允价值套期的内在价值变动在当前确认为当期净收益，这与现金流量套期中内在价值变动计入其他综合收益不同。因而分录（49）中将公允价值套期的内在价值上升确认为收益，该收益将结转至留存收益。

20X2 年 12 月 31 日
(49) 借：卖权　　100
　　贷：套期活动收益　　100
　记录卖权内在价值的上升。

(50) 借：套期活动损失　　60
　　贷：卖权　　60
　将卖权公允价值变动的无效套期部分记作收益（也就是时间价值的变动）。
　$60 = $300 初始时间价值 – $240 剩余时间价值

20X3 年 12 月 31 日的分录继续估价过程。

20X3 年 12 月 31 日
(51) 借：套期活动损失　　300
　　贷：可供出售证券　　300
　对 Special Foods 公司股票盯市得 26 美元，并确认收益损失：
　$300 = ($26–$29) × 100 股

(52) 借：卖权　　300
　　贷：套期活动收益　　300
　记录卖权内在价值的增加。

(53) 借：套期活动损失　　240
　　贷：卖权　　240
　将卖权公允价值变动的无效套期部分确认为收益（也就是时间价值的变动）。

分录（53）剔除了期权时间价值后的余额按初始值 300 美元确认。分录（50）将期权的时间价值 60 美元从 20X2 年的收益中扣除。分录（53）将剩余部分计入 20X3 年的收益，因为在期权期限末没有时间价值余额。卖权在合约期限内的惟一价值就是其内在价值。

（54）借：现金　　3 000

　　贷：卖权　　400

　　　　可供出售证券　　2 600

对卖权行权，并且以每股 30 美元的价格出售证券。

（55）借：其他综合收益　　500

　　贷：出售证券实现的收益　　500

因为此时证券已被出售，所以将 20X1 年 12 月 31 日已记录的 Special Foods 公司股票的其他综合收益再分类确认为收益，$100=（$30- $29）× 100 股

同样很值得注意的是，FASB 第 133 号公告不允许对交易性证券进行套期会计核算。FASB 第 155 号公告要求对交易性证券以市价计量，且相关的利得或损失在报告当期确认。所以，被指定用作对持有交易性证券风险进行套期的金融工具的任何利得或损失应作为当期损益确认。

对可供出售证券套期和对卖权套期分录的概括见图 11-11。

图 11-11　可供出售证券公允价值套期的分录

可供出售证券的分录（套期项目）			卖权合约的分录（套期工具）		
20X1 年 1 月 1 日，购得 100 股 Special Foods 公司股票作为可供出售证券。					
（45）借：可供出售证券	2 500				
贷：现金		2 500			
20X1 年 12 月 31 日，根据 FASB 第 115 号公告按市场价值对可供出售证券重新计量，并且购买以当日市场价格作为标的的卖权。					
（46）借：可供出售证券	500		（47）借：卖权	300	
贷：其他综合收益		500	贷：现金		300
20X2 年 12 月 31 日，按照 FASB 第 133 号公告对可供出售证券重新计量，并且增加 100 美元的内在价值、减少 60 美元期权的时间价值，将卖权调整为当前市值。					
（48）借：套期活动损失	100		（49）借：卖权	100	
贷：可供出售证券		100	贷：套期活动收益		100
			（50）借：套期活动损失	60	
			贷：卖权		60
20X3 年 12 月 31 日，对可供出售证券再计价，并将卖权调整为市值，增加 300 美元内在价值，减少 240 美元期权的时间价值。					
（51）借：套期活动损失	300		（52）借：卖权	300	
贷：可供出售证券		300	贷：套期活动收益		300
			（53）借：套期活动损失	240	
			贷：卖权		240
20X3 年 12 月 31 日，对卖权行权，并以每股 30 美元的价格出售 100 股。由于证券已出售，对（46）已确认的可供出售证券产生的其他综合收益进行再分类。					
（54）借：现金	3 000				
贷：卖权		400			
可供出售证券		2 600			
（55）借：其他综合收益	500				
贷：出售证券实现的其他综合收益		500			

用利率互换对浮动利率负债套期的举例：现金流量套期

假设在 20X1 年 6 月 30 日，Peerless Products 公司借入三年期、浮动利率的 500 万美元债务，最初 6 个月支付的利息与 6 个月的美元伦敦银行间拆借利率（LIBOR）相等。债务不能提前支付。然后公司与第一银行签订了一份 3 年期的利率互换合约，将债务的浮动利率转化为固定利率。互换合约规定 Peerless Products 公司将按 7.5%的固定利率支付利息，并且收到按名义金额 500 万美元计算的与 6 个月美元伦敦同业拆借利率相等的浮动利率的利息。不管是债务还是互换，都要求在 6 月 30 日和 12 月 31 日每半年支付一次利息。Peerless Products 公司规定将互换作为现金流量套期。互换关系的示意图见图 11–12。

6 个月的美元伦敦同业拆借利率和互换合约的市场价值，由互换经纪人按互换合约的第一年决定：

日 期	6 个月美元 伦敦同业拆借利率	互换合约公允价值 资产（负债）
20X1 年 6 月 30 日	6.0%	$ –0–
20X1 年 12 月 31 日	7.0	165 000
20X2 年 6 月 30 日	5.5	(70 000)

注意，Peerless Products 公司仍必须支付浮动利息给 500 万美元债务的持有人。利率互换仅发生在 Peerless Products 公司和第一银行之间。互换合约公允价值的评估从利率互换合约的交易经纪人处获得。注意，对 Peerless Products 公司来讲，如果它相信浮动利率会高于固定利率，则互换合约的价值是正的；如果它相信浮动利率仍将低于固定利率，则互换合约的价值是负的。Peerless 公司最初的两个半年期浮动利率债务的支付额与在利率互换合约下给第一银行的净支付如下：

图 11–12

名义金额 500 万美元的浮动与固定的利率互换合约

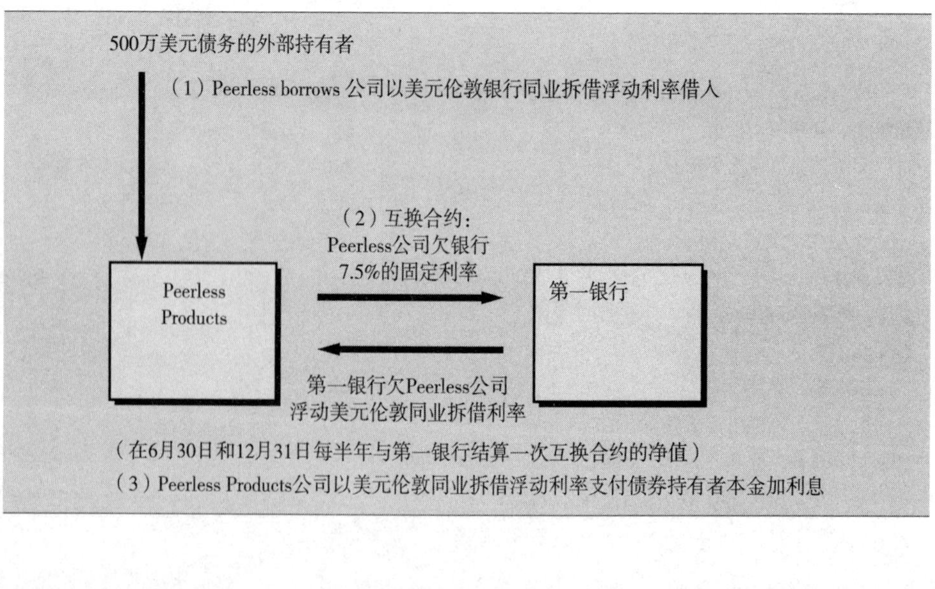

	利息支付	
	20X1 年 12 月 31 日	20X2 年 6 月 30 日
浮动利率利息支付	\$150 000 (*a*)	\$175 000 (*b*)
利率互换合约的净支付	37 500 (*c*)	12 500
现金支付合计	\$187 500 (*d*)	\$187 500

(a) \$150 000 = \$5 000 000 × 0.06 × 6/12 月

(b) \$175 000 = \$5 000 000 × 0.07 × 6/12 月

(c) \$37 500 = 按浮动利率与固定利率应该支付给第一银行的净支付差额

(d) \$187 500 = \$5 000 000 × 0.075 固定利率 × 6/12 月

Peerless Products 公司在浮动利率加上互换合约上的净支付或净收入两个因素的基础上确认利息费用。基本上，Peerless Products 公司的利息费用等于名义金额为 500 万美元、利率为 7.5%的利息。

利率互换合约账户第一年的分录如下：

20X1 年6 月 30 日

(56) 借：现金	5 000 000	
贷：应付债务		5 000 000
发行浮动利率债务。		

20X1 年 12 月 31 日

(57) 借：利息费用	150 000	
贷：现金		150 000
以 6.0%的浮动利率支付债务持有人半年的利息（按上述表中的［*a*]）。		
(58) 借：利息费用	37 500	
贷：现金		37 500
支付第一银行互换合约半年的净清算额（按上述表中的［*c*]）。		
(59) 借：互换合约	165 000	
贷：其他综合收益		165 000
由于互换是现金流量套期，将互换合约的公允价值变动确认为其他综合收益。		

20X2 年 6 月 30 日

(60) 借：利息费用	175 000	
贷：现金		175 000
按 7%的浮动利率支付债务持有人半年的利息（按上述表中的［*b*]）。		
(61) 借：利息费用	12 500	
贷：现金		12 500
支付第一银行半年期的互换合约净清算额。		

(62) 借：其他综合收益	235 000	
贷：互换合约		235 000

由于互换是现金流量套期，所以将互换合约公允价值的降低（从 165 000 美元资产降低到 70 000 美元负债）确认为其他综合收益。

互换合约以公允价值在资产负债表中列报。其他综合收益的累计金额不能直接确认为 Peerless Products 公司的收益，因为互换合约里要求分期支付清算，并且互换合约的公允价值在协议到期日减为零。

报告与披露要求：金融工具公允价值的披露

FASB 第 107 号公告——“金融工具公允价值的披露”要求披露与所有金融工具相关的信息。这是对金融工具现行公允价值信息方面要求的第一个准则。评估公允价值有很大的实际难度，因为许多金融工具不具有确定其价值的有效交易市场。如果评估的方法允许，但是仍不能做出评估，必须披露不可操作的原因。

FASB 第 107 号公告不允许衍生产品的公允价值被非衍生金融工具抵销或汇总。要求披露的内容如下：

1. 公允价值以可引用的市场报价为基础。如果不能取得公允价值，才允许进行实际评估。
2. 与公允价值相关的信息，如账面价值、有效利率、到期日以及在不能评估的情况下不能实际评估的原因。
3. 以交易目的和非交易目的持有的金融工具的区别。

FASB 第 133 号公告增加了许多衍生品和金融工具披露的要求。公司持有或发行衍生品，必须披露其持有或发行金融工具的目的，以及衍生品的面值或合约金额。公司还必须区别指定为公允价值套期、为现金流量套期、为境外经营净资产外币风险敞口套期的衍生品，以及其他全部衍生金融工具。除了每种套期工具都有特别的披露要求外，一般情况下公司必须披露套期活动的目的、本期确认的任何收益或损失的金额（无论是列入收益还是其他综合收益）、收益或损失以及相关的资产和负债在损益表和资产负债表中列报的位置。

国际化经营的公司因以多种货币进行交易而增加了风险，由于这个原因，许多金融工具被用来管理这些新增的风险。第 11 章介绍了外汇远期交易合约这个应用最普遍的金融工具。本附录简要讨论了其他几个被跨国公司运用的金融工具。可以肯定的是，更加复杂的风险管理工具将在企业界层出不穷，会计人员必须持续努力加深理解这些工具，并学会对其进行会计核算。

第12章

跨国公司会计：境外实体财务报表折算

当一家美国的跨国公司为其股东编制财务报告时，该报告必须包括其以美元计量并采用美国公认会计准则（GAAP）报告的境外经营活动。这些境外经营机构可能是子公司、分公司，或者是美国公司的投资机构。本章将讲述境外经营实体的财务报表折算。在与美国公司的财务报表汇总或合并之前，对境外经营实体的财务报表以美元进行重述是非常必要的。

会计师在编制财务报表时，既需要考虑会计准则的差异，同时也需要考虑用于计量境外经营实体的货币差异。例如，一家美国公司的英国子公司按照不同于美国的英国会计制度，向母公司提供以英镑计量的财务报表，该美国母公司在对其英国子公司进行折算和合并时，必须按照以下步骤进行：

1. 收到英国子公司以英镑报告的财务报表。
2. 按照美国公认会计准则的要求，对报表进行重述。
3. 将以英镑计量的财务报表折算成等价的美元。每家境外实体的账户余额必须单独折算成等价美元，列示如下：

   以外币计量的账户余额 × 适当的汇率 = 以美元计量的等价账户余额

4. 将已经折算成美元的子公司账户与母公司账户进行合并。

会计准则的差异

世界上不同国家采用的计量经济活动的方法不尽相同。一个国家的经济、法律、受教育程度和政治体系，科学技术发达程度，文化和传统，以及其他各种社会经济因素都影响着会计准则的发展和该国的会计职业。这些差别已经导致国与国之间会计准则的多样化。由于缺乏一套统一的会计准则，导致企业、报表编制者以及使用者都面临许多问题。一些国家的会计准则以税收当局的信息需求为基础，另外一些国家则以中央政府经济计划者的信息需求为基础设计其会计准则。美国会计准则重点关注普通投资者或债权人的信息需求。

国际会计准则理事会（IASB）正在开发另外一种主要的财务报告模型。IASB获得授权制定一套国际财务报告标准并鼓励在全球范围内推广。IASB有14位成员，其中12位是全职成员（例如，只被IASB所聘任）。IASB要求其成员必须按照以下原则组成：五位有审计背景、三位有编制过财务报告的背景、三位有使用过财务报告的背景，以及一位学者。其他两位成员可以是以上任意一类或具有其他背景。

IASB负责颁布国际财务报告准则（IFRSs）。在IASB形成之前，国际会计准则（IASs）由国际会计准则委员会颁布。国际会计准则制定于1973~2001年。IASB采用了所有国际会计准则并且继续进行改进，被称为新准则，即国际财务报告准则。尽管国际会计准则已不再制定，但至少在未被国际财务报告准则替代的地方它们仍然有效。世界上有许多国家和地区采用国际财务报告准则，包括新加坡、中国香港、俄罗斯、澳大利亚和南非。从2005年开始，欧盟委员会已经要求欧盟内所有公开上市的公司提供用国际财务报告准则编制的合并财务报表。在2005年之前，大约有350家公开上市公司采用国际财务报告准则，到了2005年，这个数字已经增长到大约7 000家。在IASB的网站上，公布了需要采用或允许采用国际财务报告准则编制上市公司年报的国家名单。

当按照市场资本总额统计时，世界上一半以上的企业采用美国公认会计原则。考虑到欧盟和其他国家已经开始采用国际财务报告准则，所以，国际财务报告准则也正在相对广泛地被使用。一些人认为，一套惟一的和高质量的全球会计准则有助于提升市场中投资者的信心，并能帮助投资者从不同国家的投资对象中选择更好的企业，从而提高市场效率。

由于多种会计准则的存在，给美国企业带来了很大的影响。对那些拥有子公司和分支机构的美国跨国公司而言，需要依据每个业务单元所在地的财务报告准则编制财务报表，然后以美国公认会计原则为依据将这些财务报表予以折算，从而编制合并财务报表。另外，如果美国公司选择在美国以外上市，不管是另外上市还是取代在美国国内的上市，这些公司都需要按照当地交易所要求的财务报告准则编制财务报表。正因为如此，使GAAP和IFRS之间的差异最小化就变得十分有意义。由于会计准则趋同，上市公司不会产生因采用不同会计准则编制报表的成本，从而降低了上市公司的成本。

FASB正和IASB一起改进财务报告准则的质量，并且致力于这两种准则的“趋同”。2002年9月，FASB签署了“诺沃克协议”（Norwalk Agreement），协议表明FASB和IASB将承诺共同改进其财务报告准则质量，以及通过最小化彼此的差异达到趋同的目的。该项趋同既包括对现有准则和准则执行指南的评估，也包括对即将制定的新准则的评估。普华永道（PricewaterhouseCoopers）在其网站上发布了一篇名为“相似点和不同点——IFRS和GAAP的比较”的文章，该文章以比较为基础对主题进行讨论。该文章可以在以下网址获得：http://www.pwc.com/extweb/pwcpublications.nsf/docid/74d6c09e0a4ee610802569a10033354c8。

其他国家也正努力将本国的会计准则与IFRS趋同。例如，Nippon Keidanren（日本商业联合会）。该联合会是一个诞生于2002年的综合性经济组织，它由Keidanren（日本经济组织联合会）和Nikkeiren（日本经营者团体联盟）合并而成。

该联合会由 1 306 个成员公司组成，包括 91 个外国企业、129 个工业企业和 47 个地区性的经营者组织，它致力于加快会计准则趋同的速度，以及寻找在日本、美国和欧盟之间互相承认的准则。

当前，美国证券交易委员会（SEC）要求国内企业按照美国 GAAP 编制财务报告。未采用美国 GAAP 的外国上市公司必须按美国 GAAP 的要求调整其财务报告，并且按照 20-F 表格的要求提交报告。当然，外国上市公司可以选择按照美国 GAAP 全部或部分要求编制其财务报告。趋同的目的之一是消除调整的需要。2005 年，美国证券交易委员会发布了一份“指导”文件，阐述了实现这个目标之前所需要的初步条件。美国证券交易委员会的立场是：美国 GAAP 的优点某种程度上取决于它的发展和长达数十年的应用，这使它得以检验和完善。由于其应用广泛，它的优点和缺点是显而易见的。虽然国际财务报告准则也建立了一套综合的会计准则，但这套准则仅仅存在几年时间。美国证券交易委员会相信，在准则趋同前允许运用这些准则，评定国际财务报告准则解释和应用的一致性和可靠性是十分必要的。美国证券交易委员会同时相信，到 2009 年，有可能对采用国际财务报告准则的公司取消编制调整表的要求。

如果这些努力获得成功，可以预期有一套统一的国际财务报告准则，该准则是美国 GAAP 和国际会计准则理事会的 IFRS 的最好协调。纽约证券交易所（NYSE）正与国际证券委员会（IOSCO）一起，继续解决存在于会计和财务报告之间的差异，特别是 FASB 和 IASB 这两个最大的准则制定机构之间的差异。可以预期，最终其中一套国际财务报告准则将会被在世界上任意一个主要证券交易所的上市公司所采用。

许多国际企业通过美国存托凭证（ADR）进入美国证券市场。ADR 实质上是一种表示对非美国公司持股比例的基本衍生工具。ADR 在纽约证券交易所和其他交易所交易。在纽约证券交易所上市的所有公司中大约有 15%是外国公司。ADR 由一家接受存款的银行发行，如摩根大通或花旗银行，这些银行是外国公司股票的实际持有者。因此，ADR 就是一种代表对非美国公司持股的证券。在美国市场上交易的外国公司的 ADR 必须在美国证券交易委员会登记，这些公司必须按照美国 GAAP 的要求以 20-F 表的格式每年提交报告。

确定功能货币

20X1 年 12 月 31 日，假如你从伦敦子公司获得 100 英镑，并且存入伦敦的银行。如果 20X1 年年末的汇率是 1.80 美元，在你 20X1 年年末的资产负债表上报告的存款余额用美元表示，你用现行汇率法折算后报告的资产是 180 美元。20X2 年年末，假如你仍然持有这 100 英镑银行存款，但是现在的汇率是 1.70 美元。为了在 20X2 年年末的资产负债表上报告存款额，如果你用 20X2 年年末的汇率，折算额将是 170 美元，这将导致资产负债表不平，从而形成的折算调整为 10 美元。如果按照历史汇率折算，仍然折算成 180 美元，从而不产生不平衡的现象。用哪种汇率是正确的呢？

日 期	货币存款	现时汇率	等价美元
12/31/20X1	£100	$1.80	$180
12/31/20X2	100	1.70	170

当财务报告从外国货币折算成美元时，需要解决的两个主要问题是：

1. 外国货币折算成本国货币时，应该用哪种汇率？
2. 如何核算折算利得或损失？应该将其包含在收益中吗？

将外国货币折算成美元时，有三种可能的汇率可以使用。**现行汇率**（current rate）是在交易最终日或资产负债表日的汇率。**历史汇率**（historical rate）是一项原始交易发生时的汇率，例如当初的一项资产或一项负债发生时的汇率。**期间平均汇率**（average rate）通常是一定时期内汇率的平均值，它通常用作计量收入和费用。折算方法可能使用一种或多种汇率。不论是作为净收益的组成部分还是综合收益的组成部分，运用这些汇率折算产生的差异必须在财务报表中予以反映。折算差异的处理将在本章后文讨论。

FASB 第 52 号公告——“外币折算”为将外国货币折算成美元提供了具体指南，便于以美元计量或计价的合并财务报告的编制。FASB 第 52 号公告的目的是反映由于汇率波动而直接导致的经济后果。另外，FASB 第 52 号公告在折算过程中试图保留外币报表的财务结果和关系。例如，如果用外币计量的销售毛利是正的，当销售收入和成本被折算成美元后，其结果仍然是正的。FASB 采纳了**功能货币**（functional currency）的概念，功能货币被定义为“实体运行的主要经济环境中的货币，一般而言，指的是一个实体主要产生和收到现金环境中的货币”。[1] 功能货币用来区分两种境外经营模式，即自身独立的和与外部环境一体的，或者说是母公司的延伸或与母公司一体的。一家美国公司可能在许多不同的国家拥有子公司，必须分析每家子公司以便确定各自的功能货币。

图表 12-1 列示了决定一个实体的功能货币必须考虑的因素：现金流、销售价格、销售市场、费用、融资以及企业集团内部交易。如果一个境外子公司在从事它的大多数交易时使用当地货币，而且该现金并不是有规律地汇回美国的母公司，那么当地货币一般就是功能货币。同样，境外子公司通常在本国也有交易活动并且从当地资源中获得融资。

然而，一些在境外的实体使用当地货币以外的货币当作功能货币。比如，一家美国公司在委内瑞拉的附属公司的实质性商业活动，可能全部发生在巴西，或者，一家在英国经营的美国公司的分支机构或子公司，尽管其使用英镑进行会计记录，但它也可能使用美元作为其功能货币。以下因素意味着美元可作为英国子公司的功能货币：其大多数现金交易用美元进行；其主要销售市场在美国；产品元件一般从美国获得；主要由美国的母公司负责英国子公司的融资。

FASB 在考虑了下述折算过程的目标后，采纳了功能货币方法。

---

[1] *Fiancial Accounting Standards Board Statement No. 52,* “Foreign Currency Translation,” 1981, para. 5.

图表 12–1　功能货币指标

指　标	国外货币（当地货币）可作为功能货币的因素	美元（母公司货币）可作为功能货币的因素
现金流	主要用外币，并且不影响母公司的现金流	直接影响母公司的现金流，并且对母公司而言显而易见
销售价格	主要决定于当地竞争或当地政府管制；通常对汇率变化不敏感	对短期汇率波动和世界范围内的竞争敏感
销售市场	公司的产品在当地市场活跃；比较大的出口量	销售市场主要在母公司所在国，或者销售合同主要在母公司所在国
费　用	劳务成本、材料以及其他主要的当地成本	产品材料主要从母公司所在国获得
融　资	主要获得当地货币；实体运营产生的收入足够维持财务需要	主要从母公司，或者其他以美元为名义货币的国家取得融资
内部交易和协议	与母公司基本不存在内部交易	与母公司有频繁的内部交易，或者对母公司而言国外实体是对外投资或融资的延伸

a. 提供这样的信息，该信息通常与由于汇率变动给企业的现金流和权益带来的影响与预期的经济效果一致。

b. 以功能货币计量的、在合并报表中反映的单独合并主体财务结果和关系与按美国公认会计原则反映的相一致。[2]

功能货币法要求境外实体将其所有业务都转换成功能货币。如果一个实体有功能货币之外的交易，那么在该公司编制财务报告之前，必须将该笔外币交易调整为等值的功能货币。

在高通货膨胀经济中功能货币的选定

当境外实体在例如阿根廷和秘鲁等经历过严重通货膨胀的国家时，选择功能货币有一个例外标准。严重通货膨胀被定义为持续三年有超过 100%的恶性通货膨胀。[3] FASB 指出，如果使用一个恶性通货膨胀国家的货币当作功能货币，则恶性通货膨胀的波动将歪曲其财务报告。所以，当运营机构处于高通货膨胀经济中时，美国母公司的报告货币——美元——必须当成该境外实体的功能货币。这个例外标准防止了在恶性通货膨胀下采用正常的折算程序，从而导致资产价值和损益表扭曲的情形。例如，假设当汇率为 0.05 美元 = 1 比索时，一个境外子公司建造了一栋成本为 100 万比索的建筑。再假设由于该子公司所在国家发生恶性通货膨胀，汇率变成 0.00005 美元=1 比索。那么该建筑物在其建造完成时的折算价值和恶性通货膨胀后的价值为：

数量（比索）	建造日期		恶性通货膨胀之后	
	汇　率	折算成美元	汇　率	折算成美元
1 000 000	\$0.05	\$50 000	\$0.00005	\$50

[2] *FASB 52*, para. 4.

[3] *FASB 52*, para. 11.

恶性通货膨胀后的折算价值并不能反映该建筑物的市场价值或历史成本。所以，在恶性通货膨胀情况下，FASB 要求使用美元作为功能货币以便使财务报告更趋稳定。

当境外子公司的功能货币选定后，该功能货币就应持续使用。然而，如果经济环境的改变使功能货币的改变成为必须，那么这种会计变更应该视作会计估计变更：仅用现在和未来适用法，而不用重述和追溯法。

外币财务报表的重新计量（重述）和折算比较

有两种方法可以将境外实体的报表重述为美元：（1）将境外实体的功能货币报表**折算**（translation）成美元；（2）将境外实体的报表以其功能货币**重新计量**（remeasurement）。重述后，如果功能货币不是美元，则财务报表必须予以折算。如果功能货币是美元的话，则不需要再进行折算。

*折算*是运用最广泛的方法，当境外实体的功能货币为当地货币时采用。举个普通的例子，美国公司的一家法国附属公司采用欧元作为记录和功能货币，则该附属公司的报告必须从欧元折算成美元。为了对财务报表进行折算，该公司将采用资产负债表日的现行汇率，将以当地货币计量的资产负债表转换成以美元计价，所产生的任何折算差异都是综合收益的组成部分。因为假设收入和费用在此期间均衡发生，因此以报告期内的平均汇率重述损益表内的收入和费用。这种折算方法称作**现行汇率法**（current rate method）。

重新计量（重述）是指将境外实体的财务报告从当地货币重新表述成其功能货币。仅当功能货币与境外实体使用的记账货币不同时，才需要重述。例如，一家美国的相对独立的加拿大分支机构，可能使用美元作为其功能货币，但可能选择加拿大元作为其记录和报告的货币。当然，如果这个加拿大分支机构采用美元同时作为其功能和报告货币，就不需要折算或重述：该公司的财务报表已经以美元计量，从而可以与美国母公司的报表合并。

用于将财务报告从当地货币重述为功能货币的方法称为**时态法**（temporal method）。货币性资产和负债指的是那些代表在将来以确定数量的外国货币收到的权利或支付的义务。在时态法下，常常用现行汇率将这些货币性项目折算成功能货币。非货币性项目包括固定资产、长期投资和存货。这些项目通常采用资产初始获得时和负债初始发生时的历史汇率进行折算。损益表中的收入和费用项目采用报告期内的平均汇率进行折算。因为采用时态法而产生的任何差异都包含在损益表中（计算净利润应考虑的因素）。

时态法的应用可以将外国货币转化成为功能货币。如果功能货币是美元，则不需要进行额外的调整；如果功能货币是除美元以外的其他货币，则必须应用现行汇率法将财务信息重述为美元。

当子公司位于正经历恶性通货膨胀的国家时，应用重述。比如，一家美国母公司的阿根廷子公司用阿根廷比索记录和报告其财务报告。然而，因为阿根廷经济正经历连续 3 年以上超过 100%的通货膨胀，因此美元被指定为其以报告为目的的功能货币，并且该子公司的报告必须从阿根廷比索重述为美元。

以下表格列示了一家美国公司将其国外附属公司的财务报告重述为美元的方法。

境外子公司记录和报告的货币	功能货币	重述方法
当地货币（例如，该境外实体所在国家的货币）	当地货币	用现行汇率折算成美元
当地货币	美元（如在恶性通货膨胀经济中要求使用）	从当地货币重述为美元
当地货币	第三国货币（非当地货币或美元）	首先，从当地货币重述为功能货币，然后从功能货币折算成美元
美元	美元	已经是美元，不需要重述

折算和重述两种方法的区别在概念上的理由，来源于对折算过程基本目标的考虑：折算后的财务报告信息应反映由于汇率变动对美国公司现金流和股东权益的预期影响。境外子公司可以分成两类。第一类是相对独立的实体，它们赚取和花费当地货币。当地货币是这类实体的功能货币。这些国外附属公司可能用它们赚取的货币进行再投资，或者可能以红利形式向它们的本国机构或母公司分配资金。汇率的变化并不直接影响美国母公司的现金流。然而，汇率的变动影响境外子公司的净资产（资产减去负债），进而影响到美国母公司对该实体的净投资。

第二类境外子公司是由美国公司的延伸实体构成的。尽管这些子公司在境外运营，但因为它们的销售市场、产品部件以及融资都依赖于美国经济，所以它们直接受到汇率变动的影响。对这类企业而言，美元是其功能货币。有这样一种推定，汇率变动对境外子公司净资产的影响将直接影响美国母公司的现金流，所以，因汇率引起的调整在美国母公司的收益中进行报告。

由于折算和重述包含不同的调整程序，所以可能导致较大差异的合并财务报表。两种方法在本章中都将通过示例予以说明。

将功能货币报表折算成美国公司的报告货币报表

大多数企业使用当地货币从事和记录经济活动。所以，境外企业所在地的当地货币是其功能货币。在这种情形下，将境外企业的财务报告折算成美元是相对简单的过程。

FASB 相信，在从境外实体的功能货币到美国母公司货币的折算过程中，不应该歪曲或改变在境外实体财务报告中体现的根本经济关系。例如，如果境外实体的功能货币报告显示一个 2:1 的流动比率和 60%的毛利率，则这些关系在折算成母公司报告货币的过程中应该被延续。对于评价国外实体的管理业绩而言，能够用使这些国外实体运行相同的经济标准，就显得很重要。为了维持功能货币报告中的经济关系，就必须采用具有可比性的汇率，对账户余额进行折算。

使用现行汇率对所有资产和负债进行折算。这里的汇率指的是资产负债表日的即期汇率。对于损益表项目，如收入、费用、利得和损失，应该用该交易实际发生时的汇率进行折算，尽管从实际操作的角度是假设收入和费用在整个期间均衡发生，从而应采用当期的平均汇率对其折算。然而，如果一项重大的利得或损失是由于特定事项引起的，则应该用该事项发生时的汇率，而不是平均汇率对交易结果进行折算。

除了留存收益，股东的所有者权益账户都要用历史汇率进行折算。适当的历史汇率指的是母公司取得境外实体投资较近日期时的汇率，或者子公司取得股东权益交易事项的日期。在合并过程中，需将境外子公司的权益账户与母公司的投资账户予以抵销。该子公司折算后的留存收益，加上本期收益并扣减本期宣告的股利分配后结转下期。股利按照宣告日的汇率进行折算。需要注意的是，如果境外企业在其会计期间结束后仍未支付已宣告的股利，则它将有一个按照现行汇率折算的应付股利账户。尽管如此，从留存收益中扣减的股利仍采用股利宣告日的汇率进行折算。

总之，将美国公司的境外实体财务报告从功能货币向报告货币的折算，可以列示如下：

损益表科目：	
收入和费用类	一般而言，采用期间平均汇率
资产负债表科目：	
资产和负债类	资产负债表日现行汇率
所有者权益类	历史汇率

由于采用多种汇率对境外实体的个别账户项目进行折算，所以折算后的试算表中的借方和贷方通常不相等。使折算后的试算表中的借方和贷方相等的平衡项目称作**折算调整**（translation adjustment）。

折算调整的财务报表列报

折算过程导致的折算调整是该实体本期综合收益的一部分。FASB 第 130 号公告——“报告综合收益”于 1997 年 6 月颁布，所定义的综合收益包含一定期间内，除由投资和分配导致的权益变化以外的全部权益的变化。**综合收益**（comprehensive income）包含一定期间内的净收益和**“其他综合收益”**（other comprehensive income）项目，“其他综合收益”项目是一家企业由于非所有者资源（如非新增资本投资和股利）引起的净资产的变化。FASB 第 130 号公告要求，将对综合收益的报告作为企业主要财务报告的一部分。包含其他综合收益在内的主要项目指的是期间内以下项目的变化：外币折算调整、可供出售证券未实现的收益或损失、对现金流量套期的重估，以及对最低养老金负债的调整等。

FASB 第 130 号公告允许企业采用不同的列报格式报告综合收益。第一种是单一报告格式（也称汇总收益方法），首先列示与净收益相关的项目，然后再列示反映其他综合收益的项目。第二种可供选择的方法是双报告格式，首先在第一份报告中列报净收益，然后在第二份报告中以净收益为起始项，通过其他综合收益项目的调整而得出综合收益，并单独报告。许多公司采用的第三种可选方法是，仅仅在合并所有者权益变动表中的“累计其他综合收益”项下列报其他综合收益明细项目。企业可以分别列报各项税后其他综合收益，或者将其他综合收益税收总额汇总列报。

每个会计期间的“其他综合收益（OCI）”账户余额都会结转到“累计其他综合收益（AOCI）”账户，其他综合收益与其他所有者权益（如股本、资本公积以及留存收益）分别单独列示。会计科目**“累计其他综合收益”**（accumulated other comprehensive income）是所有者权益项目。所有者权益变动表期初余额起始于累计其他综合收益项目的期初余额，然后加减外币折算调整额，再加减当期综合收益的变动额，最后，以累计其他综合收益的期末余额结束。其他综合收益项目的期末累计余额一般在该实体资产负债表中的所有者权益中的留存收益项目之后列报。本章后续关于披露要求的讨论，以 Peerless Products 公司的财务报告为例。

境外子公司财务报表折算与合并示例

第 11 章的例子解释了 20X1 年美元对欧元持续升值的影响。在本章的后续例子中，在 20X1 年美元对欧元持续贬值。所以，第 11 章和第 12 章将说明汇率变化的两个不同方向。

为了考察一家境外分公司的合并报告，假设以下条件：

1. 20X1 年 1 月1 日，一家名为 Peerless Products 的美国公司以 66 000 美元的价格购买了一家位于柏林的德国企业 100%的流通股权，这个价格比其账面价值高出 6 000 美元（该差异的根据将在本章下一节列示）。超过账面成本的溢价可以归属于专利权，并在 10 年内分期摊销。并购前两家公司试算表中的资产负债表账户如图表 12–2 所示。
2. 德国公司的当地货币是欧元（€ ），也是该公司的功能货币。
3. 20X1 年 10 月 1 日，该分公司宣告和支付 6 250 欧元的股利。
4. 在与美国公司的一项销售交易中，子公司收到 4 200 美元，当时的汇率是 \$1.2=€ 1。在 20X1 年 12 月 31 日，子公司仍持有该项外币资产。
5. 相关的直接即期汇率（\$/€ ）如下：

日　期	汇率
20X1 年 1 月 1 日	\$1.20
20X1 年 10 月 1 日	1.36
20X1 年 12 月 31 日	1.40
20X1 年平均	1.30

购买日折算工作底稿

图表 12–3 列示了德国公司在 20X1 年 1 月 1 日的试算平衡表。该示例假设该公司的记账货币为其功能货币，即欧元。

图表 12-2
20X1年1月1日（Peerless Products公司100%收购德国公司之前）两家公司的资产负债表账户

	Peerless Products	德国公司
现　金	$ 350 000	€ 2 500
应收账款	75 000	10 000
存　货	100 000	7 500
土　地	175 000	-0-
厂房和设备	800 000	50 000
借方合计	$1 500 000	€ 70 000
累计折旧	$ 400 000	€ 5 000
应付账款	100 000	2 500
应付债券	200 000	12 500
普通股	500 000	40 000
20X0年12月31日的留存收益	300 000	10 000
贷方合计	$1 500 000	€ 70 000

采用的是现行汇率法，将子公司的试算表从功能货币欧元折算为其母公司的报告货币美元。在购买法下，对于子公司所有者权益的折算，采用母公司购买其股票时的现行汇率。

购买德国公司100%股权，Peerless Products公司的会计分录如下：

	借	贷
(1) 借：股权投资——德国公司	66 000	
贷：现金		66 000
购买德国公司股票。		

购买日20X1年1月1日的购买价差计算如下：

20X1年 1年1日 100%控股	(P)	投资成本		$66 000
		投资账面价值：		
		普通股	$48 000	
		留存收益	12 000	
	↓	合计	$60 000	
	(G)	Peerless Products公司所持的德国公司的股份	× 1.00	
		Peerless Products公司所持的股份的账面价值		(60 000)
		母公司股权投资差额（投资成本高于账面价值）		$ 6 000

图表 12-3

20X1 年 1 月 1 日境外子公司折算工作底稿（购买日），功能货币为欧元

项　目	试算余额，€	汇率$ / €	试算余额，$
现　金	2 500	1.20	3 000
应收账款	10 000	1.20	12 000
存　货	7 500	1.20	9 000
厂房和设备	50 000	1.20	60 000
借方合计	70 000		84 000
累计折旧	5 000	1.20	6 000
应付账款	2 500	1.20	3 000
应付债券	12 500	1.20	15 000
普通股	40 000	1.20	48 000
留存收益	10 000	1.20	12 000
贷方合计	70 000		84 000

注：$1.20 是 20X1 年 1 月 1 日直接汇率。

该并购如下图所示：

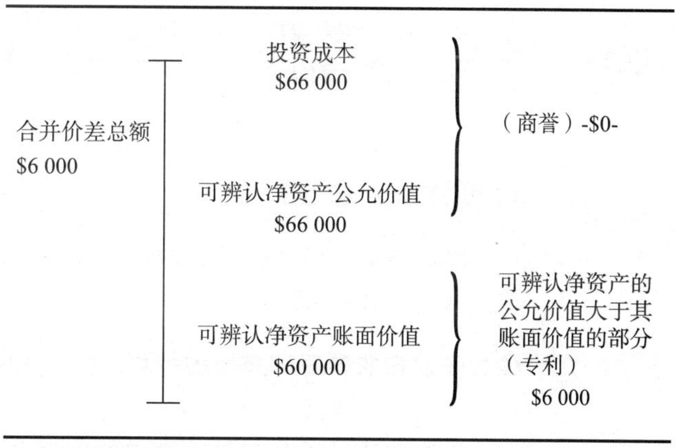

购买日合并资产负债表工作底稿

Peerless Products 公司及其德国子公司在 20X1 年 1 月 1 日的合并资产负债表工作底稿在图表 12-4 中列示。这里的合并过程与第 4 章所述的购买日的合并过程一致。抵销分录如下所示：

(E2)	借：普通股——德国公司	48 000	
	留存收益	12 000	
	股权投资差额	6 000	
	贷：股权投资——德国公司		66 000
	抵销投资余额。		
(E3)	借：专利	6 000	
	贷：股权投资差额		6 000
	分配股权投资差额。		

图表 12-4 20X1 年 1 月 1 日，购买日合并资产负债表工作底稿，以超过账面价值的价格购买全部股权

项 目	Peerless Products	德国公司	抵销分录 借 方	抵销分录 贷 方	合并数
现 金	$284 000	$ 3 000			$ 287 000
应收账款	75 000	12 000			87 000
存 货	100 000	9 000			109 000
土 地	175 000				175 000
厂房和设备	800 000	60 000			860 000
对德国公司的股权投资	66 000			(2) 66 000	
股权投资差额			(2) 6 000	(3) 6 000	
专 利			(3) 6 000		6 000
借方合计	$1 500 000	$84 000			$1 524 000
累计折旧	$ 400 000	$ 6 000			406 000
应付账款	100 000	3 000			103 000
应付债券	200 000	15 000			215 000
普通股	500 000	48 000	(2) 48 000		500 000
留存收益	300 000	12 000	(2) 12 000		300 000
贷方合计	$1 500 000	$84 000	72 000	72 000	$1 524 000

购买日后的后续处理

购买日后的后续会计处理与国内子公司的会计处理极为相似。主要不同点在于汇率变动对外币的影响上。

境外子公司收购后试算表的折算 图表 12-5 说明了 20X1 年 12 月 31 日德国公司试算表的折算情况。

请留意德国子公司试算表中的外币账户。该账户表示该子公司持有的 4 200 美元。因为该账户是以该子公司功能货币以外的货币计量的，所以，德国公司做了一个调整分录，将以该公司取得外币时汇率计价的原始金额调整为以年末汇率折算的金额。

当收到美元时，该子公司做如下分录：

(4) 借：外币 ($)	€ 3 500	
贷：销售收入		€ 3 500

以收入实现的当天汇率记录销售和收入 4 200 美元：

€ 3 500 = $4 200，汇率为 1.2

期末，该子公司通过如下分录将其外币（美元）调整为现行汇率（$1.40 = € 1）。

图表 12-5
20X1 年 12 月 31 日境外子公司试算余额折算，欧元为功能货币

项　目	余额，€	汇　率	余额，$
现　金	10 750	1.40	15 050
外币账户	3 000	1.40	4 200
应收账款	10 500	1.40	14 700
存　货	5 000		7 000
厂房和设备	50 000	1.40	70 000
销售成本	22 500	1.30	29 250
运营费用	14 500	1.30	18 850
外币折算损失	500	1.30	650
股利分配	6 250	1.36	8 500
借方合计	123 000		168 200
累计折旧	7 500	1.40	10 500
应付账款	3 000	1.40	4 200
应付债券	12 500	1.40	17 500
普通股	40 000	1.20	48 000
留存收益（1/1）	10 000	(*a*)	12 000
销售收入	50 000	1.30	65 000
合　计	123 000		157 200
累计其他综合收益——折算调整			11 000
贷方合计			168 200

(*a*) 来自 20X1 年 1 月 1 日折算工作底稿。

(5) 借：外币折算损失　　€ 500
　　贷：外币（$）　　€ 500

以现行汇率对外币账户进行调整：

$4 200/$1.40	€ 3 000
减：未调整余额	(3 500)
外币折算损失	€ (500)

外币折算损失是该子公司净收益的组成部分，该外币账户在该子公司资产负债表中的流动资产分类中列示。该子公司的净收益由以下部分组成：

销售收入	€ 50 000
销售成本	(22 500)
经营费用	(14 500)
外币折算损失	(500)
净收益	€ 12 500

因为该境外实体的功能货币是欧元，因此，该子公司的财务报告必须用现行汇率法折算成美元。资产和负债以资产负债表日的汇率（$1.40）进行折算，损益表账户按照期间内的平均汇率（$1.30）折算，所有者权益账户按照适当的历史汇率（$1.20 和$1.36）折算。股利按照 10 月 1 日即股利宣告日的汇率（$1.36）进行折算。该例中假设股利分配日与宣告日都是 10 月 1 日。如果股利在年末支付，则

应付股利应该按照现行汇率$1.40 = € 1 进行折算。

现行汇率法所体现出的分析特点之一在于，母公司管理层用于管理境外子公司的很多比率用美元表示与用外币表示相同。这种关系对于资产负债表中的资产和负债项目，以及损益表中的收入和费用项目都是真实的反映，因为在折算过程中使用的是同一汇率——用现行汇率折算资产和负债，用平均汇率折算损益表账户。所以，尽管这些账户的金额已经改变了，但它们在各自报表中的相对数额并没有改变。这种关系在以下条件不成立：当该比率包含同时来自损益表和资产负债表的数据，或者所有者权益账户包括一项资产或负债。利用图表 12-5 的数据，下表说明了财务报告中的这种相对关系：

	以欧元计量	以美元计量
流动比率：		
流动资产	€ 29 250	$40 950
流动负债	€ 3 000	$4 200
流动比率	9.75	9.75
销售成本占销售收入的比率：		
销售成本	€ 22 500	$29 250
销售收入	€ 50 000	$65 000
比例	45%	45%

图表 12-5 中的折算调整增加是因为被投资的资产和负债按照现行汇率进行折算，但利用其他汇率对所有者权益和损益表账户余额进行折算。尽管折算调整可以看成使试算表借贷相等的平衡项，但是必须计算出期间内因为汇率变动造成的影响，以便对折算过程的准确性提供证明。20X1 年，即并购年的证明在图表 12-6 中提供。

汇率变化对初始投资以及对初始投资的改变项目都有影响，这个证明正是从确定该影响开始。值得注意的是，只有那些影响所有者权益账户的事项才能对净投资产生影响。在本例中，投资账户的变化从 12 500 欧元的收益和 6 250 欧元的股利开始发生。本年度，外部流通股并未改变。初始投资按照年初汇率进行折算。

收入和股利按照交易发生时的汇率进行折算。收入通常在一年中均衡发生，所以，采用期间内的平均汇率对其进行折算。年末净资产用年末的汇率进行折算。因为本例中该子公司被购买的日期是 20X1 年 1 月 1 日，所以年初累计折算调整为零。

累计其他综合收益——折算调整账户存在贷方余额，是因为第一期期末的即期汇率比该期期初汇率要高，也比期间的平均汇率高。如果汇率在期间内降低的话，折算调整就会有借方余额。另外一种判断累计折算调整是否有借方或贷方余额的方式是采用资产负债表逻辑关系。比如，该子公司在年初折算后的资产负债表是：

20X1 年 1 月 1 日折算后资产负债表			
净资产	$60 000	普通股	$60 000

图表 12-6

20X1 年 12 月 31 日折算调整验证表，功能货币为欧元

Peerless Products及其子公司 折算调整验证表 20X1年12月31日			
	€	折算汇率	$
年初净资产	50 000	1.20	60 000
对净资产变化的调整			
年内：			
年度净收益	12 500	1.30	16 250
股利分配	(6 250)	1.36	(8 500)
净资产折算时点：			
年内汇率			
年底汇率	56 250	1.40	78 750
其他综合收益变化——年内折算调整（净增）			11 000
累计其他综合收益——折算调整，1 月 1 日			-0-
累计其他综合收益——折算调整，12 月 31 日（贷方）			11 000

年末折算后的资产负债表是：

20X1 年 12 月 31 日折算后资产负债表			
净资产	$78 750	普通股	$60 000
		留存收益（净收益减股利分配）	7 750
		累计其他综合收益——折算调整	11 000
合　计	$78 750	合　计	$78 750

注意，11 000 美元是一个使资产负债表“平衡”的贷方余额。

母公司的会计分录 母公司账簿上的分录记录以下项目：以等价美元计价的母公司占有子公司利润的份额，超过账面成本价值的分摊，母公司股权投资差额的累计折算调整以及从境外子公司收到的股利。另外，母公司必须确认来自境外子公司财务报表的折算调整。母公司来自于国外投资的折算调整的当期变动额应作为母公司其他综合收益的一部分予以确认。

Peerless Products 公司对德国子公司的投资分录如下。Peerless Products 公司在 20X1 年 10 月 1 日收到股利并且立刻转换成美元，如下所示：

20X1 年 10 月 1 日

(6) 借：现金	8 500	
贷：股权投资——德国子公司		8 500

收到境外子公司股利：6 250 × $1.36（汇率）= 8 500

20X1 年 12 月 31 日

(7) 借：股权投资——德国子公司	16 250	
贷：投资收益——境外子公司		16 250

母公司占境外子公司净收益的权益：12 500 × $1.30（汇率）= 16 250

(8) 借:股权投资——德国子公司 11 000

贷：其他综合收益——折算调整 11 000

境外子公司折算调整改变的母公司股权：$11 000 × 1.00 = 11 000

如果宣布股利与支付股利不在同一时间，则母公司应从股利宣布之日起记录应收境外子公司股利。该账户像其他外币账户一样以外币计价，并且在资产负债表日和股利支付日采用即期汇率予以调整。由于折算调整而产生的外币交易收益或损失，应确认为母公司的当期损益。

股权投资差额 在境外公司的财务报表折算中，超过账面价值成本的分配和摊销需要特别关注。股权投资差额在境外子公司的报表上是不存在的，它是母公司投资账户的一部分。然而，折算后境外子公司的账面价值是母公司投资账户的重要组成部分，并与境外的资产有着直接的关系。FASB 第 52 号公告规定投资成本和账面价值的分配和摊销被纳入到境外子公司的功能货币中，这些将在资产负债表日以合适的汇率折算。定期的摊销会影响损益表，因此考虑使用平均汇率折算损益表的账户。另一方面，把未摊销的价差余额列示在资产负债表上，在资产负债表账户使用即期汇率进行折算。汇率差异带来的影响将使母公司在境外子公司的原始投资发生变动，并在母公司的折算调整中反映出来。

Peerless Products 公司将专利的摊销期分为 10 年，列示如下：

	欧 元	折算汇率	美 元
损益表			
年初股权投资差额	€ 5 000	1.20	$6 000
当期摊销（5 000/10 年）	(500)	1.30	(650)
摊销余额	€ 4 500		$5 350
资产负债表			
20X1 年 12 月 31 日摊销余额（以年末汇率折算）	€ 4 500	1.40	$6 300
其他综合收益差额——折算调整（贷方）			$ 950

另一种方法是将这 950 美元股权投资差额调整为母公司股权投资差额，并视作当期投资账户的一部分在合并资产负债表予以确认。在这个例子中，如果不做股权投资差额调整，那么在合并资产负债表上列示的专利为 5 350 美元，该金额是不正确的。因为资产负债表必须列报经折算的专利期末余额 6 300 美元，并在合并资产负债表中列报正确的价差调整数额。因此，此项调整可视为获取编制合并资产负债表所需的正确股权投资差额金额的调整。依据汇率变动的趋势，价差调整数可能在借方也可能在贷方。在这个例子中，股权投资差额需从 5 350 美元调增到 6 300 美元，即借记“投资账户”950 美元，同时，贷记“其他综合收益——折算调整”。

分录（9）确认了专利的当期摊销额，分录（10）记录了投资境外子公司的价差调增部分。

(9) 借：投资收益——子公司　650
　　贷：股权投资——德国公司　650
专利摊销：
$650 = € 500 × $1.30（平均汇率）

(10) 借：股权投资——德国公司　950
　　贷：其他综合收益——折算调整　950
确认股权投资差额折算调增部分。

值得注意的是，源自股权投资差额的 950 美元折算调整只归属于母公司股东，非控股股东不涉及这部分折算调整。这笔 950 美元折算调整是由于支付的成本超过了资产的账面价值，从而导致股权投资差额的增加，由于这是投资境外子公司的一部分，所以导致母公司股权投资等额增加。

20X1 年 12 月 31 日，投资德国公司的股权投资账户余额是 85 050 美元，正如 T 型账户列示的，括号中的数字与文中的分录数字是相一致的。

股权投资——德国公司			
(1) 购买价格	66 000		
		(6) 股利	8 500
(7) 权益收益	16 250		
(8) 来自子公司的折算调整额	11 000		
		(9) 股权投资差额摊销	650
(10) 股权投资差额折算调整额	950		
20X1 年 12 月 31 日余额	85 050		

注意，在母公司账上的其他综合收益——折算调整账户余额为 11 950 美元，这是来自子公司的折算调整额（11 000 美元）与母公司的股权投资差额折算调整额（950 美元）之和。

当母公司做结账处理时，应包括以下两个分录：一是结转来自境外子公司的净收益，二是结转来自投资子公司的其他综合收益。

(11) 借：投资收益——子公司　15 600
　　贷：留存收益　15 600
结转子公司的净收益：$15 600 = $16 250 - $650

(12) 借：其他综合收益——折算调整　11 950
　　贷：累计其他综合收益——折算调整　11 950
结转来自于子公司的其他综合收益：$11 950 = $11 000 + $950

后续合并工作底稿　在折算过程完成后需要编制合并工作底稿。除了以下两个主要的区别，合并程序和国内子公司的合并程序是完全一样的：(1) 母公司将确认来自国外子公司的折算调整份额，这项调整如例中的分录 (8) 所示。本例中，母公司拥有 100%的子公司股权。但在不完全控制的情况下，应按一定比例将折算调整分配给非控股股东（少数股东）。(2) 像前面列示的那样，采用损益表汇率

(期间平均汇率）对专利的期间摊销进行折算，但专利期末余额的折算使用资产负债表汇率（即期汇率）。如分录（10）所示，股权投资差额必须进行折算调整，同时，将相关折算调整金额作为母公司对境外子公司投资予以确认。

合并工作底稿如图表 12-7 所示。德国公司的试算表数据来自图表 12-5。工作底稿分录采用一般日记账分录的形式。这些分录不会在任何公司的账簿上列示，它们只会在工作底稿的抵销栏中列示。

E(13)	借：投资收益——子公司	15 600	
	贷：应收股利		8 500
	股权投资——德国公司		7 100
	抵销来自子公司的投资收益：		
	$15 600 = $16 250（权益份额）- $650（摊销）		
E(14)	借：其他综合收益——折算调整	11 000	
	贷：股权投资——德国公司		11 000
	抵销以专利方式记录的、来自子公司的其他综合收益。		
E(15)	借：普通股——德国公司	48 000	
	20X1 年 1 月 1 日的留存收益	12 000	
	20X1 年 1 月 1 日的累计其他综合收益	0	
	股权投资差额	6 000	
	贷：股权投资——德国公司		66 000
	抵销期初投资余额。		
E(16)	借：股权投资差额	950	
	贷：股权投资——德国公司		950
	抵销记录在投资账户的期末股权投资差额调整。		
E(17)	借：专利	6 950	
	贷：股权投资差额		6 950
	分配股权投资差额，包括对专利的定期调整 950 美元：		
	$6 950 = $6 000 + $950（股权投资差额调整）。		
E(18)	借：经营费用——专利摊销	650	
	贷：专利		650
	摊销专利：		
	$650 = € 500 × $1.30		

当母公司使用权益法并且没有内部关联交易时，母公司净收益和留存收益等于合并净收益和合并留存收益。这使得检验合并财务报表的正确性成为可能。

境外子公司少数股东权益

大部分美国公司都愿意持有境外子公司 100%的股份。这样做一方面可以使公

图表 12-7　20X1 年 12 月 31 日，合并工作底稿——外币报表折算

项　目	Peerless Products	德国公司	抵销分录 借　方	抵销分录 贷　方	合并金额
销售收入	400 000	65 000			465 000
来自子公司的收益	156 000		(13) 15 600		
贷方小计	415 600	65 000			465 000
销售成本	170 000	29 250			199 250
经营费用	90 000	18 850	(18)　650		109 500
外币折算损失		650			650
借方小计	(260 000)	(48 750)			(309 400)
净利润，结转下方	155 600	16 250	16 250		155 600
1 月 1 日的留存收益	300 000	12 000	(15) 12 000		300 000
净利润，自上结转	155 600	16 250	16 250		155 600
	455 600	28 250			455 600
股　利	(60 000)	(8 500)		(13)　8 500	(60 000)
12 月 31 日的留存收益	395 600	19 750	28 250	8 500	395 600
现金	422 500	15 050			437 550
子公司持有的美元		4 200			4 200
应收账款	75 000	14 700			89 700
存　货	100 000	7 000			107 000
土　地	175 000				175 000
厂房及设备	800 000	70 000			870 000
股权投资——德国公司	85 050			(13)　7 100	
				(14) 11 000	
				(15) 66 000	
				(16)　950	
股权投资差额			(15)　6 000	(17)　6 950	
			(16)　950		
专　利			(17)　6 950	(18)　650	6 300
借方合计	1 657 550	110 950			1 689 750
累计折旧	450 000	10 500			460 500
应付账款	100 000	4 200			104 200
应付债券	200 000	17 500			217 500
普通股	500 000	48 000	(15) 48 000		500 000
留存收益，自上方结转	395 600	19 750	28 250	8 500	395 600
累计其他综合收益，自下方结转	11 950	11 000	11 000	0	11 950
贷方合计	1 657 550	110 950	101 150	101 150	1 689 750
1 月 1 日的累计其他综合收益	0	0	(15)　0		0
其他综合收益调整	11 950	11 000	(14) 11 000		11 950
12 月 31 日的累计其他综合收益，（贷方）追溯	11 950	11 000	11 000	0	11 950

抵销分录：

(13) 抵销来自子公司的净收益。

(14) 抵销由折算调整变化引起的其他综合收益中母公司所占的份额。

(15) 抵销初始投资账户余额。

(16) 抵销股权投资差额的折算调整。

(17) 分配专利投资差额。

(18) 摊销专利。

司管理更有效率，另一方面也不需要为境外子公司的少数股东提供单独的财务报表。然而，如果不是完全拥有境外子公司，那么像在第 4 章所列示的一样，应计算少数股东权益。惟一的不同是由于境外子公司账户余额折算所导致的折算调整分配。例如，如果 Peerless Products 公司只拥有德国公司 80%的股权，而其他的 20%股权归属于非控股股东（少数股东），那么要通过抵销程序，按一定比例将折算调整分配给非控股股东，在年末的合并资产负债表上非控股权益（少数股东权益）包括来自于折算调整累计综合收益份额。计算如下：

普通股（$48 000 × 0.20）		$9 600
留存收益：		
期初留存收益（$12 000 × 0.20）	$2 400	
加：净收益（$16 250 × 0.20）	3 250	
减：股利分配（$8 500 × 0.20）	(1 700)	
留存收益总计		3 950
累计其他综合收益——折算调整（$11 000 × 0.20）		2 200
少数股东权益总计		$15 750

将记账货币重述为功能货币

将境外附属公司的财务报表折算成美元的第二种方法是重述法（重新计量法）。尽管重述法不如折算法常用，但有时境外附属企业的功能货币不是记账本位币。重述法的目的是获得境外附属公司财务报表的等值美元余额，从而与美国母公司的财务报表汇总或合并，从这个意义上讲，重述法与折算法是相似的。然而，由于重述法所采用的汇率与折算法采用的汇率不同，从而导致了境外附属公司账户的不同美元价值。

FASB 举例说明了几种需要重述的情况：[4]

1. 一家美国制造商的境外分公司或子公司，订单、票据和收款主要来自境外，为这些国外客户提供美国制造品，并且可能会建立仓库，以保证及时供货。实质上，这种境外经营业务的职能就类似于这家美国制造商的出口销售部门。
2. 一家境外部门、分公司或子公司，主要生产零部件，运往美国工厂组装，组装后的产品出售给美国本土或世界不同地区的客户。
3. 一家运输公司的境外子公司，主要是把一家美国公司的国外矿产运送到美国熔炼工厂加工。
4. 一家境外子公司，主要作为欧元借款渠道资助美国公司经营。

在多数情况下，境外子公司可能会被认为是美国公司直接的生产或销售部门，但却使用当地货币记录和报告其经营业务。此外，境外实体如果身处高通胀的经

[4] FASB第52号公告的征求意见稿中提供了上述释例，但在其最后定稿中却删除了这些释例。FASB的主要考虑是不能由于这些释例，限制那些采用美元作为功能货币的重新计量的情形。

济条件，即累计三年通货膨胀率超过 100%，则必须使用美元作为其功能货币，并且报表要用美元重述。许多南美国家经历过恶性通货膨胀，一些国家的年通货膨胀率已超过 100%。如果境外子公司使用美元作为其功能货币和报告货币，就不需要重述，因为其业务已经以美元报告了。

重述后的结果应与境外实体一开始就使用美元交易产生的结果一致。由于这个原因，某些交易和账户余额以美元等值重述时要使用历史汇率，也就是最初交易发生时的即期汇率。在重述过程中将资产负债表划分为货币性账户和非货币性账户。货币性资产和负债，如现金、短期或长期应收款、短期或长期应付款，其金额随货币单位的变化而变化。这些账户受汇率变动导致的收益或亏损的影响。非货币性资产的账户，如存货、厂房和设备，则不随有关货币单位的变化而变化。

货币性账户要以即期汇率重述。适当的历史汇率用于重述非货币性资产负债表账户余额和相关收入、费用、收益和损失账户余额。需要以历史汇率重述的账户已在图表 12-8 中列明。[5]

由于使用各种不同的汇率重述试算平衡表，因此借方和贷方在美元重述后可能会影响试算表的平衡，在这种情况下，平衡项目是一个**重述损益**（remeasurement gain or loss），包含在当期损益表中。

重述损益的报表列报

重述过程中产生的任何汇兑损益都被列入当期损益表，通常在“其他收益”

图表 12-8

采用历史汇率重述的项目

资料来源：*FASB 52*, para. 48.

有价证券：
股权投资
不准备持有债券至到期
存　货
预付费用，比如保险、广告和房租
不动产、厂房和设备
不动产、厂房和设备的累计折旧
专利、商标、特许权和配方
商　誉
其他无形资产
递延费用和贷款，递延所得税和人寿保险公司的政策性购置成本除外
递延收入
普通股
优先股
与收入和费用相关的非货币性项目，比如：
销售成本
不动产、厂房和设备的累计折旧
无形资产项目的摊销（专利权、特许权等）
递延费用贷项的摊销，除了递延所得税和人寿保险公司的政策性购置成本

[5] ***FASB 52***, para. 48.

项目下。也可以使用很多其他账户名称，如外汇收益（损失）、货币收益（损失）、汇兑收益（损失），或重述收益（损失）。这里使用重述收益（损失），因为它最能描述该项目的来源。重述损益包含在当期损益中是因为如果交易一开始就使用美元记录，那么汇兑损益也会在当期确认，并作为外币交易账面价值调整的一部分。重述过程完成后，境外实体的财务报表列报结果如同以美元作为当地货币记录交易一样。

境外子公司重述示例

再次回顾德国公司的例子，这次用重述的方法来对财务报表进行列示。之前那个例子假设的折算货币是欧元，这个例子中的货币是美元，这是两者惟一的不同之处。德国公司必须用欧元来进行簿记登记和报告，以符合德国政府的要求。因为美元是功能性货币，因此德国公司的财务报表还要用美元来重述。当境外的关联企业报表重述后，合并程序就与适用于境内的关联企业的程序一样。

境外子公司重述的试算平衡

子公司的试算平衡表必须将欧元重述成美元，如图表 12–9 所示。货币性项目用当前汇率来重述，非货币性项目的重述则要用其各自相应业务发生时的历史汇率。

需要特别关注的项目有三项。首先，厂房和设备适用的重述汇率是母公司对境外子公司取得日的历史汇率。如果子公司在被母公司控股之后购买任何新的厂房和设备，则应适用子公司购买设备当日的历史汇率对其进行重述。该特殊适用规则适用于其他的非货币性项目。当取得境外子公司的控制权后，需要对子公司取得或者处置的非货币性资产或权益进行记录，这是非常重要的，因为这直接关系到重述这些项目时适用的汇率。合并业务被视作一种购买行为进行核算，因此，适当的历史汇率应该是母公司购买境外子公司业务发生时的即期汇率。如果合并业务以权益法进行核算，则适用的历史汇率应该是子公司初始发行股票或者取得非货币性资产时的汇率，而非母公司获得子公司股权时的汇率。

第二，折算汇率变化造成的交易成本的差异构成商品销售成本的一部分。期初存货计价为期初汇率，即$1.20=€ 1。存货采购发生在年度内不同的时间，所以应适用平均汇率$1.30 作为重述汇率。为了说明起见，本例中假设期末存货是在汇率为$1.38= € 1 时采购的，且存货流转采用先进先出法（FIFO）。

第三，经营费用在确认时也要适用不同的汇率。折旧费用的折算适用$1.20=€ 1 的汇率，因为这是与非货币性账户——厂房和设备相联系的，厂房和设备是以$1.20=€ 1 的历史汇率折算的。其他的经营费用适用平均汇率，因为其他费用假设是在整个年度内平均发生的。

重述损益在当期损益表上确认，目的在于使借项合计数与贷项合计数相等，但这个项目可以通过分析报表期间货币项目的变化得到确认。后续的合并工作底稿和重述收益的验证过程将在本章节末尾的“其他注意事项”中列示。

图表 12-9
20X1 年 12 月 31 日，对境外子公司的试算平衡表进行折算，美元为功能性货币

项　目	余额，€	折算汇率	余额，$
现　金	10 750	1.40	15 050
国外货币	3 000	1.40	4 200
应收账款	10 500	1.40	14 700
存　货	5 000	1.38	6 900
厂房和设备	50 000	1.20	60 000
销售成本	22 500	(*a*)	28 100
经营费用	14 500	(*b*)	18 600
外币汇兑损失	500	1.30	650
股利分配	6 250	1.36	8 500
借方合计	123 000		156 700
累计折旧	7 500	1.20	9 000
应付账款	3 000	1.40	4 200
应付债券	12 500	1.40	17 500
普通股	40 000	1.20	48 000
留存收益	10 000	(*c*)	12 000
销售收入	50 000	1.30	65 000
合　计	123 000		155 700
重述收益			1 000
贷方合计			156 700

	欧元	折算汇率	美元
(a) 销售成本：			
期初存货	7 500	1.20	9 000
购入存货	20 000	1.35	26 000
可用存货	27 500		35 000
减去：期末存货	(5 000)	1.38	(6 900)
销售成本	22 500		28 100
(b) 经营费用：			
现金费用	12 000	1.35	15 600
折旧费用	2 500	1.20	3 000
	14 500		18 600

(c) 结转自 20X1 年 1 月 1 日，工作底稿。

折算和重述的总结

当功能货币为美元时，资产负债表上非货币性项目的折算适用交易发生时的历史汇率。在本例中，会计当期汇率有所上升，因此，在折算方法下非货币性项目的计价要比重述方式下的计价低。折算和重述两种方式的差异通过图表 12-10 进行了列示。

图表 12-10 折算和重述两种方法的差异

项　目	折算方式	重述方式
境外经营实体的功能性货币	本地货币	美元
方法选用	现行汇率法	货币—非货币方法
损益表账户：		
收　入	加权平均汇率	加权平均汇率，除非收入与非货币性项目相关（历史汇率）
费　用	加权平均汇率	加权平均汇率，除非费用与非货币性项目相关（历史汇率）
资产负债表账户：		
货币性账户	现行汇率	现行汇率
非货币性账户	现行汇率	历史汇率
股东权益资本账户	历史汇率	历史汇率
留存收益	期初余额加上利润减去股利	期初余额加上利润减去股利
汇率调整产生的增值	所有者权益累计折算调整	重述损益计入期间损益表

境外投资和未合并子公司

大多数公司合并其境外子公司符合 FASB 第 94 号公告——“合并所有多数股权的子公司”的要求。在某些情况下，因为适用境外子公司准则的原因，这些操作不会必然导致合并。通常情况下，母公司应该合并境外子公司，除非母公司因故不能对境外子公司的资源或财务政策实施必要的经济控制，通常发生在下列某种情况过于严重时：

1. 境外严格的外汇管制。
2. 境外财产转让受到严格的限制。
3. 其他政府施加的不确定性因素。

不纳入合并范围的境外子公司将在美国母公司的资产负债表中作为一项投资来反映。如果美国公司投资于境外子公司时有能力对被投资公司的财务和经营政策施加重大影响，则须采用权益法来核算。当权益法不适用时，就应该运用成本法来核算，在成本法下，投资企业只有在收到分配的股利时才确认投资收益。

当对不纳入合并范围的子公司采用权益法核算时，根据功能性货币的确定，被投资企业的财务报表要么进行折算，要么进行重述。当进行重述时，境外经济实体的报表要用美元来重述，投资企业要记录对被投资企业收益所享有的份额，而且要对政策差异的影响金额做必要的摊销和调整。报表折算有时是一个简便的方法：境外子公司用当地通货表示的净收益乘以同期的平均汇率，折算后的净收益再乘以母公司享有的份额，就得出母公司的净收益。此外，投资者必须在对被投资境外子公司财务报表进行折算的基础上，根据持股份额进行调整并确认。投资者对其境外子公司财务报表依据持股股份进行折算后的调整金额，在其合并资产负债表的所有者权益项下单独列示，并调整其投资账户的账面价值。无论境外子公司是否列入合并范围，在权益法下，投资者对境外子公司的账务处理分录是一致的。

境外投资的清算

外币折算调整账户与企业对境外实体投资直接相关。如果投资者出售其股票投资的大部分，FASB 第 37 号解释——“基于出售境外实体部分投资的折算调整的会计核算”，要求将累计的与投资有关的折算调整作为损益按比例计入已处置的投资部分。例如，如果母公司出售其境外子公司投资的 30%，则 30%有关的累计折算调整应从折算调整账户转出，计入境外投资处置损益。

对境外子公司净投资的套期保值

FASB 第 133 号公告允许对境外子公司净投资进行套期保值。例如，Peerless Products 公司对其德国子公司有一项 50 000 欧元的净投资，该项投资实际支付了 66 000 美元。Peerless Products 公司可以决定通过接受一项欧元的负债而对该项投资进行全部套期保值、部分套期保值或者不进行套期保值。Peerless Products 公司可以通过签订远期互换合约卖出欧元，或者子公司发生一项欧元负债对净资产投资进行套期保值。FASB 第 133 号公告规定，净投资套期保值有效部分的损益应作为折算调整的一部分记入其他综合收益，但是对综合收益的抵减以净投资折算调整额为限。例如，如果用远期利率作为有效性的衡量标准，那么抵减额以在此期间的现行汇率变化为限。任何超出无效部分的套期保值必须在当期的利润中予以确认。

例如，20X1 年 1 月 1 日，Peerless Products 公司决定对其进行的德国公司的部分投资进行套期保值，该项套期保值与德国公司净资产的账面价值相关。Peerless Products 公司不能确定本年度对欧元的直接汇率是涨还是跌，希望对该项净资产的投资进行套期保值。20X1 年 1 月 1 日，Peerless Products 公司拥有 100%股权的德国公司的净资产是 50 000 欧元（实收资本 40 000 欧元，留存收益 10 000 欧元）。Peerless Products 公司以 5%的利率借入 50 000 欧元，以对在德国公司的权益投资进行套期保值，本金和利息定于 20X2 年 1 月 1 日支付。

Peerless Products 公司对该笔净投资的套期保值业务以如下分录进行核算：

20X1 年 1 月 1 日

		借	贷
(19)	借：现金	60 000	
	贷：应付贷款（欧元）		60 000

借入以欧元计价的贷款对德国子公司的净投资进行套期保值：

$60 000 = 50 000 × $1.20（即期汇率）

20X1 年 12 月 31 日

	借方	贷方
(20) 借：其他综合收益	10 000	
贷：应付贷款（欧元）		10 000

以期末汇率对外币计价的应付贷款进行重新计量：

$10 000 = 50 000 ×（$1.40 − 1.20）

	借方	贷方
(21) 借：利息费用	3 250	
外币交易损失	250	
贷：应付利息（欧元）		3 500

计提利息费用作为欧元贷款的应付利息：

$3 250 = 50 000 × 0.05（利率）× $1.3（平均汇率）

$3 500 = 50 000 × 0.05（利率）× $1.4（期末汇率）

	借方	贷方
(22) 借：累计其他综合收益——折算调整	10 000	
损益（或留存收益）	250	
贷：外币交易损失		10 000
其他综合收益		250

结平与国外子公司净投资套期保值相关的账户。

20X2 年 1 月 1 日，支付本金和利息，分录如下：

20X2 年 1 月 1 日

	借方	贷方
(23) 借：应付利息（欧元）	3 500	
应付贷款（欧元）	70 000	
贷：现金		73 500

根据对欧元进行的套期保值支付本金和利息：

$70 000 = $60 000 + $10 000

20X1 年，Peerless Products 公司对冲了一部分外国子公司的净资产投资。美元对欧元贬值（直接汇率上升），Peerless 公司确认了一项欧元净资产投资的收益和一项欧元应付负债的损失。如果没有净资产的套期保值，Peerless Prodcuts 公司要报告一项 11 950 美元（$11 950 = $11 000 + $950 差额调整）的贷方余额，列示在累计其他综合收益的累计折算部分。有了净投资的套期保值，Peerless Products 公司只报告 1 950 美元（$11 950 − $10 000 套期保值的影响）作为 20X1 年累计折算调整的变动。这样，Peerless 公司平衡了一部分 20X1 年 1 月 1 日在德国公司净资产投资的净敞口。

值得注意的是，对其他综合收益的抵销额是以基于净资产重估价值的套期保值有效部分为限。任何超额部分，在本例分录（21）应付利息的重估价值 250 美元的损失，直接计入损益表的当期利润。

披露要求

FASB 第 52 号公告要求外币交易的损益合计应包含在损益中，并在损益表中

图表 12–11

两种方法列示综合收益

Peerless Products 公司及其子公司 合并损益表 截至 20X1 年 12 月 31 日	
销售收入	$465 000
销售成本	(199 250)
毛　利	265 750
经营费用	(109 500)
外币交易损失	(650)
归属于控股股东的合并净利润	$155 600

Peerless Products 公司及其子公司 合并综合收益表 20X1 年 12 月 31 日	
归属于投股股东的合并净利润	$155 600
其他综合收益：	
外币折算调整	$ 11 950
归属于控股股东的综合收益	$167 550

单独披露或在附注中披露。这包括在外币交易中确认的损益、远期互换合约和任何重新计量的损益。如果不在损益表中单独一行列示，则通常是用一句话的脚注总结公司的外币经营状况。

在这种折算方法下，折算调整的当期变化正如 FASB 第 130 号公告所要求的，作为其他综合收益的一项予以报告。图表 12–11 列出了两种表述方法以列示综合收益。合并综合收益报表列示了母公司其他综合收益 11 950 美元的明细。图表 12–12 列示了权益变动表，其调整了股东权益的全部项目。资产负债表列示了实收资本、留存收益和股东权益部分下的累计其他综合收益。此外，如果影响显著的话，FASB 第 52 号公告要求披露资产负债表日后的汇率变动及其对不稳定的外币交易的影响。

境外经营和境外实体会计核算的其他问题

本节包含跨国公司核算的特殊问题。尽管这些额外考虑因素大部分是非常技术性的，但对这部分内容的学习还是有助于对境外实体核算问题的理解。

重新计量案例：后续的合并工作底稿

重新计量案例的合并工作底稿列示在图表 12–13。德国公司的账户可以从图表 12–9 的重新计量账户获得。重新计量收益包含于德国子公司的试算表中，因为这个账户的来源是重新计量的子公司账户。

这项来自子公司账户的收入可以证明如下。

图表 12-12 合并股东权益变动表

Peerless Products 公司及其子公司 合并股东权益变动表 截至 20X1 年 12 月 31 日					
	合计	综合收益	留存收益	累计其他综合收益	实收资本
期初余额	\$800 000		\$300 000	\$ –0–	\$500 000
综合收益：					
净利润	155 600	\$155 600	155 600		
其他综合收益：					
外币折算调整	11 950	11 950		11 950	
综合收益		\$167 550			
已宣告股利	(60 000)		(60 000)		
期末余额	\$907 550		\$395 600	\$11 950	\$500 000

来自子公司的投资收益			
		母公司占子公司的收入份额： (\$18 650×1.00)	18 650
专利摊销（\$6 000/10 年）	600		
		20X1 年 12 月 31 日余额	18 050

在合并损益表中，重新计量收益账户通常被外币交易损失账户抵销，导致在本例中的净收益 350 美元（\$1 000–\$650）。这项收益在损益表的其他收益部分列报。

剩余的合并过程与国内子公司合并过程相同。注意，资产负债表中列示的专利 5 400 美元是最初 6 000 美元（\$5 400=\$6 000–\$600）的未抵销部分。当运用重新计量过程时不需要对专利做特别调整。

抵销分录如下：

E(24)	借：投资收益——子公司	18 050	
	贷：应收股利		8 500
	股权投资——德国公司		9 550
	抵销来自子公司的投资收益。		
E(25)	借：普通股——德国公司	48 000	
	20X1 年 1 月 1 日留存收益	12 000	
	股权投资差额	6 000	
	贷：股权投资——德国公司		66 000
	抵销期初投资差额。		
E(26)	借：专利	6 000	
	贷：股权投资差额		6 000
	将股权投资差额分配给专利。		

图表 12-13 20X1 年 12 月 31 日外币报表重新计量后的合并工作底稿

项 目	Peerless Products	德国公司	抵销分录 借 方	抵销分录 贷 方	合并金额
销售收入	400 000	65 000			465 000
重新计量收益		1 000			1 000
来自子公司的收益	18 050		(24) 18 050		
贷方小计	418 050	66 000			466 000
销售成本	170 000	28 100			198 100
经营费用	90 000	18 600	(27) 600		109 200
外币交易损失		650			650
借方小计	(260 000)	(47 350)			(307 950)
净利润，结转下方	158 050	18 650	18 650		158 050
1 月 1 日的留存收益	300 000	12 000	(25) 12 000		300 000
净利润，自上方结转	158 050	18 650	18 650		158 050
	458 050	30 650			458 050
已宣告股利	(60 000)	(8 500)		(24) 8 500	(60 000)
12 月 31 日的留存收益	398 050	22 150	30 650	8 500	398 050
现 金	422 500	15 050			437 550
子公司持有的美元		4 200			4 200
应收账款	75 000	14 700			89 700
存 货	100 000	6 900			106 900
土 地	175 000				175 000
厂房及设备	800 000	60 000			860 000
股权投资——德国公司	75 520			(24) 9 550	
				(25) 66 000	
股权投资差额			(25) 6 000	(26) 6 000	
专 利			(26) 6 000	(27) 600	5 400
借方合计	1 648 050	100 850			1 678 750
累计折旧	450 000	9 000			459 000
应付账款	100 000	4 200			104 200
应付债券	200 000	17 500			217 500
普通股	500 000	48 000	(25) 48 000		500 000
留存收益，自方上结转	398 050	22 150	30 650	8 500	398 050
贷方合计	1 648 050	100 850	90 650	90 650	1 678 050

抵销分录：

(24) 抵销来自子公司的收入和股利。

(25) 抵销期初股权投资余额。

(26) 将期初股权投资差额分配给专利。

(27) 专利摊销。

E(27)	借：经营费用——专利摊销	600	
	贷：专利		600
	摊销专利。		

比较图表 12–7 和图表 12–13，可以看出境外子公司在不同方法下报告的净收益不同（折算：$18 630；重新计量：$16 250）。当功能货币是美元时，子公司的收益大约提高了 15%，主要原因是当年美元对欧元贬值。子公司重新计量收益是由于在此期间用坚挺的货币（欧元）做交易而形成的。而且，子公司的产品销售成本和经营费用以较低的汇率重新计量，从而导致利润提高。

重新计量汇兑收益的证明

由图表 12–9 列示的对德国子公司重新计量的过程表明，1 000 美元的重新计量收益作为平衡项需要取得试算平衡，这个平衡项可以被证明且列示于图表 12–14 中。分析主要包括货币性项目，这是因为货币性项目从期初或在发生交易的当天汇率重新用期末的现行汇率计量。由重新计量而导致的净货币资产的增加或减少作为汇兑损益在当期确认。

明细表 1 列示了期初和期末的净货币头寸。11 250 欧元的净货币头寸变化是从期初净负债 2 500 欧元到期末净货币资产头寸 8 750 欧元而来的。明细表 2 列示了当期汇率变动对境外子公司净货币头寸的具体影响。期初的净货币头寸使用的是期初的汇率。然后所有净货币账户的增加或减少使用交易发生时的汇率调增或调减。货币账户增减的其他来源是投融资交易，例如，购买厂房和设备，发行长期债券或出售股票。在年末用交易日汇率计算的净货币头寸（$11 250）与用年末汇率计算的净货币头寸（$12 250）相比较。由于汇率的提高，当使用 20X1 年 12 月 31 日的汇率 1.40 美元重新计量时，期末净资产头寸增加。这意味着年末等值美元的净货币资产价值从 11 250 美元上升至 12 250 美元，并应确认 1 000 美元的重新计量收益。如果 20X1 年 12 月 31 日披露的以当日汇率重新计量的美元等值净货币性资产价值低于计算的 11 250 美元的价值，那么就会存在一个重新计量损失，并予以确认该净资产美元等值价值的减少。

现金流量表

现金流量表是两张资产负债表之间的桥梁。每个公司都有一些编制现金流量表的自由范围和自由度。一条通用的原则是：现金流量表中报告的账户必须用美元重述，而且必须使用编制资产负债表和损益表时使用的相同汇率。因为在编制损益表和资产负债表时分别使用的是平均汇率和期末时点汇率（现行汇率），所以，在现金流量表中会出现为平衡差异的平衡项目。该平衡项目可以从产生该差异的特定账户中分析和追踪得到，但是这并不影响该期间内现金流量的净变动。

图表 12–14
重新计量汇率折算收益验算表，功能货币为美元

德国公司收益重新计量验算表
截至 20X1 年 12 月 31 日

明细表 1
净货币头寸报表

	期　末	期　初
货币性资产：		
现　金	€ 10 750	€　2 500
外国货币	3 000	–0–
应收账款	10 500	10 000
合　计	€ 24 250	€ 12 500
减：货币性权益		
应付账款	€　3 000	€　2 500
应付债券	12 500	12 500
合　计	€ 15 500	€ 15 000
净货币性负债		€ (2 500)
净货币性资产	€　8 750	
年度内货币性资产净增额	€ 11 250	

明细表 2
货币性科目变化分析

	欧　元	汇　率	美　元
1 月 1 日净货币性负债头寸	(2 500)	1.20	(3 000)
年度净货币头寸调整：			
增加：			
来自经营：			
销售收入	50 000	1.30	65 000
来自其他渠道	–0–		–0–
减少：			
来自经营：			
购买支出	(20 000)	1.30	(26 000)
现金费用	(12 000)	1.30	(15 600)
外币交易损失	(500)	1.30	(650)
来自股利分配	(6 250)	1.36	(8 500)
来自其他用途	–0–		–0–
用年末汇率调整前净货币头寸			11 250
12 月 31 日净货币性资产	8 750	1.40	12 250
重新计量收益			1 000

重新计量下存货的成本与市价孰低法的应用

当记账货币与实体的功能货币不一致时，对存货运用成本和市价孰低原则需要特殊处理，所以，境外实体的财务报告必须重述为功能货币。存货的历史成本首先必须利用历史汇率进行重新计量，以便得到以功能货币计价的历史成本价值。

然后，将这些重新计量的成本与以现行汇率折算的市场价值相比较。最后一步是，同时用功能货币将成本与市价进行比较，然后计提适当的减值。这个比较是以功能货币价值为基础的，而不是用当地或记账货币价值，所以，可能在功能货币报告中出现减值，但子公司的账上不出现，或者在子公司账上出现但在合并报表中并不出现。

为了说明成本与市价孰低法的应用，假设当汇率为$1.38 = € 1 时，一家德国子公司取得了价值 5 000 欧元的存货。年末，直接汇率降低至$1.20 = € 1。该存货的预计可变现净值（上限）为 5 500 欧元，重置成本为 5 000 欧元，其可变现净值减去正常边际利润（下限）是 4 000 欧元。该存货的价值首先以当地货币（欧元）计量，然后用功能货币（美元）重新计量，使用的汇率是期末汇率，如下所示：

	欧元	汇率	美元
历史成本	€ 5 000	$1.38	$6 900
可变现净值（上限）	€ 5 500	$1.20	$6 600
重置成本	5 000	1.20	6 000
可变现净值减去正常边际利润（下限）	4 000	1.20	4 800

存货的市场价值是 5 000 欧元，或者 6 000 美元。请注意该子公司并没有计提减值，这是因为其历史成本与市场价值相同。然而，通过功能货币（美元）价值比较可以看出，为了将存货从其功能货币历史成本 6 900 美元减值至功能货币市场价值 6 000 美元，其美国母公司需要计提 900 美元的减值准备。

企业集团内部交易

一家美国母公司或总部机构可能有很多企业集团内部交易，或与其境外分公司发生交易行为，这就产生了企业集团内部应收账款或应付账款。折算以外币计价的应收或应付账款的过程在第 11 章中已经讨论。例如，假设一家美国公司拥有一项来自其境外子公司以外币表示的应收账款。在财务报告日，该美国公司首先将以外币表示的应收账款用美元进行重新等值计价。在境外分公司的报告已经被折算或重述后，根据境外分公司的功能货币，公司间的应收和应付款项应该具有相同的美元价值，而且能够被抵销。

FASB 第 52 号公告有一个例外情况，即企业集团内部的外币交易在可预见的将来不能结算的情况。这些企业集团内部交易可能被视为对境外实体的净投资。这些长期应收或应付款项产生的折算调整被递延和累计成为累计折算账户的一部分。比如，一家美国母公司可能向其德国子公司贷款 10 000 美元，且母公司在可遇见的将来并不期望得到归还。在折算法下，子公司以美元计价的应付贷款账户首先将随着期间内汇率的变动而调整。任何因为这类企业集团内部交易产生的收益或损失都应该被分类成累计折算调整账户的一部分，并在所有者权益中反映，而不是在子公司的当期净收益中反映。不论长期企业集团内部交易融资以美元或当地货币——本例中是欧元——计量，都会出现相同的结果。所以，这种融资被看作是对境外实体长期投资的一部分，任何与该项融资相关的汇兑损益调整均在所有者权益中的累计折算调整账户中进行累计。

当母公司和境外子公司之间的交易产生未实现企业集团内部利润时，一个有趣的问题出现了。这个问题是，如何消除货币价值由于关联价值影响而产生的利润。比如，假设母公司 Peerless Products 公司对其德国子公司以顺销方式销售存货。这些货物在母公司的成本是 10 000 美元，但是在汇率为$1.30 = € 1 时，销售给子公司的价格是 10 000 欧元，这导致了 3 000 美元（$13 000 – $10 000）的关联利润。当年末汇率为$1.40 = € 1 时，这些货物仍然在该子公司的存货账户上。相关交易概括如下：

	以美元计量	以欧元计量
初始存货交易日（$1.30 = € 1）：		
销售给母公司的价格成本（10 000 × $1.30）	$13 000	€ 10 000
内部交易利润	(10 000)	
资产负债表日（$1.40 = 1）：	$ 3 000	
存货折算（$14 000 = 10 000 × $1.40）	$14 000	€ 10 000

这里有两个问题：

1. 在合并资产负债表中，该期末存货应该以什么样的数额列示——最初的企业集团内部转移价格为 13 000 美元（10 000 × $1.30），现在的等价交易价值为 14 000 美元（10 000 × $1.40 现行汇率），或者是其他数额？
2. 需要以多少金额对未实现企业集团内部利润予以抵销——初始企业集团内部利润 3 000 美元，或者是资产负债表日等值企业集团内部利润 4 000 美元（现行交易价值 14 000 美元减去母公司初始成本 10 000 美元）？

为了回答这些问题，FASB 第 52 号公告提供了下列原则：[6]

> 为了抵销因为合并或汇总实体间的销售或其他交易行为，或者在企业财务报告中使用权益法计量行为引起的关联利润，要以该销售或交易发生时的汇率为基础。允许使用合理的近似或平均值。

所以，对企业集团内部利润的抵销分录为：

E(28)	借：销售成本	3 000	
	贷：期末存货		3 000
	基于交易日汇率对未实现的企业集团内部利润进行抵销。		

合并资产负债表列示的存货为 11 000 美元，其包含母公司初始成本增加的 1 000 美元。此笔增加的数额会带来所有者权益折算调整部分贷方的同步增加。FASB 声明发生在内部交易之后的汇率变化不受初始存货交易的影响。

[6] *FASB 52*, para. 25.

所得税

为实现损益表编制和税收缴纳的目的，只要确认收入和费用时存在暂时性差异，就要进行期间税收分配。如果外币折算损益包含在收入中，但基于税收目的未在同期税务收入中确认，则此时需确认一笔递延税项。

如果子公司未分配收益包含在母公司收益中，则需要确认与子公司未分配收益相关的折算调整的递延税项。APB 第 23 号声明，“所得税会计领域——特殊事项”指出，除非子公司的未分配利润无限期地再投资于子公司，否则，子公司的未分配利润会导致暂时性差异。如果子公司的未分配利润无限期地再投资于子公司，则不需要确认递延税项。然而，如果母公司预期最终会收到子公司当前的未分配利润，则需要确认递延税项，母公司的税务分录应当借记其他综合收益，而不是借记所得税费用，如下所示：

(29) 借：其他综合收益——折算调整	X XXX	
贷：递延应付税项		X XXX

当第三方货币为功能货币时进行的折算

很少有这样的案例，即国外子公司用当地货币单位维持账簿和记录，但是存在以第三方货币作为其功能货币。例如，假定书中提到的德国子公司用当地货币欧元编制其记录。如果子公司用瑞士法郎处理其大部分业务活动，管理层就可以断定瑞士法郎是子公司的功能货币。如果实体账簿和记录未明示其功能货币，则须采用如下两步折算过程：

1. 将子公司财务报告重新计量为功能货币。在本书的示例中，将用欧元披露的财务报告重新以瑞士法郎计量。重新计量过程与本章前面所分析的一样。重新计量之后，财务报告用实体的功能货币瑞士法郎进行披露。
2. 使用在本章分析过的折算过程，将以瑞士法郎披露的财务报告折算成美元。

如前所示，这样的案例在实务中并不常见，但当国外子公司以一种货币进行重要的商务活动，而这种货币并不是子公司地理位置所在国家的货币时，管理层就应正确考虑此事。讨论指出，重要的是要在进行折算过程之前判定国外实体的功能货币。

关键概念总结

用美元重述境外分支机构的财务报表会采用折算或重新计量方法，这取决于境外实体的功能货币。由于当地货币一般是功能货币，因此大部分境外分支机构用现行汇率法进行折算。如果功能货币是美元，则要使用重述法将境外实体财务报表从当地货币转换成美元。功能货币的选择影响在合并财务报表上列示的境外实体的价值。

由于折算或重新计量是采用不同的汇率对资产负债表项目和损益表项目进行折算的，因此在折算过程中会产生一个平衡项，被称为“折算调整”或“重新计量损益”。折算调整按比例在母公司和少数股东之间分配。调整其股权投资差额的母公司的份额，作为其他综合收益列报，并在合并报表中的股东权益项下累计。少数股东份额直接在合并资产负债表中调整少数股东权益。重新计量损益在合并损益表中报告。

第13章

分部和中期报告

分部报告

20世纪60年代和70年代初期，新产品的多元化和跨国市场的兴起，对企业单个部门或分部信息的披露提出了要求。这项要求由会计原则委员会（Accounting Principle Board）、财务经理人协会（Financial Executives Institute）、管理会计师协会（Institute of Management Accountants）、证券交易委员会（Securities Exchanges Commission）和美国财务会计准则委员会（FASB）共同提出。

大型多元化经营的公司可被看作以分部或子公司为经营单位的资产组合，且通常是跨国性经营。由于大型公司各个组成部分的利润率、风险水平和类型以及增长机会不尽相同，所以，对于会计师来说，首要的任务是如何通过必要的信息披露以反映这些本质区别。以下讨论讲解了与报告实体经营组成部分、境外经营和主要客户相关的会计准则。

分部报告的会计问题

会计原则委员会（APB）于1967年发布了会计原则委员会第2号声明——“多种经营公司补充财务信息的披露”，其中列出了建议分部披露的信息。证券交易委员会（SEC）在1969年要求，新发股票要在有价证券上市申请表上写明经营范围，并在1970年将该项要求扩展到每年所有上市公司都必须列示在提交的报告文件10-K表格中。1976年12月，在管理会计师协会[1]和财务经理人协会[2]大量研究报告的基础上，FASB颁布了第14号公告——企业分部的财务报告。该项公告要求主体对所选定的行业分部（包括境外经营）的收入、利润、资产和其他信息进行

[1] M. Backer and R. McFarland, *External Reporting for Segment of a Business*, Institute of Management Accountants（New York, 1968）.

[2] R. Mautz, *Financial Reproting by Diversified Companies*, Financial Executives Research Foundation（New York, 1968）.

附加披露。

财务报表编制者认为根据 FASB 第 14 号公告，即使大多数业务都不是按行业进行的，企业也不得不按行业分析财务情况，这种做法增加了会计成本。更重要的是，财务分析师和其他财务报表使用者声称，即使分部信息对于一个公司的全面分析是至关重要的，但 FASB 第 14 号公告的规定并不够恰当。

FASB 与加拿大特许会计师协会（CICA）共同研究分解数据的信息披露需要。同时，美国注册会计师协会（AICPA）组成以其主席 Ed Jenkins 命名的财务报告特殊委员会（The Jenkins Committee），该委员会在 1994 年建议 FASB 应不遗余力地推动分部报告的改进。FASB 在 1997 年 6 月发布第 131 号公告——“企业分部信息披露和相关信息”。尽管其中有一部分披露标准是 14 号准则中的延续，但 131 号采用了**管理法**（management approach）对分部进行定义。此标准集中论述一个企业财务决策者如何利用财务信息评价一个实体的经营分部。因此，根据 FASB 第 131 号公告的要求，反映实体内部组织结构的分部财务信息用于帮助公司总裁进行如何分配资源和评价绩效等经营性决策。这些组成部分被定义为经营分部。所以，财务报告分部信息的基础与公司内部决策的组织基础是相同的。

FASB 第 131 号公告定义的经营分部具有以下三个特点：

1. 各个经营活动的组成部分产生收入和费用，包括各种与公司内部其他业务单位交易发生的内部收入和费用。
2. 实体主要经营决策者审视各个组成部分的经营结果，然后决定分配给每个部门的资源并对其绩效进行评价。
3. 分部财务信息对每个经营分部是公开的。

一般来讲，公司总部不是一个单独的经营分部。同时，公司可以选择几个经济特征非常相近的分部（如产品和服务、生产工艺、顾客的类型或层次、产品或服务的分销方式）共同组成一个经营分部。管理层或许相信这种联合体的业务分布能对财务报告的使用者提供更有用的信息。

当定义一个企业的某个分部的收入时，一个重要问题是对特定的分部如何进行成本分配。比如，某个分部的收入所对应的成本是只包括可追溯的直接成本，还是应该包括对所有分部共同成本的分配，如企业整体的广告费或采购中心费用？某个会计研究者表明，所有的成本分配都是主观的，是不能完全被实证证实的分配方式。因此，扣除所有分配成本的净收益是一种主观的做法[3]。FASB 第 131 号公告表明，只有在分部信息中收入和成本的分配对决策者有用时，分部报告信息中才将相应收入和成本纳入其中。同样，只有在主要经营决策制定者需要的时候，才在分部信息中对相关资产进行计量，并列示在分部报告信息之中。因此，FASB 第 131 号公告致力于将经营分部的外部信息披露与公司管理层用于分配资源及其他决策的内部报告联系起来。

---

[3] A. Thomas, *The Allocation Problem: Part Two*, American Accounting Association（Sarasota, FL, 1974）.

经营分部信息

许多实体是跨行业经营的。每个行业都依靠其独特的竞争性因素，同时因经济环境的变化而产生不同的反应。比如，像强生公司这样的大型企业同时拥有几个主要的经营链条：消费品、药品和专业人员。它的产品包括可弃型隐形眼镜、婴儿用品、外科手术产品、抗体治疗用品和感冒药。一个集团企业也许涉及几个具有不同经营特点的消费品市场，更重要的是，它要面对每个市场由于产品特性不同所带来的不同风险。合并报表将这些不同点在单一实体下进行列报。分部报告的目的是允许财务报表使用者看清组成实体合计数的各个组成部分。

定义报告分部

划定单独**报告经营分部**（reportable operating segment）的组成部分和范围是这样一个过程：做单独补充披露的分部必须建立在管理层对业务部门的定义规范基础上，以用于评价企业内部财务状况和经营业绩。

10%的最低门槛

FASB 设置了三条 10%**重要性原则**（10 percent significance rules），以决定哪些经营分部应该单独报告。要求单独披露的经营分部至少要满足以下测算中的一项要求：

1. 分部的收入，包括对外销售和经营分部间的销售或转移，占整体收入（所有分部对外销售和经营分部间的内部交易总和）10%或以上。
2. 分部利润或亏损的绝对值占所有没有报告亏损经营分部的利润总和或所有报告亏损经营分部亏损总额的 10%或以上。
3. 经营分部的资产价值占所有业务分部总资产价值 10%或以上。

值得注意的是，收入测算包括经营分部间的销售或转移。FASB 发现必须测算一个特定业务分部对整个企业的全部影响。同时，FASB 认为，分部的概念应包括一个企业内所有主要或专门销售给本企业其他分部的业务部门。这些垂直结构的经营信息可使人们深入研究一个企业的生产经营。

FASB 第 131 号指出，分部信息披露应包括可报告分部盈利或亏损的核算。因此，报告的目的应与内部决策制定的目的一致。一些公司可能将一些由公用设施（比如仓库）引起的经营费用进行分配。另一些公司也许将如利息支出、所得税或股权投资收益在特定分部之间进行分配。无论怎样，出于内部决策目的对分部经营利润或亏损进行的核算，都应对外披露。

尽管一个企业被要求单独披露可报告经营分部的资产，FASB 第 131 号同样指出，如果公司发现有必要披露得更全面，那么也应报告分部的负债。这些被报告的资产用于分部的主要经营信息决策，可能也包括商誉或其他无形资产。如果公有的资产被分配给分部，那么其价值也应算入分部报告的金额。同样，分部资产中还应包括如证券投资或分部间贷款的融资项目。分部报告的关键是所有收入、盈亏和资产都必须与用于内部决策的信息的报告基础相同。

如果单独可报告的经营分部对外交易收入合计未达到合并总收入的 75%，管理层必须选择增加报告分部的数量，将其他未作为报告分部的经营分部纳入报告分部的范围，直到该比重至少达到 75%。增加哪些业务分部的选择由管理层决定。

没有单独报告的经营分部信息合并起来归为其他类别，其他类别中收入的来源必须披露，但其程度显著小于需要单独报告的经营分部。另外，请注意公司总部（或公司管理机构）不是企业典型意义上的经营分部。

图表 13-1
Peerless Products 公司及其子公司的合并财务报表

Peerless Products 公司及其子公司
合并收益与留存收益表
截至 20X1 年 12 月 31 日

收入：	
销售收入	$572 000
投资收益——Barclay	32 000
费用及扣除：	
销售成本	(267 000)
折旧及摊销	(70 000)
其他费用	(15 000)
利息支出	(30 000)
少数股东收益	(10 000)
所得税	(62 000)
净利润	$150 000
1 月 1 日的留存收益	300 000
减：股利	(60 000)
12 月 31 日的留存收益	$390 000

Peerless Products 公司及其子公司
合并资产负债表
20X1 年 12 月 31 日

现　金		$ 131 000
应收账款		125 000
存　货		165 000
股权投资——Barclay		184 000
土　地		215 000
建筑物和设备	$1 400 000	
减：累计折旧	(770 000)	630 000
资产总计		$1 450 000
应付账款		$ 200 000
应付债券		300 000
少数股东权益		60 000
普通股		500 000
留存收益		390 000
负债和所有者权益总计		$1 450 000

10%测试示例

图表 13–1 展示了 Peerless Products 公司的合并财务报表。以下是本例的详细资料：

1. Peerless Products 公司拥有 Special Foods 公司 80%的股权，2001 年度，Special Foods 公司报告利润 50 000 美元，分配股利 30 000 美元。20X1 年 12 月 31 日，Special Foods 公司的股东权益账户余额总计为 30 000 美元，其中少数股东权益占 20%。
2. 20X1 年 1 月 1 日，Peerless Products 公司以 160 000 美元的成本购买 Barclay 公司 40%的股份，与当日股票的账面价值相同，用权益法进行核算。20X1 年，Barclay 公司全年利润 80 000 美元，分配股利 20 000 美元。这次投资由公司总部运作，不涉及任何经营分部。

分部披露使合并总额能分解到各个组成部分，这些项目应在合并报表中列示，总销售收入 572 000 美元和总资产 1 450 000 美元必须用明细表示。分部分析还用于对分部利润的分析，然而，这个数字一般并不直接在合并损益表中详细列示，并且要单独计算。

图表 13–2 展示了一个合并总额分解成各个经营分部的明细的工作底稿，同时还包括在本章最后介绍的年度财务报告附注披露所需的其他必要信息。

这部分分析的附加信息如下所示：

1. Peerless Products 公司和 Special Foods 公司合并主体包括 5 个不同的经营分部和一个中心管理部门。经营分部包括食品生产部、包装部、客户与商务部、健康与科学部和化工部。
2. 20X1 年 1 月 1 日，Special Foods 公司的食品部发行年利率为 12%、金额为 100 000 美元的应付票据给 Peerless Products 公司的包装部。公司内部全年利润 12 000 美元已在合并报表中抵销。
3. 每个经营分部都向外部非关联客户进行销售。另外，食品部、包装部和商业部内部分部销售额合计为 28 000 美元。分部间的销售成本为 18 000 美元，这些商品在期末并未全部对外销售，因此在进行期末合并财务报表时至少要抵销 10 000 美元的存货和销售成本。相关内部收入的信息如图表 13–2 所示。
4. 图表 13–2 同样列示了以实体定义为基础的每个分部盈利与亏损的信息。实体采用“可控盈余”来计量分部绩效。可控盈余包括实体定义的分部盈亏的利息收入和费用。因此，利息的报告披露基于分部的概念。折旧需要单独披露，因为如果将折旧、损耗和摊销费用包含在分部盈亏中，则 FASB 第 131 号要求实体单独提供这些成本因素的相关信息，从而使财务报表使用者可估算每个分部的现金流量。
5. 本年购买一台价值 30 000 美元的计算机，用于生产计划和控制，折旧费用在 3 年内用直线法摊销完毕（\$30 000÷3 年=\$10 000/年）。计算机每年所摊销的费用在经营分部的分摊依据各个分部的使用情况而定。相关数据详见图表 13–2，列示在每个经营分部的其他费用之后。

图表 13-2　Peerless Products 公司及其子公司经营公布分析工作底稿

Peerless Products 公司和 Special Foods 公司分部披露工作底稿									
	经营分部								
项　目	食品生产	塑料与包装	客户与商务	健康与科学	化　工	公司总部	汇　总	分部抵销	合并金额
收　入：									
非关联企业销售收入	317 000	95 000	41 000	86 000	33 000		572 000		572 000
关联企业销售收入	6 000	18 000	4 000	—	—	—	28 000	(28 000)	—
总收入	323 000	113 000	45 000	86 000	33 000		600 000	(28 000)	572 000
利　润：									
直接经营成本	(103 000)	(31 000)	(63 000)	(55 000)	(37 000)		(289 000)	18 000	(271 000)
分部资产折旧	(7 000)	(4 000)	(5 000)	(6 000)	(4 000)		(26 000)		(26 000)
折旧分配	(3 000)	(1 000)	(2 000)	(3 000)	(1 000)		(10 000)		(10 000)
其他项目									
分部间的利息收入		12 000					12 000	(12 000)	
非关联企业利息费用		(30 000)					(30 000)		(30 000)
分部间的利息费用	(12 000)	—	—	—	—	—	(12 000)	12 000	—
分部盈利（亏损）	198 000	59 000	(25 000)	22 000	(9 000)		245 000	(10 000)	235 000
总部费用						(45 000)	(45 000)		(45 000)
股权投资收益	—	—	—	—	—	32 000	32 000	—	32 000
税前持续经营收益	198 000	59 000	(25 000)	22 000	(9 000)	(13 000)	232 000	(10 000)	222 000
资　产：									
经营分部：									
分部（非分部间的）	411 000	275 000	100 000	310 000	80 000		1 176 000	(10 000)	1 166 000
内部票据	—	100 000	—	—	—	—	100 000	(100 000)	—
经营分部总计	411 000	375 000	100 000	310 000	80 000		1 276 000	(110 000)	1 166 000
公司总部						100 000	100 000		100 000
权益投资	—	—	—	—	—	184 000	184 000	—	184 000
资产总计	411 000	375 000	100 000	310 000	80 000	284 000	1 560 000	(110 000)	1 450 000
长期资产本年总支出	48 000	21 000	10 000	29 000	12 000		120 000		

6. 公司之间内部票据产生的分部利息费用归属于食品部，利息收入归属于包装部。
7. 决定各分部业绩的公司政策不包括任何一个经营分部的投资损益，相反，它归属于公司总部。相关信息在工作底稿中列示并已进行合并调整。
8. 图表 13–2 中资产部分列示经营分部和公司总部的各项资产，其中经营分部资产中包括账面价值 20 000 美元（原值 30 000 美元减去 10 000 美元折旧）的生产用计算机。另外，出于内部决策的目的，分部之间的票据已分配给某个特定分部，但这些票据应在合并报表中抵销。

对Peerless Products 公司及其子公司进行重要性测试，以决定其可报告的经营分部：

10%收入测试： 第一个 10%的测试是将每个经营分部的总收入加总，测算其占总收入（不剔除分部间的转移和销售收入）的比例。如果一个经营分部收入占汇总收入的 10%以上，就需要在年报中对其单独报告并披露相关信息。

10%的收入测试应用如下：

分 部	分部收入	占汇总收入$600 000的比例	可报告的分部
食品生产	$323 000	53.8%	是
塑料与包装	113 000	18.8	是
客户与商务	45 000	7.5	否
健康与科学	86 000	14.3	是
化 工	33 000	5.5	否
总 计	$600 000	100.0%*	

*分部的近似百分比总计为 100%。

收入测试表明以下分部为可报告的独立分部：食品生产、塑料与包装、健康与科学。简便的计算方法是计算汇总收入的 10%（对于 Peerless Products 公司及其子公司是$600 000 × 0.10)，然后将每个分部的总收入与该金额比较。在本例中，可报告的分部为收入大于 60 000 美元的分部。

10%损益测试： 损益测试是决定经营分部是否单独报告的第二个方法，主要看分部的利润或亏损是否大于合并经营利润的 10%，或大于合并经营亏损中的较大者。

由于两个分部在本年有亏损，损益测算分别制作表格如下：

分 部	分部利润	分部损失
食品生产	$198 000	
塑料与包装	59 000	
客户与商务		$(25 000)
健康与科学	22 000	
化 工		(9 000)
总 计	$279 000	$(34 000)

分部利润或损失中较大者是 279 000 美元的盈利，因此这个金额将作为 10% 经营损益测试的分母。由于测试的结果全部是基于绝对值的，因此所有的数字都看作正数，测算数据如下：

分 部	盈利（亏损）	占测试金额 $279 000 的比例	可单独报告的分部
食品生产	$198 000	71.0%	是
塑料与包装	59 000	21.1	是
客户与商务	(25 000)	9.0	否
健康与科学	22 000	7.9	否
化 工	(9 000)	3.2	否

利用此测试测算出食品生产、塑料与包装两个分部为可报告的分部。

资产测试： 决定一个分部是否是可报告分部的最后一个方法是 10%资产测试。注意，每个分部的资产都是根据其内部决策意图由管理层定义其明细的。明细可以包括无形资产、应收账款，甚至是内部交易项目。假设 Peerless 公司管理层定义的分部资产包括内部票据等内部交易项目。我们要看到有关分部损益或资产的明细确定，它全部取决于管理层。

所有经营分部的汇总资产 1 276 000 美元将用于这个测试。经营分部的汇总资产（$1 276 000）与经过合并抵销后总资产（$1 166 000）的差异为 110 000 美元。这个差异来自于未能实现的内部存货交易收入 10 000 美元，以及金额为 100 000 美元的内部票据。这些内部交易必须在合并中予以抵销。

分部资产 10%重要性测试的规则如下：

分 部	分部资产	占测试金额$1 276 000 的比例	是否可单独报告
食品生产	$ 411 000	32.2%	是
塑料与包装	375 000	29.4	是
客户与商务	100 000	7.8	否
健康与科学	310 000	24.3	是
化 工	80 000	6.3	否
总 计	$1 276 000	100.0%	

按照这种方法，食品生产、塑料与包装、健康与科学这几个经营分部被定为可单独报告分部，它们的资产均大于或等于经营分部汇总资产的 10%（$127 600=$1 276 000 × 0.10）。

图表 13–3 对三种测试的结果进行了总结。回忆一下单独可报告分部必须要满足三种 10%测试要求标准中的一项。在三种测试法下可确定为单独报告的分部是：食品生产、塑料与包装、健康与科学。其余的分部——客户与商务、化工部——在这三种方法下不能单独报告。应单独报告的分部的相关信息必须在年报中披露，其余不应单独报告的分部必须在“其他项目”里予以合并披露。

图表 13-3
10%测试：可报告的行业分部汇总表

	食品生产	塑料与包装	客户与商务	健康与科学	化工
收入测试	是	是	否	是	否
经营利润（亏损）测试	是	是	否	否	否
可辨认资产测试	是	是	否	是	否

综合披露测试

通过三种方法决定哪个分部是应报告的分部之后，公司必须要做一个**75%合并收入测试**（75 percent consolidated revenue test）。

75%的合并收入测试

由所有单独可报告的经营分部所产生的外部收入总和必须等于至少75%的合并总收入。报告公司必须识别汇总其他的经营分部直到满足测试的条件。Peerless Products公司和Special Foods公司三个可报告分部75%测试如下：

由可报告分部产生的向非关联客户的销售额：		
食品生产	$317 000	
塑料与包装	95 000	
健康与科学	86 000	
可报告分部总计		$498 000
合并收入		$572 000
合并收入中可报告分部的比例（$498 000 ÷ $572 000）		87.1%

由于这三个分部所占的比例已经等于或大于75%，因此其他经营分部不再需要单独报告。如果这三个分部的比例加总小于75%，需要报告的分部就必须加进其他经营分部直到满足75%的比例条件。

其他注意事项

合理的可报告分部数量的上限是10个分部。如果多于10个分部，报告披露的补充信息就过细了。多于10个可报告分部的公司需要考虑将有紧密联系的分部进行合并加总。Peerless Products公司和Special Foods公司只有三个可报告分部。

另外，企业必须进行测试，以决定需要个别报告的分部。比如，一个分部由于一些特殊情况（比如非经常性高额损益）满足或不满足专门的测试，则应该根据跨期可比性原则决定某一分部是否在当期披露。企业需要单独披露，在往年报告而在当期由于非经常性交易而未通过重要性测试的分部。同样，企业不需要单独披露由于个别交易使其满足10%测试的分部。但是，企业必须说明为什么一个可报告的分部不被披露。

最后，如果一个分部在过去期间没有被单独报告，而在当期成为可单独报告的分部，则在当期的财务数据中需要对当期的比较报表数据进行重述。

报告分部信息

FASB 第 131 号中定义了对每个可报告分部的具体披露要求。对每个被单独报告的分部，需要披露以下定量或定性信息：

1. 总体信息。必须披露以下有关信息：（*a*）企业如何识别每个可单独报告的分部，包括公司组织结构的信息（比如公司是按照生产线、地理区域还是其他组织因素进行组织）；（*b*）每个可报告分部赚取收入的产品或服务类型。
2. 每个单独可报告分部的金额。分部披露必须包括的内容：（*a*）每个分部的损益和用于评估损益的测算程序，包括如何计算分部间的交易；（*b*）每个分部的资产。
3. 分部损益的计算：公司经营决策制定者在计算分部损益时必须披露以下内容：（*a*）外部销售收入；（*b*）与公司内部其他经营分部的交易收入；（*c*）利息收入；（*d*）利息支出；（*e*）折旧和摊销费用；（*f*）权益法计算投资收益；（*g*）所得税费用或收益；（*h*）特殊项目；（*i*）其他非现金项目。
4. 分部资产。公司经营决策制定者在计算分部资产时必须披露以下内容：（*a*）被投资企业权益法投资的金额；（*b*）通过资本预算增加长期经营性资产投资的总费用，因为这些费用通常代表着企业未来的发展方向。
5. 合并总计对账。最后，分部披露必须包括可报告分部的总收入、总损益、总资产以及相关合并数字的对账结果。如果企业决定披露每个可报告分部的负债，则必须将所有可报告分部的总负债与合并总负债的金额进行比对调整。

企业可在单独明细表中或报表附注中披露上述信息。大多数公司在报表附注中列示的同时也用附表说明。图表 13–4（Peerless Products 公司和 Special Foods 公司）是一个通用的披露格式。图表中提供了经营分部的相关数字信息，只含有当年的数据。然而在实务中，企业通常要提供除当年数据之外至少两年的比较数据。

FASB 第 131 号指出分部信息必须在中期报告例如季度财务报告中进行披露。中期报告必须对每个可报告分部披露以下信息：(1) 来自于外部客户的收入；(2) 分部间交易收入；(3) 分部损益的测算；(4) 最近年报中总资产的重要变化；(5) 从最近年报中获取的有关经营分部定义的差别以及分部损益是如何计算的；(6) 由分部损益合计到实体合并总计的调整表。

企业整体层面的披露

FASB 第 131 号的核心是站在公司管理层的高度，向财务报告使用者提供有关如何决定一个实体风险和潜在收益的有关信息。当然，在一个国家从事商业活动的风险与在其他国家从事同样商业活动的风险是差异很大的。现代的大型跨国实体在很多国家以及海外市场都设有经营分部。另外，一个拥有一个大客户并且该客户所带来的收入占其总收入份额很大的公司，其存在的风险面与另一个拥有众多小客户的公司是不同的。因此 **FASB 第 131 号**建立了一个被称作**企业层面披露**

图表 13-4 Peerless Products 公司及其子公司经营分部报表附注应披露的内容

附注 X

不同经营分部的公司经营信息

项 目	经营分部 食品生产	塑料与包装	健康与科学	其 他	合 并
非关联客户收入	317 000	95 000	86 000	74 000	572 000
分部间收入	6 000	18 000		4 000	28 000
分部之间利息收入		12 000			12 000
非关联企业利息费用		30 000			30 000
分部之间利息费用	12 000				12 000
折 旧	10 000	5 000	9 000	12 000	36 000
分部损益	198 000	59 000	22 000	(34 000)	245 000
分部资产	411 000	375 000	310 000	180 000	1 276 000
分部资产支出	48 000	21 000	29 000	22 000	120 000
可报告分部收入合计到合并总收入的调整					
可报告分部收入总计				$ 522 000	
其他收入				78 000	
抵销分部间收入				(28 000)	
合并收入总计				$ 572 000	
可报告分部损益合计到合并总损益的调整					
可报告分部损益总计				$279 000	
其他损益				(34 000)	
分部间利润的抵销				(10 000)	
公司总部支出				(45 000)	
股权投资收益				32 000	
税前收入及非经常性项目				$ 222 000	
由分部资产汇总到合并总资产的调整					
可报告分部的总资产				$1 096 000	
其他资产				180 000	
分部间资产利润的抵销				(10 000)	
分部之间的内部票据				(100 000)	
总公司资产				100 000	
权益投资				184 000	
合并资产总计				$1 450 000	

(enterprisewide disclosure) 的标准，提供给使用者更多有关公司风险的信息。这些企业层面的披露主要列示在财务报告的附注中。

产品与服务信息

企业整体层面披露要求包括三类信息。首先是要求企业披露向外部客户提供的所有产品和服务的明细，除非相关信息的披露在实务中是不切实际的。之所以提出这个要求，是因为企业应以产品生产线为基础建立经营分部的组织结构。然而，如果企业以生产线建立经营分部，则前面讨论的分部披露将符合企业整体层面披露的第一项要求。

地理区域信息

第二类是关于企业经营所在地的信息。企业必须报告如下信息，除非相关信息的披露在实务中是不切实际的：

1. 归属于公司住所所在地（美国公司在美国境内）的外部客户收入和归属于其他国家由企业所产生的外部客户收入。如果在个别国家产生的来自于外部客户的收入是重大的，则企业在这个国家的收入也需要单独披露。
2. 位于实体所在地国家的长期经营性资产和位于外国的企业所拥有的总资产。如果在个别国家的资产是重大的，则在此国家的资产金额也需要单独披露。

FASB 第 131 号公告定义的长期资产中不包括金融资产、与金融机构的长期客户关系、抵押或其他服务权利、递延的保单购买成本以及递延税收资产。FASB 认为企业一般根据各个国家政治、经济及其他特殊因素的不同来决定保存的会计记录。因此，如果企业在某一个特定的国家有巨额收入或长期资产投资，那么管理层应获取相关信息，并进行企业层面的披露。尽管 FASB 第 131 号公告没有明确规定对特殊国家进行披露的重要性门槛，但 10%个别披露的指导标准似乎已经获得了接受。

注意，有关地理信息的相关收入披露只用于非关联的外部客户。分部间的收入并不包含其中。同时资产也仅限于长期经营性资产，不包括流动资产和 FASB 第 131 号公告中提到的其他几类非流动资产在内。所有企业都必须披露国内及海外的收入和长期资产，除非这种做法不符合实际情况。为了进行以下披露，假设合并总资产 1 450 000 美元中的 840 000 美元被定义为符合 FASB 第 131 号公告要求的长期经营性资产。金额重大的实物资产所在国的分部应单独披露。再假设 Peerless Products 公司利用 10%的重要性门槛作为评价其海外经营的标准，因此，所有大于或等于合并总收入或长期资产总计的 10%的所在国分部，都应该单独披露。以 Peerless Products 公司为例，附注披露如下：

地理区域信息		
	收　入	长期资产
美　国	\$380 000	\$471 000
海　外	192 000	369 000
合　计	\$572 000	\$840 000
重要国家：		
加拿大	\$116 000	\$220 000
墨西哥	28 000	102 000

企业必须披露将外部客户收入分配到个别国家的基础。比如，一个方法是将收入按照客户的地点来分类。

主要客户的信息

根据 FASB 第 131 号公告的要求，企业层面披露的第三类也是最后一类信息，是有关主要客户的信息。一个重要的问题是如何定义单个客户。为了应用披露测试，以下每一项都看成是客户个体：任何一个单个客户（包括共同控制下的一组客户或公司）、联邦政府、州政府、地方政府或外国政府。重要性原则不适用于这项披露，但是 10%原则似乎又一次获得了实务上的支持。披露包括从每个重要客户获得的收入金额以及确认报告收入的分部。客户个体的名称不用披露。以下是 Peerless Products 公司采用的一个附注披露的实例：

从食品生产分部一个客户取得的收入占公司合并总收入中的 64 000 美元。

这可作为分部报告讨论的总结。本章的剩余部分讨论财务披露的另一个主要内容：中期财务报告。

中期财务报告

中期报告（interim report）可及时提供实体在一年当中的经营活动信息，其涵盖的会计期间小于一年。中期报告覆盖期间可以为一周、一个月、一个季度或几个季度。许多企业出于内部管理目的按月编制财务报表。上市公司被要求公开季报，股票市场对季报公开披露信息的迅速反应表明投资者和其他财务报告使用者会认真分析这些报告。季度报告在很多方面只是年报的简明版本，包括简明损益表、资产负债表、现金流量表和其他季报披露的附注信息，以及以前年度的比较信息。

表 10-Q 是证券交易委员会的季度报告，对于大多数企业，这份季度报告必须在前三个季度每个季度结束后 35 天内申报。年度报告可以代替第四季度的中期报告。35 天的要求被上市公司称为“快速申报”，这些公司的市价不低于 7 500 万美元，并至少需要一年满足定期报告或年报的要求，包括至少填报过一次年报。大多数在主要股票交易所上市的公司都属于快速申报这类。不满足快速申报标准的公司在前三个季度每个季度结束后 45 天内进行申报。

证券交易委员会不要求季报经过审计，但部分季报数据必须在每年财务报告的附注中进行报告。这个年报披露要求意味着负责此公司年度审计的独立注册会计公司必须审阅当年的季报，并注意相关差错及需要重述的地方。由于包括月报和季报在内的中期报告广泛的应用性，会计师必须了解编制这些报告的原则和步骤。

季度报告的格式

季度财务报告一般包括以下项目：

1. 当期最近一季度季报的损益表和上期同季度的比较报表。
2. 截止到中期的损益表和去年同期的损益表。
3. 当期期末和上一财年期末的简明资产负债表。然而，如果需要了解由于公司财务状况变化而带来的季节性波动，还应提供上年可比中期期末的资产负债表。
4. 截止到中期的现金流量表和去年同期的现金流量表。
5. 在附注中更新最近一期年报中的有关信息：包括计量的重大变化汇总或从上一期末后发生的主要经济事项。
6. 管理层对最近中期经营结果的分析及总结。

会计事项

中期报告给会计师带来一些技术和计量的问题。其中最核心的问题是会计期间以及如何将年度分解成中期。值得注意的是，中期报告涵盖会计期间小于一年的任何期间的财务报表，包括月报、季报以及小于一年的期间报告。

采用季报提供及时的信息是近来才发展起来的。许多公司在 20 世纪 40 年代末开始自愿公开季报。这些早期的报告引发了大量会计问题，因为那时候还没有标准指导列报。一些公司前三季度的报告利润非常高，而编制的第四季度报告又随意并很有问题地将利润调整到了当期的亏损水平。列报标准的缺失使得全年的成本分配随意，从而导致季报收入不合理。直到 1973 年，当会计准则委员会发布第 28 号意见“中期财务报告”时，标准列报指南才终于得以标准化。

中期报告的独立观和一体观

在会计准则委员会第 28 号意见发布之前，一直存在关于中期报告的两种分歧。**中期报告的独立观**（discrete theory of interim reporting）将每个中期看成一个年报会计期间，作为评估的会计期间基础。任何期末的调整和递延都用与年报一样的会计原理。

中期报告的一体观（integral theory of interim reporting）将每个中期看成一个年报期间的一部分。在这种观点下，对特定收入或费用项目的确认和调整要受到全年经营预期结果的影响。比如，归属于一个会计年度的经营费用可以根据销售量、生产水平或其他基础在几个中报期间分摊。

为了弄清这两种理论的区别，我们假设 Peerless Products 公司在年报期间第二季度的开始发生了 20 000 美元的广告成本，其目的是增加当年的销售收入。在独立观下，20 000 美元必须全部从第二季度的收入中扣除。然而在一体观下，广告费用应作为一个可以递延的费用，在第二季度、第三季度和第四季度进行分摊。分摊基础可以根据每个中期的销售量或其他标准。在一体观下，一个中报期间不能够承担在多个中报期间受益的费用。

这两种观点在实践中都有应用，它们之间的冲突由会计准则委员会解决。一体观是中期报告的第一选择，当然也有很多需要修改的地方，以使报告能够更加接近年度经营的真实结果。

中期报告的会计公告

会计准则委员会第 28 号意见提出了编制与报告中期损益表的标准。这个准则规范了在中期基础上如何进行收入的确认和成本的计量。同时，准则还对已公开的中期披露进行总结，并解释了为了使中期报表合计数等于年报数而需要进行的调整。这些为年度报告的附注披露提供了指导。这种遵从年报的做法增加了已公开中期报告的可靠性，并使其成为外部审计师审计年报附注的内容的一部分。

2005 年 FASB 发布的第 154 号公告“会计变更和差错更正”取代了会计准则委员会第 20 号意见“会计变更”，以及 FASB 第 3 号公告“中期财务报表报告会计变更”。FASB 第 154 号公告指出，为列示变更的影响，在中期报告中的会计政策变更需要采用追溯调整法对中期变化前的事项进行调整。最早期间的财务报表，无论是年度报表还是中期报表，都应该在变化时点及时进行追溯调整，同时对后续期间财务报表，无论是年度报表还是中期报表，都按照新准则进行调整。中期的估计变化是暂时的，以前期间不需要重述，而在一个中期的有关实体的变化要求进行追溯调整。

FASB 第 18 号解释“中期所得税会计”是对会计准则委员会第 28 号意见的修订。这条解释公告解决了实际所得税费用建立在年度收入基础上时中期税款准备金的麻烦问题。这条解释公告规定，为了建立中期经营收入和相关税款准备金之间的合理关系，可以进行估计和判断。本章后文有关于中期报告的所得税会计实例。

中期损益表的报告标准

中期损益表的格式与年度损益表一致。由于期间较短，与年度损益表相比，中期损益表某些收入的特殊组成部分的计量会有所不同。尽管会计准则委员会第 28 号意见列示了在中期基础上大量有关计量和列报的技术要求，但总体来说，二者格式是相同的。图表 13–5 显示了一个用于中期损益表的主要会计政策的大致内容。有关中期列报的技术要求在后文中进行讨论。

收 入

中期损益表最重要的要素之一是销售收入。投资者希望由此来评价实体的盈

图表 13–5 中期损益表主要会计政策概览

收 入	按照整个会计年度基础确认中期收入。
销售成本	中期商品销售成本应与整体会计年度基础相同，以下除外： • 可能用预计毛利率决定中期商品销售成本。 • 用后进先出计量存货暂时性清算，预测商品重置成本，确定商品销售成本。 • 成本与市价孰低法允许在同一会计年度的以后中期由于市价提高而确认损失的转回 。 • 中期标准成本系统的程序与年报的基础相同，除非预期应在期末前转回的价格波动或产量/能力差异被递延。
其他成本费用	基于已实现的收入和其他系统性合理基础的已发生或已分摊的中期费用。
所得税费用	基于预测的年度实际所得税率，同时确认有合理保障的因经营损失而产生的税收抵免，第二季度和后续季度的所得税费用基于已计算的税收累计金额的变动，包括估计的变更。
实体某一部分、特殊或非经常发生和或有事项的处置	
会计变更：	在中期发生时即予以确认。
1. 会计政策变更	追溯调整变更前的所有报告中期。
2. 会计估计变更	只在当期及未来的中期适用。
3. 报告实体的变更	追溯变更前的所有报告中期。

利能力，因此他们会把当期的中期收入与以前年度的可比中期进行比较。中期计量收入的基础应与全年计量基础保持一致。

因此，收入必须在其获得的相应期间予以确认和报告，而不能为了获得一个更稳定的收入流将其递延到其他会计期间。例如存在于农业、食品业、批发零售业和娱乐性行业的季节性收入，不能操纵这些收入以抵销季度收入变化趋势。

APB 将季节性波动看做非常重要的问题。鼓励具有收入季节性波动较大特点的公司，在中期报告中补充当期及前几期的截止到当期中期日的 12 个月的相关信息。这种披露减少了由于中期报告中收入的季节性波动而带来的对年报的无根据的推断。

商品销售成本和存货

商品销售成本一般被看做是中期损益表中最大的一个费用项目。一个基本原则是中期商品销售成本应该用直接成本加上以全年商品销售成本为分配标准的间接成本。然而，APB 第 28 号意见允许对基本原则进行如下修改：

1. *使用估计毛利率*。可以用估计的毛利率计算中期商品销售成本。因此，不需要在每个中期进行实地盘存。
2. *后进先出法暂时性清算*。由于季节性和其他因素，企业使用后进先出法进行存货后续计量，有时会在一个或更多的中期，对采用后进先出为计量基础的存货进行暂时性清算。这些暂时性清算的存货预计会在会计年度的期末补回。在这种情况下，中期销售商品成本将是预期的被清算存货的重置成本，而不是存货后进先出的历史成本。如果在年末后进先出的存货没有被重新补充，则被清算存货的销售成本即为其后进先出基础的成本。

3. 成本与市价孰低法。在衰退期间因市价低于成本而导致的存货损失被确认为存货跌价损失。在随后期间市价的恢复被认定为对当年过去中期损失的恢复。转回的市价不超过以前的成本。预期会回升的暂时的市价降低不在中期确认损失，因为在整个会计年度并未发生损失。
4. 标准成本系统。制造商利用标准成本系统计算销售商品成本，期末存货应采用与会计年度相同的方法来计算一个中期的成本变化。然而，预计在会计年度期末被分摊的成本不包括在计算的中期损益中。

暂时性后进先出存货清算示例

Special Foods Inc.

后进先出存货清算在中期与在全年处理不同的原因，是因为存货预期在会计年度期末要被重置。如果处于一个价格上涨的时期，暂时性清算的中期损益将会由于较低的存货成本而被高估。以下的实例将说明这一点。

1. 在会计年度的第三季度中，Special Foods 公司由于季节性波动经历了一个以后进先出为基础的 2 000 个单位的暂时性清算。一个单位的成本是 25 美元。公司计划在第四季度中期的早期重置被清算的存货。
2. 估计存货的重置成本是每单元 35 美元。

第三季度暂时性存货清算的分录如下：

(1) 借：销售成本	70 000	
贷：存货		50 000
重置成本超出后进先出存货清算成本的部分		20 000

记录暂时性后进先出存货清算：
$70 000 = 2 000 个单位 × $35
$50 000 = 2 000 个单位 × $25（后进先出成本）

中期损益表以预计重置成本为基础列示商品销售成本。重置成本超出后进先出已清算存货成本的部分，在中期资产负债表上作为流动负债列示，然而有些会计师将这部分作为存货的减项在资产负债表上列示。

当存货在第四季度以每单元 36 美元进行重置时，编制以下分录：

(2) 借：销售成本	2 000	
存货	50 000	
重置成本超出后进先出存货清算成本的部分	20 000	
贷：应付账款		72 000

记录暂时性后进先出存货清算：
$50 000 = 2 000 × $25（后进先出成本）
$72 000 = 2 000 × $36

与预计的重置价格不同，实际的重置价格为 36 美元。差异为商品销售成本在重置期间的调整。第三季度的中期报告不做追溯调整。如果已清算的存货不在会计年度的期末进行重置，则负债将转销到商品销售成本，将已报告的年度商品销售成本调整到正确的金额。

市场价值降低和恢复示例

下面这个例子说明成本与市价孰低法在中期报告中的应用。相关信息如下：

Peerless Products Corporation

1. 在会计年度的期初，Peerless Products 公司拥有 10 000 单位的存货，按先进先出法核算销售商品成本，单位成本为 10 美元。
2. 本年度没有额外的商品采购。
3. 每个季度末的销售量和市场价值如下：

季　度	季度销售量	季末单位市场价值
1	2 000	$ 7
2	2 000	6
3	2 000	7
4	2 000	11

Peerless Products 公司不能确定市场价值减少的原因，所以将其视为永久性的减值。因此，在每个季度都会在减值发生时予以确认。如果减值被认定是暂时性

图表 13-6
中期成本与市价孰低——Peerless Products 公司的存货账户分析

季　度	项　目	存　货		
		数　量	单　价	金　额
	年初余额	10 000	$10	$100 000
1	第一季度销售存货	(2 000)	$10	(20 000)
	根据市价调整：			
	[8 000 × ($10 − $7)]	8 000	(3)	(24 000)
	第一季度期末余额	8 000	$ 7	$ 56 000
2	第二季度销售存货	(2 000)	$ 7	(14 000)
	根据市价调整：			
	[6 000 × ($7 − $6)]	6 000	(1)	(6 000)
	第二季度期末余额	6 000	$ 6	$ 36 000
3	第三季度销售存货	(2 000)	$ 6	(12 000)
	市价恢复：			
	[4 000 × ($6 − $7)]	4 000	1	4 000
	第三季度期末余额	4 000	$ 7	$ 28 000
4	第四季度销售存货	(2 000)	$ 7	(14 000)
	市价恢复：			
	[2 000 × ($7 − $10)]	2 000	3	6 000
	第四季度期末余额	2 000	$10(a)	$ 20 000

(*a*) 注意：尽管市场价为 11 美元，但是存货账面价值不能超出成本价。

图表 13–7
存货市价变化图

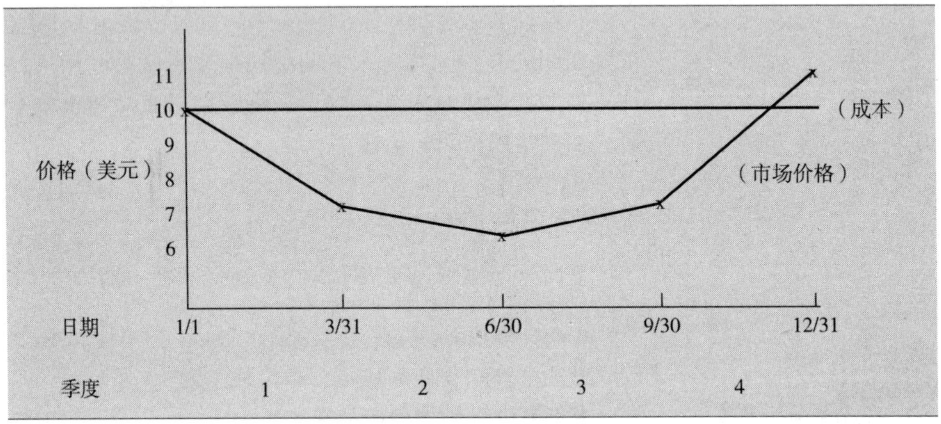

的，且在年末可以恢复，则不要求确认。

图表 13–6 列示了需要将 Peerless Products 公司的存货调整为成本与市价孰低的计算过程。在第一季度期末，季度存货账面价值减少 24 000 美元，中期损益表中确认了该损失。由于损失与存货有关，许多公司都将此减值作为销售成本的一部分。在第二季度末，又须确认 6 000 美元的损失。第三季度由于存货重置成本的增加，相应减值转回了 4 000 美元，被认定为对以前季度损失价值恢复的确认。在第四季度，存货的市价为 11 美元，比存货期初的成本高 1 美元。第四季度末 2 000 单位存货减值 6 000 美元的转回使存货单位价值由 7 美元回升到期初的 10 美元。我们可以看到超出成本的部分并不影响存货的价值。

图表 13–7 是一个有关市场价值变化的图解。注意，经过前两个季度的减少后，市场价值在第三季度和第四季度有所增加。在本年末，单位市价为 11 美元，高于存货的初始成本。

另一种观察减值影响的做法是计算每季度销售成本的金额。这包括分摊到中期已销售商品上的成本，再加上存货减值的数量，减去以前中期确认的减值转回。把这些调整看做对已销售商品成本的调整，它代表了损益表上的全部商品成本。以下表格列示了每季度商品成本的计算。

季　度	分配给已销售商品的成本	期末存货：减计至市价（或减值恢复）	合　计
1	2 000 单位 × $10	8 000 单位 × $3	$44 000
2	2 000 单位 × $7	6 000 单位 × $1	20 000
3	2 000 单位 × $6	(4 000 单位 × $1)	8 000
4	2 000 单位 × $7	(2 000 单位 × $3)	8 000

如果第一季度和第二季度的市场价值减少被认定为是暂时的，则不需要确认暂时性损失，因此也不会在第三季度和第四季度有价值转回。中期已销售商品成本的金额必须与年度财务报表中的金额保持一致。注意，年末的市场价值（11 美元）高于年初的市场价值（10 美元）。在年度财务报表中，

$$8\ 000\ \text{单位} \times \$10\ (\text{单位价格}) = \$80\ 000$$

中期报告：

第 1 季度	$44 000
第 2 季度	20 000
第 3 季度	8 000
第 4 季度	8 000
合　计	$80 000

为了特别关注这个实例的要点，假设本年度没有其他的存货购入。当然，在实务中，大多数企业会持续地进行存货采购。无论成本采用何种计价方法，这些采购都会使存货增加。存货将在每季末使用成本与市价孰低的方法进行计量，确认损失或损失的转回。

其他成本和费用

被 APB 采用的一个整体观点是处理期间费用的依据。总原则是期间费用必须与发生时的期间收入配比。然而，一些费用依据已使用的时间、已获得的收入或中期的作业水平进行分配，并作为整个会计年度预计金额的一部分。

是在中期损益表上将费用在发生时立即确认，还是将费用分摊到几个中期损益表中，其依据建立在对由费用引起的收益的主观评价上。尽管大多数费用仍旧是在发生时予以确认的，但在以下几种情况下，费用也许要递延分摊到几个中期进行确认：

1. 某些企业会在某一个中期的工厂停工期间对主要设备进行集中修理。这些修理费应作为预付费用或应计负债予以递延，或者分摊到因修理费而受益的每个期间。
2. 财产税应该递延到每个中期，而不是在其支付的中期全额确认为费用。
3. 大部分广告宣传费应该分摊到各个受益期间，而不是在其发生时进行确认。一个标准的分配法是估计每个由于广告宣传费的发生而可能受益的期间的预期销售量。一般来说，广告费在会计年度分摊完毕，并不会在会计年度期末继续递延。

注意，一个公司可以在初始的中期，而不是在支付时准确地估计可能发生的费用成本。比如，Peerless Products 公司有一个管理政策，每年 8 月都有两周要关闭主要工厂，进行休整。1 月 1 号公司预计将有总计 60 000 美元的修理维护费用发生，且在未来的四个季度里受益。公司将成本分摊到每个季度，即使在实际关闭工厂前的两个季度也是如此。如果是这样，在前两个季度公司就可以准确地预提修理费。当第三季度修理费实际发生时减少预提费用，但修理费依然在每个季度进行分摊，剩余的修理费将分摊到后两个季度。我们要说明的要点是，即使修理费是在最后一个季度支付，修理费也应该在其受益的每个季度进行分摊，而不是等到会计年度期末。这是预提和待摊费用的应用。

广告费递延和分摊示例

4 月 1 日是 Peerless Products 公司及其子公司合并年度第二季度的第一天，公司发生了一笔 20 000 美元预计在后三个季度获得收益的广告宣传费支出。后三个季度合并总销售收入预计为 400 000 美元。假如 Peerless 公司认为这笔广告宣传费无法使第一季度获得收益，所以，在 3 月 31 日并无递延费用产生。唯一的一笔广告费支出发生在 4 月 1 日，金额为 20 000 美元。

金额为 20 000 美元的成本在发生时作为预付费用确认，然后在每个受益中期确认为广告费用，如图表 13–8 所示。所选择的分配基础为受益期内季度收入占预计销售总收入的比例。

在第三季度的期初（7 月 1 日），预付广告费账户余额为 15 000 美元。如果季度实际销售收入与预计的收入有差额，则根据预期的变化调整分摊方法。比如，如果 9 月 30 日管理层认定第三季度截至 9 月 30 日合并总收入为 120 000 美元，预计第四季度的销售收入为 180 000 美元，则预付广告费账户的余额 15 000 美元在第三季度分配如下：

$$\$6\ 000 = \frac{\$120\ 000}{\$300\ 000} \times \$15\ 000$$

第四季度根据预付账户的余额进行分摊。

中期所得税会计

由于实际税负是在整个会计年度收入的基础上进行计算的，因此**会计中期所得税**（interim income tax）计算为会计师出了一个难题。另外，税务会计和公认会计准则的暂时性差异要求确认递延所得税。然而，中期税额的计提是一个重要的项目，要求基于全年的税额进行大量的主观评价和估计。第一步是决定年度实际税率，计算中期所得税计提数。

估计年度实际税率

估计是会计循环的一个正常部分，中期所得税计提基于持续经营基础上对年度实际税率的估计。预期的年度税率应考虑预计的税收抵免、州所得税额、国外

图表 13–8
受益期间超过一个中期的广告费用核算

日 期	季度销售额	借方广告费	贷方预付广告费	预付广告费余额
4 月 1 日				$20 000
6 月 30 日	$100 000	$5 000（*a*）	$5 000	15 000（*b*）
9 月 30 日	100 000	5 000	5 000	10 000
12 月 31 日	200 000	10 000	10 000	–0–
合 计	$400 000	$20 000	$20 000	

（*a*）$5 000 = ($100 000/$400 000) × $20 000。

（*b*）$15 000 = $20 000 – $5 000。

所得税额、资本利得税额和其他在整个会计年度中预期的税务规划。预期的年度税率应在每个中期进行更新，同时更新中期的计提税额和所得税收益。

由于非经常性事项、非持续性的经营和特殊项目在损益表中连同其税后净额分别列报，所以，这些事项不包括在对年度实际税率的预测中。同样，非经常性项目与日常经营收入相比，通常有特定的税务处理方法。比如，一座大楼失火，可能会导致折旧重新计税和其他资本损失的税务考虑。

会计利润与税收利润的区别 以编制财务报表为目的计算的经营利润金额与以税收为目的计算的应税利润之间通常会有一些差异。这两类主要差异在 FASB 第 19 号公告“所得税会计”中有明确规定，属于中级财务会计课程的内容。

第一类差异称作“永久性差异”或“非暂时性差异”。在确定当期应纳税所得额时不包括永久性差异，永久性差异举例如下：

1. 根据公司政策由公司支付的受益人是公司的人寿保险费（不能税前扣除）。
2. 应付保险赔偿金（不能税前扣除）。
3. 扣除收到本国公司的公司股票投资股息（不能税前扣除）。
4. 列为免税的国家或地方政府债券的利息收入（不能税前扣除）。
5. 不能税前扣除的各种类型的违约金和罚款。

这些项目包含在会计利润的计算当中，但在计算应税所得时并不包括。因此应将会计利润调整成中期的税收利润。

第二类差异通常称为暂时性差异。账面所确认的交易收入和税收收入之间的差异应确认递延税款。比如，一笔收入有可能在账面确认前或后确认为税收收入；又比如，一笔费用在税法上确认的时间也许和在会计账面上确认的时间不同。暂时性差异的实例包括以下：

1. 预收租金（税法上收到租金时即确认为收入，但会计上，在收入实现时才予以确认）。
2. 预计的费用和损失（会计上在费用和损失发生时确认，但税法上在支付时才确认）。
3. 税法上采用加速折旧法，而会计上采用直线折旧法（会计与税法上有不同的折旧费用）。
4. 会计上采用成本与市价孰低法重新评估存货价值（跌价损失在会计当期确认，而税法则在存货售出时确认）。

由暂时性差异而产生的递延所得税资产和负债需要在资产负债表上报告。损益表上列示的所得税费用是当期实际应支付的税款加上（或减去递延所得税资产）延期缴税的金额。

有关报告过程在下面进行说明。

预测年度实际税率示例

图表 13–9 讲解了税率计算的过程。在学习这个例子时，要注意一些确定年度

图表 13-9
年度实际税率的预测

	预计的年度数额
持续经营利润	\$225 000
调整永久性差异：	
加：支付给高管的人寿保险费	2 000
减：已收应扣除的股利收入	(27 000)
预计的年度应纳税所得	\$200 000
合并联邦和州的税率	× 38%
预计的税收抵免前的年度税额	\$ 76 000
减：企业税收抵免	(22 000)
预计的年度所得税费用	\$ 54 000
预测的持续经营年度利润	\$225 000
预计的持续经营实际的年度税率（\$54 000÷\$225 000）	24%

实际利率的必要调整，例如要了解税务会计与 GAAP 会计的区别。以下是有关数据：

1. Peerless Products 公司及其子公司预计 20X1 年由持续经营获得的合并利润为 225 000 美元。
2. 会计利润与应税利润之间的永久性差异有两项，一是由公司承担的支付给高管的 2 000 美元的人寿保险费（受益人为公司）；二是对其他公司的股票投资分红为 27 000 美元。
3. 联邦和州的税率估计为 38%（30%为联邦税率，8%为州税率），同时，公司有资格获得与促进就业和员工再培训支出的税收抵免。

根据图表 13-9，预计的实际税率为 24%，可按此进行第一季度的所得税费用计提。假设第一季度的盈利为 20 000 美元，所得税费用计提分录如下：

(3) 借：所得税费用	4 800	
贷：应交所得税		4 800

记录第一季度所得税款费用：

\$4 800 = \$20 000 × 0.24（实际税率）

在后续中期更新预测的年实际税率

假设第二季度实际收益 25 000 美元，则当年至今为止的累计收益为 45 000 美元（\$20 000 + \$25 000）。合并主体必须根据第二季度末的更新信息，比如税收收入和会计收入的其他差异，或有关预计全年收入的更准确的估计等重新计算实际税率。假设根据可获得的税收抵免和其他估算重新计算出的实际税率为 34%，用此税率来代替第一季度末的税率 24%。

以下是由新税率计算出当年截至第二季度末的所得税费用。

前两季度的实际累计收益（$20 000 + $25 000）	$45 000
更新后的预计年度实际税率	× 34%
累计所得税费用金额	$15 300
减去：第一季度已计提的所得税费用	(4 800)
第二季度应计提的所得税费用	$10 500

Peerless Products 公司及其子公司第二季度合并损益表上应报告的所得税费用为 10 500 美元。对所得税费用进行累计，第一季度的所得税费用不再根据年实际利率的估算进行追溯调整。

此例中不包括会计利润与应税利润之间由于暂时性差异而产生的递延税款。暂时性差异一般不影响所得税费用的估算。相反，任何暂时性差异的确认通常都会在所得税费用和应交税款的分录中体现。比如，如果第二季度的收入 25 000 美元中有 2 000 美元是由于会计利润大于应税利润的暂时性差异产生的，可编制以下分录对所得税费用和递延税款进行确认：

(4) 借：所得税费用	10 500	
贷：递延所得税负债		680
应交税金		9 820

记录第二季度所得税费用：

$10 500 = 当期所得税费用 + 递延所得税负债

$680 = 由于会计利润与应税利润之间的暂时性差异而导致的递延所得税负债

亏损和营业亏损抵免

当企业在中期期末发现从年初到中期期末出现亏损时，会计师会遇到这样一个有意思的问题。通常情况下，营业亏损可以产生税款的减免（也就是减少应税所得），因为亏损可以抵减过去年度的营业收入，公司可以申请退还过去年度部分已缴税款。剩余的营业损失可以向前递延抵减未来的营业收入。但是，这种向前或向后的营业亏损抵免规定只适用于全年的经营成果，不适用于中期经营成果。

在 **FIN 18** 中对这些特殊的税务问题进行了讲解。第一部分讲解了大量可选择的盈亏情况，比如从年初到目前为止是亏损的，但预期全年是盈利的；或者到目前为止是盈利的，但预期全年是亏损的。这种将中期经营结果和全年经营结果放在一起考虑的情况还有很多，在这里很难一一举出。但需要指出的一种特殊情况是，从年初到中期为止可以由于亏损进行税款的减免，但预期全年却是盈利的。其关键问题是如何确定并报告中期的所得税。

FASB 第 109 号公告“所得税会计”同样提出了中期所得税会计的问题。FASB 第 109 号公告认为，在将税收抵免在财务报表中进行报告时必须确保实现税收抵免。对于中期报告的目的来讲，允许一个公司对从当期期初到期中为止的亏损进行税收抵免的条件是，企业的收入必须有持续的季节性趋势。因此，企业在整个会计年度靠后的中期必须要有盈利，以抵销之前中期的亏损。**FASB 第 48 号**对第 109 号公告中所得税会计的不确定性进行了讲解，提出了一个更有可能的标准，将超过 50%作为合理税收抵免的门槛。因此，一个在年度早些时候的中期产生的亏损，由于在全年持续性的季节性及盈利，可以进行税收抵免。如果一个中期营业损失在会计年度末期无法得到确认，则公司不能在中期报表上报告任何税收抵免。

中期营业损失示例

图表 13–10 列示了一个由年初到中期末亏损但预测全年盈利的所得税费用或收益的计算情况。比如，假设 Peerless Products 公司和 Special Foods 公司合并主体第一季度亏损 40 000 美元，但预测全年利润为 222 000 美元。预计年实际税率为 24%。由于正常的季节性波动，合并主体在第一季度亏损，后几个季度盈利。因此，9 600 美元（$40 000 × 0.24）的经营亏损有理由带来相应的税收收益，而亏损的季度可以享受到税收收益。

接下来列出了第一季度部分损益表，请注意税收优惠是如何减少可报告净损失的：

Peerless Products 和 Special Foods 公司

部分中期合并损益表

第一季度，截至 20X1 年 3 月 31 日

企业所得税前经营亏损	$(40 000)
减：亏损的税收收益	9 600
净亏损	$(30 400)

在 20X1 年年末，Peerless Products 公司及其子公司计算了当年实际计提的所得税费用为 62 000 美元。第四季度期末的计提数应与年实际计提数相等，而且第四季度报告的税收金额是达到年度计提金额所需的余额。因此 20X1 年持续收入的实际年所得税率为 27.9%（62 000 美元的所得税费用÷未扣除归属于非控股股东收益前的可持续的年收入 222 000 美元）。

如果因营业亏损而引起税收减免的可靠性没有合理保证，则不能享受税收利益。请参考图表 13–11。注意，实际计提的年度所得税费用是相同的，上述差异见中期报告。

图表 13–10

因经营亏损而产生的税收抵免确定情形下的中期分析报告

	税前持续盈亏		预计实际	税收优惠		
报告期间	报告期	从年初至今	年度税率	从年初至今（*a*）	减去已缴纳	期间报告
第一季度	$(40 000)	$(40 000)	24.0%	$(9 600)		$(9 600)
第二季度	$20 000	(20 000)	34.0	(6 800)	$(9 600)	2 800
第三季度	80 000	60 000	34.0	20 400	(6 800)	27 200
第四季度	162 000	222 000	27.9(*b*)	62 000	20 400	41 600
全　年	$222 000					$62 000

（*a*）从年初至今：当年至今的收益（损失）× 更新后的预计实际年度税率。

（*b*）保留一位小数点。

图表 13-11
因经营亏损而产生的税收抵免未确定情形下的中期分析报告

报告期间	税前持续盈亏		预计实际年度税率	税收优惠		
	报告期	从年初至今		从年初至今（*a*）	减去已缴纳	期间报告
第一季度	\$(40 000)	\$(40 000)	24.0%	\$-0-		\$-0-
第二季度	\$20 000	(20 000)	34.0	\$-0-	\$-0-	\$-0-
第三季度	80 000	60 000	34.0	20 400	\$-0-	20 400
第四季度	162 000	222 000	27.9	62 000	20 400	41 600
全 年	\$222 000					\$62 000

（*a*）当年至今：从年初至今的收益（损失）× 更新后的预期实际年税率。

实体的部分处置、特殊事项、非经常性事项和或有事项

APB 第 28 号意见要求在与年报相同的基础上计量和报告主要营业外项目。特殊项目、非持续经营和其他非经常性发生项目应该在发生时的中期确认，而不要分配到其他中期。特别项目的重要性测试应根据整个会计年度的收入估计。非持续经营和非经常性经营的重要性测试应基于非持续经营首次报告的期中经营收入。

能够影响公司的或有事项和其他重要的非确定性事项，必须与年报披露的基础保持一致。披露要求提供可能影响中期报告公允性的相关信息。确认和报告或有事项的程序请参考 FASB 第 5 号公告——“或有事项会计”。

中期会计变更

FASB 第 154 号公告——“会计变更和差错更正”指出了三种会计变更的类型：（*a*）会计政策的变更；（*b*）会计估计的变更；（*c*）报告主体的变更。该公告指出以前年度对外公布的财务报表的错误更正不是会计变更，实体必须对与错误有关的所有以前年度财务报表进行追溯调整。对于任何现有的会计准则，本准则并不影响这些准则公告中的过渡性条款。

会计政策变更（追溯调整法）

实体通常只在新准则要求下，或其能证明会计变更后的新会计原则比旧的原则对实体更适合时，才进行会计政策变更。以计量或估值为目的的由一种公认会计准则变更到另一种公认会计准则，要求对包括中期财务报表在内的以前年度财务报表进行追溯性调整。只有会计政策变更的直接影响（包括有关税收影响）才对以前年度进行追溯调整。但是，折旧、摊销方法的改变或长期非金融资产的损耗，比如设备由直线法转换成加速折旧法，应作为会计估计变更。会计估计变更在本章的下一节进行讨论。

追溯调整法

直接影响是由于会计政策变更而导致的资产或负债的直接变化而进行的必要

调整。间接影响是那些由于会计政策变更而对现在或将来现金流造成的影响。这些间接影响在变更当期进行报告，反映新准则在追溯性中应用的调整后的资产负债表，在以前的期间提供。后续的所有年度报告或中期报告应按新的会计政策编制。比如，一个公司在当年将存货计价方法由加权平均法改为先进先出法，则公司应对以前年度可以提供的所有报表涉及的存货进行先进先出法的追溯性调整。在最早期间存货的初始价值应反映新准则的规定，伴随着留存收益的变化，将影响自最早期间以后的所有财务报表。

如果变化的累计影响数可以计量，但无法逐期确定每个期间的影响，则应报告可确定影响最早期间的期初余额的累计影响数，并重述随后期间的财务报表。但是，如果一个公司希望在一个期间进行会计政策变更，却无法确定当前年度以前中期的变化影响数，则实体必须等到下一年的期初才能进行会计政策变更。

会计估计变更（未来适用法）

会计估计变更是由于实体因新情况的产生而进行的变更。这些变更只在现在和未来进行反映。也就是说，只对产生变更的当期和受变更影响的以后期间进行报告。以前年度报告的财务报表不进行追溯调整。比如计算未收回的应收账款的准备计提方法是估计变更，因为当期的新信息表明，以前准备的计提是不够的。

折旧、摊销、损耗的变更

FASB 第 154 号公告要求，由于新的信息（比如与预期有差别的现有使用模式）要改变折旧、摊销或长期非金融资产的损耗的方法，需要计算受其影响的会计估计变更。应用未来适用法报告这种变更，以前的财务报表不进行重述。

报告主体的变更（追溯调整法）

报告主体的变更要求对以前年度进行追溯调整，以反映新的报告主体。报告主体变更的主要实例有：（*a*）编制汇总或合并报表，而不是单个实体的个别报表；（*b*）合并主体中包含的特定子公司的变更；（*c*）合并财务报表包含的实体变更。

主体的会计变更同样需要披露大量有关变更期间的信息。这些披露包括由于变更对持续经营和净收益所带来的影响。在会计政策变更的案例中，主体必须披露变更的性质、变更的理由和变更对留存收益，以及其他部分从最早报告期间到当前的累计影响。

关键概念总结

对实体经营部门及其海外经营机构的分部披露，揭示了实体包括的每个经营分部的不同风险和利益信息。这些在评价过去业绩和预测未来业绩时非常有用。

首要的问题是分部的定义。FASB 允许管理层在确定经营分部上保留一定的灵活性，同时强制性要求对拟单独报告的经营分部进行几种重要性测试。

上市公司必须对外披露中期报告，以便于信息使用者对公司业绩进行评价，同时对会计年度的经营状况进行预测。首要的问题是需要将年报期间分割成进行中期报告的计量和披露的部分。FASB 选择中期报告的整体理论，将每个中期看成是年报整体的一部分。技术性的问题主要涉及商品销售成本和所得税费用。对这两类费用进行估算的基础是预期全年的经营成果。尽管存在估算和计量的问题，中期报告也可作为一种可以快速被投资者和其他财务报告使用者所使用和评价的披露工具。

调整。间接影响是那些由于会计政策变更而对现在或将来现金流造成的影响。这些间接影响在变更当期进行报告，反映新准则在追溯性中应用的调整后的资产负债表，在以前的期间提供。后续的所有年度报告或中期报告应按新的会计政策编制。比如，一个公司在当年将存货计价方法由加权平均法改为先进先出法，则公司应对以前年度可以提供的所有报表涉及的存货进行先进先出法的追溯性调整。在最早期间存货的初始价值应反映新准则的规定，伴随着留存收益的变化，将影响自最早期间以后的所有财务报表。

如果变化的累计影响数可以计量，但无法逐期确定每个期间的影响，则应报告可确定影响最早期间的期初余额的累计影响数，并重述随后期间的财务报表。但是，如果一个公司希望在一个期间进行会计政策变更，却无法确定当前年度以前中期的变化影响数，则实体必须等到下一年的期初才能进行会计政策变更。

会计估计变更（未来适用法）

会计估计变更是由于实体因新情况的产生而进行的变更。这些变更只在现在和未来进行反映。也就是说，只对产生变更的当期和受变更影响的以后期间进行报告。以前年度报告的财务报表不进行追溯调整。比如计算未收回的应收账款的准备计提方法是估计变更，因为当期的新信息表明，以前准备的计提是不够的。

折旧、摊销、损耗的变更

FASB 第 154 号公告要求，由于新的信息（比如与预期有差别的现有使用模式）要改变折旧、摊销或长期非金融资产的损耗的方法，需要计算受其影响的会计估计变更。应用未来适用法报告这种变更，以前的财务报表不进行重述。

报告主体的变更（追溯调整法）

报告主体的变更要求对以前年度进行追溯调整，以反映新的报告主体。报告主体变更的主要实例有：（*a*）编制汇总或合并报表，而不是单个实体的个别报表；（*b*）合并主体中包含的特定子公司的变更；（*c*）合并财务报表包含的实体变更。

主体的会计变更同样需要披露大量有关变更期间的信息。这些披露包括由于变更对持续经营和净收益所带来的影响。在会计政策变更的案例中，主体必须披露变更的性质、变更的理由和变更对留存收益，以及其他部分从最早报告期间到当前的累计影响。

关键概念总结

对实体经营部门及其海外经营机构的分部披露，揭示了实体包括的每个经营分部的不同风险和利益信息。这些在评价过去业绩和预测未来业绩时非常有用。

图表 13-11

因经营亏损而产生的税收抵免未确定情形下的中期分析报告

报告期间	税前持续盈亏		预计实际年度税率	税收优惠		
	报告期	从年初至今		从年初至今（*a*）	减去已缴纳	期间报告
第一季度	\$(40 000)	\$(40 000)	24.0%	\$–0–		\$–0–
第二季度	\$20 000	(20 000)	34.0	\$–0–	\$–0–	\$–0–
第三季度	80 000	60 000	34.0	20 400	\$–0–	20 400
第四季度	162 000	222 000	27.9	62 000	20 400	41 600
全　年	\$222 000					\$62 000

（*a*）当年至今：从年初至今的收益（损失）× 更新后的预期实际年税率。

实体的部分处置、特殊事项、非经常性事项和或有事项

APB 第 28 号意见要求在与年报相同的基础上计量和报告主要营业外项目。特殊项目、非持续经营和其他非经常性发生项目应该在发生时的中期确认，而不要分配到其他中期。特别项目的重要性测试应根据整个会计年度的收入估计。非持续经营和非经常性经营的重要性测试应基于非持续经营首次报告的期中经营收入。

能够影响公司的或有事项和其他重要的非确定性事项，必须与年报披露的基础保持一致。披露要求提供可能影响中期报告公允性的相关信息。确认和报告或有事项的程序请参考 FASB 第 5 号公告——“或有事项会计”。

中期会计变更

FASB 第 154 号公告——“会计变更和差错更正”指出了三种会计变更的类型：（*a*）会计政策的变更；（*b*）会计估计的变更；（*c*）报告主体的变更。该公告指出以前年度对外公布的财务报表的错误更正不是会计变更，实体必须对与错误有关的所有以前年度财务报表进行追溯调整。对于任何现有的会计准则，本准则并不影响这些准则公告中的过渡性条款。

会计政策变更（追溯调整法）

实体通常只在新准则要求下，或其能证明会计变更后的新会计原则比旧的原则对实体更适合时，才进行会计政策变更。以计量或估值为目的的由一种公认会计准则变更到另一种公认会计准则，要求对包括中期财务报表在内的以前年度财务报表进行追溯性调整。只有会计政策变更的直接影响（包括有关税收影响）才对以前年度进行追溯调整。但是，折旧、摊销方法的改变或长期非金融资产的损耗，比如设备由直线法转换成加速折旧法，应作为会计估计变更。会计估计变更在本章的下一节进行讨论。

追溯调整法

直接影响是由于会计政策变更而导致的资产或负债的直接变化而进行的必要

首要的问题是分部的定义。FASB 允许管理层在确定经营分部上保留一定的灵活性，同时强制性要求对拟单独报告的经营分部进行几种重要性测试。

上市公司必须对外披露中期报告，以便于信息使用者对公司业绩进行评价，同时对会计年度的经营状况进行预测。首要的问题是需要将年报期间分割成进行中期报告的计量和披露的部分。FASB 选择中期报告的整体理论，将每个中期看成是年报整体的一部分。技术性的问题主要涉及商品销售成本和所得税费用。对这两类费用进行估算的基础是预期全年的经营成果。尽管存在估算和计量的问题，中期报告也可作为一种可以快速被投资者和其他财务报告使用者所使用和评价的披露工具。

图表 13–11
因经营亏损而产生的税收抵免未确定情形下的中期分析报告

报告期间	税前持续盈亏		预计实际年度税率	税收优惠		
	报告期	从年初至今		从年初至今 (*a*)	减去已缴纳	期间报告
第一季度	\$(40 000)	\$(40 000)	24.0%	\$-0-		\$-0-
第二季度	\$20 000	(20 000)	34.0	\$-0-	\$-0-	\$-0-
第三季度	80 000	60 000	34.0	20 400	\$-0-	20 400
第四季度	162 000	222 000	27.9	62 000	20 400	41 600
全　年	\$222 000					\$62 000

(*a*) 当年至今：从年初至今的收益（损失）× 更新后的预期实际年税率。

实体的部分处置、特殊事项、非经常性事项和或有事项

APB 第 28 号意见要求在与年报相同的基础上计量和报告主要营业外项目。特殊项目、非持续经营和其他非经常性发生项目应该在发生时的中期确认，而不要分配到其他中期。特别项目的重要性测试应根据整个会计年度的收入估计。非持续经营和非经常性经营的重要性测试应基于非持续经营首次报告的期中经营收入。

能够影响公司的或有事项和其他重要的非确定性事项，必须与年报披露的基础保持一致。披露要求提供可能影响中期报告公允性的相关信息。确认和报告或有事项的程序请参考 FASB 第 5 号公告——“或有事项会计”。

中期会计变更

FASB 第 154 号公告——“会计变更和差错更正” 指出了三种会计变更的类型：(*a*) 会计政策的变更；(*b*) 会计估计的变更；(*c*) 报告主体的变更。该公告指出以前年度对外公布的财务报表的错误更正不是会计变更，实体必须对与错误有关的所有以前年度财务报表进行追溯调整。对于任何现有的会计准则，本准则并不影响这些准则公告中的过渡性条款。

会计政策变更（追溯调整法）

实体通常只在新准则要求下，或其能证明会计变更后的新会计原则比旧的原则对实体更适合时，才进行会计政策变更。以计量或估值为目的的由一种公认会计准则变更到另一种公认会计准则，要求对包括中期财务报表在内的以前年度财务报表进行追溯性调整。只有会计政策变更的直接影响（包括有关税收影响）才对以前年度进行追溯调整。但是，折旧、摊销方法的改变或长期非金融资产的损耗，比如设备由直线法转换成加速折旧法，应作为会计估计变更。会计估计变更在本章的下一节进行讨论。

追溯调整法

直接影响是由于会计政策变更而导致的资产或负债的直接变化而进行的必要

调整。间接影响是那些由于会计政策变更而对现在或将来现金流造成的影响。这些间接影响在变更当期进行报告，反映新准则在追溯性中应用的调整后的资产负债表，在以前的期间提供。后续的所有年度报告或中期报告应按新的会计政策编制。比如，一个公司在当年将存货计价方法由加权平均法改为先进先出法，则公司应对以前年度可以提供的所有报表涉及的存货进行先进先出法的追溯性调整。在最早期间存货的初始价值应反映新准则的规定，伴随着留存收益的变化，将影响自最早期间以后的所有财务报表。

如果变化的累计影响数可以计量，但无法逐期确定每个期间的影响，则应报告可确定影响最早期间的期初余额的累计影响数，并重述随后期间的财务报表。但是，如果一个公司希望在一个期间进行会计政策变更，却无法确定当前年度以前中期的变化影响数，则实体必须等到下一年的期初才能进行会计政策变更。

会计估计变更（未来适用法）

会计估计变更是由于实体因新情况的产生而进行的变更。这些变更只在现在和未来进行反映。也就是说，只对产生变更的当期和受变更影响的以后期间进行报告。以前年度报告的财务报表不进行追溯调整。比如计算未收回的应收账款的准备计提方法是估计变更，因为当期的新信息表明，以前准备的计提是不够的。

折旧、摊销、损耗的变更

FASB 第 154 号公告要求，由于新的信息（比如与预期有差别的现有使用模式）要改变折旧、摊销或长期非金融资产的损耗的方法，需要计算受其影响的会计估计变更。应用未来适用法报告这种变更，以前的财务报表不进行重述。

报告主体的变更（追溯调整法）

报告主体的变更要求对以前年度进行追溯调整，以反映新的报告主体。报告主体变更的主要实例有：（*a*）编制汇总或合并报表，而不是单个实体的个别报表；（*b*）合并主体中包含的特定子公司的变更；（*c*）合并财务报表包含的实体变更。

主体的会计变更同样需要披露大量有关变更期间的信息。这些披露包括由于变更对持续经营和净收益所带来的影响。在会计政策变更的案例中，主体必须披露变更的性质、变更的理由和变更对留存收益，以及其他部分从最早报告期间到当前的累计影响。

关键概念总结

对实体经营部门及其海外经营机构的分部披露，揭示了实体包括的每个经营分部的不同风险和利益信息。这些在评价过去业绩和预测未来业绩时非常有用。

首要的问题是分部的定义。FASB 允许管理层在确定经营分部上保留一定的灵活性，同时强制性要求对拟单独报告的经营分部进行几种重要性测试。

上市公司必须对外披露中期报告，以便于信息使用者对公司业绩进行评价，同时对会计年度的经营状况进行预测。首要的问题是需要将年报期间分割成进行中期报告的计量和披露的部分。FASB 选择中期报告的整体理论，将每个中期看成是年报整体的一部分。技术性的问题主要涉及商品销售成本和所得税费用。对这两类费用进行估算的基础是预期全年的经营成果。尽管存在估算和计量的问题，中期报告也可作为一种可以快速被投资者和其他财务报告使用者所使用和评价的披露工具。